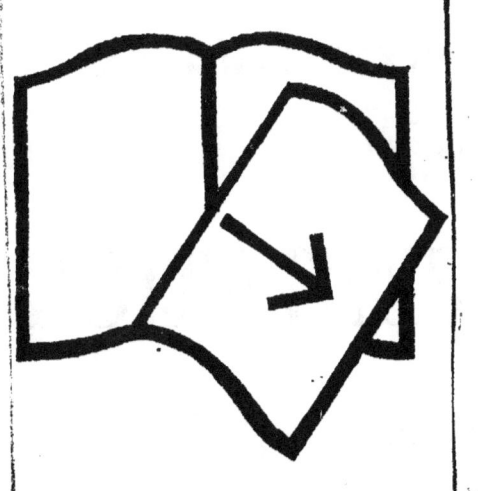

Couverture inférieure manquante

Début d'une série de documents en couleur

ESSAI SUR LES ÉLÉMENTS PRINCIPAUX

DE

LA REPRÉSENTATION

THÈSE

Présentée à la Faculté des Lettres de l'Université de Paris.

PAR

O. HAMELIN

PARIS

FÉLIX ALCAN, ÉDITEUR

LIBRAIRIES FÉLIX ALCAN ET GUILLAUMIN RÉUNIES

108, BOULEVARD SAINT-GERMAIN, 108

1907

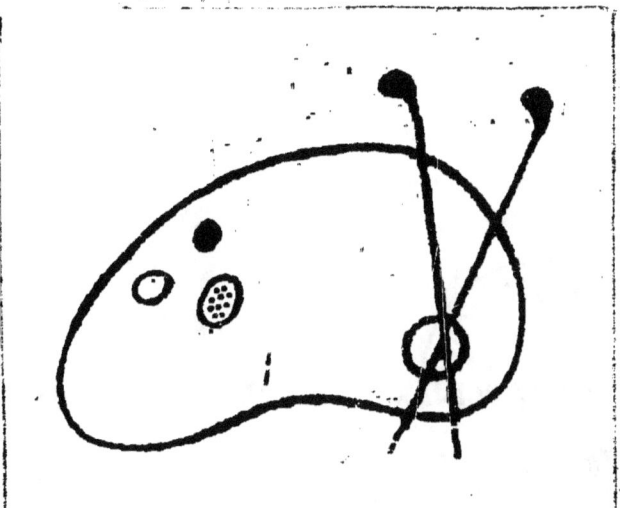

Fin d'une série de documents en couleur

ESSAI SUR LES ÉLÉMENTS PRINCIPAUX

DE

LA REPRÉSENTATION

ESSAI SUR LES ÉLÉMENTS PRINCIPAUX

DE

LA REPRÉSENTATION

THÈSE

Présentée à la Faculté des Lettres de l'Université de Paris.

PAR

O. HAMELIN

PARIS

FÉLIX ALCAN, ÉDITEUR

LIBRAIRIES FÉLIX ALCAN ET GUILLAUMIN RÉUNIES

108, BOULEVARD SAINT-GERMAIN, 108

—

1907

Tous droits de traduction et de reproduction réservés

MÉMOIRE
DE
CH. RENOUVIER

TABLE DES MATIÈRES

CHAPITRE PREMIER
RELATION, NOMBRE, TEMPS

	Pages
§ 1. — Relation : thèse, antithèse, synthèse	1
A. La méthode analytique	2
B. L'idée de système : le formalisme	6
C. L'opposition	12
D. Le point de départ ; l'être et le rapport	17
E. Sur l'histoire de la méthode synthétique	19
§ 2. — Nombre : unité, pluralité, totalité	37
A. Caractère synthétique des nombres	38
B. La place du nombre dans la série des concepts	42
C. Le nombre généralisé de la nouvelle analyse	45
§ 3. — Temps : instant, laps de temps, durée	51
A. L'originalité du temps	52
B. Le concept de temps	60
C. La mesure du temps	68

CHAPITRE II
TEMPS, ESPACE, MOUVEMENT

	Pages
§ 1. — Espace : point, distance, droite	73
A. Le concept d'espace	75
B. Les espaces non euclidiens	81
C. Les espaces à plus de trois dimensions	92
D. Les postulats de la géométrie	96
§ 2. — Mouvement : séjour, déplacement, transport	107
A. Le concept de mouvement	108
B. La relativité du mouvement	115

CHAPITRE III
MOUVEMENT, QUALITÉ, ALTÉRATION

	Pages
§ 1. — Qualité : positif, négatif, déterminé	121
A. La notion de qualité	123
B. Les qualités et la dialectique	145
§ 2. — Altération : persistance, dénaturation, transformation (de la qualité)	156
A. Comment constituer une notion intelligible et à peu près complète de l'altération en général	157

CHAPITRE IV

ALTÉRATION, SPÉCIFICATION, CAUSALITÉ

Pages

§ 1. — Spécification : genre, différence, espèce 167
    A. La loi de spécification en elle-même 167
    B. Remarques sur l'objet de la classification. 192
§ 2. — Causalité : cause, effet, action 205
    A. Généralités sur la relation causale 206
    B. La causalité mécanique proprement dite. 253

CHAPITRE V

CAUSALITÉ, FINALITÉ, PERSONNALITÉ

§ 1. — Finalité : fin, moyen, système 263
    A. La doctrine des conditions d'existence 264
    B. La notion de finalité 296
§ 2. — Personnalité : moi, non-moi, conscience 326
    A. L'esprit ou la conscience 329
        a. La représentation théorique 345
        b. La représentation pratique 379
        c. La représentation affective 433
        d. Fin du progrès synthétique 444
        e. La synthèse totale 446
    B. Sous quelle forme faut-il se représenter la réalité première ? . 450
    C. Les êtres dépendants 460

ESSAI
SUR LES ÉLÉMENTS PRINCIPAUX
DE
LA REPRÉSENTATION

CHAPITRE PREMIER

RELATION, NOMBRE, TEMPS

§ 1. — RELATION
THÈSE, ANTITHÈSE, SYNTHÈSE

Puisque la compréhension et l'extension des idées sont en raison inverse l'une de l'autre, il faut, si l'on pousse aussi loin que possible l'explication du particulier par le général, qu'on aboutisse à un terme dont la compréhension soit réduite jusqu'au dernier point. Pour parler un langage qui serre de plus près la nature des choses, la méthode analytique, en éliminant par degrés toute la complexité du monde, doit arriver, en fin de compte, à un élément simple à la rigueur. Mais qu'on prenne pour élément ultime l'être parfaitement pur et vide ou même, si l'on veut, le néant, ni l'un ni l'autre ne présente la simplicité absolue qu'on devait atteindre. En effet l'être exclut le néant et le néant exclut l'être, mais il est impossible de trouver aucun sens à l'un ou à l'autre hors de cette fonction d'exclure son opposé. Or que faut-il induire de là ? C'est, sans doute, que chaque chose a son opposé ; car nous venons de considérer le cas le plus favorable possible à la découverte d'un simple absolu.

Nous admettrons donc comme un fait primitif, qu'on peut présenter de diverses manières, mais qui toujours, semble-t-il, s'impose avec une force singulière : que tout *posé* exclut un *opposé*, que toute *thèse* laisse hors d'elle une *antithèse* et que les deux opposés n'ont de sens qu'en tant qu'ils s'excluent réciproquement. Mais ce fait primitif se complète par un autre qui ne l'est pas moins. Puisque les deux opposés n'ont de sens que l'un par l'autre, il faut qu'ils soient donnés ensemble : ce sont les deux parties d'un tout. Sans doute ils se présentent comme exclusifs l'un de l'autre : mais c'est une façon de s'appeler; et si, dans le cas de l'opposition contradictoire, il y a une difficulté particulière à comprendre comment deux termes qui se suppriment entièrement l'un l'autre peuvent aller l'un avec l'autre, cette difficulté, qu'il faudra seulement écarter à son heure, ne saurait nous empêcher de voir le fait de l'union des opposés, car il la déborde de beaucoup, puisqu'il s'étend aux oppositions de tous les degrés. Ainsi aux deux premiers moments que nous avons déjà trouvés dans toute notion, il faut en ajouter un troisième, la *Synthèse*. Thèse, antithèse et synthèse, voilà dans ses trois phases la loi la plus simple des choses. Nous la nommerons d'un seul mot la *Relation*.

Développements.

A. — *La méthode analytique*.

Quelques réserves que notre entreprise comporte (et nous en ferons nous-même dans le prochain développement), nous tentons, dans cet *Essai* de construire par synthèse la représentation. Or la méthode synthétique est précisément l'inverse du procédé ordinaire de la pensée. Dans la conversation familière, pour autant qu'on y admet quelque méthode, et soit dans la constitution soit dans l'enseignement des sciences, on ne fait que des analyses ; ou du moins l'analyse est la seule opération qui se manifeste au grand jour de la conscience. Le syllogisme, l'induction et le jugement sont, entièrement ou principalement, des modes de l'analyse. — Le syllogisme, en effet, si on le prend dans son type parfait, bArbArA ou cElArEnt, consiste à attribuer médiatement au mineur ou à en exclure médiatement un prédicat qui est attribué immédiatement au moyen ou en est exclu immédiatement. En d'autres termes le moyen possède essentiellement ou exclut essentiellement tel caractère ; le moyen se retrouve dans le mineur : il y apporte donc, ou en écarte, le caractère que par lui-même il possédait ou excluait. D'une attribution immédiate on passe à une attribution médiate : mais, quoi qu'il y ait là une sorte de mouvement, au fond c'est toujours le même attribut qu'on rapporte au même sujet et par conséquent le syllogisme est une opération analytique. Est-ce à dire qu'il ne suppose pas quelque synthèse ? Nullement. Mais il travaille sur elle et ne la fait pas. Tant s'en faut, qu'il tire au contraire toute sa force probante de la persistance d'une même affirmation ou d'une même négation. Si Socrate est mortel ou n'est pas infaillible, c'est parce que l'homme est mortel ou n'est pas infaillible. Du reste il n'y a là aucun cercle vicieux ni même aucune assertion insignifiante : car le syllogisme n'est pas nous ne savons quel jeu de mots, ou, si l'on veut, quel exercice formel, où la pure extension tiendrait lieu du contenu des idées. Il ne faut pas prendre au pied de la lettre de soi-disant syllogismes qui ne sont que des exemples d'école. La majeure n'y est pas constituée d'une façon normale et c'est pour cela qu'ils n'ont pas de sens. Le vrai syllogisme est celui qui part d'une vérité immédiate, ou prise comme telle, pour aboutir à une vérité médiate et celui-là n'est pas vain : il exprime adéquatement un aspect des choses. Mais il ressort précisément de sa nature bien comprise qu'il est un procédé analytique. — Le véritable rôle de l'induction est de nous procurer des majeures et s'il y a une des prémisses du syllogisme qu'on puisse être tenté de regarder comme synthétique (au moins quelquefois) c'est assurément la majeure : d'où il semblerait résulter qu'on fait une synthèse lorsqu'on induit. Or, tout en étant loin d'être faux, cela n'est pourtant pas parfaitement exact. En effet, malgré la part capitale, dans ce procédé, de l'hypothèse, de l'idée qui vient permettre d'interpréter les faits, on ne peut pas dire sans réserves que l'induction consiste à prendre deux termes séparés et à inventer un moyen de les unir. Force est bien de tenir compte de ce que ce ne sont pas les deux faits seulement qui sont donnés dans l'expérience, mais encore, en un certain sens, leur liaison. La longévité et l'absence de fiel ne sont pas absolument tout ce que fournit l'observation de la réalité ; et ce ne peut pas être tout, puisqu'on suppose que la loi à découvrir est au fond des faits. Il y a donc, dans les données de l'expérience, quelques signes de la loi qui la suggèrent, puis la prouvent. L'induction n'est qu'une bonne lecture de l'expérience. Par suite, on ne peut refuser toute valeur à l'opinion des penseurs qui la définissent comme une analyse de l'expérience. Elle n'est pas proprement une opération synthétique parce que, alors même qu'elle infère des rapports synthétiques en eux-mêmes (et encore n'est-ce pas toujours le cas), contente de reconnaître des synthèses toutes faites, elle n'en crée pas. On ne saurait s'étonner, après cela, qu'elle passe aisément, bien que peut-être à tort, pour un procédé tout analytique. — C'est à meilleur titre encore que le jugement se prête à la même qualification. Sans doute il y a au fond de la pensée des jugements de bien des types et, dûment examinés, tous ne se ramèneraient pas à des analyses. Mais, sous sa forme à la fois usuelle, consciente et logique : un sujet, un attribut et la copule *est*, le jugement se prête très mal à exprimer des synthèses. A moins de le dénaturer il faut convenir qu'il énonce toujours le prédicat à titre de partie, d'élément du sujet ; et c'est même pour cela que les propositions affirmatives ne sont pas réciproques, au moins en règle générale. — La méthode analytique est donc ou paraît être presque partout suivie par la pensée ordinaire ; quoi de surprenant, après cela, si l'on a été tenté d'y voir la méthode unique et si lorsqu'on a voulu la compléter par une autre on est malaisément parvenu à s'exprimer et même à penser avec clarté ? Cependant il est impossible de s'y tenir et en dépit des apparences la pensée ordinaire ne s'y tient pas. Personne depuis bien longtemps ne veut plus s'associer à la gageure de Parménide ; mais on attend encore un métaphysicien qui fasse voir que Parménide a mal compris l'essence dernière de la méthode analytique et il est étrange que des philosophes, qui poursuivent avec ardeur une formule souverainement générale dans l'extension de laquelle seraient toutes les lois du monde, ne s'aperçoivent pas qu'ils vont droit à l'éléatisme. On peut démontrer à la rigueur que la méthode analytique prise pour méthode unique y conduit. Si donc l'éléatisme est une doctrine condamnée, il faut qu'il y ait une autre méthode que l'analyse. Ce qui fait qu'on ne s'en rend pas compte, vite et invinciblement, c'est qu'il se glisse dans la pensée ordinaire, à laquelle la pensée scientifique emprunte ses matériaux, et peut-être aussi dans la pensée scientifique elle-même, une foule de synthèses. Souvent en effet on se dispense de ramener à leur forme logique les jugements que l'on met en œuvre, et grâce à des copules dont le sens n'est pas précis, un prédicat est rapporté à un sujet dont aucune analyse ne saurait le faire sortir, comme lorsqu'on dit par exemple qu'il n'y a point d'unité sans pluralité. D'autre part on n'examine pas toujours avec scrupule la constitution des concepts dont le jugement et le syllogisme sont le développement. Quelquefois même on se fait et on doit se faire une loi d'écarter tout examen de ce genre. On prend donc les notions toutes faites, le sachant ou non, et avec elles on introduit des synthèses assez complexes pour fournir à une longue suite de déductions. Voilà comment il arrive qu'on ne voit que la puissance de l'analyse et qu'on en méconnaît les limites.

B. — *L'idée de système; le formalisme.*

Il y a toutefois une doctrine, qui n'est pas née d'hier bien qu'elle soit assez en faveur aujourd'hui, pour laquelle l'insuffisance de l'analyse pure n'a jamais fait doute. Disons mieux : aux yeux d'un empirisme conséquent l'analyse est radicalement impuissante. Si quelques empiristes se sont inclinés devant les mathématiques, c'est qu'ils ne sont pas allés au bout de leur pensée. Quand l'empirisme est bien lui-même, il ramène, l'inclusion compréhensive d'une notion dans une autre à une simple coexistence et il formule l'axiome fondamental du syllogisme en disant : deux choses qui coexistent avec une troisième coexistent entre elles. Mais l'empirisme, dans cette conception radicale, est presque ouvertement une négation de tout savoir. C'est pourquoi il a peu d'adeptes. La plupart de ceux qui le professent un moment le font suivre d'une histoire génétique du monde qui est, à vrai dire, une logique et même une logique analytique. Rien ne montre mieux le pouvoir qu'a conservé sur les esprits l'idée de système. On en médit, ce qui est facile, on la calomnie même, mais on y revient ou plutôt on ne s'en détache jamais. Qu'est-ce à dire ? C'est que, en réalité, il n'y a pas de savoir qui ne soit systématique. Si le savoir consistait à mettre des faits les uns à côté des autres (et encore serait-ce là les lier en quelque manière), les empiristes ne s'efforceraient point de sortir de leur doctrine : ils ne chercheraient point à rendre compte de la formation de nos idées au moyen d'une « psychologie analytique », ni de celle du monde par une histoire dogmatique dont le fond solide est le mécanisme. Savoir, c'est donc toujours assigner des rapports nécessaires entre les choses. Or, qu'est-ce qu'un système, sinon un ensemble de termes nécessairement liés entre eux ? — Soit, dira-t-on ; renonçons à l'empirisme ; convenons que tout savoir est systématique. Mais qui empêche d'admettre qu'il n'y a savoir et système que là où il y a analyse ? Comme points de départ des analyses on poserait certaines données, synthétiques peut-être ; ces données seraient sans lien entre elles et de chacune dépendrait un système isolé. De cette manière on éviterait l'empirisme aussi bien que l'éléatisme. Sans doute cette doctrine moyenne a quelque chose de spécieux. Mais, si on l'examine avec un peu de rigueur, on verra qu'elle n'est au fond que l'empirisme. En effet, d'une part elle ne s'explique pas sur la constitution des genres premiers : de sorte que s'il faut voir en eux des synthèses, ce sont des synthèses empiriques ou pour mieux dire des coexistences de faits. D'autre part, la présence de ces genres dans une même pensée, ou dans un même monde, comme on voudra, n'est encore que rencontre accidentelle, coexistence sans loi. Or le développement régulier de l'analyse se comprend mal, s'il n'est la contrepartie d'une opération synthétique également régulière, et le passage d'un genre à un autre qui en serait absolument séparé semble bien difficile, si l'on renonce aux expédients ordinaires de l'empirisme. Invoquer ici une unité transcendentale de la conscience ou une unité du monde, ce serait s'engager implicitement à faire voir dans chacun des genres premiers une fonction déterminée de la pensée ou de l'univers, à moins que ce ne fût se payer de mots. Il semble donc qu'en rejetant l'empirisme nous admettons du même coup que les choses forment un système. — Que nos connaissances fassent un système, reprendra-t-on, passe encore ; mais le temps n'est plus où l'on pouvait pardonner à la raison d'être orgueilleuse : il y a un inconnaissable et il faut qu'elle s'humilie devant lui. La pensée, après tout, n'a pas accès dans la sphère la plus haute de la réalité. C'est toujours au fond l'empirisme qui parle : car l'agnosticisme n'en est que l'aboutissement. Mais, de même que les empiristes se laissent entraîner à beaucoup de savoir, pareillement les partisans de l'inconnaissable le sondent volontiers et en pénètrent les mystères. Kant, par exemple, est passablement instruit de la nature foncière du monde nouménal et, d'une manière générale, on peut trouver que le mystère de l'inconnaissable ne s'épaissit vraiment que pour voiler à point nommé des contradictions. Pourquoi cela ? C'est que, lorsqu'il n'est pas la négation pure et simple du connaissable, l'inconnaissable n'est que l'inconnu ou plutôt le mal connu. Pour qu'il fût une existence positive en dehors de la connaissance, il faudrait que la pensée pût sortir d'elle-même pour toucher les choses. Et, de fait, on désigne volontiers l'inconnaissable, comme une terre étrangère où la pensée aborde mais ne débarque pas, ou comme un océan inaccessible qui vient battre nos rivages. Toutes ces métaphores tactiles révèlent chez les partisans de l'inconnaissable la persistance de l'illusion réaliste. Ils croient donc que la pensée sort d'elle-même ou qu'il y entre des objets. Or que signifie dans son ensemble toute la philosophie moderne, celle de Descartes, de Leibnitz, de Kant et aussi celle de Berkeley et même de Hume, sinon que la connaissance est l'œuvre intérieure du sujet pensant ? Que si nous renonçons à cette doctrine pour en revenir à expliquer la pensée par une influence des choses, nous nous heurterons aux mêmes difficultés que les anciens ; et après avoir bien réfléchi sur l'action causale des objets, nous serons forcés de reconnaître, avec Aristote, qu'il faut à chaque activité une passivité appropriée, de sorte que la connaissance ne nous apparaîtra plus comme une introduction dans le sujet d'éléments étrangers à lui, mais comme un passage à l'acte de ses puissances. Dès lors que pourra être l'inconnaissable si ce n'est une négation du connaissable ? Le vrai inconnaissable, s'il y en avait un, serait quelque chose que nous ne songerions même pas à nommer, car comment nous douterions-nous qu'il existât? Si donc la connaissance a des limites, cela ne peut avoir qu'un sens : c'est qu'un moment arrive où elle s'achève ; mais cela revient précisément à dire qu'elle constitue un système. En dehors des écoles empiristes (et encore faut-il faire des réserves) ni les anciens ni les modernes n'ont cru qu'il en pût aller autrement : que la pensée soit un reflet des choses (car certains rationalistes ont cru pouvoir penser cela), ou, au contraire, qu'il n'y ait point de choses hors de la pensée, en partant de l'une comme de l'autre hypothèse, on démontre que la pensée n'a de bornes que celles qu'elle pose. Est-ce à dire, maintenant, que le système des choses puisse être constitué sans l'aide des méthodes expérimentales et qu'un individu puisse se flatter, dans l'état présent du savoir, d'en assigner avec beaucoup de chances de succès les principales pièces ? La première de ces prétentions serait un non-sens : il n'y a en effet qu'une ressemblance nominale entre l'empirisme et la méthode expérimentale. La connaissance empirique, qui d'ailleurs a peut-être son domaine s'il y en a un dans le monde pour la contingence, est aux yeux des savants un mode de pensée accidentel et provisoire : ils croient que les faits sont liés, non juxtaposés, et les procédés expérimentaux loin d'avoir pour but de constater quelque coexistence sans raison doivent mener à découvrir l'ordre rationnel des faits. Si on le découvre graduellement, c'est que le temps est un élément des choses et de la raison. La méthode expérimentale n'est donc atteinte en aucune façon par une condamnation de l'empirisme. Quant à croire qu'aucun système individuel reproduise passablement le système du monde, c'est une illusion que personne sans doute ne s'est faite. Autre chose est de penser que la science peut se faire, et de chercher par quelle méthode, autre chose est de voir dans les constructions qu'on essaye plus qu'une illustration de la méthode proposée et dans cette méthode même plus qu'une ébauche lointaine du procédé vrai. Aurait-on trouvé parmi les Hégéliens les plus passionnés ou surtout, au fond de la conscience de Hegel, un homme qui regardât la construction hégélienne comme définitive, à n'en prendre même que la partie purement logique ? Il y aurait outrecuidance ou naïveté, fût-on maître de toutes les connaissances acquises aujourd'hui et doué du génie d'un Aristote, à s'estimer capable de refaire le monde ; mais il n'y a sans doute rien de tel à reprendre la vieille conviction que le savoir est systématique et à tâcher d'apercevoir quelque chose de la méthode qu'exige le savoir ainsi conçu.

Achevons donc de faire ressortir les défauts des doctrines empiristes et pour cela envisageons un instant le formalisme. Le même homme, qui voulait être et qui a été le Copernic de la philosophie, entreprit pourtant de rabaisser les prétentions de la pensée. C'est pourquoi, outre qu'il en revint à peu près à la doctrine aristotélicienne des genres séparés, il distingua la matière et la forme de la connaissance, n'attribuant à la raison que la dernière et réservant à l'expérience de fournir l'autre. Fidèle aux traditions d'une logique très occupée de l'extension des concepts et beaucoup moins de leur contenu, il entendit par la forme de la connaissance <u>ce que le péripatétisme en considérait plutôt comme la matière, à savoir le général</u> ; et, inversement, la matière de la connaissance fut pour Kant le particulier et l'individuel, le concret enfin, dont Aristote avait fait ou tendu à faire le formel et l'essentiel des choses. Il en résulta qu'il y eut pour le kantisme deux mondes superposés sans qu'il fût possible de trouver dans l'un d'eux la raison de l'autre. En effet, la matière de la connaissance produite, conformément à l'hypothèse réaliste, par une action de la chose en soi, avait à entrer dans des moules qui n'étaient pas faits pour elle ; si elle s'y accommodait ce ne pouvait être que par une sorte de miracle. Supposer la matière de la connaissance tout à fait informe et indéterminée en elle-même n'était guère possible, car le particulier dans la nature se présentait invinciblement comme déterminé par des formes plus complexes que l'intuition pure et les catégories ; et, d'autre part, le philosophe qui avait accordé une importance capitale à la distinction des jugements analytiques et des jugements synthétiques ne pouvait pas entreprendre de dériver des plus simples les formes les plus complexes. Ce qu'il était naturel d'attendre arriva : Kant finit par reprendre le point de vue de Leibnitz et d'Aristote ; il convint que l'explication du simple devait se trouver dans le complexe et que, pour autant qu'on pouvait comprendre la constitution du fond des choses, il fallait se la représenter comme l'œuvre d'un entendement archétype, d'une puissance qui procèderait du tout aux parties, en un mot de la **finalité**. Dès lors, il n'y avait plus qu'une distinction de degré entre la matière et la forme de la connaissance ; le monde redevenait une hiérarchie de concepts et dans son entier le produit de la pensée. Or a-t-on trouvé depuis une manière nouvelle de présenter le formalisme ou semble-t-il seulement possible d'en trouver une ? Ne faudra-t-il pas toujours que la forme s'explique au bout du compte par la matière comme la partie par le tout, ce qui réduit à rien l'hypothèse formaliste, ou bien que la forme et la matière restent face à face, séparées et à jamais inconciliables, situation où éclaterait le caractère arbitraire et empirique du formalisme ? — Ainsi, en résumé, l'empirisme n'est que la négation du savoir, le formalisme ne peut s'accommoder de la matière de la connaissance, le savoir, quoi qu'on fasse, est un système ; et cependant la méthode analytique est et demeure insuffisante. Que conclure de tout cela, sinon qu'il faut à côté de l'analyse un autre procédé méthodique comme elle, en un mot qu'il doit y avoir une méthode synthétique ?

C. — *L'opposition.*

Le moment décisif de cette méthode est l'opposition. Par l'analyse, en effet, <u>on tire d'une notion les notions élémentaires qu'elle contient</u>. Mais s'il est vrai que la pensée ne se contente pas et ne peut pas se contenter de développer les notions, s'il faut qu'elle passe d'une notion à une autre et que ce passage soit une opération définie aussi bien que l'analyse, on n'y peut trouver qu'un fondement : c'est que chaque notion a son opposé. Là est le seul moyen, et on l'a senti, de comprendre que le savoir, essentiellement divers, soit en même temps essentiellement systématique. « La science des contraires est une » : formule qu'Aristote aime à répéter. Mais on s'est rarement attaché à déterminer le sens de la contrariété ; et cependant le sujet en valait la peine. — Tout d'abord, il n'y a même pas d'éclaircissement à tirer de la distinction classique entre les propositions contradictoires et les propositions contraires. Selon la logique scolaire ces deux propositions : Tous les hommes sont blancs, Quelques hommes ne sont pas blancs, sont des contradictoires, et ces deux autres : Tous les hommes sont blancs, Nul homme n'est blanc, sont des contraires. La distinction des deux sortes d'oppositions est donc une pure affaire de quantité. Mais la quantité logique est à peine un moment de la pensée : car d'une part l'universalité n'est que le substitut empirique de la nécessité ; de l'autre, la particularité est le signe empirique de l'accidentel : et la pensée évite autant que possible les jugements accidentels ; attitude toute naturelle puisque, pour la connaissance, l'accident n'est qu'une propriété isolée et flottante qu'on rapporte, dans une pensée imparfaite, à un sujet qui passe pour ne pas la posséder par soi, mais seulement sous une certaine condition qu'on manque à déterminer. Les propositions dites contraires sont donc, au fond, des contradictoires et toutes les fois qu'elles expriment des pensées précises, c'est-à-dire toutes les fois qu'elles énoncent des rapports essentiels, elles sont, aussi bien que les contradictoires, incapables d'être fausses toutes les deux. — Partant de là on comprendra aisément que la méthode synthétique est à nos yeux tout autre chose que l'art de reconnaître des contraires dans deux propositions prises à tort pour des contradictoires, et de remplacer ces propositions fausses toutes deux par des subcontraires vraies toutes deux. Par exemple, nous ne verrons pas un emploi de la méthode synthétique dans la conciliation de cette contradiction apparente : l'homme est blanc, l'homme n'est pas blanc. Les subcontraires : Quelques hommes sont blancs, Quelques hommes ne sont pas blancs, n'ont pas à vrai dire le même sujet et il n'est pas vrai que l'homme soit et ne soit pas blanc ; ou plutôt on ne sait pas ce qu'on veut dire quand on parle ainsi. On n'aurait exprimé une pensée qu'en disant quelque chose comme ceci : l'homme caucasique est blanc, l'homme caucasique n'est pas blanc. — L'opposition, telle que nous la cherchons, doit être à la fois essentielle et distincte de la contradiction. Elle doit être distincte de la contradiction parce que nos opposés s'unissent dans une synthèse et qu'il est impossible d'unir les contradictoires. Sans doute l'union synthétique, comme nous la concevons, n'est pas la même chose que la réunion de deux attributs divers dans un sujet par la pensée ordinaire ; car la pensée ordinaire présuppose le sujet, tandis que la synthèse le construit (et c'est même là proprement la fonction de la synthèse) ; mais ici cette différence importe peu, puisque, dans un sujet à constituer, aussi bien que dans un sujet tout fait, les contradictoires se repoussent invinciblement. Le caractère absolu de cette exclusion réciproque de ses deux termes est même ce qui définit la contradiction. Or la raison manifeste d'une exclusion de cette sorte se trouve dans ce que l'un des deux termes est la négation au sens propre, la négation complète de l'autre. Ainsi il y a contradiction entre l'unité et la non-unité, entre le point et l'absence de toute susceptibilité d'être situé, tandis qu'il n'y a pas contradiction entre l'unité et la pluralité, entre le point et l'intervalle spatial. On ne saurait, il est vrai, faire prendre à la pluralité ou à l'intervalle le rôle et le nom de l'unité ou du point; et il semblera peut-être résulter de là que les contraires s'excluent de la même manière que les contradictoires. Mais il n'en est rien. Si les contraires ne peuvent se substituer l'un à l'autre, c'est qu'il y a une contradiction impliquée dans l'idée de cette substitution, ce n'est pas qu'il y en ait une entre les deux contraires. En effet, lorsqu'on veut identifier sans restriction ni réserve deux choses différentes (nous ne disons pas : lorsqu'on veut les faire collaborer dans une synthèse), on fait toujours naître par là une contradiction, quelle que soit la nature de la différence qui sépare les deux choses, puisque l'opération qu'on essaie revient à faire entrer en jeu le non-différent, contradictoire du différent, et à vouloir en outre que tous les deux ne fassent qu'un. Par conséquent nous pouvons continuer de regarder la contrariété et la contradiction comme distinctes. En quoi donc, encore une fois, consiste leur différence? La contradiction, disons-nous, est une opposition absolue, l'opposé y est la négation, sans réserves, du posé. Or, si cela est, l'un des deux termes seul peut être réel, puisque l'autre est tout négatif. Mais le cas des contraires est tout à fait dissemblable. Ils ne se nient pas entièrement l'un l'autre et cela demande qu'ils aient de la réalité l'un comme l'autre. La contrariété, en un mot, <u>est une opposition réelle</u>. Comment cela? Les contraires, disait Aristote, sont les extrêmes dans un même genre. Détournant pour un instant l'idée de genre de son sens consacré de notion plus simple que les notions différenciées qu'on y distingue, nous pouvons, afin de nous faire comprendre, user de la formule aristotélicienne, tout en songeant à un passage du moins complexe au plus complexe et nous dirons : l'unité et la pluralité sont quelque chose de numérique ; le point et l'intervalle sont tous les deux quelque chose de spatial. Et ce quelque chose de numérique ou de spatial constitue pour chacun des opposés un contenu positif. De même, le temps et l'espace se rapportent l'un et l'autre, sous un certain aspect, au « genre » du mouvement. Pareillement enfin, pour prendre la plus simple des oppositions, la thèse et l'antithèse ne sont pas l'une, affirmation pure, et l'autre, négation pure. Elles s'excluent comme moments d'un même « genre », savoir du « genre » de l'opposition relative et conciliable. Ici nous prenons sur le fait le passage de l'opposition non-absolue à l'opposition réelle, puisque nous voyons la relativité de la plus simple des oppositions en constituer la réalité ou le contenu. Qu'est-ce donc que la contrariété ? Nous le savons maintenant : c'est l'opposition réelle. Ajoutons que si cette opposition est féconde, c'est précisément parce qu'elle est réelle. Car il est clair que si nous allions d'une thèse positive à une antithèse qui n'en serait que la négation nous ne ferions aucun progrès, puisque nous supprimerions dans cette démarche ce que nous viendrions de poser. Il y a progrès parce que, par l'acte d'opposer les deux contraires, on élabore un contenu. Quant à la nature de ce contenu, nous déterminerons tout à l'heure, la conception générale qu'il faut s'en faire. — Nous sommes amenés, on le voit, à nous représenter la contradiction comme le degré extrême de l'opposition. Or la facilité qu'on trouve à la comprendre en l'envisageant de cette manière confirme la distinction du contraire et du contradictoire. Si l'on faisait de la contrariété une contradiction, on n'arriverait pas à comprendre la contrariété ni la contradiction, puisque, deux contradictoires s'excluant absolument, on ne verrait pas comment ils peuvent, de quelque façon que ce soit, nous être donnés ensemble. Mais si la contradiction n'est qu'une contrariété portée à l'absolu, on comprend que les deux contradictoires soient donnés ensemble, sous la réserve, toutefois, que ce soit d'une manière purement idéale : d'où il suit que la contradiction appartenant à la pensée en pleine possession de soi et réfléchie, c'est là qu'il en faudra chercher la raison d'être et en signaler l'apparition. — Le concept de la contrariété et des contraires ainsi fixé, on demandera si, effectivement, il y a quelque chose qui y réponde et peut-être les mots de « fait primitif », dont nous nous sommes servis plus haut pour qualifier la corrélation de chaque concept avec le contraire que nous lui avons attribué, passeront-ils pour l'aveu déguisé d'une hypothèse arbitraire. Voici ce que nous avons à dire. L'existence d'un contraire pour chaque notion, puisqu'elle doit se retrouver partout dans la connaissance, ne peut pas être démontrée directement, par le syllogisme, à la façon d'une vérité déductivement médiate ; et, quand nous l'avons appelée un fait primitif, nous avons voulu seulement en marquer le caractère immédiat. Mais un fait n'est pas pour nous ce qu'il est pour la pensée empirique ; on peut, à notre point de vue, faire plus que le constater : on peut le prouver ; et, dans l'espèce, il y a pour nous presque une double preuve du fait primitif de l'opposition. D'abord le succès acquis, ou du moins approché, d'une construction du savoir fondée sur la donnée de ce fait est un premier argument en faveur de sa réalité. Toutefois, puisqu'il est reconnu qu'on peut, syllogistiquement au moins, conclure le vrai du faux, nous accorderons que notre hypothèse ne serait pas rigoureusement prouvée par la vérité de ses conséquences. Mais est-il impossible de la prouver par l'absurde ? Il semble que non. Car enfin, si le fait en question n'existe pas, de deux choses l'une : ou bien chaque notion se suffit à elle-même, partant, tout ce qui est hors d'elle la contredit et on aboutit ainsi à la doctrine d'Antisthène, c'est-à-dire à immobiliser la pensée dans la tautologie ; ou bien tout est dans tout, au sens strictement analytique, et l'on en vient à rejeter le principe de contradiction, en suite de quoi la pensée s'abîme dans la confusion universelle. L'empirisme, quand il ne reviendrait pas à la seconde alternative de ce dilemme, serait toujours un expédient trompeur. N'avons-nous donc pas la preuve qu'en dehors du fait primitif de l'opposition des contraires et, par suite, de leur conciliation synthétique, il n'y a pas de procédé pour constituer la pensée, et enfin l'existence de ce fait n'est-elle pas ainsi indirectement prouvée ?

D. — *Le point de départ ; l'être et le rapport.*

En admettant l'opposition comme le principe de notre méthode, nous nous donnons du même coup le premier élément de l'édifice qu'elle doit nous apprendre à élever. D'abord nous voyons que l'Être n'est pas cet élément. L'Être en effet peut se prendre en deux sens : c'est l'Être souverainement réel ou c'est l'Être vide des Éléates. Or celui-là en vertu de sa notion même, dont nous n'avons pas maintenant à examiner la valeur ni à définir la vraie signification, ne peut avoir de contraire mais seulement un contradictoire, c'est-à-dire qu'il est peut-être le terme du système des choses, mais qu'il n'en est certes pas, du moins au point de vue où nous sommes maintenant placés, le commencement ; et il en faut dire à peu près autant de l'Être éléatique, car bien qu'il n'ait pour ainsi dire pas de contenu, il se présente comme quelque chose qui se suffit à soi-même, il affecte le caractère de l'absolu, il n'admet lui aussi qu'un contradictoire, le non-être, et pas de contraire : c'est un terme abstrait et idéal, et non pas réel. Ou plutôt il n'est réel que dans la pensée réfléchie, laquelle le crée pour dépasser en simplicité l'être relatif, le rapport. C'est précisément celui-ci qui est l'élément réel qu'il nous faut, car, malgré sa simplicité, il est encore assez complexe pour avoir, comme nous le verrons, un contraire et d'ailleurs, pour tout dire et donner notre raison démonstrative, le rapport n'est qu'un autre nom du principe de l'opposition. Or, puisque nous n'acceptons pas le formalisme, il y a pour nous identité entre la forme et le fond : le premier principe de la méthode et le premier élément des choses ne peuvent, à nos yeux, faire qu'un. Nous allons donc constituer les choses avec des rapports? Sans doute. Des choses qui seraient en elles-mêmes primitivement, des choses dont la nature serait la source des lois, au lieu de découler des lois ou de leur être identique, ne pourraient entrer dans un système de relations que par un artifice de la pensée et il faudrait renoncer à notre méthode pour nous retrouver en face d'Antisthène ou de l'empirisme. Les choses en soi ne sont que des abstractions et de même les substances, les noumènes, l'absolu envisagé à la manière de Hamilton. Nous n'y voyons du moins rien de plus et nous nous avouons phénoméniste, pourvu qu'on n'attache à ce mot aucune idée d'empirisme; ou, si l'on aime mieux, nous sommes idéaliste au sens où le furent les Pythagoriciens quand, renonçant aux supports physiques sur lesquels leurs prédécesseurs avaient fait reposer ces déterminations, ils prirent comme l'étoffe même des êtres, le fini, l'infini, l'unité. Les plus profonds parmi les philosophes les ont suivis en cela et on ne donnerait pas une idée fausse de la philosophie en disant qu'elle est l'élimination de la chose en soi. Un tel idéalisme est d'ailleurs ce qu'on peut imaginer de plus réaliste : c'est, pour employer un mot que les Péripatéticiens opposent volontiers à celui de logique, une doctrine pragmatique. Elle prétend n'admettre aucune idole, et n'en pas faire une du rapport lui-même, car la Relation comme tous les noms analogues : nombre, temps, etc., n'est pour elle qu'une autre désignation, un peu moins déterminée, de la synthèse en général, de la totalité, de la durée, etc.; mais, justement, à mesure qu'elle s'éloigne de l'idolâtrie, elle s'attache à la vérité.

La réalité vraie n'est pas le prétendu réel des écoles dites réalistes, c'est le rapport, plus ou moins riche d'un contenu qui fait corps avec lui parce que ce contenu est lui-même rapport. Le monde est une hiérarchie de rapports de plus en plus concrets jusqu'à un dernier terme où la relation achève de se déterminer, de sorte que l'absolu est encore le relatif. C'est le relatif parce qu'il est le système des relations et aussi en un autre sens, parce que, terme de la progression, il est le point de départ par excellence de la régression. Dans cette conception où tout a sa place marquée et sa relation assignable avec tout le reste, où, pour mieux dire, chaque chose est l'ensemble de ses relations avec les autres, terme d'un progrès, point de départ d'une analyse, chaque essence se définit sans danger de cercle vicieux. On trouve par la synthèse ce qu'elle doit contenir et on y retrouve ce contenu par l'analyse. C'est encore là un cercle, mais il n'est nullement vicieux. Les deux extrêmes de la hiérarchie se démontrent sans doute l'un par l'autre, mais non de la même manière : le plus simple sort du plus complexe par une série d'analyses, le plus complexe se superpose nécessairement au plus simple par une série de synthèses. Tel est le résultat auquel on parvient, semble-t-il, quand on donne à la relativité de la connaissance le sens précis qu'elle comporte; c'est-à-dire quand on la définit comme étant l'opposition suivie de la synthèse. Si, lorsqu'on affirme que la connaissance est relative, il ne faut pas entendre que chaque notion tienne à une rigoureuse infinité de rapports, cette relativité n'est pas comme on l'a cru quelquefois un obstacle au savoir : elle en est le moyen.

E. — *Sur l'histoire de la méthode synthétique.*

Le besoin d'une méthode synthétique s'est fait sentir dès qu'on a été capable de distinguer passablement les notions; car le vieux matérialisme ionien se trouva dissipé comme un nuage et au lieu de l'infini d'Anaximandre qui n'était que confusion dans le vague des ténèbres, une pensée plus lumineuse voulut une nouvelle sorte d'unité. Aussi Héraclite, qu'on regarde trop souvent comme un empiriste, eut-il déjà le sentiment qu'un passage réglé devait conduire d'un état du monde à un autre : seulement on ne sut jamais quelle conception précise il avait d'un tel passage, si par hasard il en avait une : puisqu'il y aurait abus, d'après Aristote, à lui faire affirmer l'existence simultanée des contradictoires et par conséquent à voir dans une contradiction immanente la raison de la mobilité qu'il reconnut aux choses.

Quoi qu'il en soit, Platon hérita de ses tendances synthétiques et elles ne manquèrent pas de se définir par leur rencontre chez ce philosophe, avec la doctrine si inflexiblement analytique de Parménide. Platon est convaincu que l'isolement absolu des notions est inacceptable. Il démontre qu'on ne peut se tenir enfermé dans l'Être ni dans l'Un parce qu'il faudrait renoncer à leur appliquer les exigences les plus urgentes de la pensée, à les poser, à les nommer. Donc il faut selon lui que les genres communiquent et, comme une telle communication ne doit pas dégénérer en confusion, il faut qu'elle soit réglée ; de sorte que l'œuvre propre du dialecticien est d'assigner les identités et les différences des genres. Une partie de sa tâche est facile : c'est celle qui consiste à saisir l'élément *un* qui se retrouve le même dans plusieurs genres complexes, à ériger cette unité en genre, à chercher et à dégager de la même façon ce qui est commun à ce genre et à d'autres, ainsi de suite. Mais c'est là un procédé purement analytique et l'unité à laquelle il conduit ne contient pas beaucoup de divers. Seule l'autre opération de la dialectique veut être une synthèse : elle consiste à descendre des genres les plus simples vers les plus riches et à tenter la constitution des essences. C'est ce que Platon appelle la division. Un genre étant donné, on le divise en introduisant deux différences opposées ; et, par exemple, on divise le genre animal en animaux mortels et animaux immortels. Mais on *introduit*, en effet, à la rigueur, les différences dont l'adjonction au genre doit produire les genres plus complexes ou espèces, de sorte qu'on n'établit aucune liaison nécessaire entre les deux éléments de l'espèce. Aussi Aristote a-t-il pu dire que la division est un syllogisme impuissant qui postule ce qu'il s'agirait de conclure et conclut, sans le vouloir, un terme moins complexe que le terme désiré. Ramenée à la forme syllogistique (et sa marche, tout analytique, quoique le résultat poursuivi soit une synthèse, permet de demander qu'elle le soit), la division platonicienne serait un raisonnement où le moyen moins complexe que le majeur ne le contiendrait donc pas dans sa compréhension, et où la conclusion ne nous donnerait aucun gain de complexité. Soit par exemple à démontrer par division que l'homme est mortel ; voici le syllogisme que nous obtiendrons : L'animal est mortel ou immortel ; l'homme est animal ; donc l'homme est mortel ou immortel. Poser que l'homme est mortel ne sera qu'un acte d'arbitraire pur. C'est qu'on ne démontre pas l'essence : tout ce qui est vrai c'est que, l'essence une fois donnée, on peut, en la divisant, en l'analysant, démontrer ses attributs. Ainsi, d'après cette juste critique d'Aristote, Platon ne réussit pas à faire de la division un procédé à la fois synthétique et démonstratif. Mais n'avons-nous pas négligé jusqu'ici un des principaux points de la méthode platonicienne ? Sans doute nous n'avons pas commis la faute de considérer les genres de Platon comme des universaux purement extensifs : nous y avons vu des types, des notions concrètes, de sorte que, quand nous avons admis, pour nous rendre à ses invitations expresses, que les genres, tout concrets qu'ils sont, forment cependant une hiérarchie par complexité décroissante, nous n'avons nullement cru que le terme le plus haut de cette ascension régressive fût quelque chose d'illusoire et de vide. Toutefois, cette réserve suffit-elle, étant donné que le terme dont il s'agit n'est autre, pour l'appeler par son nom, que le Bien lui-même ? Le Bien, n'est-ce pas la cause finale, et la cause finale ne contient-elle pas formellement tout ce qu'il y a de réel dans ce dont elle est la fin ? Cela conduirait à dire que la dialectique ascendante est, en dépit des apparences, un progrès vers le complexe. Mais puisque c'est là une interprétation impossible, étant entendu que la dialectique ascendante non contente de rejeter les caractères individuels et sensibles qui défigurent l'idée dans l'expérience, laisse de côté, à chaque degré, les éléments idéaux propres à chaque idée, il faut qu'il y ait quelque équivoque sur le Bien de Platon. La cause finale de l'être pur, dirons-nous, n'est pas la même chose que la cause finale du monde. Assurément Platon n'en conviendrait pas, parce qu'il croit à l'efficacité de la division pour dériver le complexe du simple. Mais en réalité le Bien est chez lui ce que nous venons de dire : la cause finale de l'être pur. Platon a su apercevoir dans ce concept de l'être si pauvre et si mort une tendance vers le meilleur, comme Aristote une aspiration vers la forme dans la matière et Leibnitz une prétention à l'existence dans le possible. Seulement le Bien de Platon, exténué jusqu'aux dernières limites afin de s'adapter à la place que lui assigne la dialectique ascendante au-dessus de l'essence même, n'est, à parler rigoureusement, qu'un élément très petit de la cause finale du monde. Il s'en faut donc du tout au tout qu'il soit la suprême synthèse ; et, la dialectique ascendante restant ainsi purement analytique, nous sommes rejetés dans notre recherche d'un procès synthétique, sur la division, dont nous connaissons l'incurable défaut. Ajoutons pourtant qu'en reconnaissant partout une tendance au mieux, Platon a été tout près de découvrir un principe de synthèse régulière ; mais pour aller jusqu'à une telle découverte, il aurait fallu qu'il rompît avec le préjugé analytique, qu'il comprît qu'on se trompe de moitié au moins lorsqu'on dit que le plus général est ce qui explique le plus de choses.

Aristote n'a pas cherché avec pleine conscience un procédé synthétique. Tout au contraire : théoricien exact de la méthode analytique, il en a connu les limites mieux que personne, mais ç'a été pour conclure à l'existence de thèses indémontrables, de genres séparés, qu'il n'appartient qu'à l'expérience de procurer et d'unir. Cependant la doctrine des genres séparés n'est qu'une moitié de l'aristotélisme. Le monde n'est pas seulement la juxtaposition des catégories; il est encore et surtout une hiérarchie d'essences de plus en plus formelles. Partout la matière aspire à la forme et est faite pour la forme : c'est-à-dire que le simple est fait pour le complexe et que, à bien examiner le simple, on y trouverait le complexe sous l'aspect d'un vide à combler; tellement, que la matière prochaine et la forme sont la même chose, l'une en puissance et l'autre en acte. Ceux qui n'ont pas compris que la matière est adaptée à la forme sont comme des gens qui penseraient que l'art du charpentier peut venir résider dans une flûte. Ainsi la philosophie d'Aristote dominée par l'idée de la cause finale est dans le fond toute synthétique : mais elle ne se connaît pas comme telle et l'étude de la synthèse y fait absolument défaut.

Descartes, génie presque exclusivement mathématique, grand contempteur des causes finales et en cela fort éloigné du péripatétisme dont il avait pris cependant le fond de sa méthode, analytique comme le syllogisme, ne s'en proposa pas moins une construction synthétique du monde. Mais il crut qu'il suffisait de juxtaposer des natures simples pour construire les choses. Il ne voyait pas que, même en mathématiques, l'esprit, dans les groupements qu'il fait des natures simples, obéit à un but, qui seul rend raison de la complexité produite. Sans doute lorsque l'analyse a trouvé devant elle une nature composée et en a isolé les éléments, il n'y a pour la reconstituer qu'à les remettre ensemble. Mais une synthèse de cette sorte n'a lieu qu'a posteriori : elle ne nous fait pas assister à la constitution des essences, même des essences géométriques, même des essences arithmétiques. Il y aurait donc méprise à voir dans la méthode cartésienne un procédé véritablement synthétique et il faut y chercher encore moins une théorie de la synthèse.

Malebranche n'a guère fait que paraphraser les Règles cartésiennes et Spinoza, si peu cartésien par le but de ses spéculations, n'a pas ajouté davantage à la méthode de Descartes : la synthèse n'est chez lui que ce qu'elle est aux yeux des mathématiciens purs.

Leibnitz, dont l'esprit est la largeur même et qui enrichit si excellemment le fonds de doctrine que l'idéalisme moderne pouvait trouver dans l'héritage de Descartes et même dans celui de Spinoza, aperçut de bonne heure l'étroitesse de la méthode cartésienne. A côté des vérités nécessaires et parmi elles des vérités mathématiques, que l'analyse ramène à des identités, il reconnut des vérités de fait ou contingentes, et comme il était trop attaché au rationalisme pour les fonder à proprement parler sur l'expérience, elles furent pour lui quelque chose comme des synthèses a priori. Mais, comme on va voir, il ne faudrait pas aller plus loin et prendre l'expression à la rigueur. Toute prédication véritable, si contingente qu'on l'imagine, a, selon Leibnitz, quelque fondement dans la nature des choses et lorsqu'une proposition n'est pas identique, c'est-à-dire lorsque le prédicat n'est pas compris expressément dans le sujet, il faut pourtant qu'il y soit compris en quelque manière. Il faut par exemple que le prédicat « vainqueur de Porus » soit compris dans le sujet « Alexandre » et le prédicat « dictateur perpétuel » dans le sujet « César ». Seulement pour ramener une proposition contingente à une identité il ne suffirait pas, comme pour les vérités nécessaires, d'une analyse finie, il y faudrait une analyse infinie. Comment cela? C'est que la liaison du prédicat au sujet dans de telles propositions n'est déterminée que par le concours de la totalité des possibles et il y a des possibles à l'infini. Plaçons-nous à l'origine radicale des choses, c'est-à-dire en Dieu. Il y a dans l'entendement de Dieu des essences : chacune possède nécessairement ses attributs et Dieu ne peut pas les voir autres qu'elles sont, sa volonté n'a rien à faire avec elles. Mais chacune tend à l'existence à proportion de la perfection qu'elle enveloppe et la volonté de Dieu, identique à cette détermination vers le parfait, appelle en effet à l'existence les essences les plus parfaites. Seulement, comme les essences qui tendent toutes vers l'être ne sont pas toutes compossibles, le système d'essences qui se réalise est celui qui comporte le plus grand nombre d'essences possible, pourvues du plus grand nombre d'attributs possible, sous la condition unique que toute contradiction soit évitée. Voilà comment une proposition contingente exprime une liaison qui dépend de la volonté de Dieu, ou encore qui se fonde sur le principe du meilleur, ou enfin qui a sa raison en ce que dans l'infinité du possible il ne s'est rien rencontré pour y contredire. Elle est le résultat d'une sorte de jeu de dames ou de mécanisme métaphysique où les combinaisons portent sur l'infini. Mais Dieu voit pourtant la connexion des deux termes sans accomplir une analyse infinie que ne comporte pas la nature divine et qui est d'ailleurs contradictoire en elle-même. Ainsi il y a aux yeux de Dieu un passage de tout sujet à tout prédicat qu'on en peut affirmer avec vérité et, par conséquent, semble-t-il, tout pouvant en un sens s'affirmer de tout parce que tout fait partie du même monde, il y a passage de toute notion à toute autre et les genres d'Aristote séparés en apparence se tiennent en réalité. C'est là en Dieu l'unité et la loi de continuité dans la nature. Que si on avait demandé à Leibnitz comment il nous est possible de concevoir de pareils passages et d'en accomplir l'équivalent, il nous aurait renvoyés sans doute aux mathématiques, et aurait ajouté que la caractéristique universelle, dès qu'elle serait enfin constituée, nous mettrait à même d'effectuer en toute matière des opérations analogues à celles du calcul infinitésimal. De fait, il a esquissé plusieurs fois le passage d'un genre à un autre là où il est le moins difficile, à savoir du domaine des mathématiques au domaine le plus voisin ; il se plaît à dire qu'on pourrait s'élever de la quantité pure aux qualités sensibles et notamment du mouvement à la chaleur telle que nous la sentons en considérant celle-ci comme un assemblage de mouvements infiniment petits. — Voilà donc comment Leibnitz conçoit le passage d'une notion à une autre qui lui est étrangère. Y a-t-il là, au point de vue humain, une solution véritable du problème métaphysique de la synthèse ? D'abord, aux déclarations de Leibnitz en faveur de l'infini actuel dans la nature, on en peut opposer d'autres qui en limitent la portée et celles-ci sont confirmées par l'attitude qu'il a prise comme mathématicien. Comme mathématicien il a toujours professé que les grandeurs infinitésimales n'étaient que des fictions ; que, par conséquent, la limite ne devait point être tenue pour comprise dans la série qui y tend, mais seulement que, tout en y demeurant extérieure, elle pouvait être traitée, comme si elle y était incluse. C'est, ainsi qu'il le dit en propres termes, réduire à une figure philosophico-rhétorique l'assimilation du point à une ligne infiniment petite et du repos à un mouvement infiniment petit. Mais, dès lors, le calcul infinitésimal ne résolvant pas le problème métaphysique de la synthèse, nous ne pouvons plus trouver la solution cherchée que dans l'unité de Dieu ou dans ce mécanisme dont résulte l'association des essences. Or ce qu'on peut dire de mieux de l'unité de Dieu en tant que distincte de l'harmonie des compossibles, c'est qu'elle dépasse la raison humaine qui par conséquent n'y trouve pas grand'chose de plus qu'une solution verbale. Donc nous n'avons de recours que dans le mécanisme métaphysique des compossibles ; mais il en résulte, chose inattendue dans un système qui astreint le monde à un déterminisme si rigoureux, que nous nous trouvons à la fin en face de synthèses aussi purement contingentes que celles de l'empirisme. Une essence reçoit, sans autre raison, tous les prédicats qu'aucune contradiction, ou, plus exactement, qu'aucune incompatibilité n'en écarte ; tout ce qui n'est en aucune façon contradictoire est vrai. Aristote quand il parlait d'une aspiration de la matière vers la forme touchait à un principe de synthèse bien plus déterminé et bien plus rationnel, puisque la forme n'est pas seulement ce que la matière peut recevoir sans contradiction d'aucune sorte, mais ce qu'elle est faite pour recevoir.

Kant fut le premier à concevoir nettement et à appeler par son nom le problème de la synthèse : tous ceux qui depuis ont repris la question et tous ceux qui la reprendront relèvent et relèveront de Kant : aussi son rôle dans l'histoire des méthodes est-il, à nos yeux, exceptionnellement important. Les parties principales en sont d'ailleurs bien connues et, avant toutes, la distinction des jugements analytiques et des jugements synthétiques. Elle méritait selon lui de devenir classique pour tous ceux qui entreprendraient de critiquer la raison pure et il en fit le fondement de sa propre Critique. Peut-être n'était-ce pas à propos du jugement que se posait pour le mieux le problème de la synthèse et si Kant, au lieu d'être formaliste, avait adopté un rationalisme complet soit dans le sens réaliste (en admettant qu'il puisse y avoir un réalisme de cette espèce), soit dans le sens idéaliste, il aurait couru le risque d'être ramené à la vieille doctrine exclusivement analytique par cette considération, frappante après tout et décisive même aux yeux de qui ne songe pas à porter son examen sur la constitution du sujet de la proposition, que, dans toute proposition vraie, le prédicat est contenu en quelque manière dans le terme auquel on le rapporte. Mais Kant échappa à ce danger parce qu'il plaça le troisième terme requis par le jugement synthétique dans un domaine tout à fait distinct de celui des deux premiers, dans le domaine des conditions de l'expérience, lequel était l'objet principal de ses recherches. Il conserva donc dans son intégrité le problème de la synthèse et voici en somme comment il le résolut. Tous les phénomènes, ou autrement dit toutes nos représentations, doivent, pour chacun de nous, appartenir à une même conscience : car des représentations qui n'appartiendraient pas à ma conscience ne seraient pas mes représentations. C'est là ce que Kant appelle l'unité transcendentale de la conscience. Cette unité, qu'il ne faut pas confondre avec celle d'un moi empirique et concret, ne nous est pas donnée par une intuition, mais par une simple aperception. En d'autres termes, toute intuition porte sur le singulier, tandis que l'unité de l'aperception est générale comme les concepts. Car qu'est-ce qu'un concept ? C'est un moyen de juger, c'est-à-dire un universel, une forme de classe sous laquelle on peut subsumer un singulier. L'unité de la conscience est la plus générale des formes de cette sorte, elle est la source des concepts et ainsi c'est à elle que remonte toute unification du divers. En elle-même, elle est purement analytique ; mais elle ne serait pas saisissable si elle restait vide. Comme d'ailleurs notre entendement, qui n'est pas intuitif, ne crée pas en même temps qu'elle et du même coup une diversité pour la remplir, la matière qu'elle demande lui vient de la sensibilité, et c'est en premier lieu les formes de la sensibilité, surtout le temps. De cette introduction du divers de la sensibilité pure dans l'unité de la conscience résultent des jugements formels comme leurs éléments. Ces jugements sont donc des conditions de l'expérience. Partant, il suffira pour les retrouver et pour retrouver du même coup les concepts qu'ils appliquent, de ramener à leurs types généraux les jugements empiriques. Par cette opération on obtient la table des jugements, puis celle des catégories, et comme les jugements et les catégories ne sont que les formes diverses d'un seul et même principe, l'unité de la conscience, il doit se trouver que les deux tables sont des systèmes et non des listes désordonnées ou soumises à un ordre artificiel. Enfin, puisque l'unité de la conscience, dès qu'une diversité y est introduite, en procure la synthèse, les jugements et les catégories sont des fonctions synthétiques, d'où il résulte que les uns et les autres se groupent trois par trois, le troisième terme faisant l'union des deux premiers. Kant n'emploie pas pour désigner les trois moments de chaque groupe de catégories les mots de thèse, d'antithèse et de synthèse, il n'indique même pas dans la *Critique de la Raison pure* comment cette division ternaire résulte de l'ensemble de son système. Mais il l'a très bien aperçue et signalée. — Maintenant, la solution kantienne du problème de la synthèse va-t-elle au fond des choses? En premier lieu Kant ne recherche pas de quelle manière l'unité transcendentale de la conscience se spécifie pour opérer, sous diverses formes, l'unification du multiple : les catégories ne sont pas dérivées de leur principe. Et il y a plus, la *déduction* des catégories, en prenant le mot au sens kantien, est imparfaite, puisqu'elle ne s'attache pas à les justifier une à une ; et c'est à peine si l'Analytique des Principes répare ce défaut, car on pourrait dire que l'auteur y montre que chaque principe est requis par l'expérience telle qu'elle est, plutôt qu'il n'établit l'impossibilité d'une expérience qui n'aurait pas pour lois les principes posés. Si d'ailleurs Kant avait promis autre chose, il ne pouvait pas tenir plus qu'il n'a fait, étant donnée la manière dont il a obtenu sa liste des catégories : il l'a prise toute faite dans l'expérience sous la réserve de quelques déterminations imputables à des artifices arbitraires. Il a pris de l'expérience chacun des concepts purs et aussi le système qu'ils forment; car il s'est dit, sans aller plus loin, que le principe suprême de la possibilité de l'expérience étant *un*, toutes les déterminations de ce principe ne pouvaient pas manquer de constituer en fait un système. En second lieu, ce principe lui-même, sur lequel porte proprement la déduction kantienne, n'est pas étudié à fond dans sa fonction synthétique. La conscience est une : proposition analytique, nous dit-on ; et on ajoute qu'il faut que la diversité entre dans cette unité pour la rendre saisissable. C'est là sans doute un commencement d'explication, mais ce n'est pas une explication achevée. Pour l'achever il aurait fallu montrer comment l'unité de la conscience peut et doit devenir une fonction synthétique : ce qui n'eût peut-être pas été bien facile étant admis que cette unité est d'abord parfaitement vide et parfaitement analytique. Est-ce là en effet l'idée qu'il faut se faire d'un moule destiné à recevoir le multiple ? Oui, peut-être, s'il y a un moule à la rigueur comme le veut l'hypothèse formaliste, mais alors c'est cette hypothèse qui nous réduit à rester dans l'embarras devant la vieille contradiction de l'un multiple. Kant l'aurait-il enfin levée s'il avait dirigé ses recherches, comme il reconnaît qu'il y a lieu de le faire, non plus seulement sur l'objectivité de la pensée, mais sur la possibilité même de la faculté de penser ? Il est douteux, à bien peser ses paroles, qu'il ait vu là autre chose qu'une étude de psychologie, et d'ailleurs, quand cette étude aurait eu à ses yeux une portée métaphysique, toujours est-il qu'il ne l'a pas faite. Qu'est-ce donc, d'après ce que Kant a écrit, que l'unité de la conscience comme fonction synthétique ? C'est un fait, une constatation psychologique. Toute conscience est une unité du divers : voilà ce que l'observation intérieure apprend aux sujets individuels. Et Kant n'ajoute pas grand'chose à ce fait qui reste chargé de s'expliquer lui-même. L'aperception pure a une valeur universelle, il est vrai, mais pourquoi et comment l'a-t-elle, de préférence à l'observation et en quoi, si l'on écarte tout préjugé analytique, un fait est-il expliqué par celà qu'il est général?

Fichte a employé les mots de thèse, d'antithèse, de synthèse et l'expression de méthode synthétique ; il a même eu la notion de ce que doit être une telle méthode, savoir une série régulière de pas en avant. Il a d'ailleurs sur Kant l'avantage d'avoir rejeté le formalisme pour l'idéalisme complet et d'avoir, <u>en conséquence, reconnu comme ne faisant qu'un l'ordre logique et l'ordre transcendental</u>, sous la réserve, bien entendu, de considérer le dernier comme le fondement de l'autre. Cela le conduisait à voir dans la synthèse l'opération qui constitue les choses elles-mêmes, un fait qui a pour garant tous les autres plus complexes dans lesquels il entre comme premier élément de leur tissu. Mais comment a-t-il conçu l'opposition des termes et leur conciliation? L'opposition prise dans sa forme la plus élémentaire n'est à ses yeux qu'une contradiction apparente et la conciliation ou synthèse se fait par limitation. C'est-à-dire qu'on se trouve d'abord en face de deux propositions contraires qu'on prend à tort pour des contradictoires et qui, bien examinées, doivent céder la place à deux sub-contraires. Où est alors l'unité? Elle n'est pas en avant, mais en arrière. Ce n'est pas autre chose que l'indétermination d'un terme plus général et plus pauvre que les deux opposés, l'indétermination de la matière comme eût dit Aristote. Or, cette unité là n'est pas une unité synthétique : elle en diffère même du tout au tout. D'ailleurs, bien que Fichte rejette le formalisme, la méthode n'est pas chez lui adéquate au contenu. Elle n'aboutit pas. Ses limitations s'épuisent et il reste en fin de compte deux termes contradictoires, dont l'un est supprimé par un coup d'état de la raison.

Outre que Hegel a, comme Leibnitz, rassemblé et même accru, bien qu'un peu artificiellement parfois, les richesses de l'idéalisme, outre qu'il a presque partout fait preuve d'une pénétration et d'une ampleur merveilleuses, il faut reconnaître en lui le véritable maître de la méthode synthétique, parce qu'il en a eu, non plus comme ses prédécesseurs un sentiment mais bien une conception ferme et définie. Que cette conception soit entièrement vraie, nous nous croyons fondé à en douter. Ce qui est sûr c'est qu'elle est très nette et qu'il est facile d'en reproduire les grandes lignes. L'ordre des choses ou l'ordre de la pensée, ce qui est tout un, se développe en trois moments. Le premier est la thèse, ou la notion considérée purement en elle-même et, en conséquence, sans médiation, au point de vue de l'entendement; le second est l'antithèse ou la notion prise, non plus en elle-même et comme immédiate, mais comme amenant son contraire, d'un mot, c'est le moment dialectique ; le troisième ou la synthèse est le moment spéculatif, qui exprime la vérité des deux premiers. Le progrès que la méthode synthétique réalise au moyen de ces trois moments va de l'abstrait au concret, du fini à l'infini, de l'individuel à l'universel. D'où vient, maintenant, qu'il y ait progrès et dans la direction indiquée ? C'est que les représentations de l'entendement sont quelque chose de fini, sont des déterminations. Or, comme l'a reconnu Spinoza, toute détermination est négation. Donc, tout ce qui est fini se nie soi-même, enveloppe une contradiction et passe dans son contradictoire. Mais cette négation réciproque des deux contradictoires est un résultat. Ce n'est pas la négation pure et simple : c'est la négation précise de deux termes assignables. D'un autre côté c'est une affirmation, puisque c'est une négation de négations. Par conséquent, la synthèse est une affirmation et une affirmation concrète. Dans le mouvement dialectique les bornes s'évanouissent l'une après l'autre et, partant, il est dirigé vers l'infini ; ce qui fait l'être individuel et même particulier s'élimine, ainsi on s'avance vers l'universel. Mais, comme on ne saurait trop le redire, car la conception vraie de l'universel a coûté des milliers d'années au genre humain, l'universel auquel aboutit la dialectique n'est pas l'universel vide, le genre généralissime de la logique vulgaire, ce n'est même nullement quelque chose d'extensif, c'est l'être réel par excellence, celui qui dépasse toutes les limitations. Le premier terme de la dialectique était ce qu'on peut concevoir de plus abstrait et de plus limité, l'être qui n'est qu'être ; le dernier est ce que la conscience chrétienne et déjà même Aristote ont reconnu comme la suprême réalité, c'est l'Esprit, la Pensée de la pensée. — Telle est la conception de la méthode synthétique dans Hegel. N'est-ce pas la nôtre ? Non pas peut-être tout à fait. Aux yeux de Hegel la philosophie de l'entendement, la philosophie du fini, est une pauvre philosophie : or, c'est malgré cela une philosophie de l'entendement que nous voulons essayer. Il nous semble qu'une philosophie de cette sorte qui saurait bien où elle va, se mettrait par là au-dessus des mépris de Hegel et si une telle philosophie atteignait le concret vraiment concret, et l'être par soi, si, en outre, elle introduisait avec la contingence et la liberté mises à leur place d'ailleurs et limitées, quelque chose de personnel et de moral, nous croyons qu'elle satisferait la raison et, au besoin, la conscience chrétienne tout autrement que le système hégélien. Qu'est-ce en effet que l'Esprit de Hegel si on l'examine sans complaisance ? Il est sans doute au-dessus de la conscience : car il le faut bien, semble-t-il, puisque la conscience est quelque chose de fini ou d'antithétique. Mais, dit-on, l'Esprit n'est pas pour cela moins concret, il l'est davantage au contraire. Entendons-nous. Comment l' « universel concret » est-il concret ? Il l'est en ce sens et en ce sens seul, qu'il nie toute la série des déterminations dont se compose le fini. Il n'est pas autre chose que la réalité éminente de l'École, l'être indéterminé de Malebranche, la substance de Spinoza et enfin, comme Hegel nous invite à le dire, l'abîme suprême du Panthéisme oriental. Peut-être même est-ce trop dire encore, ou du moins n'est-ce pas caractériser avec assez de rigueur, ne pas saisir dans sa véritable essence, le terme ultime auquel arrive réellement la dialectique hégélienne. Si le fini est toujours contradictoire en soi et par conséquent s'évanouit pour faire place à autre chose, l'Esprit, cette négation de toutes les négations doit lui-même disparaître, car nier le fini c'est encore être fini en quelque façon, et, comme l'avaient bien reconnu les Alexandrins, interprétant avec toutes les précisions d'une métaphysique très avancée le mysticisme oriental, ce n'est pas l'Intelligence, c'est l'Un absolu qui seul s'élève au-dessus de toutes les oppositions et mérite le nom de principe suprême. C'est donc jusqu'à l'unité Alexandrine que Hegel devait, croyons-nous, conduire son procès dialectique ; il y était obligé par la nature du moteur de ce procès. Mais après avoir réduit ouvertement la réalité à cette indétermination absolue où toute différence, toute opposition s'anéantit, il n'aurait plus trouvé dans l'être aucun aspect sous lequel il pût le présenter comme sujet à la différence et à l'opposition. Aussi Hegel va-t-il jusqu'à éprouver quelque chose de cette tendresse pour le monde qu'il trouve si surprenante et si misérable dans les autres philosophies. Il a beau célébrer « l'acosmisme » de Spinoza, il faut bien que le monde existe tout contradictoire qu'il soit en lui-même, il faut qu'il existe à titre de « moment idéal », à titre d'illusion, à titre d'erreur dont la négation constituera la suprême vérité. La contradiction ne peut pas être, mais il faut bien qu'elle ait une ombre d'existence pour qu'on la nie ; et cette ombre d'existence est quelque chose de bien difficile à concéder. Ainsi lorsqu'on prend l'hégélianisme au pied de la lettre on trouve déjà très creux son « universel concret » et quand on tente de suivre jusqu'au bout l'esprit de la doctrine on découvre que ce prétendu dernier terme n'est pas encore assez vide. Le nihilisme serait donc la conclusion du procès dialectique. Maintenant où est la raison de ce désastre final ? C'est que Hegel a pris pour accordé que le fini est contradictoire en soi et qu'il a voulu en même temps faire droit au principe de contradiction : car cela même est sa méthode. Mais la formule de Spinoza : que toute détermination est négation, enferme une équivoque sur le mot négation. Quand le mot est mis tout seul sans réserve d'aucune sorte il semble indiquer cette négation totale qui est la contradiction et c'est ainsi que l'entend Hegel. Tel n'est pas cependant le sens légitime de la proposition de Spinoza. La notion d'un être fini, pris au hasard dans le monde, exclut certainement d'autres notions : mais cela veut dire que cet être fini est incomplet, ou plus précisément, que son essence se pose par l'exclusion d'un contraire; cela ne veut pas dire qu'il enveloppe une contradiction. Ce qui serait contradictoire, ce serait de le faire lui fini, infini; et ce serait aussi de faire de lui, existence limitée, une existence nulle. En second lieu les déterminations ne s'excluent pas toutes et ne risquent même aucunement de s'exclure toutes : le monde n'est pas anarchique en effet, c'est au contraire une hiérarchie de concepts de plus en plus complexes et les plus complexes impliquent les plus simples. L'ordre téléologique ou le monde de la vie ne contient pas le mécanisme et le chimisme en ce sens seul qu'il les nie comme le veut Hegel, mais plutôt la vie ne nie le mécanisme et le chimisme que parce qu'elle les comprend comme éléments et y ajoute. En un mot on n'a pas le droit de séparer le fond réel qui est enveloppé dans une détermination de cette détermination même. C'est une tentative à jamais impossible, car une réalité n'est ce qu'elle est qu'en tant qu'elle a son opposé ou qu'elle enveloppe des opposés. La synthèse qui concilie les opposés ne les nie pas. Et elle n'a pas à les nier parce qu'ils ne sont pas contradictoires, ni entre eux, ni chacun en soi. Ils sont seulement, avons-nous dit, des contraires; et, pour bien caractériser les contraires tels que nous les avons compris, il faut dire que ce sont des *corrélatifs*. A la contradiction hégélienne nous substituons la *corrélation*. Le déterminé n'étant donc pas contradictoire en soi, mais seulement incomplet dans chacune de ses déterminations prise à part, il s'ensuit que la méthode synthétique, bien loin de se développer à la manière hégélienne en des négations successives, devra procéder, au contraire, par des affirmations qui se compléteront et dont la dernière, totalement différente du néant de la « théologie négative », sera, comme le voulait au fond Aristote, assez mal à propos invoqué par Hegel, l'être achevé et intégralement défini.

§ 2. — NOMBRE

UNITÉ, PLURALITÉ, TOTALITÉ

Il n'y a point de notion complète (je veux dire prise dans la totalité de ses trois moments), qui exprime soit la liaison sans mélange de diversité, soit la distinction pure et simple. Mais il n'en est pas moins vrai que la Relation signifie principalement la dépendance réciproque des choses. Cela saute aux yeux quand on considère les exemples traditionnels tels que le droit et le gauche et c'est, à plus forte raison, nécessairement vrai lorsqu'il s'agit du Rapport en général. Si le droit et le gauche ne peuvent être l'un sans l'autre, bien que chacun d'eux, dans leur corrélation, se distingue de l'autre par la diversité des deux points qui leur servent de sièges échangeables, à plus forte raison, dans le Rapport vide la Thèse et l'Antithèse n'admettent-elles aucune existence séparée. L'indivisibilité des deux moments opposés de la Relation ne saurait donc faire doute, en dépit du langage qui en accentue la dualité. Or cette impuissance d'être l'un sans l'autre, qui est le caractère essentiel du Rapport, ne peut pas aller sans son opposé, à savoir la nécessité d'être, en quelque façon, l'un sans l'autre. En quelque façon, disons-nous : car être nécessairement l'un sans l'autre, compter à part l'un de l'autre, c'est encore un rapport. Si l'on essayait d'établir d'abord des choses distinctes, ce seraient autant d'absolus qu'on ne pourrait rapprocher et en partant desquels on n'arriverait jamais à la Relation. Maintenant, qu'est-ce que ce rapport déjà spécifié et postérieur au Rapport pur, sinon le *Nombre?* Le caractère le plus fondamental du Nombre, en effet, c'est que les éléments qui le constituent restent discrets jusque dans leur union. D'un mot : le Nombre est le rapport où l'on pose que l'un est sans l'autre

On connaît la formule que Kant a donnée du nombre, ou plutôt, mais peu importe ici, de la catégorie dont le nombre est le schème : *unité, pluralité, totalité.* Cette formule se recommande à plus d'un titre. Si pourtant on voulait poser la notion de nombre d'une façon rigoureusement précise, voici comment on devrait s'exprimer, au grand dommage de l'élégance : *un, un en face d'un autre un, deux.* Pour indiquer par des termes généraux la continuation de la série on dirait : nombre donné, nombre donné en face d'une unité extrinsèque, nombre obtenu.

Développements

A. — *Caractère synthétique des nombres.*

La formule de Kant a plusieurs mérites. Elle en a d'abord un très général : c'est qu'en indiquant d'une manière frappante le développement ternaire de la notion de nombre, elle constitue un exemple excellent de la méthode synthétique. Ensuite, et d'un point de vue spécial, on ne peut méconnaître qu'elle exprime heureusement par le mot pluralité la phase antithétique et indéterminée du nombre pendant que, d'autre part, le nom de totalité appliqué au troisième moment, après les noms d'unité et de pluralité appliqués aux deux premiers, fait ressortir le caractère de composition progressive qui tient une place si importante dans le concept qu'il s'agit de poser. Toutefois la formule kantienne n'est pas irréprochable. Elle se rapporte à un point de vue trop général. Si elle indique bien la marche synthétique de la pensée dans la constitution des idées, elle ne dit peut-être pas assez ce que devient cette marche dans l'espèce. Les termes généraux d'unité, de pluralité, de totalité ont quelque chose de vague et de superficiel. Ils ne contiennent qu'en partie la compréhension de l'un, de la pluralité primitive, du premier tout dont ils sont ou doivent être des extraits. Peut-être même le mot totalité est-il le signe d'une généralisation artificielle : car, s'il n'est pas seulement une dénomination insuffisamment précise de la numération, il signifie qu'on entend faire rentrer la numération dans l'opération soi-disant plus générale de l'addition. Alors Kant n'arrive pas à la définition du nombre, je veux dire d'un nombre déterminé en général; il saute, pour ainsi dire, par-dessus. Or, précisément, ce que nous avons voulu faire en proposant une autre formule à côté de la sienne, c'est d'atteindre la définition du nombre, en indiquant par des termes inévitablement généraux, mais plus spécifiques pourtant que les siens, la construction synthétique des nombres. Il est vrai qu'on pourra élever contre nous une difficulté en disant que nous n'avons pas le droit de poser Un d'emblée, qu'il faut au contraire débuter par la série des termes généraux, Unité, Pluralité, Totalité parce que le nombre Un étant un concret doit enfermer quelque chose de plus que son abstrait, l'unité. Mais cette difficulté n'est sans doute que spécieuse. Car en quoi pourrait consister ce quelque chose de plus qui serait propre à Un? L'abstrait ne diffère ici du concret que par une diversité de point de vue ou même de terminologie. Au fond, en parlant du *nombre* un comme différent de l'unité, on s'imagine que Un enveloppe quelque notion de total, qu'il signifie, l'esprit comptant une classe d'objets quelconque : il y en a un en tout; et l'expression même de nombre un est un indice de cette préoccupation. On suppose donc l'esprit en présence d'une multitude dont il cherche la somme, oubliant qu'il s'agit de créer le nombre dans tous ses éléments et d'abord dans l'un dont le plusieurs lui-même se compose. Car il est remarquable que l'antithèse est ici postérieure à la thèse, en tant qu'elle en tire la première base de sa matière. Rien n'empêche donc de recevoir notre formule à la place de celle de Kant et on va mieux voir tout à l'heure en quoi elle lui est préférable.

Tant qu'il s'agit du nombre pris dans sa généralité la plus superficielle, on convient sans peine qu'il ne peut se constituer sans une synthèse. On ne conteste pas que la numération qui forme un nombre nouveau en ajoutant un au précédent soit, quand on la prend en général et en elle-même, un procédé synthétique. Mais dès qu'on la voit à l'œuvre dans les cas particuliers, frappé de son uniformité, on en vient à penser que, sous ce rapport, elle n'est plus rien qu'analyse. Malgré cela nous croyons, avec Platon sans doute, et à coup sûr avec Kant, que chaque nombre se construit par une synthèse. Seulement la démonstration de Kant manque de solidité. Selon lui, comme on sait, toute synthèse requiert pour s'accomplir, outre des concepts, une intuition pure ou empirique; et, par conséquent, une démarche de l'esprit qui requiert toujours une intuition doit être une synthèse. Or que faisons-nous toutes les fois que nous voulons trouver la somme de deux nombres et plus manifestement encore s'il s'agit de deux nombres élevés? Nous ajoutons peu à peu les unités de l'un à celles de l'autre en nous servant, par exemple, de l'intuition de nos doigts. Que l'observation de Kant soit juste, cela se peut; mais elle ne saurait rien prouver. Tous les aveugles-nés à qui l'on rendra la vue résoudront certainement le problème de Molyneux en touchant le cube et la sphère; et pourtant cela n'empêche pas Leibnitz de soutenir, par bonnes raisons, semble-t-il, que le problème est susceptible d'être résolu par le raisonnement seul. Pareillement, quelque procédé qu'on suive en fait pour avoir la somme de deux nombres, cela n'empêche pas qu'on puisse l'obtenir en droit par une opération rationnelle et même par une opération analytique. De sorte que la prétendue preuve de Kant ne vaut pas. Il en a une autre, il est vrai, et c'est même la principale. Les concepts de 7 + 5 d'une part et de 12 d'autre part, sont, dit-il, des concepts différents : car qu'il faille réunir 7 et 5 en un seul nombre, c'est une chose, mais que ce nombre unique soit 12, c'en est une autre. Toutefois, sur ce point encore on a victorieusement répondu à Kant en disant que, les définitions de 7, de 5 et de 12 étant données, il en résulte analytiquement que 7 augmenté de 5 est 12.

Ce qu'il fallait que Kant distinguât ce n'est pas le concept de 7 + 5 et celui de 12, mais d'une part le concept de $n + 1$, et de l'autre celui de tel nombre augmenté de un. Une fois qu'on a tel nombre plus un, il ne reste qu'à donner un nom au résultat de la numération indiquée et ce n'est pas là une opération synthétique. Mais il y a une diversité réelle et synthétique dans l'énonciation : tel nombre plus un. Sans doute le procédé de la numération est, en un sens, uniforme. Cependant on n'a pas tout dit quand on a posé ou établi que tout nombre peut être augmenté de un et que tout nombre s'obtient en augmentant de un le nombre précédent. Car tel nombre plus un n'est pas la même chose que tel autre nombre plus un. Nous n'avons pour nous en convaincre qu'à porter notre attention sur le sens plein et profond de l'antithèse qui succède à chacun des nombres et prépare le suivant. Chaque nombre a des propriétés spécifiques ; par exemple chaque nombre est pair ou impair, et même d'une certaine manière, puisque le résultat de la division par deux possible ou impossible varie pour chaque nombre. Par conséquent un certain nombre appelle une antithèse définie à ses propriétés définies. Cette antithèse s'exprimera toujours, il est vrai, par : Tel nombre en face de un. Mais ni le nombre n'est jamais le même dans deux cas différents, ni d'autre part, en tant qu'il lui est corrélatif, l'un qui figure en face de lui. Les Pythagoriciens avaient donné à l'un le nom de pair-impair parce que, disaient-ils, l'un ajouté aux nombres les rend tantôt pairs et tantôt impairs.

A la condition de la transporter de la synthèse à l'antithèse, au prix d'une légère retouche, à la condition surtout de la généraliser en l'étendant à toutes les propriétés des nombres, nous empruntons leur belle remarque à ces premiers auteurs de l'arithmétique spéculative. Là où il y a et en tant qu'il y a changement de propriétés, l'un qui s'oppose à chaque nombre donné et que ce nombre appelle, exprime, par rapport à lui, le contraire de ses propriétés. Voilà le sens du moment antithétique dans la constitution des nombres. Sans doute il est impossible de l'exprimer autrement que par des généralités : car, arrivât-on même à embrasser tout ce qui est acquis dans la théorie des nombres, qu'on serait encore loin d'atteindre des notions adéquates, puisque c'est un lieu commun que l'impuissance, où les arithméticiens sont encore, par exemple, d'assigner une loi à la distribution dans la série des nombres d'une propriété aussi élémentaire et aussi capitale que celle qui fait un nombre premier. Peu importe : ce que nous avons dit suffit, croyons-nous, pour faire saisir le caractère synthétique de chaque nombre en particulier. Tout nombre n'est sans doute que le précédent augmenté de un, et de la définition ainsi obtenue dans chaque cas découlent toutes les autres propriétés. Mais il n'en est pas moins vrai que $1 + 1$ revêt des caractères spécifiques et de même $2 + 1$, etc., parce que ni l'antithèse ni la synthèse ne se ressemblent jamais entièrement pour deux nombres divers; autrement l'ordre de la numération ne signifierait rien et chaque nombre n'aurait pas son rang.

B. — *La place du nombre dans la série des concepts*

Nous pensons avoir suffisamment indiqué, lorsque nous avons posé la notion, pourquoi et comment le nombre est postérieur au Rapport pur : aussi n'y reviendrons-nous pas. Mais il y a des philosophes aux yeux de qui le nombre présuppose le temps et même l'espace, et nous avons à examiner cette manière de voir plus encore à cause des conséquences auxquelles elle peut conduire qu'en raison de son importance intrinsèque.

Les nombres étant des synthèses ont par cela même, selon Kant, l'intuition pour base : il fait du nombre le schème de la quantité, c'est-à-dire la détermination intellectuelle de cette image du sensible en général qui est le temps. Le nombre n'est pas autre chose que l'acte synthétique de l'entendement qui relie la diversité homogène du temps à mesure qu'elle se produit et se déroule en nous. On voit la raison spéciale pour laquelle le nombre se trouve, suivant Kant, postérieur à l'intuition prise sous sa forme la plus générale : c'est que les unités arithmétiques sont toutes homogènes entre elles et que l'homogène, étranger par essence au domaine de l'entendement où a lieu l'identité des indiscernables, ne peut se rencontrer que dans l'intuition. Mais Kant se place à un point de vue trop empirique : il suppose que l'entendement a devant soi une diversité donnée à compter au lieu de la produire et de la compter en même temps. L'acte de compter et le contenu du nombre sont ainsi arbitrairement séparés et l'abstraction de l'unité arithmétique, indifférente dans la multiplicité indéfinie de ses exemplaires, est mise à la place de l'unité arithmétique différenciée par son rang et sa fonction. Quand même, d'ailleurs, l'homogène pur serait représentable en quelque sens que ce fût, on ne voit pas comment l'intelligence lui appliquerait par après et du dehors l'unité, s'il était en lui-même dispersion pure, ou la distinction, si, au contraire, il était, ce qui est bien quelquefois la pensée de Kant, un indivisible continu. L'indifférence des unités arithmétiques, dans son acception légitime, s'explique suffisamment parce qu'elle exprime l'acte de poser, sans autre détermination encore, le fait d'exister l'un sans l'autre. Il n'y a donc aucune raison de fonder le nombre sur le temps.

D'autres penseurs voudraient le fonder sur l'espace parce que le nombre se compose d'éléments homogènes qui, de plus, sont coexistants et susceptibles d'être saisis dans leur ensemble par une perception unique ; caractères que possèdent aussi et, pense-t-on, exclusivement, les parties de l'espace. Leibnitz avait déjà identifié le composé avec l'étendu, le simple avec l'inétendu, et d'autre part le nombrable avec le composé. Mais les parties de l'espace ne sont pas seulement distinctes, elles sont encore continues : de sorte qu'elles ne peuvent devenir des unités arithmétiques qu'à la condition de se dépouiller d'une moitié de leur essence : d'où l'on sera tenté de conclure avec nous que l'espace est le nombre plus autre chose, bien loin d'être le fondement du nombre. Peut-être dira-t-on, il est vrai, que l'unité arithmétique est elle-même continue et divisible comme une portion de l'étendue puisqu'elle se laisse partager en fractions. Seulement, nous verrons tout à l'heure en détail ce qu'il faut penser d'une pareille thèse. Reste que les éléments du nombre ne puissent se concevoir que dans l'espace parce qu'ils sont coexistants et perçus ensemble. Mais il faudrait établir que toute multiplicité suppose la coexistence et qu'on ne peut voir d'ensemble que dans l'étendue, comme si une durée et auparavant le rapport même n'enveloppaient pas de la multiplicité et une vision synthétique ! Ajoutons que nous retrouverons, sous une autre forme, la même difficulté, dans l'étude du temps.

La question de savoir si le nombre est postérieur ou au contraire antérieur à l'espace et au temps tire du reste son principal intérêt des conséquences de la réponse qu'on adopte. Si Kant se soucie assez peu en faisant dépendre le nombre de l'intuition de le restreindre au monde sensible, Leibnitz et ceux qui après lui entendent nous réduire à ne pouvoir compter que dans l'espace obéissent manifestement à une arrière-pensée métaphysique. Ils veulent soustraire les réalités les plus profondes à la juridiction de la loi de nombre. Sans doute on renonce aisément à défendre l'absurdité du nombre infini actuel dans l'étendue et l'on est même quelquefois heureux de s'en servir contre un réalisme grossier, mais on est attaché à l'infini hors de l'espace et du temps, à ce vrai infini qui, comme dit Leibnitz, est l'absolu même, antérieur à toute composition. Hors de l'espace la diversité ne se compte plus. Elle est organisation, hiérarchie, fusion : elle n'est plus nombre. Le domaine spirituel n'est-il pas, selon la formule hégélienne, la quantité supprimée ? Mais, outre que la qualité avec tout ce qui s'y rattache et la dépasse en complexité, suppose peut-être le temps et l'espace, quand même cela ne serait pas, n'y aurait-il donc plus rien à compter dans un monde inétendu et intemporel ? Bien loin de là. Il n'y a rien de plus distinct et de plus exclusif que les contraires qualitatifs, le noir et le blanc, l'aigu et le grave, le doux et l'amer. Ce n'est pas dans cet ordre de choses qu'il faut chercher, sous des noms plus ou moins transparents, la continuité soi-disant réelle. Sans doute les déterminations qualitatives se lient, mais elles ne sont pas pour cela continues. L'absolu n'est pas un chaos amorphe et indistinct : c'est la totalité des rapports spécifiquement différents et solidaires. L'union du divers, en effet, est à nos yeux solidarité et nullement confusion. Comme il n'y a pas besoin, et même au contraire, d'effacer les différences pour obtenir le genre d'unité que nous visons, nous ne disons pas sans nous expliquer que toute détermination est négation. Et de ce point de vue du nombre d'où l'on embrasse à notre sens tout ce qui est véritablement réel, on aperçoit combien nous sommes loin de l'hégélianisme qui est encore trop une philosophie de l'identité.

C. — *Le nombre généralisé de la nouvelle analyse.*

L'unité arithmétique, prise dans sa pureté originaire, est indivisible, précisément parce qu'elle n'est au fond rien de plus que l'acte de poser un ; elle est positive, puisqu'elle exprime un acte de poser ; elle constitue en s'ajoutant à elle-même tout nombre quel qu'il soit et tout nombre se résout exactement en unités, etc. Mais si l'on s'en tient à cette stricte notion du nombre l'addition, la multiplication, l'élévation aux puissances, bref les opérations directes, sont seules à réussir toujours et les opérations inverses sont communément impossibles. Comment donc procurer à la théorie générale des fonctions un objet qui subisse docilement les opérations quelconques s'ensuivant d'une donnée initiale ? Il faut, dit-on, généraliser la notion de nombre. Or cette réponse, jusqu'à ce qu'il en ait pénétré le sens, a quelque chose de troublant pour le métaphysicien. Car s'il y a une notion du nombre plus générale que celle dont la métaphysique s'est occupée jusqu'ici, c'est cette notion nouvelle qui est fondamentale. Moins complexe que l'autre, sans doute, puisque le plus général est aussi le plus simple dans la hiérarchie métaphysique des concepts, elle doit venir avant l'autre et c'est elle que nous aurions dû trouver comme antithèse du Rapport. Nous voilà en présence d'une difficulté qui paraît grave. Commençons par indiquer comment on généralise la notion de nombre.

Il y a pour cela, si nous ne nous trompons, deux procédés tout à fait distincts. Le premier consiste à concevoir le nombre comme quelque chose de spatial, puis, donnant à ce début une suite naturelle, à présenter les opérations sur les nombres comme des cas particuliers des opérations sur des grandeurs géométriques. Une grandeur ne comportant qu'une direction unique et deux sens opposés, telle qu'une ligne droite, est un cas particulier parmi les grandeurs diversement dirigées dans le plan ; une grandeur absolue pour laquelle il n'y a ni direction ni sens, c'est-à-dire le nombre pur et simple, est un cas particulier de la grandeur à double sens, enfin il va de soi que le nombre entier est un cas particulier du nombre fractionnaire. Par conséquent ce n'est pas le nombre qui est le premier objet de la mathématique. Cet objet c'est la dernière quantité qui possède les propriétés combinatoires, caractéristiques des opérations : la commutativité, l'associabilité, la distributivité. Si les grandeurs dirigées dans l'espace et non plus seulement dans le plan étaient encore commutatives, c'est elles qui seraient l'objet fondamental de la mathématique dont tous les autres seraient des cas particuliers. Le nombre entier ne possède point exclusivement les propriétés combinatoires comme il le faudrait pour qu'il fût un genre et dès lors il tombe au rang d'espèce.

L'interprétation géométrique des quantités imaginaires succédant à celle des quantités négatives a permis de trouver un objet spatial adéquat aux combinaisons quelconques des fonctions. De là est venue la conception qui nous occupe et il se peut qu'elle soit mathématiquement irréprochable et utile. Change-t-elle quelque chose à l'ordre métaphysique des notions tel que nous l'avons présenté, voilà uniquement ce que nous avons à rechercher. Nous l'avons dit : un genre est, pour le métaphysicien, moins complexe que ses espèces, il sert de base aux espèces dans l'ordre progressif et régressivement l'abstraction le retrouve dans les espèces moyennant l'élimination des différences. Or, que fait-on quand on passe des grandeurs dirigées dans le plan, à la grandeur linéaire, de celle-ci à la grandeur absolue, du nombre fractionnaire au nombre entier? A chaque degré on fait disparaître quelque propriété et pourtant, à chaque degré on prétend passer du général au particulier, du genre à l'espèce. C'est que toute généralisation n'a pas lieu comme la généralisation métaphysique par une régression du complexe au simple. Les sciences, peut-être, et à coup sûr les sciences mathématiques font souvent ce que nous appellerons des généralisations artificielles; et leur artifice pour produire le général est précisément de conférer une propriété nouvelle à la chose qu'on veut généraliser, en s'arrangeant d'ailleurs pour que cette propriété n'ait dans la chose en question qu'une existence fictive. C'est ainsi que l'on considère la parabole comme une ellipse dont un des foyers est à l'infini ; qu'en géométrie descriptive on admet pour deux circonférences données dans un plan, alors même qu'elles ne se coupent pas, une corde commune joignant leurs points d'intersection imaginaires ; qu'en mécanique on peut démontrer la composition des mouvements en regardant leurs directions comme faisant toujours un angle, sauf à concevoir cet angle comme infiniment petit si les deux mouvements ont lieu sur la même droite. Mais les genres artificiellement constitués pour la plus grande commodité et la plus grande élégance des théories scientifiques, ne peuvent rivaliser avec les genres métaphysiques. Les grandeurs dirigées dans le plan ne sauraient donc se substituer métaphysiquement au nombre ; et c'est le nombre, le nombre entier, qui, possesseur originaire des propriétés combinatoires, les porte avec lui dans les quantités où il s'unit à d'autres éléments, comme tout genre introduit ses propriétés dans les espèces dont il est la base. Dans la rigueur métaphysique le nombre revêtu de déterminations spatiales n'est pas le nombre généralisé, c'est le nombre allié à quelque chose d'entièrement extérieur à lui.

La seconde méthode pour généraliser le nombre diffère beaucoup de la précédente puisqu'elle consiste à éliminer les représentations spatiales et temporelles, autant du moins qu'on croit le pouvoir. On pense, en effet, ne pas pouvoir les bannir complètement. Beaucoup de mathématiciens philosophes paraissent tenir pour indubitable que le nombre est l'image d'une collection d'objets diversement situés et ils ne voient qu'un moyen de démontrer les propriétés combinatoires, la commutativité notamment : c'est de recourir à l'intuition spatiale et d'y constater qu'on peut transposer deux collections de points par exemple, sans que leur somme soit altérée ; méconnaissant, à ce qu'il semble, que c'est précisément parce qu'elles n'ont pas de lieu que les unités arithmétiques s'ajoutent les unes aux autres sans autre ordre que l'ordre unique de la numération. D'autres, en tête desquels il faut compter Helmholtz, reviennent à la doctrine de Kant et dérivent le nombre de la représentation du temps. Mais une préoccupation est commune aux uns et aux autres : c'est d'emprunter à l'expérience la seule et unique notion du nombre entier. A l'expérience, disent-ils, car ils regardent volontiers comme empirique tout ce qui ne résulte par de conventions pleinement conscientes et nettement artificielles. Une fois en possession du concept soi-disant expérimental du nombre entier ils entrent, pour n'en plus sortir dans le domaine de la convention et de l'artifice. Ils alimentent la série de leurs raisonnements avec des définitions, dont on ne saurait se demander si elles correspondent à quelque notion effective, car elles posent précisément en principe et par convention que l'objet, en tant que la science s'en occupe, est tel que le dit la définition. Ainsi la longueur d'une circonférence est par définition la limite des polygones inscrits dont tous les côtés tendent simultanément vers zéro ; et même par définition également tout point dont le mouvement n'est pas rectiligne et uniforme est soumis à l'action d'une force. Que faut-il donc, étant donnée cette manière de faire, pour passer de la notion du nombre entier aux notions plus générales de nombre fractionnaire, de valeurs positives et négatives, de valeurs infinitésimales, de valeurs imaginaires ? Il suffit d'associer des symboles dont la signification originaire se réfère au nombre entier. Soit par exemple à définir le nombre fractionnaire : on appellera expression fractionnaire le symbole formel composé de deux nombres entiers écrits l'un au-dessus de l'autre et on conviendra de dire que deux fractions sont égales quand les produits du numérateur de l'une par le dénominateur de l'autre et réciproquement sont égaux. Tout ici est convention, sauf les nombres entiers dont on se sert. Ils ont suffi, en les plaçant dans un certain ordre, à créer une notion générale dont le nombre entier ne sera plus désormais qu'un cas particulier : celui où le dénominateur est l'unité.

La faveur dont jouit le formalisme auprès des mathématiciens et même auprès des physiciens s'explique assurément. Outre l'augmentation de rigueur qu'il introduit dans les sciences exactes, il a pour résultat de mieux faire voir combien la spéculation scientifique est encore loin du cœur des choses. Mais quels qu'en soient les avantages et aussi les inconvénients, il est clair qu'un tissu de conventions n'a pas et ne peut pas avoir de valeur métaphysique. Que par des combinaisons de symboles on en forme un plus général dans lequel un autre soit compris comme cas particulier, cela n'a rien à voir avec les notions réelles, ni avec leur ordre. Si quelque reste de réalité subsiste sous les formes, les prétendues généralisations qu'on opère ne peuvent être, pour nous servir du langage adopté plus haut, que des généralisations artificielles. Quoi qu'il en soit, la notion de nombre entier subsiste métaphysiquement comme genre et reste antérieure aux notions soi-disant plus générales auxquelles, du point de vue mathématique, mais de ce point de vue seul, il peut être légitime de la subordonner. L'unité arithmétique étant par essence indivisible, positive, contenue ou non tant de fois dans un nombre, les fractions, les quantités négatives, les nombres incommensurables ne se présenteraient pas à la pensée d'un sujet qui serait, par impossible, borné à la notion du nombre. Jamais l'idée ne lui viendrait de demander des soustractions, des divisions, des extractions de racines toujours possibles et d'étendre le domaine des propriétés combinatoires. Tout cela ne s'introduit qu'avec les notions de temps et d'espace qui sont étrangères à la nature originaire du nombre.

§ 3. — TEMPS

INSTANT, LAPS DE TEMPS, DURÉE

Au point de vue de la Relation, les choses apparaissent surtout comme liées entre elles, tandis qu'au point de vue du Nombre elles s'isolent et se distinguent plutôt qu'elles ne se lient. Qu'exprimera donc la synthèse où vont se concilier la Relation et le Nombre? Ceci sans doute : que quelque chose existe qui se trouve à la fois et invinciblement liaison et dispersion : assemblage de termes discrets et pourtant non-séparés. Il est bien entendu qu'il ne faut introduire ici dans les termes à distinguer aucune dénomination interne qui en fonde la distinction, comme si l'un était bleu et l'autre rouge. Nous devons envisager un pur rapport d'isolement et, pour ainsi dire, de répulsion réciproque, ayant pour corrélatif une impossibilité d'isoler et de disjoindre. C'est-à-dire que la notion à laquelle nous aboutissons possède, en regard de son caractère dispersif, cet attribut que Malebranche et Spinoza reconnaissaient à l'étendue intelligible en proclamant qu'on ne saurait la diviser. Mais un tel état de choses est l'extériorité réciproque des parties d'une quantité avec la continuité qui en découle. Maintenant, de quelle manière les parties de la quantité dont nous parlons se distinguent-elles? C'est nécessairement par le procédé le plus simple, s'il suffit, et ce procédé c'est la pure négation de la partie posée par celle qui se pose. Comme Malebranche le disait à moins juste titre de l'étendue, chacune des parties enveloppe ici le néant de toutes les autres. Or celles-ci ne sauraient sortir du néant où elles sont une fois tombées, puisqu'elles sont niées purement et simplement et conservées en la seule qualité de négations. Les parties de notre quantité forment, par conséquent, une série irréversible. Enfin, l'exclusion progressive qui engendre cette série ne comportant qu'une seule manière de se produire puisqu'elle est exclusion pure et simple, les parties se suivent dans un ordre simple ; et, de plus, la série est unique puisque, dans le procédé qui la constitue, il n'y a place pour aucune diversité permettant de distinguer plusieurs séries. Nous obtenons donc une quantité continue, se développant en une série irréversible, simple et unique, ce qui est proprement la notion de *Temps*.

Mais il nous reste à la considérer de plus près pour la poser en ses trois moments. Puisque le temps se constitue, comme le nombre, au moyen de la distinction, il y a en lui une marque et une expression du distinct, à savoir l'*Instant*, analogue de l'unité, dont il diffère d'ailleurs au plus haut point, car tandis que l'unité est une partie du nombre, la limite n'est pas une partie de la quantité. D'autre part, puisque le temps exprime aussi la liaison, il renferme quelque chose qui, comme antithèse de l'instant, signifie la non-distinction, c'est le *Laps de temps*. Cet intervalle, ou opposé de la limite, est ici essentiellement fluide : d'où le nom que nous adoptons pour lui. Enfin l'instant et le laps de temps associés l'un à l'autre donnent une *Durée*.

Développements.

A. — *L'originalité du temps.*

Contrairement à une opinion très répandue, nous soutenons que le temps ne présuppose rien de plus que la relation et le nombre, que, en d'autres termes, il trouve dans ces deux notions, à la suite desquelles il survient, son fondement suffisant.

Si l'on en croit Aristote, qui a d'ailleurs touché juste en d'autres points de son analyse, le temps serait une dépendance du mouvement et cela, bien entendu, ne signifie pas seulement que, dans le fait, le temps vient à notre connaissance par le changement, et ne veut pas dire du tout que le temps est une notion incomplète qui appelle, comme détermination plus parfaite, le concept de mouvement. Ce qu'entend Aristote c'est que le temps est une propriété dérivée, un accident du mouvement, un attribut qui n'est possible qu'en lui et par lui. Mais il a beau dire que la grandeur du mouvement mesure celle du temps, cela ne prouve rien ; car, de ce qu'une chose n'est mesurable qu'indirectement dans l'une de ses manifestations, il ne s'ensuit point qu'elle ne soit pas logiquement antérieure à cette manifestation, je veux dire plus simple qu'elle. Et quand Aristote soutient qu'il n'y aurait pas de temps s'il n'y avait pas de changement, cette proposition qu'il ne saurait prouver, est, de plus, un ὕστερον πρότερον manifeste. Comment en effet, pour prendre la sorte la moins complexe de changement, la présence d'un mobile en divers points de l'espace, peut-elle être autre chose qu'une contradiction et devenir un changement, sinon par la distinction d'un passé et d'un présent ?

D'autres ont pensé que le temps est postérieur à la qualité et c'est là précisément l'opinion de Leibnitz. Pour nous, un rapport de répulsion réciproque n'étant qu'une dénomination extérieure, vient par là même avant les dénominations internes, c'est-à-dire au-dessous d'elles dans l'ordre de la complexité croissante. Pour Leibnitz, qui n'y voit rien de positivement réel à aucun degré, des rapports de cette sorte ne sont que des accidents de choses données antérieurement. De là sa définition connue : le temps est l'ordre des successifs. Il y aurait donc d'abord des faits qualitativement définis qui se rangeraient les uns après les autres et ensuite un concept abstrait de cet ordre. Mais en présentant les notions de cette manière, on postule le temps : car le temps n'est-il pas justement la possibilité pour les faits de se succéder? On dira, il est vrai, que ce qu'on prend pour accordé n'est pas le temps avec son caractère quantitatif, que c'est un pur ordre, quelque chose qui relève uniquement de la qualité. Par malheur il resterait à expliquer d'où vient que le temps soit une quantité et d'ailleurs il n'est pas exact que la succession soit un rapport purement qualitatif, s'il y en a de tels. La succession entraîne immédiatement la quantité, car l'instant appelle son opposé, le laps de temps, sans lequel on ne saurait le comprendre. Les instants ne se distinguent, et par conséquent ne se succèdent, qu'à la condition de se poser les uns hors des autres, pour ainsi dire, bref d'être séparés par des intervalles. De pures considérations de qualité ne sauraient suffire à expliquer un rapport de cette espèce, ou plutôt elles y sont tout à fait étrangères.

L'autre définition leibnitzienne du temps, moins connue quoique plus digne de l'être, entend indiquer la raison de la succession : « Le temps est l'ordre des possibilités inconsistantes, mais qui ont pourtant de la connexion. » Ce seraient donc des faits qualificatifs qui seraient donnés d'abord ; puis, comme certains de ces faits se trouveraient contradictoires entre eux, quoiqu'ils dussent tous faire partie de l'univers, la contradiction se résoudrait et l'enchaînement des faits serait assuré par le moyen d'une série successive et causale. Ne nous arrêtons pas à remarquer une insuffisance de la formule de Leibnitz, qui ne spécifiant point une exclusion absolue pourrait s'appliquer à l'espace aussi bien qu'au temps ; c'est précisément le temps, dirons-nous, qui rend possible un ordre de choses s'excluant et se liant à la fois. Poser cette exclusion et cette liaison inséparables, c'est poser le temps même, ce n'est nullement le faire sortir de données qualitatives pures qui ne le contiendraient pas. Enfermez-vous dans la qualité pure, si vous pouvez la saisir, donnez-vous deux qualités qui s'excluent : jamais elles ne vous apparaîtront que comme se supprimant l'une l'autre. Pour que cette exclusion réciproque devienne succession, il faut que vous y ajoutiez l'idée de liaison et que la synthèse des deux termes vous donne le temps. On dira que les deux qualités qui s'excluent apparaissent comme liées l'une à l'autre parce que l'une est la raison de l'autre. Mais on ne fera ainsi que rendre plus manifeste une pétition de principe inévitable. Pour qu'il y ait de la causalité il faut d'abord qu'il y ait du temps : donc on ne peut partir de la causalité pour aboutir au temps. On ne le peut du moins si l'on veut développer l'ordre progressif des notions. Car il est clair, au contraire, que le temps se tirera analytiquement de la causalité une fois admise. Soutiendra-t-on que rien n'empêche de poser tout d'un coup la causalité et avec elle le temps ? Peut-être. Seulement une telle manière de procéder pourra s'appeler plus justement qu'aucune autre la mort de l'analyse. Remarquons enfin qu'une série de qualités successives et conditionnées l'une par l'autre ne serait pas le temps. Ce serait un développement dans le temps. Et le temps se poserait toujours à part de ce composé comme un élément distinct, comme l'enveloppe quantitative de la qualité.

Il est vrai que Leibnitz et tous ceux qui partent de la qualité rabaissent et atténuent le caractère quantitatif du temps. Leibnitz se flatte même de l'expliquer comme une illusion où se travestit la qualité. Comme quantité, le temps n'est qu'une perception confuse. L'esprit fini, incapable de saisir l'infinité des faits qualitatifs qui lui sont donnés en succession, ne sait pas distinguer entre deux faits voisins dans la série, laisse l'un empiéter sur l'autre et n'a plus que la vue confuse d'un inextricable enchevêtrement. Mais comment des rapports de qualité, si mal démêlés qu'on les suppose, peuvent-ils donner cette exclusion réciproque, cet en dehors l'un de l'autre qui est le fond de la quantité? D'ailleurs cette réalisation avouée de l'infini au cœur des choses est inadmissible. Ce n'est pas l'infinité qui explique la quantité : mais inversement la continuité s'explique, comme nous le verrons, par ce qu'il y a d'indéterminé dans la quantité. Si la quantité peut être appelée une perception confuse, c'est parce qu'elle est encore quelque chose d'imparfait et d'insuffisamment déterminé ; ce n'est pas parce qu'elle serait du déterminé aperçu comme à travers un voile.

La fameuse réfutation de l'Idéalisme dans la *Critique de la Raison pure* s'appuie sur cette thèse que la perception du successif présuppose celle du simultané et du permanent, que le temps, par conséquent, ne peut être perçu que grâce à l'espace, attendu que la connaissance ne saurait saisir rien de permanent ou de substantiel dans l'ordre des choses internes. D'autre part, Kant a étudié l'espace avant le temps et systématiquement exprimé les propriétés du second dans un langage dont le sens propre ne convient qu'au premier. Il n'y a donc pas de doute : l'espace est, pour Kant, antérieur au temps. Mais la preuve qu'il invoque n'est pas bonne : car la perception du successif peut bien requérir celle du simultané et même, si l'on veut, celle de l'espace, sans que, pour cela, le temps présuppose l'espace. Un autre rapport des deux notions est possible : à savoir que le temps appelle l'espace comme son antithèse et telle est précisément à nos yeux la vérité. Quant à prétendre que le temps ne peut être connu qu'en termes d'espace, c'est, croyons-nous, une erreur, comme nous allons avoir tout de suite l'occasion de le montrer.

On a, en effet, récemment professé sur la nature du temps une doctrine qui unit en quelque façon les deux opinions de Leibnitz et de Kant que nous venons de combattre. Il faudrait, dit-on, distinguer deux sortes de temps. Le premier, qui répond à la notion courante et usitée dans les sciences, en un mot le temps quantité homogène, n'est qu'un calque de l'espace imprimé à la surface de la conscience par le contact de la réalité extérieure. Le second, qui n'a rien de quantitatif, qui n'est en lui-même que qualité, est la vraie et pure durée prise au fond de la conscience et donnée par elle immédiatement. Dans cette durée véritable les parties ne se distinguent point ou, pour mieux dire, rien n'y ressemble à des parties; tous les moments diffèrent entre eux par la qualité et d'autre part tous se pénètrent, se tiennent, s'organisent. Il n'y a point là de temps long ou court, il y a des actes de développement, des progrès de la conscience, dont chacun est marqué d'un caractère intérieur à lui propre et comparable à une impression mélodique. Pour que les moments de cette durée pure se distinguent et se mettent les uns en dehors des autres, il faut que chacun d'eux soit attaché à un point de l'étendue, que, par exemple, le moment où un mobile qui se déplace est présent en un lieu soit associé à l'image de ce lieu. Par là le temps s'altère et contracte, au contact de l'espace, l'apparence d'une quantité. Il devient enfin ce que l'opinion vulgaire veut qu'il soit. Seulement ce temps bâtard recèle tout un monde de difficultés. Comme ce n'est plus un acte, mais une chose, toutes ses parties réalisées avec lui se séparent et il tombe en poussière. Le passé n'est plus, l'avenir n'est pas, et le présent même est un rien insaisissable. C'en est fait de toute vie et de toute réalité. Mais, quoi qu'il en soit de si fâcheuses conséquences, est-ce bien par une contamination spatiale et par là seulement que le temps acquiert les caractères d'une quantité et existe-t-il, comme on le croit, un temps pur non composé de parties extérieures les unes aux autres ? Ce temps on prétend le saisir au moyen d'une sorte d'observation psychologique différant de ce qu'on appelle ainsi d'ordinaire, par une acuité et une pénétration inusitées. Or nous craignons que, même ainsi transformé, le procédé ne puisse atteindre ce qu'il faudrait pour que le résultat obtenu eût quelque valeur métaphysique. Sans doute on parvient, par une abstraction inconsciente, à dépouiller les faits de tout caractère manifestement spatial. Mais les faits incomplets qui restent doivent encore, sous peine de ne plus pouvoir passer pour des faits, consister au moins en un devenir de qualité singulièrement complexe. Aussi qu'arrive-t-il? En face de ce temps rempli on prend le contenu pour le contenant et dès lors on a raison de dire que tout se tient, se pénètre, et d'autre part se distingue par une marque qualitative. Seulement il n'est pas prouvé que le temps comme nous l'entendons ne subsiste pas, à titre de condition élémentaire, sous ce riche devenir; car l'abstraction peut amener à la conscience ce que l'observation ne révèle pas et ne saurait même révéler. Demandons-nous donc si le temps, un temps quelconque, résultera jamais de données purement qualitatives. Il va de soi qu'il faut supposer ces données exemptes de tout élément temporel, la supposition fût-elle impossible au fond. Or, la supposition faite, que reste-t-il qui puisse donner lieu à un sentiment de formation, de progrès, bref de succession? A vrai dire, ce que nous avons devant les yeux c'est l'éternel présent des théologiens. Tout est ensemble. Nous savons bien qu'on s'en réjouit puisque grâce à cette simultanéité, dit-on, les choses peuvent être aperçues d'un coup d'œil et par conséquent se lier. Cependant il faut en venir à distinguer, sans sortir de l'ordre interne, bien entendu, le simultané et le successif. Or pour cela faire, il n'y a, ce semble, qu'une seule ressource : c'est d'emprunter à un autre penseur contemporain le critère qu'il propose pour reconnaître parmi les assemblages de qualités ceux qui garderont l'aspect de la simultanéité et ceux qui prendront l'apparence de la succession. Post hoc *quia* propter hoc, pourrait-on dire pour exprimer la pensée de cet auteur. En d'autres termes, le rapport de dépendance réciproque entre les parties d'un tout et la liaison causale étant supposés discernables l'un de l'autre, la succession n'est que l'apparence sensible d'une série causale. Car ce qui caractérise le temps est l'irréversibilité, caractère qu'on retrouve précisément dans la chaîne des causes et des effets. Ainsi, quoique tous les faits soient en réalité simultanés, il y aurait une simultanéité apparaissant comme telle parce qu'on pourrait y renverser l'ordre des termes, et une autre simultanéité qui, se trouvant irréversible, passerait pour une succession. Mais, par malheur, tout ce qui est simultané est réversible et une simultanéité irréversible n'apparaîtrait jamais et à aucun degré comme simultanée : c'est-à-dire sans doute qu'elle ne le serait point, à moins qu'on ne mette derrière la pensée apparente une prétendue pensée qui n'apparaisse pas. Or, avec toute espèce de simultanéité effective périssent les bons offices qu'elle était censée rendre en permettant de saisir les choses d'un seul coup et par là de les lier. On se retrouve à vrai dire en présence du temps. Et en effet on l'a, non pas fondé sur la causalité, mais introduit avec elle, qui le présuppose. Insistera-t-on en disant que c'est nous qui dénaturons de purs rapports de qualité pour y introduire des caractères temporels, qu'il n'y a dans le véritable fond de la conscience ou des choses ni succession, ni simultanéité et que la causalité prise en un sens purement qualitatif se suffit à elle-même? Alors nous demanderons qu'on fasse table rase de tous ces mots équivoques tels que formation, développement, progrès, ou d'autre part fusion, organisation, apercevoir d'un seul coup, etc., sous lesquels se dissimulent la succession et la simultanéité. Et une fois qu'on se sera réduit à la pure qualité, si la qualité pure existe, on ne fera pas ce que Leibnitz n'a pas pu, on ne créera pas le temps. On ne créera pas même ce qu'on appelle la durée pure : car, sans succession, il n'y a pas de temps du tout en aucun sens. Que si au contraire on admet de la succession, on reconnaît du même coup des parties qui s'excluent absolument et un recours à l'espace est inutile. Enfin la causalité étant posée de telle manière qu'elle ne présuppose rien de temporel, si toutefois cela est possible, comment serions-nous incités par elle à nous forger l'illusion, et l'illusion invincible, du temps? Le temps compte l'irréversibilité parmi ses caractères; mais l'irréversibilité toute seule ne fait pas le temps.

B. — *Le concept de temps.*

Nous venons d'affirmer d'une manière négative et indirecte la réalité du temps. Maintenant nous allons expliquer comment nous la comprenons et, par là même, espérons-nous, écarter les doutes dont elle pourrait encore être l'objet. Notre réalisme, cela va sans dire, n'est pas celui de Newton; car la notion de temps nous paraît moins susceptible que toute autre de passer pour une chose en soi. Mais le réalisme kantien lui-même ne nous satisfait pas. Nous sommes avec Kant contre Leibnitz quand il s'agit de soutenir l'antériorité et l'irréductibilité du temps à la qualité pure; nous nous séparons de lui lorsqu'il exclut le temps de l'entendement et le relègue dans la sensibilité érigée en domaine à part. Si le temps est réel, à nos yeux, c'est qu'il possède des caractères irréductibles; mais ces caractères sont encore conceptuels; car s'ils ne l'étaient pas, la réalité du temps, bien loin d'être affermie par cette originalité hyperbolique, serait fort ébranlée au contraire et en grand risque de se résoudre en une illusion. Dût-on après cela qualifier l'illusion de nécessaire, qu'une telle concession ne parviendrait pas à nous contenter.

En supposant qu'on réussisse à obtenir, par l'abstraction, des qualités absolument pures, aucun des rapports qualitatifs qu'on peut imaginer entre elles ne donne rien qui ressemble au temps. Ni une exclusion d'une qualité par une autre, ni une hiérarchie de perfection ascendante ou descendante (qui est bien ce à quoi se réduit une progression ou une régression qualitative), ni une chaîne de qualités dépendant l'une de l'autre dans un ordre irréversible ne constituent un rapport de succession. Le rapport de succession consiste uniquement dans le fait d'une exclusion absolue entre termes qui pourtant se tiennent. Si vous fondez l'exclusion ou la liaison sur des raisons internes, sur une nature propre à chacun des termes qui s'excluent et se lient, alors en tant que le rapport des termes considérés repose sur un tel fondement, il cesse d'être un rapport de succession. C'est une incompatibilité entre deux essences et comme une antipathie de deux personnes l'une pour l'autre, ou c'est au contraire l'impossibilité pour l'une de ces essences de se poser toute seule ; bref c'est tout autre chose que le fait d'une distribution selon l'avant et l'après au sens temporel de ces mots. Et justement parce que le rapport de succession consiste en une liaison de termes non-différenciés par eux-mêmes et en une exclusion réduite à la portée d'une simple distinction numérique, il est, lui, chose très extérieure et très pauvre, antérieur aux riches dénominations internes qui se réfèrent à la qualité. D'ailleurs il prouve son antériorité jusqu'à l'évidence lorsqu'on le voit, suivant la remarque que nous en avons déjà faite contre Leibnitz, rendre possible un prodigieux enrichissement de déterminations qualitatives en permettant à des qualités incompatibles sans cela de faire toutes partie du monde sous la condition de se succéder. Convenons donc que le temps, antérieur à la qualité, incapable de se constituer là où la pensée ne ferait pas abstraction de toute donnée qualitative, porte dans le fond même de son essence le caractère d'une quantité.

Reste à voir comment il convient de concevoir cette quantité. S'il fallait s'en rapporter à Kant, non seulement le temps ne trouverait son expression que dans une droite idéale, mais encore on devrait le considérer, pris en lui-même et à la rigueur, comme un contenant immobile dans lequel les successions auraient lieu. Mais un temps dans la notion duquel l'idée de succession n'entre pas est comme une machine privée de sa pièce principale. Il faudrait à côté de lui un autre temps successif. Ce n'est donc qu'une pure idole dont l'idéalisme leibnitzien aurait le droit de se moquer.

Newton est évidemment plus près de la vraie nature du temps quand il y voit quelque chose qui coule uniformément. Ainsi conçu le temps est du moins successif. Mais il s'en faut de beaucoup que la conception newtonienne soit correcte parce qu'elle introduit dans l'idée du temps des éléments étrangers. En réalité, ce n'est point le temps que Newton envisage, c'est une vitesse uniforme. Or toute vitesse est composée de deux éléments : un espace, ou même, si l'on veut sortir de l'acception mathématique, un phénomène qualitatif quelconque, et, d'autre part, un temps. Peu importe que le temps ne nous soit donné à titre de fait que dans les vitesses. Il ne s'agit pas ici de ce que l'observation directe et concrète peut atteindre ; et à vouloir définir le temps par la vitesse on tournera dans un cercle. Sans doute la notion du temps est difficile à saisir dans l'abstraction de sa pure essence. L'imagination y échoue forcément. Toutefois, la pensée exige que la notion existe et doit être capable d'en déterminer le contenu. Le travail a d'ailleurs été, en grande partie, accompli par Aristote et il ne nous reste guère qu'à bien comprendre le sens de sa célèbre définition. Le temps, a-t-il dit, est le nombre du mouvement. Or, s'il ne convient pas d'entendre par là, comme il semble l'avoir fait, que le temps est le mouvement mesuré et dès lors exprimé par une formule numérique, attendu qu'on rend ainsi le temps postérieur au mouvement, il n'en reste pas moins qu'Aristote a fait preuve d'une rectitude profonde en désignant le temps comme une quantité. Certes le temps n'est pas le mouvement nombré, mais il est ce qui rend, sous un certain aspect du moins, le mouvement nombrable. Aristote soutient donc avec raison qu'on ne peut affirmer du temps qu'il est lent ou rapide, et cela parce que ces déterminations ne conviennent point à un nombre, disons à une chose dont l'office est d'en rendre une autre nombrable. En revanche, ajoute Aristote, le temps est petit ou grand, long ou court comme il sied à un nombre. Ainsi le temps n'est point étranger à la succession et, d'autre part, ce n'est pas une vitesse : d'où il suit qu'on n'a pas à se demander s'il s'écoule uniformément ou non, s'il pourrait se dérouler plus ou moins vite. C'est la propriété ou pour mieux dire la relation immanente aux choses en vertu de laquelle les choses se succèdent, laissent entre elles certains intervalles et, par conséquent, comportent, à cet égard, du plus et du moins.

Il ne reste plus désormais dans la notion du temps qu'un seul caractère assez important pour que nous devions le mettre en lumière. Puisque le temps est une quantité il est, à ce titre, continu. D'autre part nous avons vu, en le construisant, que ses parties se suivent selon une loi simple. Or, de sa continuité et de sa simplicité réunies, il résulte nécessairement que le temps est homogène, c'est-à-dire qu'on peut exprimer les mêmes rapports d'antériorité et de postériorité en augmentant ou en diminuant également tous les laps de temps qui séparent les instants considérés. Et c'est là ce qu'on peut appeler la relativité de la quantité temporelle. Nous en retrouverons l'analogue dans le domaine de l'espace.

Mais l'homogénéité du temps, venant s'ajouter à sa continuité, serait, si l'on en croit la plupart des philosophes, un scandale pour l'entendement. Si elle ne nous contraint pas à refuser au temps toute espèce de réalité, elle nous oblige du moins à le reléguer hors du monde intellectuel. C'est ce dernier parti que Kant a pris, comme on sait, en déclarant que le temps n'est pas un concept de l'entendement, mais une intuition de la sensibilité. Pour être un concept de l'entendement, en effet, il lui faudrait avoir de l'extension et, d'après Kant, il n'en a pas. Une représentation a de l'extension quand elle s'applique à d'autres plus complexes qu'elle et dont elle est un des éléments. Or dans le temps homogène toutes les parties se répètent exactement l'une l'autre. Le temps les contient en lui ; elles ne se rangent pas sous lui, elles ne tombent pas sous son extension comme sous un titre de classe. Tel est le raisonnement de Kant. Mais il suppose une conception incomplète du temps. Ce sont les intervalles seuls que Kant considère après les avoir séparés de leurs limites. Or une telle séparation est illégitime : car il n'y a point d'extériorité réciproque sans que des parties se distinguent et celles-ci ne se distinguent que par des limites. Donc il n'y a point de laps de temps sans instants, point de quantité temporelle sans rapports de situation quant à l'avant et l'après. Dès lors il y a dans le temps des déterminations dont il est la désignation générale. Les concepts de l'antériorité et de la postériorité, du présent, de l'avenir, du simultané (dans la mesure où il est quelque chose de purement temporel) constituent autant de notions particulières qui tombent sous l'extension de l'idée de temps. Il est vrai qu'une partie assignée du temps est représentée comme quelque chose de singulier. Cela n'implique pas cependant quelle soit autre chose qu'un concept. Saisie adéquatement, en effet, elle est déterminée par toutes les autres parties non seulement quant à sa position, mais encore quant à sa grandeur et cela parce qu'une telle grandeur est relative et n'existe que par comparaison avec les autres. Le singulier, l'individuel, ne sont peut-être que des concepts entièrement déterminés et privés par là de toute généralité. Kant nous paraît n'avoir jamais prouvé que l'intuition, ou représentation du singulier, soit absolument hétérogène au concept et au jugement. Il s'est contenté de poser en principe que l'extension est la caractéristique indéfectible de toute représentation intellectuelle. Or l'extension est quelque chose de trop accidentel pour avoir droit à un pareil rôle et c'est se satisfaire à trop bon marché que de définir le concept et le jugement par la subsomption. Le point de vue de la compréhension est le seul qui ait une valeur métaphysique et quand on s'y place, en admettant d'autre part que le rapport est l'universel fondement des choses, on n'aperçoit plus d'abîme entre les représentations singulières et les autres, ni même entre l'intuition et le jugement. Il est vrai qu'un kantien soutiendrait peut-être que le temps n'a pas plus de compréhension que d'extension, sous prétexte que tout demeure indéterminé au sein de l'homogénéité temporelle. Seulement nous avons une réponse toute prête, nous qui croyons avoir établi que, sans parler de son contenu spécifique, le temps comprend à titre d'éléments les idées de relation et de nombre.

Le grand argument de Kant est d'ailleurs tout autre. Si le temps n'est pas un concept, c'est à cause de sa continuité. En effet, tandis qu'un concept se résout en un nombre déterminé de caractères qui en sont les éléments et, à ce titre, sont antérieurs à leur tout, la division du temps doit se poursuivre à l'infini, de sorte que c'est le tout, seul donné et saisissable, qui est ici antérieur aux parties. D'autre part, ainsi que presque tous les philosophes rationalistes en conviennent, le nombre infini choque la loi fondamentale de l'entendement et Kant en conclut que le temps ne saurait être une représentation intellectuelle. Il n'est pas très difficile de répondre sur le premier point. On commet une inexactitude, en effet, quand on avance que dans la représentation du temps le tout est antérieur aux parties. La vérité c'est que tout et parties sont donnés du même coup dans une opposition indivisible : car s'il est impossible de se représenter une partie dernière du temps, il l'est également de se représenter une durée totale sans la considérer comme composée par une réunion de parties. Que si, d'ailleurs, on insiste en disant que, même dans l'ordre de la quantité, un tout est quelque chose de plus que ses parties et qu'à ce titre il possède par rapport à elles de l'originalité, sinon de l'antériorité, nous ferons droit volontiers à cette remarque, car elle confirme notre opinion sur la nature conceptuelle du temps. Reste maintenant le second point de l'argumentation kantienne et il mérite à coup sûr d'être considéré de près. Dans la mesure où Kant veut prouver par la contradiction attachée au nombre infini que le temps n'est pas une chose en soi, nous sommes, avec tant d'autres, tout à fait de son avis. Le réalisme newtonien est et restera inavouable pour la raison. Mais Kant a-t-il le droit de conclure que le temps est une intuition parce qu'il implique la division à l'infini? L'intuition et la sensibilité comporteraient donc la contradiction dont le concept et l'entendement ne veulent pas? Puis comment la connaissance intellectuelle s'arrangera-t-elle de la représentation du temps dont cependant elle ne peut se passer? Le contradictoire sera partout. De ce que le temps est un continu, ne concluons donc pas qu'il est une intuition, puisqu'une pareille conclusion n'avance à rien.

Il y a plus. Non seulement la difficulté inhérente au continu ne prouve pas qu'on doive refuser au temps le titre de concept, mais encore elle ne se résout bien que si l'on fait précisément le contraire. C'est parce que le temps est un concept qu'il peut être une abstraction et c'est parce qu'il est chose abstraite que la continuité n'entraîne pas en lui de contradiction. Un temps rempli, ou même un temps qu'on suppose découpé en parties par un acte de l'esprit, est quelque chose de concret et de déterminé. Aussi, considéré sous cet aspect et non comme temps pris en lui-même, n'est-ce plus rien d'infini. Dès qu'on en revient, au contraire, par l'abstraction de toute limite effective, à ne plus voir dans le temps que le temps en lui-même, c'est-à-dire en général, il ne reste que l'idée de limites abstraites, mais non assignées et d'intervalles abstraits, c'est-à-dire quelconques. Comme on dit depuis Aristote, le temps n'est alors que puissance et non pas acte.

Seulement le vrai nom de cette puissance, c'est imperfection, inachèvement, abstraction. Dans le temps en soi et en général, la distinction et l'union sont des opérations qui ne s'achèvent pas. C'est pour cela qu'on peut dire du temps, qu'il est une idée confuse : confusion signifiant ici l'inachèvement. En revanche, dès qu'on passe au concret, il y a coupure à l'instant marqué, liaison pendant tout le laps de temps qu'on ne divise pas. Mais le temps constitue un moment de la pensée et il est impossible qu'il ne se pose pas devant nous vide et abstrait à part du contenu ou de l'action mentale qui le déterminent, et avec l'abstraction reparaissent la continuité et l'infinité.

C'est ainsi que le caractère conceptuel du temps sert à résoudre la difficulté inhérente à sa continuité. Il sert encore à en résoudre plusieurs autres. La distinction radicale de la sensibilité et de l'entendement aboutissant chez Kant à faire du temps une demi-chose en soi, il se trouve que, selon la célèbre expression de Descartes, les moments de la durée sont indépendants l'un de l'autre. N'est-il pas à craindre dès lors que le déterminisme de la connaissance ne puisse s'établir et que toute espèce de prévision demeure impossible? Tandis qu'au contraire si le temps est quelque chose d'intellectuel, si chacune de ses parties est relative à toutes les autres, il va de soi que la pensée dispose du temps comme de tout le reste. Elle en dispose si bien que la durée ou des durées déterminées entrent dans certaines essences à titre d'éléments : telles les idées de mouvement avec toute la série de leurs modes.
— De même encore le temps est à tout autre point de vue quelque chose d'insaisissable, tandis qu'il y a prise sur lui dès qu'on le traite comme un concept. Nous avons vu qu'on reprochait au temps, envisagé comme homogène, de se dissiper entièrement, de tomber en poussière par la division sans fin de ses parties. Ce reproche est juste en tant qu'il s'adresse au réalisme newtonien; il en est même la réfutation péremptoire. Mais il porte aussi

contre le temps réalisé dans l'intuition sensible, car là aussi, de l'aveu de Kant, le temps est pure multiplicité. Contre cette pure multiplicité les nihilistes ont beau jeu puisqu'ils peuvent mettre l'entendement au défi d'en rassembler les morceaux infinis, et répéter leur formule trop connue : le passé n'est plus, l'avenir n'est pas et le présent n'est rien. Seulement le moyen de leur répondre n'est pas d'imaginer un temps nouveau soi-disant plus vrai que l'ancien et lui servant de support. En effet, il faut alors pour expliquer le temps ordinaire conserver l'espace à titre de chose en soi ou de demi-chose en soi : comme si le nihilisme allait épargner l'espace et comme si la difficulté de comprendre qu'on puisse saisir à la fois une pluralité de parties n'était pas la même pour l'étendue que pour la durée ! On dira, il est vrai, qu'en vertu de son essence l'espace a ses parties simultanées et, partant, saisissables ensemble. Mais c'est la possibilité même de cette essence qu'il faudrait atteindre : car ce n'est pas parce que des choses coexistent qu'elles sont liées, c'est la coexistence qui est un mode de liaison. Unir en opposant est la fonction primordiale qui se retrouve au fond de tous les concepts. Elle se retrouve dans la sphère de la quantité aussi bien que dans celle de la qualité et dans le temps comme dans toutes les autres notions. C'est pour cela que le temps est toujours une pluralité de parties en voie de se distinguer et corrélativement de se lier. L'indivisible présent est une pure limite et non seulement il ne faut pas vouloir qu'il soit seul donné à la conscience, il faut comprendre qu'il ne peut l'être et cela en vertu d'une nécessité immanente aux déterminations quantitatives comme aux autres.

C. — *La mesure du temps.*

Rien n'est plus facile que de mesurer l'étendue, je veux dire la droite, parce qu'elle est essentiellement superposable à elle-même. Privé de cette propriété, au contraire, le temps ne se mesure que par des moyens détournés. Nous ne pouvons pas conserver en guise d'étalon une portion de cette grandeur fluide; et, par conséquent, notre seul recours est de substituer au temps, pour les mesurer à sa place, des phénomènes qui s'accomplissent en lui et dans lesquels on considère leurs aspects non temporels, c'est-à-dire spatiaux ou qualitatifs. Cette nécessité est même tellement évidente qu'elle a préoccupé Aristote et d'autres penseurs jusqu'à leur faire méconnaître la nature du temps. Voyant que nous n'évaluons le temps qu'à l'aide des autres éléments du devenir, Aristote l'a pris pour quelque chose de postérieur au changement : comme s'il n'était pas irréductible dans son essence de quantité successive et comme s'il ne fallait pas quelque chose de mesurable, fût-ce aussi indirectement qu'on voudra, pour qu'il y ait quelque chose de mesuré ! Quoi qu'il en soit, c'est donc un changement de lieu ou même une altération quelconque définis au point de vue de l'espace ou de la qualité, que nous mesurons à titre de substituts du temps : car il est clair qu'on pourrait supputer les durées en les rapportant, par exemple, à des élévations ou à des abaissements déterminés de température, même à des processus psychiques caractérisés, s'il ne valait mieux se référer tout de suite aux longueurs parcourues dans les mouvements locaux, puisqu'aussi bien elles sont impliquées en fait dans tout procédé de mesure tant soit peu exact. Mais la mesure du temps est médiate en un autre sens encore : non seulement la mesure n'a de prise directe que sur un substitut du temps, mais de plus elle repose, comme on l'a dit, sur cette croyance que le même phénomène doit se reproduire dans le même temps lorsque toutes les circonstances restent les mêmes à chaque reproduction du phénomène. Toutefois la signification de cette formule un peu vague a besoin d'être précisée. Remarquons d'abord qu'il y a, en un certain sens, une preuve expérimentale que le même phénomène dans les mêmes circonstances dure le même temps. Il est possible, en effet, de réaliser simultanément plusieurs exemplaires du même phénomène et de les voir tous commencer ensemble et finir ensemble. On pourra constater, par d'autres expériences, que l'introduction d'éléments nouveaux convenablement choisis et non neutralisés par d'autres, produit des changements de durée dans le phénomène. Bref, on a ici, grâce à l'unicité du temps et à la simultanéité que l'espace rend possible, une sorte d'équivalent de la superposition. Sans doute nous ne serons pas garantis pour cela contre toute chance d'erreur dans l'évaluation empirique d'une durée : car qui peut s'assurer absolument de s'être placé dans des conditions identiques ; et, pour mettre le doigt sur une difficulté topique, comment savoir à la rigueur qu'une force de même intensité introduite ou enlevée, sans qu'on s'en aperçoive, dans tous les exemplaires du phénomène observé ne laisse pas intact le rapport de leurs durées, quoique leurs durées aient changé? Mais c'est là une question qui doit présentement nous rester étrangère. La formule dont nous nous occupons n'a point à répondre de ces inconvénients qui ne viennent pas d'elle et nous maintenons qu'elle trouve une justification partielle dans l'expérience. Pour le surplus c'est à la nature même du temps qu'il faut s'adresser. On voit bien la difficulté que certaines doctrines vont soulever. Votre prétendue justification expérimentale est, diront-elles, radicalement invalide, car ce qu'il s'agirait de prouver et ce que vous supposez au contraire, c'est que l'échelle du temps ne varie pas d'un moment à l'autre, que les laps de temps ne se trouvent pas du jour au lendemain majorés ou minorés, changement dont vous ne sauriez vous apercevoir et dont la conséquence serait pourtant que le même phénomène dans les mêmes circonstances aurait plus ou moins de durée hier qu'aujourd'hui. Cette difficulté, d'apparence formidable, a le tort de présupposer le réalisme newtonien. Si le temps est une chose en soi et s'il recèle un malin génie doué de la faculté extraordinaire de superposer l'un à l'autre des fragments de la durée découpés dans des âges différents, sans doute l'échelle du temps peut varier. Mais si tout homogène qu'on soit forcé de le penser, le temps n'est pas superposable et par conséquent n'est pas comparable à lui-même, avant du moins d'avoir été fixé par la mesure; si une durée ne peut être que ce qu'une conscience bien informée la pose, alors la soi-disant majoration ou minoration des laps de temps, antérieure à la mesure, est impossible faute d'un repère et elle n'a plus de sens. Le même phénomène dans les mêmes circonstances a la même durée, non pas parce que cela serait fixé ainsi par une définition arbitraire, mais parce que la pensée ne saurait faire ni comprendre qu'il en soit autrement.

CHAPITRE II

TEMPS, ESPACE, MOUVEMENT

§ 1. — ESPACE

POINT, DISTANCE, DROITE, ETC.

De ce que chacune des parties du temps enveloppe le néant de toutes les autres, de ce que chacune est la négation absolue de toutes les autres, il s'ensuit, nous l'avons vu, que le temps forme une série successive, irréversible et unique. Mais ces caractères ne se comprennent que par leur opposition à des contraires et par conséquent il faut qu'il y ait comme antithèse de la quantité temporelle une seconde quantité où les parties ne s'excluant qu'en un certain sens se présentent en séries simultanées, réversibles et multiples. On reconnaît les traits généraux de la notion d'espace.

Commençons par son aspect le plus simple. Le premier analogue et opposé de l'instant, la limite spatiale qui, à aucun égard, n'est rien de plus, c'est le *point*. L'intervalle qui en est l'antithèse s'appellera pour nous, en prenant le mot dans un sens plus vague que celui où il est reçu en géométrie, la *distance*. La synthèse des deux ou l'intervalle limité et déterminé uniquement par deux points sera la *droite*. Mais puisque l'espace ne se développe pas, comme le temps, en une série unique, il faut poser au moins un point hors de la droite, ce qui nous donne une nouvelle droite et l'*angle* compris entre les deux, conférant en même temps à la droite le caractère d'une direction. En s'associant la droite et l'angle déterminent un *plan*. *Droite*, *angle*, *plan* : voilà donc le second aspect de l'espace. Ce ne peut être tout l'espace, car le plan étant défini par deux droites est, comme la droite, une direction et, par suite, appelle à titre d'opposé une direction différente, c'est-à-dire un angle, l'angle ayant d'ailleurs ici une signification différente de celle qu'il avait tout à l'heure, puisque son corrélatif a changé. Le plan et la direction qui lui est extérieure ont pour synthèse le *volume*. *Plan*, *angle* et *volume* constituent, sans doute, le dernier moment de l'espace qui n'a ainsi que trois dimensions.

De ces déterminations élémentaires part le développement de toutes les modalités spatiales qui sont l'objet de la géométrie, et bien qu'il paraisse impossible en fait de le suivre un peu loin par notre méthode, il n'en est pas moins assuré que, en droit, les figures se succèdent les unes aux autres suivant une progression régulière par thèse, antithèse et synthèse. Peut-être même peut-on donner en ce sens quelques indications. Mais il faut les présenter sous toutes réserves. Dès que nous tentons de sortir des généralités les plus superficielles, le lien des idées nous échappe à moins qu'il ne soit analytique ; et d'ailleurs l'investigation scientifique qui, avec ses procédés ordinaires, échoue assez vite devant certaines propriétés des nombres, est plus loin encore de saisir adéquatement l'essence beaucoup plus complexe des figures. Il s'en faut, notamment, que les géomètres soient d'accord sur l'ordre des théorèmes. Trouvant donc le terrain si mal préparé le métaphysicien, eût-il même le savoir nécessaire, ne saurait fournir que des aperçus très douteux et très bornés sur la constitution synthétique des figures. Tel est le caractère de ceux que nous proposons. Dès qu'avec une droite, un point extérieur et un angle on a déterminé un plan, ce plan apparaissant comme indéterminé en un autre sens, savoir en tant que rien ne le

-limite, ou n'en limite une partie du côté de l'ouverture de l'angle, la notion corrélative d'une limite à poser de ce côté est appelée et une troisième droite, dont les deux extrémités étaient connues, est immédiatement donnée. De là résulte le triangle. Considéré quant au nombre de ses côtés, le triangle s'oppose aussitôt, comme un s'oppose un plus un, un polygone de trois côtés plus un, ce qui donne le quadrilatère, et ainsi de suite, de telle façon qu'on obtient la série des polygones irréguliers. Si l'on compare ensuite la grandeur des côtés dans le triangle, en opposant au scalène son contraire immédiat l'égalité de deux des côtés, on arrive à construire le triangle isocèle et un degré de plus conduit au triangle équilatéral. Qu'à la direction quelconque des côtés dans le quadrilatère on oppose la direction semblable de deux côtés, c'est au trapèze que l'on aboutit. Enfin, pour apporter un dernier exemple, la droite en tant que déterminée par deux de ses points a pour opposé le lieu géométrique quelconque de tous les points dont la position est déterminée exclusivement par celle de points extérieurs : d'où la notion abstraite de courbe ; à moins qu'une procédure un peu différente amène tout de suite à la notion de cercle.

Développements.

A. — *Le concept d'espace.*

Le réalisme newtonien est aussi inacceptable pour l'espace que pour le temps et en vertu des mêmes raisons. Mais il y a pourtant dans la conception newtonienne de l'espace des vérités que Kant a eu raison de revendiquer contre Leibnitz. L'espace est comme le temps une quantité, ce n'est pas un pur ordre des coexistants. Aussi n'est-il pas postérieur aux choses, c'est-à-dire à la qualité, mais, au contraire, antérieur. Sur ces deux points l'*Esthétique transcendantale* est dans le vrai. Le tort de Kant, pareil à celui que nous lui avons reproché à propos du temps, est de ne pas fonder solidement la réalité de l'espace en le mettant parmi les concepts au lieu de le rejeter hors de l'entendement. Tout en ressemblant trop à une chose en soi, l'espace réalisé dans l'intuition a d'autre part une assiette trop peu ferme, puisqu'après tout ce n'est qu'une infirmité de l'être sensible. Leibnitz ne demandait pas plus : et, pour aboutir à lui accorder tout, ce n'était guère la peine de rétablir contre lui les caractères originaux de la notion d'espace. Il fallait en faire au pied de la lettre une notion.

Les arguments de Kant sont ici les mêmes que pour le temps et ne valent pas plus. Dire que l'espace homogène n'a point d'extension logique, que ses parties sont en lui mais ne se rangent pas sous lui, c'est s'en faire une représentation inadéquate où l'intervalle subsiste seul après abstraction des limites. Or, il n'y a pas plus d'intervalle sans limite que de limite sans intervalle : car il faut bien qu'une étendue quelconque s'étende depuis ici jusque-là et, à moins qu'elle ne soit douée d'une unité éléatique, il faut quelque marque de division, aussi flottante qu'on voudra, pour y produire des parties. L'espace est donc une représentation générale sous laquelle il en faut ranger d'autres plus particulières : la droite, la gauche, le haut, le bas, l'avant, l'arrière, ces premières différences du lieu selon l'expression d'Aristote. Kant soutient, il est vrai, qu'elles n'ont rien de conceptuel, et cela parce qu'elles sont de purs rapports. Mais une telle raison est pour nous sans force, puisque nous n'admettons pas de dénominations internes antérieures à toute relation. Le caractère que présente une hélice de s'enrouler à gauche, par exemple, est à nos yeux tout aussi conceptuel que la coloration rouge ou la chaleur présentée par un corps. Et nous sommes confirmés dans notre opinion par le fait que ces caractères s'associent aux autres dans la constitution des essences, certains colimaçons, pour rappeler des exemples de Kant lui-même, ayant leur spirale tournée à droite et une autre espèce à gauche, le haricot s'enroulant vers la droite autour de la rame tandis que le houblon adopte le sens inverse. Insistons d'ailleurs, car ce point est d'importance capitale. En faisant de l'espace un milieu vague et indéterminé, Kant sépare radicalement, dans la métaphysique de la géométrie, la figure et la grandeur : ce qui conduira <u>à voir dans le raisonnement géométrique,</u> où règne la quantité, <u>quelque chose d'irréductible au syllogisme</u> et surtout à se poser des questions insolubles touchant l'accord des propriétés de grandeur et des propriétés de figure. Mais encore une fois la grandeur toute seule, l'intervalle sans limite, n'est rien ; et, de son côté, qu'est-ce que la figure sans la grandeur ? On peut bien dire que dessiner n'est pas mesurer et cela est vrai à demi : cependant, il est plus vrai encore, il est entièrement vrai, qu'un dessin est une coordination de distances. L'espace n'est donc point un vide métaphysique subsistant par lui-même sans détermination : c'est bien plutôt l'abstrait du volume. — Dira-t-on que l'espace n'a pas de compréhension ? Mais outre son contenu spécifique il enveloppe encore les idées de relation, de nombre et de temps, qui servent à le préparer. Ainsi on ne saurait prouver jusqu'ici par les principes kantiens qu'il ne faut pas voir en lui un concept; car nous ne parlons pas des raisons tirées de ce que chacune de ses parties est quelque chose de singulier, ni du fait que le tout serait en lui antérieur aux parties : il suffit d'appliquer à l'espace ce que nous avons dit à propos du temps.

Reste, il est vrai, le principal argument de Kant : savoir l'absurdité de l'infini en acte et, attendu que l'espace est représenté comme une grandeur infinie donnée, l'obligation où nous sommes de le rejeter dans la sensibilité. Mais non seulement l'intuition aveugle, et cependant faculté de l'esprit, se comprend mal, non seulement la prise que l'entendement doit avoir sur elle n'est pas facile à concevoir, non seulement l'idée d'une multiplicité pure sans aucune sorte d'unité est chose inintelligible ; quand tout cela irait de soi, Kant aurait encore manqué la meilleure solution du problème que soulève l'infinité de l'espace. C'est parce que l'espace en général est quelque chose d'abstrait qu'il apparaît comme infini, c'est-à-dire comme indéterminé et c'est parce qu'il est un concept qu'il peut être une abstraction. L'abstrait se montre nécessairement derrière tout concret : l'animalité, par exemple, derrière tel animal. Il s'ensuit que les déterminations spatiales n'échappant pas plus que les autres à cette loi, l'espace abstrait se montre derrière toute étendue déterminée. Mais l'abstraction appliquée à la quantité, à l'extériorité réciproque, donne la représentation d'intervalles quelconques avec des limites quelconques. Ajoutons que cette nécessité vaut pour la progression comme pour la régression, c'est-à-dire qu'elle nous force aussi bien à nous représenter un espace dans un espace plus grand que des parties dans un espace si petit qu'il soit ; que toutefois, comme le composé enveloppe analytiquement ses éléments, c'est le point de vue de la régression qui s'impose avec le plus d'énergie : d'où il résulte que l'infinité dans la division nous semble tout particulièrement attachée à l'espace, comme d'ailleurs au temps. Il s'en faut donc du tout au tout que l'espace ne puisse être un concept parce qu'il est d'une certaine façon infini. Au contraire, son infinité et la manière d'être de cette infinité ne s'expliquent bien que si on reconnaît à l'espace les propriétés générales des représentations intellectuelles.

Il est pourtant vrai de dire, en un certain sens, qu'il est une intuition, tandis que la causalité, la finalité et le temps lui-même ne sont pas des intuitions en ce sens-là. L'espace, en effet, peut être vu et il peut aussi être touché, bref il peut tomber sous la perception sensible en lui fournissant une prise tout spécialement large et sûre. Nous rapprochons à dessein, et presque jusqu'à ne pas distinguer entre les deux, la perception visuelle et la perception tactile de l'espace : car, quand même la vision des distances serait une opération compliquée et tardive ainsi qu'il a été classique de le soutenir, il n'en faudrait pas moins reconnaître que, d'une manière ou de l'autre, c'est le même espace qu'il s'agit de percevoir ; le même espace : attendu que malgré Reid et sa géométrie des visibles, il n'y a pas pour l'esprit deux sortes de droites ni d'angles rectilignes, pas plus que deux notions de cube ou de sphère et c'est pourquoi Leibnitz soutenait fort bien que la vue seule, laborieusement interrogée, fournirait la solution du problème de Molyneux, ou pour mieux dire que son aide suffirait à l'esprit pour résoudre ce problème. Une notion, en effet, n'est pas une chose qui tombe tout entière et toute faite sous la main ou sous le regard : et c'est même parce que l'espace est dans l'entendement comme toutes les autres notions, qu'il n'y a pas en réalité un espace pour le toucher et un autre pour les yeux. Mais enfin cela n'empêche pas l'espace d'être perçu en même temps que conçu et de mériter en ce sens le titre de représentation intuitive.

Entendue de cette façon, la nature intuitive de l'espace ne contredit en rien le caractère intellectuel que nous lui reconnaissons d'autre part. Toutefois, ceci a peut-être besoin d'éclaircissement, car on dira volontiers qu'il y a la plus grande différence entre une figure géométrique, envisagée dans sa notion pure, « forme sans matière », comme s'exprime Aristote, et la même figure perçue ou seulement imaginée dans l'espace. C'est la distinction kantienne entre les concepts et la construction des concepts. Si cette distinction était vraie, nous aurions perdu toute notre peine : mais en réalité nous avons déjà enlevé tout droit de le faire à ceux qui voudraient essayer de la maintenir. Supposé qu'on ait le concept complet d'un triangle scalène, dans lequel les rapports de longueur entre les côtés soient déterminés, dans lequel même la longueur des côtés soit fixée, en quoi la compréhension du triangle conçu et celle du triangle construit diffèreront-elles au point de vue géométrique ? Refuser de faire entrer dans le concept d'un triangle la longueur des côtés et même leur longueur relative est facile assurément. Peut-être n'est-ce pas moins arbitraire. Car enfin dans le concept général, c'est-à-dire incomplet, d'un triangle scalène il y a encore l'idée d'un certain rapport entre la grandeur des côtés, savoir leur inégalité et dans le concept tout à fait général d'un triangle, qu'on ne peut plus accuser d'être chargé de matière et qui est, s'il en fût jamais, une pure règle pour la construction d'une figure, la grandeur se retrouve encore, tout atténuée qu'elle soit, puisqu'on veut bien que les côtés aient une longueur quelconque, mais non, sans doute, une longueur nulle. Nous saisissons ici sur le fait une fois de plus l'union intime de la figure et de la grandeur, en même temps que la vanité de tout effort pour les disjoindre. Un concept géométrique d'où toute idée de grandeur serait bannie ne pourrait plus être qu'une formule algébrique, c'est-à-dire un symbole et il faudrait toujours, pour l'interpréter, réintroduire l'élément exclu. Que peut-on donc alléguer encore pour maintenir la distinction kantienne entre le concept et la construction ? Nous ne voyons plus que deux allégations possibles. La première c'est que la figure construite se trouve posséder, en vertu de jugements synthétiques mais nécessaires, des propriétés non contenues dans sa définition. Or nous espérons montrer plus loin que des jugements synthétiques et des propriétés de cette espèce n'existent pas. Ce qu'on peut prétendre ensuite, c'est que le concept d'une figure est *a priori*, relativement au moins, tandis que l'expérience seule nous révèle, sur la figure construite, une foule de propriétés que nous ne soupçonnions pas. Mais cette difficulté nouvelle, qui n'est guère qu'une transposition de la précédente, n'est pas très grave. Sans doute il y a une expérience des déterminations spatiales et personne ne niera qu'en fait l'observation des figures ait été et soit peut-être encore utile aux géomètres. Seulement ceci est étranger à la question. La question serait de savoir s'il y a dans les figures construites quelque chose qui ne puisse, en droit, se ramener à des concepts et à des enchaînements de concepts. Or, ce n'est là qu'un cas particulier d'un problème général dont la solution pour nous n'est pas douteuse. L'empirisme ne se contente pas de rejeter l'espace hors de l'entendement et, pour n'en pas faire une idée, il va jusqu'à y voir une chose en soi. Nous ne discutons, présentement, que contre le demi-idéalisme de Kant.

Notre but était d'établir que l'espace possède tous les caractères d'un concept, que, pour parler le langage de Kant, l'espace n'est pas une forme de la sensibilité ou n'est pas cela seulement ; qu'il est, comme d'autres penseurs l'ont déjà reconnu, une catégorie. Cette proposition jointe à la proposition analogue qui concerne le temps, est d'une importance capitale. Les conséquences s'en étendent si loin que la notion même de la réalité la plus profonde, je veux dire du sujet-objet, de la monade si l'on préfère, s'en trouve considérablement modifiée. Avec l'espace concept, asservi à la pensée, il n'y a plus lieu de réclamer pour l'être réel le privilège d'être inétendu. Sous l'aspect spatial encore l'unité d'une monade est celle d'une multiplicité : elle est une parce que toutes ses parties collaborent, non parce qu'elle serait indivisible.

B. — *Les espaces non-euclidiens.*

L'espace que nous avons trouvé comme antithèse du temps est l'espace euclidien. Est-ce bien là l'espace vrai ou le plus vrai ? N'y a-t-il pas des espaces différents non seulement en ce sens qu'ils auraient plus de trois dimensions (question que nous aborderons ensuite), mais en cet autre sens que certains espaces ne seraient pas homogènes ? On va même jusqu'à penser qu'il y a des espaces non identiques, c'est-à-dire ainsi constitués qu'une figure ne puisse s'y déplacer sans altération : telle la surface d'un œuf puisque les deux bouts ne sauraient s'appliquer l'un sur l'autre sans duplicature ou déchirure. Toutefois si l'espace véritable est homogène, il est, à plus forte raison, identique : aussi nous attacherons-nous exclusivement au premier point.

On sait que dans l'espace où nous vivons, dans celui du moins dont les géomètres grecs nous ont légué la conception, il y a des figures semblables, des triangles semblables avant tout, c'est-à-dire tels que leurs angles soient égaux et leurs côtés homologues proportionnels. En d'autres termes l'espace euclidien permet de construire une même figure, un même dessin, à différentes échelles sans y rien changer quant à la forme, la grandeur en revanche étant modifiée et les rapports entre les grandeurs subsistant seuls. Cette propriété de l'espace euclidien en vertu de laquelle on y peut reproduire le même polygone en grand et en petit est précisément celle qui lui vaut le titre d'espace homogène. Mais l'homogénéité ne fait qu'un avec le célèbre postulatum d'Euclide : que par un point hors d'une droite on ne peut mener qu'une parallèle à cette droite. Car l'égalité des angles entre deux figures de grandeur différente se démontre par la propriété dont jouissent les parallèles de faire avec une sécante deux angles intérieurs d'une valeur totale de deux droits exactement, valeur dont la constance suppose à son tour, pour la parallèle menée par un point de la sécante, une position unique autour de ce point ; et, d'autre part, dès qu'on admet l'existence de triangles semblables, on en conclut bientôt, en invoquant la proportionnalité des côtés homologues dans ces triangles, que toute droite faisant avec une autre moins d'un angle droit à l'intérieur rencontrera toujours une perpendiculaire à celle-ci. C'est donc faire une seule et même chose que d'admettre des espaces non homogènes et d'écarter le postulatum d'Euclide ; et comme ce postulat n'a jamais pu devenir un théorème, la définition ordinaire de la droite ne permettant pas de le démontrer, on comprend la raison d'être des spéculations non-euclidiennes. En construisant la géométrie sans recourir au postulatum, on a voulu atteindre à une rigueur et à une généralité plus grandes. Au lieu d'accueillir sur la foi de l'expérience une proposition indémontrable, on obtiendrait une chaîne continue de vérités dérivant les unes des autres par des opérations de pure analyse; et au lieu de s'enfermer dans l'étude d'une grandeur particulière assujettie à l'homogénéité, on étudierait d'une manière générale toute multiplicité de n dimensions, continue mais non plus homogène, et affranchie même de la nécessité de s'étendre sans limites. Tel est du moins le concept de l'espace selon Riemann. Mais on peut le restreindre beaucoup, d'abord en introduisant la condition d'une étendue illimitée, puis celle de n'avoir que trois dimentions, même celle de ne différer que fort peu de l'espace euclidien, sans qu'on cesse pour cela d'avoir la matière d'une géométrie très générale encore. Elle déterminerait d'un seul coup toutes les propriétés communes à une infinité d'espaces, et pour dire ce que ces propriétés deviennent dans le cas particulier de tel de ces espaces, par exemple de l'espace euclidien, il suffirait de tenir compte chaque fois d'un certain paramètre, c'est-à-dire d'une certaine grandeur géométrique qui caractériserait chaque espace. Qu'est-ce maintenant que ce paramètre? c'est ce qu'il est aisé de comprendre. Notre espace n'a point de courbure à lui propre, il est plat. Supposons au contraire que nous ayons affaire à des surfaces à courbure constante, comme les surfaces pseudo-sphériques concaves suivant une direction et convexes suivant l'autre, ou comme les surfaces sphériques; supposons encore que nous devions étudier ces surfaces en elles-mêmes sans pouvoir rapporter leur courbure à une troisième dimension, le rayon de courbure; nous trouverons, dans ces conditions, que chaque surface est caractérisée par une certaine grandeur à elle propre. Soit en effet une surface sphérique. Appelons angles droits les deux angles adjacents égaux déterminés par la rencontre d'un grand cercle avec un autre ; rendons-nous compte que, dans un triangle sphérique infiniment petit, la somme des angles vaut deux droits ; que, par suite, dans un polygone sphérique infiniment petit, la somme des angles intérieurs est égale à autant de fois deux angles droits qu'il y a de côtés moins deux ; que, enfin, la somme des angles intérieurs d'un polygone sphérique fini est égale à la quantité précédente augmentée d'un certain excès. Cela étant, on arrive à démontrer que les aires de deux polygones sphériques sont entre elles comme les excès ; d'où il suit qu'une aire est à l'excès correspondant comme une autre aire à l'excès qui lui correspond, c'est-à-dire que le rapport de l'aire à l'excès est un nombre constant. Ce nombre constant pour chaque surface sphérique, mais qui est différent pour chaque sphère différente puisqu'il suit les variations de l'excès et par conséquent de la courbure, caractérise une surface sphérique tout aussi bien que ferait le rayon dont la considération est exclue par hypothèse. Aussi est-ce précisément ce nombre constant qu'on appelle le paramètre d'une surface sphérique, et c'est son analogue qui est le paramètre d'un espace quelconque. Le paramètre de l'espace euclidien a quelque chose de tout à fait spécial : il est infini, la courbure de cet espace est nulle et c'est pour cela que la somme des angles d'un triangle y vaut deux droits, qu'on n'y peut mener qu'une parallèle par un point, qu'il comporte des figures semblables. Mais c'est bien là un cas particulier qui peut se déduire d'une géométrie générale sous la condition d'une valeur particulière du paramètre spatial : tant s'en faut que la géométrie euclidienne soit toute la géométrie. Il va de soi d'ailleurs que la question de savoir si notre espace physique est rigoureusement euclidien ou non est tout autre malgré les confusions où l'on tombe quelquefois à cet égard ; et elle paraît être insoluble, puisque la très faible quantité dont la somme des angles d'un triangle pourrait différer de deux droits dans les meilleures évaluations astronomiques, serait légitimement imputable à des erreurs d'observation.

La valeur mathématique des spéculations non-euclidiennes est hors de cause. Nous n'avons pas à la faire ressortir, encore moins à la contester. Les formules non-euclidiennes sont, comme on a dit, un vêtement qui pourra servir, ainsi qu'il est arrivé pour les quantités négatives et imaginaires, et d'ailleurs n'ont-elles pas conduit déjà à la géométrie des surfaces pseudo-sphériques ? Enfin les avantages mathématiques qui résulteraient de l'établissement d'une géométrie générale seraient peut-être considérables. Mais quelles conséquences philosophiques touchant la nature de l'espace peut-on tirer du succès de ces spéculations ? La géométrie non-euclidienne prouve-t-elle l'existence d'espaces à paramètre fini ? On dit souvent que l'existence ou du moins la possibilité de tels espaces résulte de ce que la chaîne des théorèmes non-euclidiens peut s'étendre très loin, et probablement aussi loin qu'on veut, sans se heurter à aucune contradiction. C'est peut-être qu'on ne voit pas bien l'objet sur lequel porte cette non-contradiction. Le droit du géomètre est de définir arbitrairement ce qu'il entend par espace ou par tel espace, cette définition dût-elle envelopper une contradiction dont il est entendu qu'on ne tiendra pas compte. Or si l'on raisonne correctement sur une pareille donnée on n'en tirera rien qui soit contradictoire avec elle. Mais comment cela prouverait-il que la donnée première était elle-même exempte de toute contradiction interne ? On ferait fort bien une arithmétique en supposant qu'il n'y a que des nombres impairs et en excluant d'avance toute opération qui donnerait des nombres pairs : cela n'établirait pas cependant qu'il soit légitime de nier l'existence des nombres pairs.

Ce qui trompe sans doute quelques géomètres non-euclidiens, c'est que, dans les sciences de la nature, l'accord des conséquences entre elles est regardé comme une preuve de la loi ; et l'on ne remarque pas assez que, dans la nature, ce sont des séries de faits indépendantes qui s'entremêlent ; que, par conséquent, un élément écarté à tort risque d'être réintroduit dans le tissu des conséquences par l'une de ces séries. Dans le domaine qui nous occupe, au contraire, quand on soutiendrait que les définitions, qui viennent successivement nourrir le développement d'une géométrie, sont empruntées à l'expérience, il faudrait bien reconnaître, en vertu même de la conception fondamentale, que ces définitions sont corrigées et adaptées à la donnée première qui, dès lors, ne saurait être consolidée par leurs conséquences. On est donc fondé à dire aux géomètres non-euclidiens : il y a des espaces affectés d'une courbure si et en tant que vous en posez de tels ; si au contraire vous n'introduisez aucune courbure, ou même pour plus de sûreté, excluez toute courbure par une hypothèse initiale, il ne saurait s'en découvrir aucune dans l'espace que vous étudierez. Les conséquences seront toujours ce que les feront vos points de départ et ces points de départ, vous pouvez, en tant que géomètres les définir arbitrairement. C'est pourquoi on a fait justement observer qu'il n'y a pas lieu de parler de la vérité d'une géométrie, en ce sens qu'une telle science aurait quelque chose à nous apprendre sur la nature de l'espace ou des espaces réellement donnés ou conçus.

Toutefois, nous ne saurions nous contenter d'opposer une fin de non-recevoir aux conclusions des chercheurs qui se sont séparés d'Euclide ; car quoiqu'ils ne puissent légitimement tirer de pareilles conclusions en tant que géomètres, ils ont bien le droit, comme philosophes, d'avoir une doctrine sur l'espace ; et quant à nous, nous n'avons pas celui de passer outre sans examen. Nous devons nous demander de quel côté est la notion complète et adéquate de l'espace. Un géomètre, comme tel, prend et laisse ce qu'il veut de l'idée d'espace. Un métaphysicien est tenu de rechercher si c'est l'espace homogène ou l'autre qui est le vrai.

L'espace homogène, avons-nous vu, est celui où l'on peut sans altérer la forme changer les dimensions des figures, majorer et minorer les figures, selon d'excellentes expressions qui méritent d'être adoptées. En un mot, dans l'espace homogène, la forme et la grandeur sont, comme on dit, indépendantes l'une de l'autre. Or, il ne faut pas nous le dissimuler, ceci crée un préjudice fâcheux contre l'espace euclidien : car cette indépendance mutuelle, dans les choses géométriques, des deux éléments qui les constituent paraîtra aisément anarchique et fera soupçonner quelque juxtaposition irrationnelle. Une figure qu'on peut à volonté majorer ou minorer a l'air d'être imparfaite et insuffisamment déterminée. Au contraire, une figure où les dimensions sont absolues, c'est-à-dire incapables d'être modifiées sans que la forme le soit du même coup, est quelque chose d'achevé. La métaphysique non-euclidienne est donc, de ce point de vue, très spécieuse. Mais il faut voir si, sous cette belle apparence, ne se découvrent pas, quand on y regarde mieux, de graves embarras.

Puisque l'intervalle n'est rien sans la limite, il est certain que la grandeur ne saurait être d'une manière générale indépendante de la forme : cependant, puisqu'elles s'opposent l'une à l'autre, il faut que sous un certain aspect dont nous parlerons plus précisément tout à l'heure, les deux choses puissent s'isoler. Or la grandeur étant posée à part et prise comme grandeur, elle ne peut plus se déterminer que par elle-même, c'est-à-dire par la comparaison de deux grandeurs : ce qu'on exprime en disant que la grandeur est relative. Telle est sa façon propre de satisfaire à la loi fondamentale de la représentation; et, comme elle ne saurait avoir le privilège d'y échapper, quiconque dit grandeur, dit, en même temps, grandeur relative. Maintenant, est-il légitime de parler des dimensions des côtés dans un triangle appartenant à une surface quelconque de paramètre fini? Oui, sans doute, puisque, pour reprendre l'exemple des surfaces sphériques, les arcs de grand cercle d'une même sphère étant superposables, peuvent se mesurer l'un par l'autre. Mais, cela étant, il faut que les longueurs des côtés soient, d'une façon ou de l'autre, relatives entre elles ; autrement, on se heurte au paradoxe de grandeurs qui, comme grandeurs, se trouvent être absolues et sans qu'on puisse dire pourquoi. Comment donc la métaphysique non-euclidienne sortira-t-elle d'embarras? D'une part, les côtés des triangles dans un même espace ont des longueurs comparables entre elles; d'autre part, des triangles de grandeur différente ne sauraient être semblables, puisque les angles, dépendant de la longueur des côtés, varient avec elle. Faudra-t-il donc distinguer des grandeurs absolues et d'autres qui ne le sont pas, sans pouvoir indiquer ce qui introduit tout à coup l'absolu dans la grandeur? Les philosophes non-euclidiens croient avoir une meilleure ressource et ils espèrent retrouver la relativité dans les espaces de paramètre fini ou plutôt dans l'ensemble de ces espaces. Puisqu'un triangle sphérique infiniment petit vaut deux droits, puisqu'on peut décomposer à leur tour les lignes et les aires en éléments infinitésimaux, il est possible de reproduire, par intégration, sur une même sphère les angles, les côtés et les aires de polygones empruntés à des surfaces sphériques diverses : donc toutes ces figures peuvent devenir comparables et, par suite, les paramètres eux-mêmes. Voilà un premier pas accompli. Grâce à lui on en peut faire un second tout à fait décisif à ce qu'on pense. Parmi les polygones pris sur différentes sphères, puis reportés sur une sphère unique, on n'en saurait jamais trouver de semblables, la valeur des angles demeurant toujours liée à la longueur des côtés. Mais il faut profiter de la possibilité de comparer les sphères entre elles par leurs paramètres, comme on sait, en géométrie euclidienne, les comparer par leurs rayons. Or, un géomètre euclidien n'est pas embarrassé pour trouver un triangle semblable à un triangle sphérique donné : il lui suffit de prendre une seconde sphère dont le rayon soit à celui de la première dans un certain rapport et d'y construire un triangle dont les côtés vaillent le même nombre de degrés que les côtés correspondants du triangle donné. Au point de vue non-euclidien, il suffira pareillement, pour obtenir des figures semblables, d'avoir deux sphères dont les paramètres soient dans un certain rapport. En d'autres termes, on pourra, comme en géométrie euclidienne, majorer et minorer les figures. Il arrivera seulement que, par suite de ces opérations, chaque figure passera de son espace dans un autre espace, qui ne sera lui-même que le premier espace majoré ou minoré d'une façon analogue. Mais les grandeurs étant comparables d'espace à espace, il n'y a pas là d'inconvénient : les notions de similitude et de relativité subsistent tout entières. Certes, cette argumentation non-euclidienne est spécieuse ; elle n'est pas solide. Que dire en effet du premier point, savoir de la comparaison des grandeurs de sphère à sphère ou d'espace à espace ? Il n'y a pas réellement de commune mesure entre ces grandeurs. Sans doute le problème étant de comparer des incomparables, le mathématicien le résout excellemment par le calcul infinitésimal. Mais ce calcul accomplit ici, comme à l'ordinaire, un passage d'un genre à un autre, ce qui n'est acceptable que par convention et ne résout pas le problème sous son aspect métaphysique. Et quand même d'ailleurs on laisserait de côté cette considération, la soi-disant similitude des non-euclidiens n'en serait pas moins illusoire. Car, leur a-t-on justement objecté, de même que les surfaces sphériques et les triangles semblables de l'une à l'autre sont placés tous ensemble, aux yeux du géomètre euclidien, dans un même espace homogène à trois dimensions, de même les non-euclidiens réunissent tous leurs espaces au sein d'un espace homogène : et c'est au sein de cet espace qu'il y a des polygones semblables et des espaces semblables. Lui seul est le siège de la similitude et les espaces non-euclidiens pris en eux-mêmes restent rebelles à la loi de relativité. Par là toute signification métaphysique est enlevée à la géométrie non-euclidienne qui, au fond, ne se suffit pas. Puisqu'on est ramené à l'espace homogène, autant recourir ouvertement au rayon et dire que ce qui fait qu'un espace à deux ou à trois dimensions n'est pas homogène, c'est une courbure suivant une troisième ou une quatrième dimension dans un espace homogène. Malgré toutes les apparences, une courbe ne peut être prise pour une grandeur pure ou à la rigueur, parce que la direction et la figure, qui ne fait qu'un avec la direction, y changeant à l'infini, il ne saurait exister entre deux portions assignables d'une courbe, dès qu'elles sont inégales, une véritable identité de figure. Il s'en faut donc du tout au tout que l'idée de paramètre, c'est-à-dire de paramètre fini, soit inhérente à celle d'espace. Qu'il y ait avantage, au point de vue mathématique, à douer le plan lui-même, par exemple, d'un paramètre infini, en créant par cet artifice la notion soi-disant générale de surface à paramètre dont le plan ne sera plus qu'un cas particulier, en sorte qu'on puisse le traiter au moins, ainsi qu'on l'a proposé, comme étant, à certains égards, une espèce de la surface sphérique, cela est possible. Métaphysiquement, le concept de l'espace euclidien subsiste au premier rang : ce n'est pas un concept inadéquat, comme nous avions pu le craindre au début en y constatant l'indépendance de la grandeur et de la forme.

Cette prétendue indépendance, en effet, n'est pas de l'anarchie. Le mot indépendance est, dans l'espèce, une expression vicieuse, signe d'une conception tronquée. A vrai dire, la grandeur est toujours sous la domination de la forme ; et si elle s'oppose à la forme comme l'intervalle à la limite, il y a pourtant ici une nuance importante à signaler : l'opposition des deux choses n'est pas une exclusion complète, elle a plutôt lieu à l'intérieur du domaine de la forme : car une grandeur géométrique a toujours une figure. En un mot, ce n'est pas l'intervalle qui n'est que cela à tous les égards, c'est l'intervalle déjà figuré qui constitue la grandeur. Lors donc que la grandeur paraît indépendante et, au point de vue de l'abstraction, peut l'être, c'est la nature même d'un certain moment de la forme qui le permet ou l'exige. L'homogénéité et la relativité, c'est-à-dire le fond vrai de ce que l'on appelle l'indépendance de la grandeur, sont des suites de l'existence de la figure simple, savoir de la droite. Et on l'aperçoit sans peine, car le raisonnement dont nous avons usé plus haut pour établir l'homogénéité du temps, s'adapte au cas présent. La droite est continue comme tout ce qui est étendu. Si, en outre, parmi les déterminations de l'étendue elle est la plus simple et mérite même le nom de détermination simple de l'étendue, il faut que ses parties retiennent son essence, puisque, en la perdant, elles cesseraient d'être étendues. On ne prétendra pas sans doute que la division confère aux parties des déterminations complexes, d'autant qu'il faudrait ensuite recomposer la droite avec des brisées, par exemple. Donc la droite est homogène et, avec elle, le plan et les solides qu'elle détermine le sont aussi. Quant à l'autre proposition caractéristique de la géométrie euclidienne, dont elle est comme l'autre pôle, savoir que l'angle est une grandeur non-homogène, rebelle à toute majoration ou minoration, elle n'est, à son tour, ni scandaleuse, ni dépourvue de raison d'être. Vainement prétendrait-on y trouver des inconvénients analogues à ceux qu'il faut reprocher au paramètre fini des espaces non-euclidiens : car l'angle ne demande à être comparé qu'à des grandeurs de même espèce. D'ailleurs on peut voir pourquoi il est un nombre et non pas, à vrai dire, une grandeur. Cela est une suite de l'homogénéité de la droite. Supposons en effet qu'un angle rectiligne soit donné; puisque toute droite se majore et, comme droite, est indéfinie, prolongeons au delà du sommet l'une des droites concourantes : on verra alors que tout angle est corrélatif d'un autre angle que nous appellerons son supplément, sans donner au mot le sens précis de quantum angulaire apte à compléter une somme de deux droits. L'angle n'est donc adéquatement défini que par sa corrélation avec son supplément. Or le supplément croissant quand l'angle décroît, ou inversement, il est clair que l'angle ne peut être ni majoré ni minoré : car il faudrait pour qu'il pût l'être que les quantités qui le définissent crussent ou décrussent dans le même sens. Remarquons enfin que l'angle conçu comme solidaire de son supplément tombe par là sous la loi fondamentale de relation et que si l'on peut l'appeler une grandeur absolue, ce n'est qu'en un sens qui ne saurait choquer.

L'espace homogène de la métaphysique euclidienne, une fois bien examiné, satisfait donc entièrement la raison, tandis que c'est le contraire qui arrive pour les espaces non-euclidiens. Un géomètre a dit que la géométrie euclidienne est « la plus simple en soi ». Elle est la plus simple, ajouterons-nous, comme reposant elle-même sur la notion de la figure simple. Mais parce qu'elle est la plus simple, il est impossible de ne pas la mettre, métaphysiquement au moins, à la base de tout l'édifice géométrique.

C. — *Les espaces à plus de trois dimensions.*

Nous avons maintenant à nous occuper de la question que nous avions ajournée : celle de savoir s'il faut admettre des espaces à plus de trois dimensions. Au point de vue mathématique la réponse ne saurait être douteuse. On peut donner à un espace, dans les formules bien entendu et non dans l'intuition, autant de dimensions qu'on veut : il n'y a pour obtenir une dimension nouvelle qu'à introduire une coordonnée de plus dans les équations. Quant à l'utilité de ces recherches analytiques, elle peut être réelle et d'ailleurs, répétons-le, il est toujours possible que des formules jusque-là sans usage rendent tout-à-coup des services positifs. Mais nous n'avons pas à nous placer au point de vue mathématique. Nous devons seulement rechercher si, en métaphysique, il convient d'affirmer l'existence ou la possibilité d'espaces à plus de trois dimensions, soit encore l'existence ou la possibilité d'autres dimensions dans notre espace, outre les trois qui sont seules perçues par nous. C'est cette dernière façon de poser le problème qui est la plus philosophique parce qu'elle suppose entre les dimensions de l'espace une liaison, tout inaperçue qu'elle demeure, tandis qu'autrement on se trouverait en présence d'espaces radicalement étrangers les uns aux autres. Y a-t-il donc, demanderons-nous, des dimensions de l'espace que nous ne percevons pas, y a-t-il notamment une quatrième dimension ?

Remarquons tout d'abord qu'il ne faut pas s'exagérer l'importance de la question. Quand il s'agissait de savoir si l'espace est ou non homogène, la loi fondamentale de la représentation était elle-même en jeu. Ici nous ne pouvons attendre rien de pareil. A supposer que l'espace ait une quatrième dimension que nous n'ayons pas su découvrir, il s'ensuivra que nous n'aurons pas développé complètement la notion d'espace : ce qui est sans doute une faute vénielle. Cela dit, voyons les preuves qu'on peut donner de l'existence d'une quatrième dimension. Ces preuves ne consistent qu'en inductions ou, si l'on aime mieux, en raisonnements par analogie. On commence par indiquer certaines difficultés géométriques et physiques insolubles pour des esprits qui ne connaîtraient qu'un espace à deux dimensions, alors qu'elles se résolvent sans peine dans notre espace doué d'une dimension de plus ; puis, empruntant à notre géométrie et à notre physique des difficultés analogues, on montre qu'elles peuvent se résoudre par un procédé analogue, le recours à une quatrième dimension. Par exemple il y aurait dans un espace à deux dimensions certains triangles égaux, puisque leurs éléments seraient égaux chacun à chacun, sans qu'il fût possible de superposer ces figures de quelque façon qu'on les fît mouvoir dans le plan. Nous qui sommes en possession d'une troisième dimension, nous réalisons aisément la superposition en faisant tourner la figure hors du plan suivant l'un de ses côtés. Mais à notre tour nous ne pouvons superposer la plupart des triangles sphériques égaux, ni deux hélices, identiques d'ailleurs, mais dont l'une s'enroule à droite, l'autre à gauche : n'est-ce pas qu'il nous faudrait pour réussir exécuter suivant une quatrième dimension un mouvement qui nous est interdit? Supposons un monde soumis autant que possible aux mêmes lois physiques que le nôtre, mais dans lequel la terre et le soleil seraient réduits, pour la connaissance bornée des habitants, à des disques d'une épaisseur négligeable, sur la circonférence desquels les habitants seraient astreints à vivre. Supposons d'autre part que les disques reposeraient latéralement, à l'insu des physiciens du pays, sur une couche plane et mince de matière qui relierait ainsi secrètement le soleil et la terre. Ces physiciens se trouveraient assez embarrassés pour expliquer le rayonnement de la chaleur et de la lumière, peut-être l'attraction, bref tous les phénomènes attribuables à des vibrations transversales. Ne connaissant pas le milieu réel où ces vibrations se propageraient, savoir la couche mince de matière contigue aux flancs du soleil et de la terre, ils imagineraient sans doute un autre milieu. Or il leur faudrait attribuer à ce milieu supposé, en dépit du témoignage de leurs sens, une grande rigidité ; chose d'autant plus difficile à admettre qu'ils constateraient que toute matière interposée entre eux et le soleil empêcherait la transmission de la chaleur et de la lumière. Cette dernière circonstance véritablement incompréhensible pour eux s'expliquerait par le fait que les vibrations du milieu réel de transmission seraient gênées par la rencontre de particules matérielles qui viendraient le toucher. Ainsi la propagation de la chaleur et de la lumière avec les différentes circonstances qui l'accompagnent, si difficile à comprendre pour des êtres qui ne connaîtraient que deux des dimensions de l'espace, deviendrait pleinement intelligible pour eux dès que l'existence d'une troisième dimension leur serait révélée. Mais, sauf de légères modifications, les difficultés de leur physique se retrouvent dans la nôtre et tous les inconvénients qui entourent pour nous l'hypothèse de l'éther disparaîtraient si nous pouvions expliquer la propagation de la lumière et de la chaleur par un milieu grâce auquel nous serions reliés au soleil suivant une quatrième dimension. Tels sont, considérés dans quelques exemples, les raisonnements par analogie dont on s'autorise pour rendre probable l'attribution à notre espace d'une dimension de plus. Il est permis de ne pas regarder cette probabilité comme très forte, à supposer même que l'existence d'êtres réduits à deux dimensions soit une hypothèse vraiment possible. Pour nous, il n'y aurait dans l'espèce qu'une preuve solide : si l'on parvenait à établir que la somme des angles d'un triangle diffère de deux droits dans notre espace; si par conséquent il fallait donner à notre espace un paramètre fini, il faudrait bien, sous peine de renoncer à l'homogénéité et à la relativité de la grandeur, rendre compte de ce paramètre par une courbure suivant une quatrième dimension. Mais nous avons dit qu'il semble impossible d'attribuer sérieusement, dans notre astronomie, une valeur différente de deux droits à un triangle quelconque.

Quant à établir, même à titre de probabilité, par un appel à nos principes, cette proposition négative que l'espace n'a et ne peut avoir que trois dimensions, c'est une œuvre à peu près impossible. Sans doute il y a en droit un passage régulier d'une notion à une autre quand elles doivent coopérer, et, par conséquent, le point d'attache de celle-ci doit être marqué sur celle-là. Autrement, la pensée procèderait par de perpétuelles pétitions de principe, ou, si l'on aime mieux, par une série de sauts d'un absolu dans lequel elle semblerait murée à un autre dans lequel on ne voit pas comment elle pourrait entrer. Mais il n'en est pas moins vrai que, en fait, le point d'attache d'une notion inconnue ou presque inconnue sur une notion donnée est forcément très difficile à découvrir. De sorte que nous ne saurions être sûrs de n'avoir pas laissé échapper quelque aspect du volume en vertu duquel il appellerait comme opposé et complément de détermination une nouvelle dimension de l'espace. Reste seulement que l'espace à trois dimensions doit être regardé jusqu'à nouvel ordre comme suffisant à nos besoins logiques ; ce qui lui confère, à coup sûr, un titre sérieux à passer pour complet.

D. — *Les postulats de la géométrie.*

Euclide distinguait déjà les postulats des axiômes ou notions communes. Et en effet si l'on recourt à sa liste des axiômes on découvre sans peine dans les plus caractéristiques et surtout dans celui qui porte que deux quantités égales à une même troisième sont égales entre elles une constitution tout à fait spéciale et distinctive. Il semble que les axiômes posent entre deux termes une relation médiatisée par un troisième, qu'ils sont; autrement dit, des schèmes de syllogismes. Les postulats, au contraire, s'énoncent ou peuvent s'énoncer dans la même forme que les théorèmes, dont, par conséquent, ils ne diffèrent qu'en ce qu'on renonce à les démontrer. Mais il faut encore faire une distinction entre les postulats. Des auteurs non-euclidiens réclameront comme hypothèses initiales des propositions telles que celles-ci : Les dimensions de l'espace sont continues ; il y a des corps mobiles et solides par eux-mêmes. Ces propositions pourraient s'appeler des postulats de fondement pour l'analyse et des postulats de construction. Ils sont indispensables effectivement pour ceux des partisans de la géométrie non-euclidienne qui se sont laissé conduire à l'empirisme et au réalisme par la considération du caractère contingent des paramètres spatiaux. Car qui sait ce que l'espace comme chose en soi peut recéler d'obstacles à nos exigences géométriques les plus simples? N'ayant pas été créé par la pensée pour être la quantité continue et homogène par excellence, le système des figures s'élevant par une gradation rationnelle du simple au complexe, il faut évidemment que nous commencions par en rectifier et en approprier à nos besoins le concept venu du dehors. Par contre, il n'y a pas de postulats de ce genre dans un système idéaliste, les caractères qu'ils réclament pouvant alors se déduire de la notion rationnelle de l'espace, ou, si l'on aime mieux prendre une attitude plus formaliste et plus étroitement mathématique, pouvant se poser par des définitions arbitraires. Les seuls postulats qui subsistent pour quelques-uns des idéalistes et qu'on pourrait peut-être appeler des postulats de propriétés, sont des propositions par lesquelles on attribue à une figure un caractère qui n'était pas contenu, dit-on, dans sa notion adéquate, et ces propositions sont, par conséquent, des exemples et même d'excellents modèles de ce que Kant appelle des jugements synthétiques. Ce sont les postulats ainsi compris que nous voulons étudier. Pour cela nous prendrons comme base un travail récent encore et particulièrement autorisé où le nombre et le sens de ces postulats, au point de vue kantien, ont été déterminés avec une précision rigoureuse. Avec plus de clarté que jamais on a fait voir que la fonction de ces jugements indémontrables est de rapporter synthétiquement des propriétés de quantité à des propriétés de figure et on en a compté quatre. Nous ne contredirons ni à cette définition ni à cette énumération. Mais quant au fond même des choses, nous tâcherons d'établir que les synthèses dont on parle sont déjà données dans les notions des figures pourvu que ces notions soient complètes, de sorte qu'il n'y a pas besoin de postulats.

Celui qu'il faudrait mettre au premier rang, comme exprimant d'une manière tout à fait générale la synthèse de la figure et de la quantité et servant ainsi de fondement indispensable à toute mesure en géométrie, serait bien appelé : postulat de la commensurabilité. Attachons-nous donc à lui tout d'abord. A première vue nous sommes portés à le regarder comme inutile puisque, s'il est vrai qu'une figure soit, comme nous l'avons écrit plus haut, une coordination de distances, il doit s'ensuivre qu'elle est essentiellement quantitative et mesurable. Toutefois ceci n'est encore qu'une présomption vague et si nous ne déterminions pas en quoi et comment une figure est mesurable par essence, ce serait à juste titre qu'on nous accuserait de paraître réclamer la commensurabilité universelle, c'est-à-dire l'infini réalisé ou l'absurde. Mesurer une grandeur, c'est dire combien de fois elle en contient une autre plus petite toujours égale à soi-même et prise pour unité, de sorte que le problème de la mesure se ramène à celui de trouver deux figures égales. Or il est bientôt fait de prétendre que deux figures identiques sont égales, que le même de figure est aussi le même de quantité ; mais en réalité la chose ne va pas de soi, fait-on remarquer, attendu que les deux notions sont distinctes, quoique unies, ce qui oblige à postuler leur accord. Et la preuve qu'elles sont distinctes, séparées, c'est que ce qui est égal arithmétiquement n'est pas toujours identique de figure, puisqu'il y a par exemple des aires égales sous des figures différentes. Or c'est bien d'égalité arithmétique qu'il s'agit, non d'une sorte d'égalité qualitative qui ne serait qu'un autre nom improprement appliqué à l'identité de figure. Voilà dans toute sa force la thèse que nous avons à discuter. Il faut bien, dirons-nous d'abord, que l'identité de figure fonde l'identité de grandeur, l'égalité :

autrement l'égalité supposerait elle-même la mesure et la mesure resterait sans fondement. Ce ne sont pas deux figures quelconques qui peuvent être déclarées égales absolument et sans autre raison. D'ailleurs, grandeur, c'est intervalle et l'intervalle n'est saisissable que posé entre des limites, c'est-à-dire figuré : la grandeur est la grandeur d'une figure et, partant, deux grandeurs égales, prises sous le même rapport, sont identiquement figurées. Comment donc trouver deux figures égales et égales arithmétiquement en vertu de leur configuration même? Suffit-il d'invoquer la superposition et de dire que deux figures superposables sont égales? Mais quoiqu'on se contente à juste titre dans certaines recherches mathématiques d'une égalité ainsi déterminée, elle ne saurait suffire ici : car il n'est pas exact que tout ce qui est superposable soit arithmétiquement égal, attendu que toute addition d'éléments superposables, et par exemple d'arcs de cercle, ne donne pas un tout arithmétique, c'est-à-dire un tout qui diffère de ses parties d'une façon rigoureusement analogue à celle dont un nombre diffère de ses unités sans aucune différence de plus. Pour répondre à la question, il faut désigner deux figures qui, si elles diffèrent, ne puissent, en vertu de leur constitution formelle elle-même, différer qu'en grandeur. Or c'est là le cas des figures homogènes et avant tout de la droite, leur premier fondement. La droite, voilà donc la figure mesurable par essence. Et en effet elle est une répétition de l'identique. Sa constitution est calquée sur la numération, elle est le nombre de l'étendue à la rigueur : car une chose étendue quelconque non-homogène peut bien sans doute se prêter au dénombrement, mais ses parties diffèrent entre elles de plus qu'il n'est nécessaire pour que la numération s'y applique. Quant à la méthode qui permet de déterminer l'égalité de deux fragments de droite c'est la superposition, qu'on peut employer ici sans inconvénient parce qu'elle est enfermée entre les limites d'un genre déterminé.

Cette égalité fondamentale, formelle et quantitative à la fois, n'est sans doute pas la seule dont il soit question en géométrie : mais elle est la source de toutes les autres. Car l'équivalence de deux figures géométriques se démontre géométriquement par des additions ou des soustractions d'éléments superposables, et pour l'interprétation des égalités établies algébriquement à l'aide de formules comme celle-ci : le produit de la base par la moitié de la hauteur, nous sommes ramenés aux égalités purement géométriques. Nous croyons donc que notre conception de la mesure suffit à tous les besoins. Quoi qu'il en soit d'ailleurs, on sent combien elle est loin d'impliquer la commensurabilité universelle. Qu'y a-t-il en effet de mesurable selon nous en dernière analyse ? la droite. Condition de toute mesure, c'est par elle que toute grandeur s'évalue, même à vrai dire la grandeur des angles. Mais ce qui est hétérogène à la droite est pour nous, plus encore que pour qui que ce soit, radicalement incommensurable. Si l'on s'en rapporte à la définition d'Euclide qu'une ligne est ce qui a longueur sans largeur, on peut croire qu'il y a une essence générale de la ligne, commune entre la droite et la courbe et que la courbe a par elle-même une longueur. Il nous semble au contraire que la notion soi-disant générale de ligne, si on l'étend à autre chose qu'à la droite et à la brisée, ne peut constituer qu'un genre artificiel. Une courbe n'est pas une ligne dans le même sens du mot que la droite : car tandis que la droite est le rapport entre deux points qui résident en elle, la courbe dont les points ne soutiennent entre eux aucun rapport positif n'est que le lieu géométrique de certains points jouissant tous de telle ou telle propriété par rapport à un ou plusieurs points extérieurs. Il est donc inutile de chercher à mesurer la courbe, dans le sens propre du mot mesurer, puisqu'elle ne contient point d'unité et\on ne peut parler de la longueur d'une courbe que par convention. Enfin il va de soi que rien ne nous force d'admettre que deux droites mêmes soient toujours commensurables entre elles. Justement parce que la question relève de l'arithmétique, elle ne peut se poser en géométrie que si elle est d'abord acceptable sur le terrain de l'arithmétique et telle n'est pas par exemple celle qui consisterait à demander une commune mesure géométrique entre la diagonale et le côté du carré.

L'unicité de la droite entre deux points ne figure pas dans la liste de postulats à laquelle nous nous référons, quoique Euclide ait cru devoir postuler, semble-t-il, que deux droites n'enceignent pas un espace, ce qui revient à dire qu'elles ne peuvent avoir mêmes extrémités. C'est là demander quelque chose d'inutile, remarque-t-on avec raison : car dès que la droite est une direction qui, partant d'un point, est intégralement définie par sa tendance vers un second point, admettre une bifurcation soit au début, soit au cours, soit au terme du trajet, c'est accorder que la direction posée change et par conséquent se nie.

Le même philosophe, en revanche, entend conserver le titre de postulat à la proposition que la droite est la plus courte distance entre deux points. Il rejette donc la démonstration de cette proposition qui a été indiquée par Duhamel et donnée dans le meilleur de nos traités de géométrie. Et il ne veut pas seulement nous rappeler, en le faisant, que la longueur de la droite ne peut se comparer à celle de la courbe que par convention, c'est dans la base première de la démonstration qu'il trouve un défaut. Cette base est, comme on sait, la vingtième proposition d'Euclide que dans un triangle l'un des côtés est plus petit que la somme des deux autres. Pour arriver à ce théorème en effet, Euclide a besoin d'établir une chaîne de propositions (propositions 19, 18, 16, 10, 9, 1 et 3) qui requièrent finalement qu'on puisse décrire une circonférence de rayon donné : or un rayon donné, c'est une distance sur une droite et, par conséquent, on a commencé par postuler la droite comme distance ou comme plus courte distance : car c'est tout un. Euclide d'ailleurs l'a bien compris puisqu'il a mis au nombre des postulats le droit de décrire une circonférence avec un rayon quelconque. Mais, outre que si cette demande d'Euclide a bien le sens qu'on lui attribue, le géomètre a fait un détour qui s'explique mal pour établir sa proposition vingtième, il y a lieu de s'interroger sur l'identification qu'on opère entre les deux concepts de la droite comme ligne sur laquelle on compte les distances et de la droite comme distance la plus courte. A vrai dire le premier des deux concepts n'a rien à voir avec la distance dès que ce dernier mot est pris dans l'acception exacte de longueur la plus petite possible d'un point à un autre. La droite sous le premier aspect est ce qui sert à mesurer les longueurs et c'est en ce sens-là qu'elle est employée comme rayon. Or pourquoi la droite est-elle la mesure des longueurs ? C'est uniquement parce qu'on y peut prendre des parties égales entre elles au sens arithmétique, grâce à leur homogénéité. Si un arc de cercle était homogène il servirait de mesure aux longueurs tout aussi bien que la droite, nous ne disons pas sur la sphère, mais sur le plan lui-même. Une ligne n'a donc pas besoin d'être la plus courte possible pour être mesure et peu importe après cela qu'en fait les deux propriétés soient inséparables. Cela n'empêche pas qu'il n'y ait point de cercle vicieux, ni aucune faute logique, à mesurer avec la droite tous les autres chemins qu'elle-même entre ses deux extrémités, pourvu que les chemins en question lui soient comparables, et à conclure d'une comparaison de longueurs qu'elle est plus courte qu'aucun d'eux. Que si d'ailleurs la même conclusion pouvait se déduire de l'homogénéité de la droite et par une démonstration plus simple que celle de Duhamel, ce serait là seulement une façon meilleure encore d'éviter le postulat qui vient de nous occuper.

En faut-il admettre un à propos de la perpendicularité ?

La plupart des géomètres ne se sont pas même posé la question. Mais en cela ils pourraient bien avoir eu tort : car il n'y a point d'occasion en géométrie où, à bien voir les choses, on doive être plus fortement tenté de considérer la quantité et la figure comme radicalement hétérogènes. La perpendiculaire est la droite qui tombe sur une autre sans pencher d'un côté ni de l'autre et occupe ainsi une position unique : ceci est une notion de figure. D'autre part, il y a une droite, unique aussi, qui, rencontrant une autre droite, divise en deux parties égales tout le quantum angulaire situé d'un même côté de celle-ci. La notion de cette droite divisant également un quantum angulaire relève de la quantité. — Pour présenter les choses sous un autre aspect, d'une part la perpendiculaire forme de chaque côté d'elle-même une figure appelée angle droit, et, d'autre part, la droite qui divise en deux moitiés le quantum angulaire situé d'un même côté de la droite qu'elle rencontre, détermine sur celle-ci deux angles adjacents égaux. Comment démontrer qu'il y a identité entre la perpendiculaire et la droite qui détermine sur une autre deux angles adjacents égaux, ou bien entre l'angle droit et l'un des angles adjacents constitués comme on vient de le dire? Cette identité est effectivement indémontrable, nous assure-t-on : il faut y suppléer par un postulat, le postulat de la perpendicularité ou de la mesure des angles. Faisons d'abord une remarque. L'angle droit est bien un type de figure, un dessin aisément reconnaissable auquel on oppose et dont on distingue à première inspection l'angle aigu et l'angle obtus. Seulement ce n'est pas à ce titre qu'il intervient dans la mesure des angles : ce qui sert d'unité pour cette mesure c'est bien plutôt l'angle adjacent à un angle égal sur une même droite. Car si ce que nous avons dit plus haut de la définition de l'angle est vrai, si un angle n'est complètement déterminé que par corrélation avec son supplément, il est clair qu'il fallait prendre pour unité d'angle celui dont le supplément, étant égal à l'angle lui-même, va de soi et se sous-entend. Mais cette remarque ne change pas l'état de la question, car la donnée initiale, savoir l'ensemble des angles possibles d'un même côté d'une droite, appartient à l'ordre de la figure. Que ce soit la moitié d'un certain ensemble déterminé par la figure ou que ce soit cette figure appelée angle droit qui serve d'unité dans la mesure des angles, c'est toujours, dira-t-on, une figure qu'on envisage tout à coup comme une quantité sans fournir aucun passage de l'une à l'autre : car qu'est-ce, au sens quantitatif, que la moitié d'une figure et comment la rectitude d'un angle est-elle de la quantité angulaire ? Le passage, croyons-nous malgré tout, est donné ici encore dans les définitions et cela non par un artifice de traduction d'une langue dans l'autre, mais en vertu d'une liaison interne, la figure même ne pouvant se constituer sans un emploi plus ou moins visible de la quantité. Ce n'est pas seulement d'une façon vague que les figures sont des coordinations de distances : c'est d'une façon précise, numériquement déterminable. Pour s'en convaincre dans l'espèce, il suffit de dégager ce qui est sous-entendu dans la définition de la perpendiculaire et dans celle de l'égalité des angles adjacents. Décidé à procéder de cette manière, on définira la perpendiculaire : une droite également inclinée sur les deux parties d'une autre qu'elle rencontre, c'est-à-dire telle que chacun de ses points soit équidistant de deux points quelconques pris sur la droite rencontrée à égale distance du point de rencontre. On ajoutera que les angles droits sont ceux dont les côtés sont perpendiculaires. On définira l'égalité des angles adjacents en disant que deux angles de cette sorte sont égaux quand, de part et d'autre, le côté commun s'incline également sur les côtés extérieurs, c'est-à-dire quand les droites menées d'un même point du côté commun à deux points des côtés extérieurs équidistants du sommet sont égales. Puis, à l'aide de ces définitions on démontrera aisément que : lorsqu'une droite qui en rencontre une autre fait avec celle-ci deux angles adjacents égaux, elle lui est perpendiculaire : car les deux côtés extérieurs sont ici une droite sur laquelle le côté commun s'incline également de part et d'autre. Ainsi, en consentant à changer légèrement l'ordre le plus usuel des propositions, on trouvera, dans l'idée d'égale inclinaison bien analysée, le caractère commun où s'identifient la perpendiculaire et la droite faisant sur une autre deux angles adjacents égaux, l'angle droit et l'un des angles adjacents égaux déterminés par la rencontre des deux droites.

Après les explications que nous avons données plus haut sur la géométrie non-euclidienne, que dire encore du postulat des parallèles? Tant qu'on définira la droite en disant qu'elle est la ligne déterminée par deux points sans ajouter que toute autre condition doit être exclue, l'unicité de la parallèle passant par un point restera indémontrable. Si au contraire on donne une définition adéquate de la droite, par l'exclusion de toute courbure inhérente à l'espace, le postulatum d'Euclide rentrera dans l'ordre des théorèmes. On pourra même démontrer le théorème sans faire explicitement et immédiatement appel à l'homogénéité de la droite et du plan. On pourra, par exemple, définir la valeur de l'angle : la différence de direction des deux côtés ; admettre comme évidente cette proposition que la valeur de l'angle reste la même quelle que soit la direction prise pour norme, c'est-à-dire quelle que soit la droite sur laquelle on reporte l'angle : alors il sera facile d'établir que le triangle vaut deux droits et par conséquent tout le reste. Prolongeons en effet la base d'un triangle ; l'angle au sommet étant la différence de direction des deux côtés entre eux par rapport à la base, il s'ensuit que l'angle extérieur diminué de cette différence est égal à celui des angles à la base qui lui est opposé ; en d'autres termes, l'angle extérieur est la somme des deux angles intérieurs dont il vient d'être question ; donc, augmenté de l'angle intérieur adjacent, il équivaut aux trois angles intérieurs pris ensemble et la valeur totale de ceux-ci est par conséquent de deux droits. Mais puisque la définition de la valeur de l'angle et la proposition sur l'indifférence de la norme impliquent que les angles sont indépendants de la longueur des côtés, il vaut mieux faire un appel explicite et direct à l'homogénéité de l'espace. La vraie démonstration de l'unicité de la parallèle est donc que l'homogénéité entraînant l'existence de triangles semblables on pourra toujours assigner le point où une droite faisant avec une autre un angle moindre qu'un droit vers l'intérieur rencontrera une perpendiculaire à celle-ci. Cette conclusion reproduit d'ailleurs à peu de chose près la forme même sous laquelle Euclide a présenté son postulatum.

Si maintenant il nous fallait résumer ce que nous avons essayé d'établir à propos des postulats, nous dirions que ce qui les rend tous inutiles, c'est en fin de compte l'homogénéité de la droite : car c'est toujours à la droite homogène et par là immédiatement mesurable que nous avons été ramenés. Le penseur qui a voulu définir la droite en disant qu'elle est la ligne homogène a donc sûrement rencontré une idée profonde.

§ 2. — MOUVEMENT

SÉJOUR, DÉPLACEMENT, TRANSPORT

Le temps et l'espace sont des notions distinctes. On se trompe quand on croit avec Leibnitz que l'espace n'est pas autre chose que de la coexistence, le réduisant ainsi à être un pur mode du temps : et l'on se trompe également lorsqu'avec Aristote on fonde la diversité des instants sur celle des positions d'un point. Dès qu'on commence de les confondre, les deux notions protestent en accusant leur opposition réciproque. Mais il n'en est pas moins vrai qu'elles ne sont pas purement et simplement opposées. A l'abstraction qui les sépare succède nécessairement le point de vue du concret où elles s'unissent. En effet, le temps et l'espace ne se laissent saisir que l'un à travers l'autre : preuve qu'ils n'existent réellement que l'un en fonction de l'autre. Certes ce n'est pas la permanence du point qui, en raison abstraite, fait qu'il a ou plutôt qu'il est un lieu, mais c'est elle qui permet d'assigner ce lieu. Pareillement, ce n'est pas la diversité des situations coexistantes qui fait qu'en eux-mêmes deux instants sont autres, mais c'est par cette diversité spatiale que deux instants peuvent être réellement distingués. Ainsi le temps et l'espace sont les deux éléments d'une notion synthétique. Cette notion c'est le *mouvement*, comme on le reconnaîtra sans peine, car tous les penseurs conviennent que ce qui caractérise le mouvement, c'est qu'on y prend la position en fonction de la durée ou la durée en fonction de la position.

Maintenant, comment se pose en elle-même la notion du

mouvement? On y trouve d'abord l'état d'ou part le mouvement, c'est-à-dire la situation permanente des points, lignes, ou volumes, qui serviront de sujets ou de limites au mouvement. Ce moment peut être assez bien désigné par le nom de *séjour*. Son antithèse, qui doit exprimer le fait de n'être en aucun lieu pendant aucun temps assignable, s'appellera pour nous le *déplacement*. Enfin la synthèse de ces deux premiers termes, qui doit signifier la position instable entre les limites et à travers la durée, sera dite le *transport*. Le séjour est, dans le mouvement, l'analogue de la limite, instant ou point dans le temps ou l'espace, et le déplacement l'analogue de l'intervalle, laps de temps ou distance. Il ne faut pas oublier cette analogie afin de se souvenir par là même que le mouvement est comme le temps et l'espace, bien qu'à sa manière propre, une relation d'extériorité réciproque et par conséquent quelque chose de quantitatif.

Développements.

A. — *Le concept de mouvement.*

Que l'on donne du mouvement une définition aussi imparfaite qu'on voudra, pourvu qu'elle réponde aux apparences sensibles les plus frappantes, le caractère quantitatif y sera toujours proéminent. Si l'on dit, par exemple, que le mouvement est pour un point, une ligne ou un volume, le passage d'un lieu à un autre, cela signifiera évidemment que le sujet considéré se met graduellement hors de sa place primitive, puis des places intermédiaires qu'il traverse, pour atteindre enfin une place différente; et en outre que cette suite de sorties du mobile hors de tous les sièges qu'on peut essayer de lui donner durant le mouvement, s'accomplit au cours d'une série de durées qui se posent successivement les unes en dehors des autres. Mais à en croire certaines doctrines, il ne faudrait tenir aucun compte de ces apparences sensibles et on devrait se faire du mouvement une idée d'où elles seraient rigoureusement bannies. Nous ne parlons pas de Kant. Son demi-réalisme s'applique au mouvement, du moins en partie, comme au temps et à l'espace et y souffre de la même insuffisance. Les penseurs à qui nous songeons relèveraient plutôt de Leibnitz, puisqu'ils croient possible avec lui de définir en termes purement qualitatifs tout ce que le mouvement contient de réalité véritable. L'un d'eux regarde le mouvement comme aussi étranger que le temps à la quantité, pourvu qu'on les prenne l'un et l'autre dans leur pure essence. Pas plus que le temps le mouvement n'est en lui-même un composé de parties homogènes : car alors toutes les phases du mouvement s'isoleraient à l'infini les unes des autres et le passage entre deux quelconques d'entre elles deviendrait impossible, ce qui assurerait à jamais le triomphe de Zénon d'Élée. La vérité est au contraire, continue-t-on, que le mouvement est un passage d'un lieu à un autre, un lien entre deux choses qui en elles-mêmes sont invinciblement séparées, savoir deux positions diverses, donc un processus interne et qualitatif dont les moments sont distincts parce qu'ils sont hétérogènes et unis parce qu'ils se pénètrent. Les phases du mouvement comme les parties de la durée ne sont rendues extérieures l'une à l'autre que par l'association qu'elles contractent à la surface de la conscience avec l'espace homogène et indéfiniment divisé. Mais si une telle conception évite les difficultés inhérentes au réalisme newtonien, c'est à la condition de supprimer tout ce qu'il y a de spécifique dans le mouvement. Un processus de qualités pures ne constitue pas plus le mouvement que le temps. Si la série des situations du mobile n'est qu'un assemblage de sentiments organisés entre eux comme le seraient des sons ou des couleurs qu'on supposerait détachés de toute représentation spatiale ou temporelle, ces situations n'auront aucune raison d'apparaître sous les espèces de la succession. Elles seront du moins quelque chose d'aussi peu successif que les états de conscience dont est faite la durée pure du même auteur. Il leur manquera donc l'une des deux déterminations élémentaires du mouvement. Dira-t-on qu'elles possèdent le caractère successif? Alors elles se distingueront autrement que par la qualité et quelque distinction qualitative qui se puisse trouver jointe en fait à la distinction temporelle, celle-ci se posera toujours comme quelque chose de différent de celle-là, où elle ne saurait, en conséquence, trouver son fondement. Quant au suprême recours de la doctrine, c'est-à-dire l'appel qu'elle fait à l'espace pour expliquer l'extériorité successive des phases du mouvement, nous avons peur qu'il soit infructueux parce que deux qualités associées à deux lieux distincts ne sont peut-être pas par là même deux faits successifs; et d'ailleurs quel est le lien des parties de l'étendue? La force de la doctrine est dans l'énergie avec laquelle on y fait ressortir la nécessité de lier le divers. Or cette nécessité existe sans doute pour l'espace et même au plus haut point. Puis donc qu'on ne nie pas l'extériorité réciproque des parties de l'espace, il faudrait chercher à unir cette multiplicité homogène. Et une fois le moyen découvert on renoncerait sans doute à dépouiller le mouvement des caractères quantitatifs faute desquels il devient méconnaissable, pour ne pas dire qu'il s'anéantit. — Un autre penseur a prétendu trouver dans la notion de force tout ce qu'il y a de réel, ou au moins de plus réel dans le mouvement : manière différente d'atteindre le même but, c'est-à-dire de ramener la quantité à la qualité. Envisageant donc non le phénomène sensible mais la notion intellectuelle, parlant le langage scientifique et non le langage pittoresque, cet auteur remplace la vitesse d'un mobile par la force dont il est animé en chaque point de sa trajectoire, la force étant définie comme l'équivalent interne de la position. Dès lors le mouvement est la mesure de la force et, intellectuellement, il n'est rien de plus. Que ce concept du mouvement soit obtenu sans cercle vicieux, ainsi qu'on le dit, cela est possible ; mais ce qui est sûr c'est que tout le réel du phénomène en a disparu et que rien au monde ne saurait l'y faire retrouver, s'il est toutefois bien entendu qu'aucun vestige du mouvement proprement dit ne subsiste dans l'idée de force. Leibnitz avait déjà admis que le mouvement n'est que le phénomène de la force. Seulement il lui aurait fallu montrer que le phénomène ne contient en propre rien d'intellectuel et, dans l'espèce, indiquer mieux par quel procédé une donnée toute qualitative arrive à revêtir l'apparence de la quantité.

On peut d'ailleurs invoquer en faveur de l'originalité du mouvement et de son antériorité sur tout autre devenir un argument positif. Cet argument qui a quelque affinité avec ceux que Kant tirait de la géométrie et de la mécanique contre les réductions leibnitziennes de l'espace et du temps, c'est l'existence même de la cinématique, science dont Kant, remarquons-le, a été l'un des premiers à comprendre l'indépendance. Puisqu'il y a une science qui étudie sous toutes leurs formes toutes les sortes de mouvements, qu'ils aient lieu suivant des droites ou suivant des courbes, et cela sans faire appel aux forces, ne s'ensuit-il pas que le mouvement est, pris en lui-même, quelque chose de distinct, de suffisamment intelligible et aussi de plus simple que l'objet de la dynamique? Il serait vain, bien entendu, de résister à cette conclusion sous prétexte que la science dont nous parlons est toute géométrique. Elle procède en effet, comme la géométrie, par des constructions ; mais si elle a trouvé le moyen d'exprimer des choses qui durent à l'aide de symboles empruntés à l'espace, ce n'est pas à dire qu'elle dépouille le mouvement de ce qu'il contient de temporel. Ce n'est pas le mouvement géométrique qu'elle étudie, c'est bien le mouvement tout entier, le mouvement avec sa vitesse et par conséquent elle est apte à porter le témoignage que nous lui avons demandé. S'il y a une cinématique, ou comme disait Kant une phoronomie, c'est que le mouvement constitue un ordre à part, le degré supérieur de la pure quantité.

Mais l'originalité du mouvement est insuffisamment établie tant qu'on n'insiste pas sur la nature conceptuelle de ses caractères, puisqu'en le reléguant dans le sensible on lui confèrerait bien une sorte de réalité voisine de celle que lui reconnaissent les Newtoniens, mais qui n'en serait pas plus solide pour cela, étant toujours suspecte d'être illusoire. La réalité véritable d'une représentation consiste dans les éléments conceptuels irréductibles qu'elle renferme. Examinons donc d'après ce principe la réalité des deux déterminations inhérentes au mouvement, la direction et la vitesse. La direction, avec laquelle il faut grouper le sens, n'étant pas autre chose que l'ensemble des positions successives du mobile partage nécessairement, dans la question qui nous occupe, le sort de l'espace et du temps. Or l'espace et le temps sont, pour nous, deux concepts. Reste la vitesse. Elle se déploie dans l'étendue, et, à la considérer dans ses résultats ou comme chose accomplie, elle peut être tenue pour une quantité extensive; d'où la possibilité de la symboliser par une longueur. Sous cet aspect elle est conceptuelle comme l'espace lui-même. Quand donc le mouvement ne contiendrait rien de plus, nous aurions encore le droit d'en faire un concept et c'est ce qu'il nous importait surtout d'établir. Toutefois, nous n'avons pas épuisé l'idée de la vitesse, dans son sens métaphysique du moins, puisque nous ne l'avons pas considérée en elle-même. Or la vitesse en elle-même n'est pas sans doute, ainsi que Kant l'a pensé, une quantité intensive. Car, si elle se présente comme quelque chose de ramassé en soi et qui enveloppe en un moment quelconque une étendue et une durée à dérouler ultérieurement, ce n'est pas qu'elle soit d'un autre ordre que l'espace et le temps et qu'elle puisse être tout ce qu'elle est en un temps ou en un espace augmenté ou diminué à volonté. Pour s'assurer qu'il n'en est rien, il suffit de se demander ce que deviendrait une vitesse si on y changeait quelque chose, soit pour le temps séparément, soit pour l'espace séparément. C'est donc à tort que Kant l'a prise pour une quantité intensive et qu'il s'est appuyé sur cette raison pour faire du mouvement un concept. Mais la vitesse en elle-même, et c'est ce qui explique l'aspect ramassé sous lequel elle se présente, étant le rapport de l'espace au temps dans le mouvement, a une autre unité que celle d'un agrégat : elle a l'unité d'une loi. Ce n'est pas là, assurément, un privilège, puisque tous les fondements de la représentation, et le temps et l'espace eux-mêmes quand on ne les envisage pas comme de purs intervalles, sont des lois. C'est assez cependant pour que la vitesse soit un concept et plus encore que les autres parties essentielles du mouvement, parce qu'elle les assemble et les domine.

Contestera-t-on encore après tout cela le caractère conceptuel du mouvement? Peut-être; car nous n'avons pas repoussé, jusqu'à présent, l'objection, à laquelle le mouvement a toujours été en butte aussi bien que le temps et l'espace. Est-il possible, nous dit-on, de rapporter à l'entendement une représentation qui en viole la loi fondamentale? Car le mouvement va contre le principe de contradiction. Essayons d'abord de bien saisir le sens de ce reproche. Le mouvement est-il contradictoire en soi parce que le passage d'un lieu à un autre serait la réunion ou plutôt la confusion de deux positions différentes, celle d'avant et celle d'après le mouvement? Non sans doute, car il est facile de répondre que passage veut dire position intermédiaire et qu'une telle position bien loin d'être à la fois l'une et l'autre des positions extrêmes, n'est ni l'une ni l'autre. La difficulté porte sur l'existence même d'une telle position intermédiaire et sur l'impossibilité d'en accorder l'idée avec le principe de l'exclusion du milieu. Or, remarquons-le bien, la notion de milieu, d'intermédiaire, c'est tout l'essentiel du mouvement; car, comme disait avec raison Aristote dont il faut seulement restreindre la définition pour l'adapter au sens précis que les modernes attachent au mot, le mouvement est l'acte du possible en tant que possible ; en d'autres termes : c'est l'imparfait et l'inachevé réalisés avec l'indétermination de leur nature. Donc on ne doit pas retrancher du mouvement l'idée d'état intermédiaire. Prétendre que rien n'est plus aisé que d'assigner une position moyenne entre deux autres quelconques, ce serait ne pas comprendre la question. Le quelque chose d'intermédiaire qui est enveloppé dans la notion du mouvement est intermédiaire à titre définitif. S'il se laissait déterminer par la désignation d'une position moyenne, il s'évanouirait et nous nous retrouverions en présence de positions séparées. En quoi consiste-t-il donc ? Il consiste dans l'indéfinité même avec laquelle renaît sans cesse l'idée de position moyenne ; autrement dit, il n'est que la continuité du mouvement, laquelle à son tour est une suite nécessaire du caractère quantitatif de cette notion. C'est donc en fin de compte sa continuité que l'on reproche au mouvement, comme entachée de contradiction et qui le fait rejeter hors de l'entendement. Par bonheur, nous savons répondre à l'objection puisque nous avons dû la combattre en étudiant le temps et l'espace. Tout d'abord, il va de soi que nous ne commettons pas la faute de réaliser le mouvement à la façon newtonienne et de contrevenir ainsi à la loi de nombre. Nous ne pouvons voir en lui comme dans tout le reste qu'une représentation. Allons plus loin : s'il nous fallait réaliser le mouvement dans la sensibilité, comme Kant veut faire pour le temps et l'espace, peut-être serions-nous condamnés encore par la loi de nombre. Mais nous le traitons comme un concept et cela nous permet de voir en lui de même que dans le temps et l'espace, pris sous pareil aspect, une abstraction. Qu'est-ce qui est concret, en effet, et tombe sous les prises de l'observation ou de la pensée définie ? c'est telle distance entre deux points assignés, tel laps de temps entre deux instants donnés, et, dans l'espèce, telle différence de position en une certaine durée. Quand la mécanique veut déterminer la vitesse d'un mobile, elle le suppose fixé en un point de sa trajectoire; elle n'essaie pas de prendre le mouvement sur le fait. Elle sent bien que ce serait là une entreprise impossible. L'expérience, a-t-on dit justement, ne saurait atteindre le devenir : elle ne saisit jamais que des devenus et Diodore Cronus avait professé qu'aux yeux de la logique il n'y a point de mouvements en train de se faire, mais seulement des mouvements effectués. Sans doute il ne faut pas conclure de là que tout devenir, et, par conséquent, tout mouvement sont, au fond, discontinus; car, en parlant ainsi, à quoi se réfère-t-on, sinon au fond de la nature, qu'on se laisse entraîner, pour un instant, à traiter comme une chose en soi? Prenant la notion pour ce qu'elle est, il faut avouer que tout mouvement est continu par essence. Mais pourquoi peut-il l'être? Il le peut précisément parce qu'il est en lui-même une abstraction. Derrière la représentation concrète et définie d'une position changée en un temps donné se pose invinciblement la représentation abstraite et indéterminée d'une position indécise en un temps quelconque. Puis, le point de vue de la régression s'imposant, c'est entre les limites spatiales et temporelles du mouvement effectué qu'on place l'idée abstraite d'une position indéfiniment intermédiaire dans l'indéfini de la durée, en un mot : d'une position qui se fait. Voilà dans son intégrité la notion du mouvement; et la voilà remise à sa place dans l'entendement par le caractère même qui semblait devoir l'en exclure.

B. — *La relativité du mouvement.*

Il nous reste pourtant à mettre en lumière un des aspects les plus considérables de l'idée de mouvement. Pour cela, rappelons-nous que nous avons constitué cette idée avec celles d'espace et de temps toutes seules et que, par suite, un mouvement, pour nous, est purement et simplement un changement dans les rapports de position. Or, de cette définition deux conséquences suivent. D'abord, puisqu'un rapport de position est intégralement déterminé par la considération de certains points (comme par exemple, pour prendre le cas le plus simple, une distance sur une droite par deux points), tout ce qui concerne les points extérieurs au rapport envisagé est, quant à lui, entièrement indifférent. Un mouvement est donc ce qu'il est par rapport aux limites entre lesquelles on le pose, que ces limites, à leur tour, changent ou non de position par rapport à d'autres repères. Ensuite, comme la détermination d'une position est réciproque; que, par exemple, la distance entre A et Z sur une droite ne se détermine pas par référence à A, plutôt que par référence à Z, aussi longtemps que nous considérons les seuls points A et Z avec les différentes distances qui les séparent successivement, nous ne saurions dire ni même nous demander si les positions ont varié par le fait de l'un ou de l'autre des deux points ou encore par le fait de l'un et de l'autre. Ce sont ces deux vérités qu'on exprime d'un mot en disant que le mouvement est relatif.

Tant qu'il n'est pas entendu qu'un mouvement posé entre certaines limites est, sous ce rapport, intégralement défini, la notion du mouvement demeure inadéquate aux exigences élémentaires de la cinématique. Et voici comment. Le problème fondamental de cette science étant de composer des mouvements, il lui faut un équivalent approprié de ce qui s'appelle en dynamique l'indépendance des mouvements. D'abord, en effet, il faut qu'elle ait une méthode sûre pour isoler un mouvement afin de le faire entrer à la façon d'une unité ou d'un nombre dans l'espèce d'addition dont elle se sert. Or, regarder un mouvement comme *un* et, par conséquent, comme indépendant, c'est s'enfermer dans un certain système de positions, et, quoi qu'il puisse arriver au dehors, considérer exclusivement une variation intérieure du système. Il est vrai que, sans recourir à cette notion exacte, nous trouvons dans les faits eux-mêmes l'indépendance des mouvements : comme dans l'exemple trivial du passager qui en se promenant sur le pont change de place relativement aux divers points du navire, tandis que le navire lui-même modifie sa situation propre vis-à-vis du rivage. Mais du point de vue concret et, par conséquent, dynamique de l'observation, l'indépendance des mouvements ne comporte qu'un sens restreint ; car dès que l'ensemble des mobiles est soumis à une rotation, les mouvements de chacun d'eux subissent une altération visible. Et c'est parce qu'il est resté trop près de l'observation que Kant lui-même n'a pas su apercevoir toute la généralité de la cinématique dont il est pourtant le véritable créateur. Il ne lui donnait pour domaine que les mouvements de translation rectiligne, les autres n'étant pas, de fait, indépendants. C'est donc une indépendance conceptuelle et idéale que la cinématique a besoin d'attribuer aux mouvements ; et c'est à quoi elle ne peut réussir qu'en définissant chacun d'eux comme un certain changement de position entre des points convenablement choisis, rien de plus. Car c'est à ce prix seulement qu'on écarte la préoccupation étrangère et troublante de savoir si tel mouvement est ou non séparable dans le concret. — Ensuite, il faut à la cinématique pour composer deux mouvements indépendants un procédé qui ne recourre en aucune manière à la notion dynamique de la causalité, mais relève de l'arithmétique et de la géométrie seules. Pour parler comme Kant, il s'agit de construire dans l'intuition un mouvement total par la réunion de deux autres et nullement de concevoir un mouvement comme produit par deux autres. Or, pour éloigner ainsi toute idée de production et composer deux mouvements d'une façon toute quantitative, il n'y a qu'un moyen, dit encore Kant : c'est de se représenter l'un des mouvements dans un certain espace et l'autre comme un changement de position de cet espace même dans un second espace ; car autrement on ne pourrait saisir d'une manière intuitive la coexistence de deux mouvements dans un même mobile. Mais pour distinguer et réunir ainsi une vitesse propre et une vitesse d'entraînement, il faut savoir définir un mouvement par rapport à tel système de positions, puis par rapport à tel autre, et, de ce chef, concevoir le mouvement comme relatif.

On demandera peut-être si la réalité du mouvement ne s'évanouit pas dans un tel relativisme. Mais il faut d'abord s'entendre sur ce qu'on appelle la réalité du mouvement. Si le mouvement comme tel n'est qu'un changement dans les rapports de situation, tout changement posé est réel eu égard aux limites entre lesquelles on le pose et il n'y a rien de plus à chercher. Veut-on déterminer, dans un mouvement rectiligne par exemple, que la distance respective de deux points a changé par le fait de l'un des deux et non par le fait de l'autre ? La question ainsi posée n'a pas de sens au point de vue cinématique ; ou du moins elle ne comporte qu'une réponse limitée. Rien n'est plus aisé que de déterminer l'immobilité ou le mouvement de l'un des deux points par rapport à un troisième ; et alors il est vrai que, relativement à ce troisième point, le mouvement peut s'attribuer à l'un des deux premiers points considérés et l'immobilité à l'autre. Les rôles ne changeraient-ils pas si l'on prenait un autre repère ? Il se peut ; et, idéalement, il en sera ce qu'on voudra. Ce n'est pas un problème ; car, encore une fois, les situations dans l'espace se déterminent l'une l'autre et sont tout ce qu'elles sont l'une par rapport à l'autre, sans pouvoir conserver aucune signification hors de là. L'attribution définitive du mouvement à un sujet, si toutefois le mot de mouvement convient ici, ne peut avoir lieu qu'au point de vue dynamique. Qu'elle soit d'ailleurs provisoire ou définitive, cette attribution s'obtient toujours par l'application de ce principe souverainement général : que pour faire sortir un terme d'une certaine relation et lui conférer une détermination à lui propre, il faut le poser sous un autre rapport.

C'est ce principe qui nous permet de résoudre une dernière difficulté. En vertu de la loi de nombre, il faut qu'à un instant quelconque il y ait non une infinité, mais un nombre déterminé de changements de position qui commencent, s'achèvent ou se poursuivent et cela suivant des trajectoires finies. Or il suit de là qu'il y a dans le monde, à l'instant considéré, un changement de position au sein d'un espace immobile et peut-être même un point auquel on doit attribuer du mouvement par rapport à un autre qui demeure immobile. Mais ce mouvement absolu est-il admissible, fût-ce au point de vue dynamique? Beaucoup de penseurs le nient. Selon Duhamel, par exemple, il serait impossible de considérer un espace ou un point quelconque comme immobile, si ce n'est en le rapportant à un certain repère, lequel aurait besoin à son tour d'un garant de son immobilité et ainsi de suite à l'infini. Certes on ne peut disconvenir de cela au point de vue cinématique; mais ce point de vue n'est pas le seul et la portée des raisons cinématiques a une limite. L'espace pur, que nous sommes forcés d'imaginer autour du monde ne comporte pas le mouvement dynamique et les sujets capables de ce mouvement sont posés sous des rapports plus complexes que le temps et l'espace : il n'y a donc pas de difficulté à dire que, au point de vue dynamique, ils sont seuls susceptibles de se mouvoir, tandis que l'espace pur demeure immobile. Il est vrai qu'on peut ici, avec Kant, soulever une question préalable. D'après Kant, en effet, il serait possible de démontrer, sans faire intervenir les forces, que la somme algébrique des mouvements donnés dans le monde est nulle, que la réaction doit être égale à l'action, bref que le centre de gravité de l'univers est immobile : il suffirait de comprendre qu'il n'y a pas moyen d'assigner, pour servir de repère, un point dans l'espace pur. Mais, au contraire, cette opération est exécutable parce que l'espace, même pur, n'est pas, comme le veut Kant, un milieu vague, un intervalle sans limites. Il y faut toujours concevoir des points. Peut-être même les percevrait-on, au besoin, en y projetant quelque teinte hallucinatoire.

CHAPITRE III

MOUVEMENT, QUALITÉ, ALTÉRATION

§ 1. — QUALITÉ

POSITIF, NÉGATIF, DÉTERMINÉ

Le mouvement est quelque chose d'essentiellement composé. En effet, il est la synthèse du temps et de l'espace qui sont l'un et l'autre des composés et ne sont que cela puisqu'il n'y a point d'élément indivisible du temps ou de l'espace. Et d'autre part le mouvement pris en lui-même porte comme le temps et l'espace, si nous l'avons bien compris, le caractère de la continuité. Il multiplie donc l'une par l'autre la composition temporelle et la composition spatiale de telle sorte qu'il est, par excellence, la chose composée. Mais le composé a une antithèse sans laquelle il serait dépourvu de signification. Le composé n'est que le corrélatif du *simple*. Tandis que le composé est par essence un assemblage de parties intégrantes dont la seule manière de s'unir est de se juxtaposer, le simple est ce qui est indifférent à la juxtaposition sous toutes ses formes, temps, espace ou mouvement, de telle sorte que, une fois donné, il se retrouve tout entier dans une partie aussi petite qu'on voudra de ces trois continus et qu'on pourrait le répéter autant qu'on voudrait sur des assemblages grandissants de telles parties, sans ajouter quoi que ce soit à ce qu'il est. Le composé et le simple se comprennent donc l'un par l'autre et par conséquent ne se comprennent pas l'un sans l'autre. C'est pourquoi on se tromperait en pensant que le simple est déjà donné dans la relation ou dans l'un. Il n'est pas donné dans la relation parce que la relation est aussi bien satisfaite par le composé que par le simple et n'a besoin ni de l'un ni de l'autre en particulier, ni de leur rapport pour être entendue. Le simple n'est pas non plus donné dans l'un parce que l'un exclut le composé, tandis que le simple est seulement indifférent à la composition. Remarquons bien ce dernier caractère du simple : il ne détruit pas le composé et bien loin de là : il le domine. Bref, si nous voulons donner au simple son vrai nom, nous dirons que la Qualité est la qualité de la Quantité.

Maintenant, de quelle façon se présente à nous la Qualité en elle-même ? Quelle que soit celle de ses espèces que nous considérions, nous la trouverons toujours constituée par l'opposition de deux contraires, tellement que les contraires qualitatifs sont peut-être ceux qui se sont le plus fortement et le plus tôt imposés à la réflexion. Deux contraires qualitatifs n'ont de sens, bien entendu, que l'un par l'autre : d'où il suit que l'un n'est ce qu'il est, sous tous les aspects de la qualité, que relativement à l'autre et qu'ils peuvent même, en principe, échanger leurs rôles, ce renversement n'altérant par l'opposition. C'est en prenant sous ces réserves les termes opposés de la Qualité que nous appellerons l'un *Positif*, l'autre *Négatif*. Leur synthèse sera le *Déterminé*, c'est-à-dire le rapport entre le positif et le négatif. Toute qualité déterminée est ainsi comme une consonance ou une dissonance ; et si, au lieu d'aboutir à cette qualité déterminée en partant de l'opposition des deux contraires, on suit la marche inverse, la qualité déterminée, posée d'abord, laisse apercevoir en elle, en tant qu'elle est intelligible, les deux opposés dont elle est le rapport. Ce rapport a beau prendre la forme d'une chose compacte, cela ne change rien à sa véritable nature et il demeure un rapport. Une note est composée de grave et d'aigu comme un intervalle, avec cette seule différence que le grave et l'aigu ne sont pas donnés en elle l'un à part de l'autre dans deux sensations distinctes.

On relèvera peut-être une ressemblance extérieure entre la manière dont nous constituons la qualité et celle qui a été adoptée par Kant. Sa catégorie de la qualité se présente en effet comme Réalité, Négation et Limitation. Mais tandis que Kant n'a considéré dans la Qualité que ce qui n'est pas qualitatif ou ce qui l'est à peine, savoir la quantité de la qualité, c'est au contraire à la qualité même que nous nous attachons. Contre Kant, nous croyons qu'elle est, en droit, intelligible et qu'elle a sa place parmi les concepts de l'entendement.

Développements.

A. — *La notion de Qualité.*

Ce n'est pas une tâche aisée que de fournir une preuve ou même un simple commencement de preuve de la thèse que nous venons d'adopter. Peut-être ne perdrons-nous pas entièrement notre peine, mais nous devons avouer tout d'abord que notre succès ne saurait être poussé très loin. Quelle que soit en effet la nature de la qualité, il y a un point dont toutes les écoles conviendront, c'est que la qualité est quelque chose d'étrangement complexe. Elle forme de nombreuses espèces et chacune d'elles se répand en une multitude infinie de nuances. Au milieu de ce dédale, l'esprit de finesse se joue et il se reconnaît quand il peut; mais l'analyse métaphysique est bientôt arrêtée. C'est donc à tout hasard que nous tenterons, dans le développement qui suivra celui-ci, de jeter un coup d'œil sur le domaine des qualités concrètes, et nous avons dû commencer par considérer la qualité dans l'abstrait. Il faudrait des recherches beaucoup plus profondes pour être en état de construire d'une manière quelque peu plausible non le squelette de la qualité, mais la qualité concrète la plus simple et ensuite les premières au moins qui s'élèvent sur cette base.

Quoi qu'il en soit, la qualité, prise dans l'abstrait, est à coup sûr un moment nécessaire de la représentation. On trouverait peut-être, pour l'établir, un premier argument dans l'état présent de la physique, quelque contestable que semble d'ailleurs la conception que se fait de la qualité et de ses rapports avec le mouvement toute une école contemporaine de physiciens. Pour réagir contre Aristote, la physique moderne a commencé par dénier à la qualité toute existence réelle et dans tous les cas par l'exclure de ses recherches. La physique ne devait être qu'une mécanique moléculaire et hier encore la majorité des physiciens proclamait que les explications mécaniques étaient seules intelligibles et que, en outre, elles satisfaisaient complètement la raison du savant. La constitution de la thermodynamique et, en général, les recherches sur la conservation de l'énergie et l'équivalence des diverses forces physiques ont changé cette manière de voir. D'une part, des savants peu précis et des métaphysiciens qui s'inspiraient de leurs théories se sont mis à parler d'une mystérieuse transformation des forces, hypothèse qui restaurait les qualités pour en faire les apparences successives et identiques entre elles, quoique diverses, d'une sorte de substrat protéiforme. D'autre part, répugnant assurément à cette contradiction grossière et se réclamant volontiers de l'esprit de rigueur et de positivité, une doctrine toute différente s'élaborait sous le nom d'énergétique. La conservation de l'énergie, le fait que l'on retrouve au terme d'un cycle d'opérations physiques le même travail et la même capacité de travail qu'on avait pu constater au début, est, a-t-on dit, chose bien établie. Mais quant aux formes mécaniques, dont les imaginatifs revêtent les phénomènes qui se passent dans l'intervalle, elles sont, dans beaucoup de cas, malaisées à mettre d'accord avec les faits et dérisoirement compliquées et, pour couronner le tout, arbitraires.

Tellement arbitraires qu'on parvient à démontrer que lorsqu'un fait physique est explicable mécaniquement, on en peut donner une infinité d'explications mécaniques qui s'accordent toutes avec les apparences observables et entre lesquelles l'expérience ne peut, par conséquent, choisir. Bien loin donc que la physique soit une mécanique, savoir si quelque mouvement, plus encore quelle sorte de mouvement, s'accomplit par delà les phénomènes sensibles, est une question transcendante à la physique. A s'en tenir au point de vue positif, tout en usant de la langue mathématique parce qu'il a mesuré des grandeurs, c'est-à-dire en l'espèce des intensités, le physicien ne connaît que des qualités et quelques auteurs ajoutent en termes exprès que cette manière de voir constitue, par abandon du cartésianisme, un retour à la pensée d'Aristote. — Voilà donc une école très considérable de physiciens qui professent de la manière la plus forte que la qualité est quelque chose de réel. Mais ce n'est qu'avec beaucoup de réserve que nous invoquons leur autorité. D'abord s'ils rétablissent l'aspect qualitatif des choses, ce n'est pas qu'ils le croient intelligible. Ils l'envisagent en partisans du nominalisme scientifique et de l'agnosticisme. De ce qu'est la qualité en elle-même ils ont peu de souci, d'autant que la physique n'a pour eux dans le fond qu'un but pratique et utilitaire. En second lieu ils accordent à qui revendique les droits de la qualité plus que la raison ne paraît demander. La raison, en effet, ne demande pas sans doute qu'on supprime, comme ils font, le mécanisme : car la qualité n'est pas un absolu en corrélation avec quoi et au-dessous de quoi il n'y ait rien d'autre à concevoir. Et, pour viser un point précis, le fait que le déploiement d'une qualité aboutit à un travail est-il bien intelligible lorsqu'on ne suppose plus sous la qualité un processus mécanique, et ne sommes-nous pas menacés de retomber dans la grossière contradiction du transformisme des forces ? Si l'on pense avoir démontré que le mécanisme sous-jacent aux phénomènes qualitatifs est une pure fantaisie, nous avons peur qu'on ne se trompe. Sans doute il ne s'agit pas de contester en lui-même le théorème que quand une explication mécanique est possible une infinité d'autres le sont aussi. Il s'agit seulement de s'interroger sur la portée réelle du théorème. On sait depuis longtemps que la mécanique remplace à volonté une attraction par une répulsion ou inversement, compose plusieurs forces ou décompose une force unique sans que le résultat physique qu'on a en vue soit changé et même sans qu'il y ait aucun changement observable dans les circonstances dont ce résultat dépend. Et il est bien connu aussi qu'il peut s'être passé des événements mécaniques quelconques entre le commencement et la fin d'un cycle mécanique. Il en est ainsi pour qui regarde les choses du dehors, soit par une abstraction volontaire, soit parce que le moyen lui manque de pénétrer plus avant. Ce dernier cas ne serait-il pas précisément celui des physiciens dans l'état actuel de la science et la question de savoir quel est le mécanisme d'un phénomène physique ne serait-il pas pour eux un problème indéterminé ? Peut-être avec une donnée ou des données de plus l'assignation de ce mécanisme deviendrait-elle scientifiquement réalisable au lieu de demeurer, comme on le dit, métaphysique, c'est-à-dire arbitraire. Nous admettrons donc qu'il n'est pas impossible qu'il y ait, qu'il doit même y avoir un mécanisme défini sous chacun des phénomènes qualitatifs. C'est un retour à ce qu'affirmait la physique d'hier ; ce n'en est point un à ce qu'elle niait. Lorsqu'elle niait l'existence des qualités, elle le faisait sans fondement. La seule attitude légitime eût été d'exclure les qualités du domaine de ses recherches. Or, exclure, c'est reconnaître l'existence de ce qu'on exclut. De sorte que l'ancienne physique, bien comprise, avouait finalement l'existence de la qualité. A quoi il faut ajouter du reste que, quand même le mécanisme devrait être tenu pour la seule réalité véritable, ce ne serait pas là une extermination complète de la qualité. Car le mécanisme n'est pas pure géométrie ni même pure cinématique. Bien que ce ne soit pas ici le lieu de parler de la force et de la masse puisqu'elles n'appartiennent pas proprement au degré de la représentation qui nous occupe, il faut dire toutefois que, sans préjudice de ce qu'elles peuvent être quant à la causalité, elles sont quelque chose de qualitatif ; de sorte que le mécanisme requiert plus que de la quantité pour s'établir et qu'il enveloppe de la qualité bien que, assurément, sous la forme la plus pauvre. — Ainsi, toutes différentes qu'elles soient de la physique d'Aristote, nos sciences physiques témoignent directement ou indirectement en faveur de la qualité.

Mais les considérations qui précèdent ne sont que des préliminaires : il nous faut entrer plus avant dans la métaphysique pour établir que la qualité est vraiment irréductible, et peut être le meilleur moyen de mettre en lumière notre opinion dogmatique sur ce point sera-t-il de la présenter sous une forme polémique. Le dogme des qualités réelles, au sens péripatéticien, fut ruiné par Descartes en tant que ce philosophe ne laissa subsister hors de l'âme que du mécanisme. Sans doute, grâce à la distinction radicale de l'étendue et de la pensée, les qualités pouvaient encore exister dans l'âme. Seulement, par suite de cette même distinction et d'autant plus qu'elle était faite au point de vue substantialiste, tout rapport concevable entre les mouvements de la matière et les qualités disparaissait. Les cartésiens purs ne firent pas difficulté d'en convenir et ils professèrent que les sensations, telles que la chaleur ou le son, étaient unies aux mouvements, tant extérieurs qu'organiques, par un décret arbitraire de la volonté divine, si bien que Dieu pouvait par exemple attacher le sentiment de la saveur à la trace qui résulte dans le cerveau de l'ébranlement de l'oreille. Ainsi isolée du reste du monde la qualité constituait une sorte de scandale et on pouvait l'accuser de demeurer aussi occulte que dans Aristote, tout en ayant perdu son utilité. C'est précisément ce que fit Leibnitz et, pour remédier au mal, il n'aperçut rien de mieux à faire que de pousser plus loin la doctrine de Descartes. Personne n'ignore qu'il modifia profondément le mécanisme cartésien en y consolidant la masse et en y introduisant d'autres éléments dynamiques ; mais, cette modification faite, la part de la qualité lui paraît assez grande et il admet que les qualités doivent toutes se ramener, pour la pensée claire, à la force et au mouvement. A ce prix seulement elles sont intelligibles. Les autres aspects qu'elles revêtent n'ont de place que dans la pensée confuse et résultent de ce que des mouvements très petits ne se distinguent plus. Ces aspects sont ce qui fait qu'elles paraissent différer du mouvement. Ainsi on dira que la chaleur ne ressemble pas à un mouvement et il est vrai qu'elle ne ressemble pas à un mouvement sensible, tel que celui d'une roue de carrosse ; mais elle ressemble à l'assemblage des petits mouvements qui se passent dans le feu et dans les organes. Elle en est l'expression et loin de n'y être jointe que par un décret arbitraire, elle en découle nécessairement. Nous avons déjà rencontré cette théorie de Leibnitz sans avoir toutefois à l'examiner en elle-même. Vient-elle à bout de la qualité ? Si elle veut être une véritable réduction des qualités au mécanisme, quand elle s'appuierait sur les mêmes principes que le calcul infinitésimal, sa valeur métaphysique n'en serait pas moins douteuse : car le passage d'un mouvement à une qualité ne peut, aux yeux de Leibnitz, être fondé en raison qu'à une seule condition, c'est que les deux termes soient, en dernière analyse, identiques ; et cette identité est le point difficile à établir. Si Leibnitz se contente au fond d'affirmer que les sentiments de chaleur ou de lumière sont une représentation de certains mouvements, de même, dit-il, qu'une projection exprime ce qui est projeté, alors il est malaisé de déterminer ce qui constitue selon lui une qualité et comment elle est liée aux mouvements qu'elle représente. Le plus clair c'est qu'il y a presque aveu que les qualités sont irréductibles, ce qui enlève toute portée à la théorie. — Mais la pensée de Leibnitz a été, de nos jours, reprise avec des ressources nouvelles. En effet, tandis que Leibnitz ne pouvait, pour ainsi dire, trouver aucun appui dans l'expérience et devait se borner à faire fonds sur les principes généraux du mécanisme qui lui semblaient suffisamment garantis par eux-mêmes, les philosophes du siècle dernier ont trouvé une base à leurs constructions dans les travaux de toute la physique moderne et de toute la physiologie, résumés et couronnés par ceux d'Helmholtz. Aussi tandis que Leibnitz en est resté à des indications, Taine a-t-il entrepris de construire les qualités, ou du moins les sensations des qualités, avec un élément spécifique pour chacune d'elles, cet élément lui-même étant à son tour constitué à l'aide d'un élément plus primitif, et, cette fois, purement mécanique. Pour servir d'objet principal et typique à une théorie de ce genre, se sont offertes d'elles-mêmes les sensations auditives qui se présentent au milieu de circonstances particulièrement accessibles aux investigations physiques. Nul n'ignore, en effet, que ces sensations sont liées à des vibrations de la matière pesante, aisées à compter et à mesurer ; que tous les sons se distribuent sur l'échelle qui monte du grave à l'aigu et cela proportionnellement au nombre des vibrations correspondantes ; qu'un son diffère physiquement d'un bruit en ce qu'il est une suite de vibrations égales en longueur et en vitesse et qu'il faut en outre, pour qu'il y ait son, la réunion d'un certain nombre de ces vibrations semblables ; que, en conséquence de cette dernière condition, on obtient un son en réunissant deux suites de vibrations qui, prises à part, étaient chacune trop peu nombreuse pour donner lieu à autre chose qu'à un bourdonnement ; que, dans les sons très graves. et, par exemple, dans celui qu'on obtient de la manière qui vient d'être dite, on démêle, derrière le son, des bourdonnements successifs ; enfin que, les vibrations croissant en vitesse, c'est-à-dire en nombre pour un même temps, il n'y a plus qu'une sensation de son de plus en plus aiguë et d'une parfaite homogénéité. Or, que signifient ces faits, demande-t-on ? Ne nous font-ils pas toucher du doigt, pour ainsi dire, la sensation élémentaire non musicale dont se composent les sensations de son et ne nous font-ils pas assister à la constitution même de celles-ci ? Nous sommes ici dans la même situation que le chimiste qui découvre les corps simples et, avec eux, construit les corps composés doués de propriétés nouvelles et spécifiques. Ces composés avec leurs déterminations qualitatives caractéristiques paraissent simples et irréductibles, quoiqu'ils ne soient rien de tel. En acceptant, comme simples et irréductibles, les sensations composées, la conscience est donc dupe d'une illusion ; si bien, même, que nous voyons, dans le cas d'un son très grave, comment le discernement de la conscience tombe en défaut pour laisser naître l'illusion. Et cette illusion que nous voyons naître nous autorise ou plutôt nous oblige à en mettre d'autres analogues, mais plus profondes, sur le compte de la conscience. Puisque la conscience tend à ne saisir que des totaux, il est naturel d'admettre que le bourdonnement qu'elle perçoit comme indécomposable est encore un total, d'autant plus qu'elle y distingue elle-même un maximum et un abaissement, et, par conséquent, des parties : cet élément est encore un composé. Généralisons ce résultat, maintenant, en traitant la couleur comme nous venons de traiter le son et en faisant usage de ce que nous savons de comparable sur les autres sens, sur le toucher notamment qui ne discerne plus la nature des excitations qu'il subit quand la surface où l'excitant s'applique est très petite, de sorte que cet excitant peut être indifféremment un corps pointu, mousse, chaud ou froid; nous apercevrons alors que toutes les sensations ordinaires se résolvent en éléments qu'il faut considérer comme décomposables à leur tour et ainsi indéfiniment. Or, les propriétés caractéristiques s'effacent à chaque degré de la décomposition, et, en fin de compte, puisque l'action nerveuse qui provoque une sensation n'est jamais qu'un déplacement de molécules nerveuses, l'élément sensitif qui mérite le mieux son titre d'élément, ne doit être rien de plus que l'expression de ce déplacement, ou doit consister, comme dit un autre auteur, en un pur choc nerveux. Ce qui ressort de tout cela est donc que la qualité se réduit à la quantité et qu'elle en sort par rassemblement et intégration de parties homogènes. — Rien de plus spécieux que toute cette argumentation, mais aussi rien de plus équivoque. Ce n'est pas nous qui contesterons qu'une sensation soit quelque chose de composé et qu'un son musical, par exemple, soit constitué par la pensée avec des éléments différents de lui, ces éléments étant parfois non-musicaux ou faiblement musicaux en eux-mêmes, et se laissant, en certain cas, percevoir dans leur nature et dans leur pauvreté d'éléments. Seulement il faudrait définir ce qu'on entend par les mots de décomposer et de construire. La physique fournit certains faits mécaniques auxquels sont liés, dans l'expérience, des faits qualitatifs. Dire qu'on assiste, par l'observation, à la constitution des qualités, mieux encore, que l'on construit expérimentalement les qualités, c'est jouer sur les mots. On transforme en effet, sans avertir, des relations de fait où certains phénomènes figurent comme fonctions les uns des autres, en liaisons d'idées et de raison. Or l'expérience est rationnelle, sans doute; mais elle ne l'est pas en tant qu'on la prend sous le premier aspect venu, et partielle, et coupée de lacunes. On invoque, il est vrai, le rapport de causalité. Mais, outre qu'il faudrait savoir si ce rapport fait pour régler en partie la détermination des phénomènes peut servir aussi à les constituer dans leur nature et jusque dans la plus élémentaire, le fait de l'invoquer ne dissipe pas l'équivoque dont nous parlons. Car comment conçoit-on ce rapport ? S'il est pour l'auteur, ainsi qu'il semble, un processus analytique, on doit pouvoir y saisir et plus nettement que dans toute autre opération rationnelle qui ne serait pas analytique, une suite d'idées. Dans l'espèce, les qualités et leurs modes doivent d'après cela être regardés comme les conclusions de syllogismes ayant pour majeures les définitions des éléments de la qualité. Où est donc, dans la théorie, la suite d'idées claires que nous sommes en droit de réclamer? Encore une fois ce sont purement et simplement les rapports de fait qu'on veut faire passer pour une déduction. Mais dira-t-on, reprenant la pensée de Leibnitz, les qualités ne sont que des illusions de la conscience, ce ne sont pas de vraies pensées. Nous ne répondrons pas que la conscience est infaillible dans son propre domaine, qu'il s'agit de ce qui lui semble et que ce qui lui semble lui semble bien. Non; la conscience a ses illusions et le vrai concept n'est pas celui qu'un individu quelconque trouve en lui par introspection. Ce n'est pas trop, pour atteindre les vrais concepts, d'une réflexion qui porte sur tout le savoir acquis par toutes les voies. Seulement, est-il vrai que les qualités ne soient que des sensations brutes, des apparences immédiates, que la pensée n'ait ni élaborées ni soumises à aucune épreuve? Les rapports parfois précis que les qualités, au moins d'un même ordre comme les sons, soutiennent entre elles; l'intervention souvent avérée du jugement dans leur appréciation, protestent contre cette manière de voir. Et d'autre part si elle est exacte ne la contredit-on pas quand on professe que les qualités se construisent, c'est-à-dire se font par degrés, ceci venant s'ajouter à cela? D'ailleurs, que penser d'illusions par lesquelles se constitue la représentation même, car la représentation bornée à une suite de chocs nerveux se réduirait à presque rien ? Ces soi-disant illusions nécessaires sont la réalité même. Bien loin en effet que l'élémentaire soit en toutes choses le plus réel, c'est le contraire qui est vrai. Et si l'on prend ce mot de réel dans son acception réaliste, entendant réserver au mécanisme le privilège de la réalité dite véritable, il nous suffira de rappeler que sûrement les qualités ne sont pas des choses en soi, pas plus que rien au monde, mais que le mécanisme est encore moins capable qu'elles d'exister en lui-même. Ainsi les qualités complexes, telles que le son et la chaleur et, à plus forte raison, ce minimum de qualité que suppose le mécanisme, ont autant de réalité que les autres moments de la représentation. Transporté dans la représentation, le qualitativisme d'Aristote est la vérité même, pourvu qu'il soit vrai également, comme nous avons été forcé de l'admettre pour les besoins de cette discussion, et comme nous allons tâcher de l'établir, que la qualité est de la pensée : car elle cesse ainsi d'être ce que redoutait Leibnitz, quelque chose d'occulte. Disons mieux : c'est seulement en faisant voir que la qualité est de la pensée que nous en prouverons la réalité, suivant l'acception où nous prenons ce dernier mot ; ce qui est occulte, c'est-à-dire inintelligible ne pouvant posséder, en ce sens, la réalité.

Les défenseurs des qualités, nous parlons des plus récents, ont, en général, adopté un tout autre point de vue. C'est eux maintenant que nous rencontrons comme adversaires et dont l'opposition va nous servir à déterminer notre doctrine. Quand ils sont aussi modernes par la manière de penser que par la date, ils se gardent d'un réalisme absolu, comme celui où pourraient tomber des disciples d'Aristote qui n'auraient rien oublié ni rien appris. Les qualités ne sont plus pour eux des choses hors de l'esprit, mais elles sont et demeurent, par un étrange réalisme psychologique, des choses dans l'esprit.

C'est dans cette attitude qu'ils combattent les tentatives de réduction des qualités, niant qu'elles soient en aucun sens quelconque des composés et des constructions, opposant à tout effort qu'on ferait pour y discerner une diversité intérieure et des moments le fait qu'elles sont données comme des blocs dans les sensations. Bref, leur notion des qualités est toute réaliste et les qualités leur semblent être la forteresse imprenable du réalisme. Que l'idéalisme, l'intellectualisme, le relativisme ou comme on voudra l'appeler, se flatte avec plus ou moins d'apparence de réduire à des rapports le reste de la représentation, il est, d'après ces penseurs, condamné à échouer devant les qualités. Le bon sens ne trouve-t-il pas dans l'existence des sourds et des aveugles une objection dirimante contre l'idéalisme ? Tous les idéalistes du monde ne sauraient faire qu'on pût obtenir la connaissance du son ou de la lumière autrement que par les appareils de l'audition et de la vision, de sorte qu'un homme, en pleine possession de son intelligence d'ailleurs, mais sourd ou aveugle, parvînt à se former la notion de ces qualités. — A cette objection, en effet, il n'y a pas de réponse péremptoire ; mais c'est que, comme beaucoup d'autres difficultés sous lesquelles on accable les hardiesses ou, si l'on veut, les témérités de l'esprit de recherche, elle tire abusivement presque toute sa force d'une ignorance qui est commune à toutes les écoles. Personne ne peut dire ce que vaudra l'objection quand cette ignorance aura un peu diminué et d'ailleurs n'est-il pas possible déjà d'indiquer un commencement de réponse ? D'abord, il est clair que ce qu'il s'agit de construire, c'est le contenu de la sensation de son ou de lumière, non la sensation, comme telle, de ces qualités : car la sensation est une représentation que le sujet déclare passive et qu'il rapporte à une cause extérieure. S'il construit, en un sens, la sensation même, c'est médiatement, après qu'il a constitué l'opposition du sujet et de l'objet et par le moyen de cette opposition.

Le sourd et l'aveugle ne sauraient donc voir et entendre puisqu'il leur manque pour cela quelques-unes des conditions que le concept de la représentation dûment formé enveloppe comme nécessaires. Toutefois, penser le son ou la lumière est autre chose que les percevoir et l'on peut soutenir que le sourd et l'aveugle en qui les centres se trouvent intacts ne sont pas frappés d'une impuissance vraiment intellectuelle. Là est donc la difficulté. Mais si la causalité, ou mieux la détermination concrète des phénomènes n'est pas un mystère impénétrable, il est sûr que, la science étant suffisamment avancée, le sourd et l'aveugle pourraient reconstituer dans leur intelligence le processus par lequel les qualités sont introduites dans la représentation actuelle et s'éclairer par là sur la nature même des qualités qu'ils ne sentent pas. Dira-t-on qu'ils devraient commencer par être fixés sur cette nature, parce que, autrement, ils ne comprendraient rien à la détermination du son et de la couleur par les autres phénomènes ; qu'en tous les cas notre sourd et notre aveugle idéalistes feraient bien d'aborder directement le problème de la nature du son et de la lumière? C'est là pour le dernier point surtout montrer une exigence excessive. Il faudrait demander seulement que, aidant le sourd et l'aveugle, on leur fît reconnaître quelque chose des deux idées qui leur manquent. Or s'il est difficile de rien apercevoir que le sourd puisse se représenter comme appartenant au son, il n'en est peut-être pas tout à fait de même pour l'aveugle. En effet, qu'est-ce qui caractérise grossièrement mais nettement la lumière, en laissant de côté les ondulations éthérées qui en droit relèvent du tact, si ce n'est qu'elle est ce qui occupant de l'étendue est absolument pénétrable en tout sens, tandis que les objets du toucher n'existent qu'à la condition de résister? Assurément, c'est là une notion bien inadéquate de la lumière ; c'est pourtant plus que le néant pur et il semble que l'aveugle puisse s'assimiler cette ébauche de concept. Non seulement donc l'objection la plus déconcertante des réalistes ne réduit pas l'idéalisme au désespoir, peut-être ne le réduit-elle même pas au silence pour l'heure présente. — Mais l'objection qui vient de nous occuper n'est de la part des réalistes qu'un appel à l'expérience, une application de leur doctrine à l'interprétation de certains faits. Reste à considérer directement la thèse de ces philosophes. Si elle est vraie, comment se fait-il que la psychologie découvre à chacun de ses progrès une intervention nouvelle de la pensée discursive dans la perception, tellement que la sensation pure devient dans le champ même de l'observation à peu près introuvable? Quand un morceau de papier gris placé sur un fond coloré et recouvert ainsi que lui d'un papier blanc transparent apparaît avec la couleur de contraste de la couleur du fond; quand ce qui était pris d'abord pour un bruit est reconnu pour un son parce que d'autres données comparables sont intervenues, comme il arrive si huit tablettes accordées de manière à produire la gamme tombent successivement sur un banc, ces faits et tant d'autres du même genre témoignent, semble-t-il, qu'une activité pensante s'exerce alors que le sujet, suivant la doctrine réaliste, ne devrait faire que sentir. Malheureusement, quel que soit leur nombre, ces faits ne permettent encore que des inductions partielles devant lesquelles la doctrine se maintient. Ce qui constitue son essence, c'est la double affirmation que les idées sont, d'une manière générale, antérieures aux rapports et que cette antériorité éclate dans les idées de qualités. De fait, cette dernière assertion est spécieuse. Elle n'est toutefois rien de plus. Car comment comprendre le chaud sans le froid ou le dur sans le mou? L'existence des contraires qualitatifs est depuis longtemps reconnue par le sens commun lui-même, cette autorité du réalisme. Insister en disant qu'une idée de qualité est bien encore quelque chose quand on la conçoit hors de toute opposition et de tout rapport, ce n'est pas frapper le relativisme d'une réplique aussi triomphante qu'on le croit. Car, outre qu'une idée n'est pas vraiment conçue en elle-même dès qu'on a la persuasion intime qu'il en est ainsi, il ne faut pas oublier qu'une notion est, en général, un ensemble de rapports et qu'à ne pas la penser sous celui-là même dont elle est pour la majeure partie un moment, on ne l'anéantit pas. Un son qu'on ne situerait point sur l'échelle du grave et de l'aigu serait encore, d'une part quelque chose de musical et de l'autre, quelque chose d'auditif. La vérité est donc qu'une idée et, par exemple, une idée de qualité est l'objet d'une conception partielle quand elle est, autant que possible, prise à part et que, plus elle approche d'être adéquatement conçue, plus elle l'est comme engagée dans des relations. Or cela suffit pour renverser la thèse réaliste. L'intuition pure et simple, exempte de tout rapport, qu'il faudrait produire pour justifier cette thèse, est un phénomène introuvable et parce qu'il est impossible. Poussé jusqu'au bout le réalisme perd toute sa force, même en tant qu'il s'applique aux idées de qualité, parce qu'il vient alors se heurter contre ce qui fait la force du système adverse. — Ainsi nous admettrons que les qualités, qui ne sauraient se réduire à la quantité ni en résulter soit analytiquement, soit par une suite de complications irrationnelles et mystérieuses, renferment cependant une diversité intérieure et qu'elles se constituent en droit, comme tous les autres degrés de la représentation, par thèse, antithèse et synthèse.

Nous venons de séparer la qualité de tout ce qui la précéde afin de rechercher si elle est en elle-même quelque chose de réel, c'est-à-dire d'intelligible. Il nous faut à présent la rapprocher de la quantité et dire comment elle s'y rapporte, bien qu'elle en demeure distincte. Pour définir la qualité, nous l'avons caractérisée comme étant le simple par opposition au composé. Quel est ici le sens du mot simple? Puisque nous avons tâché d'établir que l'analyse peut découvrir dans la qualité une diversité intérieure, il est clair que nous ne saurions lui appliquer le nom de simple dans l'acception large, où, avec l'usage commun, nous le prenons quelquefois. Le simple comme caractéristique de la qualité, c'est ce qui, tout en possédant une nature aussi compliquée qu'on le voudra, est indifférent à la composition spatiale et temporelle. Mettez un point d'orgue sur une note, cela ne la change pas en tant que note et un centimètre carré de jaune n'est ni plus ni moins jaune qu'un décimètre carré de la même couleur et de la même nuance. Que le point d'orgue ou l'accroissement et la diminution de la surface colorée donnent lieu eux-mêmes à des impressions qualitatives, il n'importe, car c'est là une autre question. Reste toujours que, prise sous un rapport bien déterminé, une qualité ne varie pas avec le temps ou l'espace dans lequel elle se déploie. La qualité est donc essentiellement distincte de la durée et de l'étendue. Mais cette distinction est-elle une séparation absolue, la qualité n'a-t-elle rien à voir en aucun sens avec la durée et l'étendue ? Voilà ce qu'il faut examiner. La réponse affirmative à cette question est classique, on peut le dire, dans toutes les écoles qui se piquent d'avoir le sens et le souci de la vie intérieure ; car cette réponse leur semble un corollaire de la distinction cartésienne entre l'étendue et la pensée. Admettant donc comme un principe que rien de ce qui est extensif ne peut pénétrer dans la conscience et considérant la qualité de ce point de vue, on ne la distingue pas seulement de la quantité, on l'en isole. Qu'y a-t-il d'extensif, demande-t-on, dans le chaud et le froid ou dans une odeur ou surtout dans un son ? Le son, dit un auteur, est frère de l'âme. — Nous n'avons pas à faire ressortir la force de cette thèse, puisque nous présentons nous même la qualité comme l'opposé de la quantité et que nous l'avons déclarée irréductible. Essayez de confondre les deux choses, aussitôt leur opposition s'accuse et la qualité, indifférente au plus et au moins d'extension, se pose énergiquement au-dessus de la quantité. Voilà qui est incontestable. Seulement, toute préoccupation spiritualiste une fois écartée, il apparaît que cela ne prouve pas l'indépendance absolue de la qualité. On prend le son à témoin et certes l'exemple est tout particulièrement favorable. Mais il faudrait aussi accorder de l'attention aux autres qualités. Or comment pourrait-on concevoir la couleur détachée de toute espèce d'étendue ? Une couleur, n'est-ce pas toujours une surface colorée ? Et que dire des qualités tactiles, du poli et du rugueux, si inséparables de l'étendue, qu'il faut un effort d'analyse pour les en distinguer ? D'une manière générale, toutes les qualités se rattachent à l'étendue (à la durée aussi, prise comme quantité) et cela de deux façons. Elles s'y rattachent en tant qu'on les considère dans l'objet perçu et en tant qu'on les considère dans le sujet percevant. Nous venons de dire qu'un objet du tact ou de la vue est toujours étendu. Il en est de même d'une température, d'une saveur, d'une odeur et aussi d'un son. Une température est localisée ou diffuse ; dans le second cas lui-même elle est rapportée à une étendue, savoir le milieu extérieur qui touche la peau. Les saveurs sont attribuées aux substances qui s'étalent sur la langue et les odeurs aux courants gazeux qui passent sur les membranes de l'odorat. Enfin, est-il possible de ne pas répandre le son dans l'air ou dans l'eau ou dans les autres corps qui transmettent les ondes ? Les péripatéticiens en faisaient une certaine information de l'air et, toute illusion réaliste écartée, ce n'est là que la formule d'une manière de penser qui se retrouve tacitement en nous tous. Nous cherchons d'où vient un son, jusqu'où il se propage, bref nous le considérons comme remplissant l'espace. Tout cela sans doute est d'observation très vulgaire, mais il faut bien le rappeler puisqu'il semble qu'en certains moments les penseurs ne s'en souviennent plus. A vrai dire on s'applique à l'oublier, de peur de retomber dans le réalisme d'Aristote et l'on s'efforce de n'envisager les qualités qu'au point de vue de la subjectivité la plus étroite. Est-ce avec raison, et le vrai fait de conscience, dans l'ordre de la qualité, est-il bien tel qu'on le dépeint? Mettons que le sujet fasse tout ce qu'il peut pour se représenter la chaleur, la couleur et le son comme purement subjectifs; réussira-t-il, si ce n'est par une abstraction dont la portée est précisément ce qui fait doute, à séparer en lui la couleur d'un sentiment d'activité et parfois de fatigue dans la rétine, la chaleur, d'une sorte de frémissement courant sous sa peau et le son d'une sensation assez nette de mouvement intérieur dans son oreille? On est convaincu, nous le savons, qu'il n'y a pas de perception de l'étendue soit par la conscience, soit par un sens interne, ou un sens du corps, ou comme on voudra dire. Partant nos sensations des qualités doivent ne revêtir un aspect étendu et n'être localisées dans notre propre corps que par un travail entièrement indépendant d'elles et d'ailleurs illusoire. Notre conscience, dit-on, ne voit pas les impressions déboucher en elle par les filets nerveux qui les conduisent et ces impressions ne sont par elles-mêmes affectées que d'un signe local purement qualitatif. Loin de nous la pensée de contester que le travail des localisations soit fort compliqué et même de refuser toute valeur à la théorie des signes locaux. Ces signes peuvent aider au travail psychologique dont nous parlons. Mais à ce travail il faut une base et ceux-là ont raison qui objectent à la théorie du toucher explorateur de Taine qu'elle commet une pétition de principe, attendu que pour situer une sensation de chaleur sur mon front, par exemple, il faut que j'aie déjà localisé approximativement ma sensation à cet endroit : car pourquoi y porté-je la main? et, pour aller jusqu'au bout de notre pensée, qui sait si les vibrations du cerveau et des nerfs n'ont pas dans la conscience immédiate un retentissement que certains artifices rendront peut-être observable? Le corps comme étendu et même, au fond, la conscience que nous en avons, sont choses plus simples que la qualité et antérieures à elle. Il doit suivre de là que toute qualité, si subjectivement qu'on l'envisage, est toujours liée à de la quantité. Le vrai fait de conscience dans l'ordre de la qualité et à tous les degrés supérieurs de la représentation, n'est donc pas dépouillé de toute étendue. Pousser l'abstraction jusqu'à lui ôter cet aspect extensif est illégitime : car ce n'est plus distinguer, c'est poser en soi ce qui n'existe que dans un rapport et c'est enfermer la pensée dans une demi-réalité. L'idéalisme doit la défendre de se laisser appauvrir ainsi. Précisément, parce qu'il ramène tout à des idées et réintègre toute la réalité à l'intérieur de la représentaton, ce système n'a pas à déprécier la quantité. Puisqu'elle est intelligible elle aussi, elle doit compter proportionnellement à son rang et il faut reconnaître en elle, sans oublier l'opposition des deux termes, le support partout présent de la qualité.

Mais, arrivés à cette conclusion, nous n'avons pas épuisé le problème des relations entre la qualité et la quantité. La quantité ne se retrouve-t-elle pas à l'intérieur de la qualité, sous l'espèce de la quantité intensive ? On entend communément par quantité intensive quelque chose qui, tout en n'étant point formé de parties extérieures les unes aux autres comme le temps et l'espace, est pourtant susceptible de mesure. Ce quelque chose en effet est regardé comme homogène et on lui reconnaît des parties ; seulement elles se fondent les unes dans les autres, pour ainsi dire, par une espèce d'endosmose, de sorte que le tout fait plus que de les embrasser : il en concentre en soi toute la réalité. Tel l'effort total d'un homme qui pousse un obstacle avec la tête et avec les deux mains ; tel un éclairage auquel concourent plusieurs sources de lumière. Or il est manifeste qu'un pareil concept n'est pas net et, s'il arrive qu'une science soit forcée de l'employer directement faute de pouvoir le remplacer par un substitut extensif, ce qui est le malheur de la psycho-physique, rien n'est moins surprenant que de voir l'existence même de la quantité intensive ardemment contestée. Se préoccupant surtout de la mesure des sensations, on nie qu'elles soient des grandeurs mesurables, et, comme on identifie qualitatif avec interne, identification légitime en ce sens que les qualités n'existent que dans la représentation, on nie du même coup que les qualités retombent, en tant qu'intensives, dans le domaine de la quantité. Et l'on commence par demander à ceux qui parlent de les mesurer à ce titre si seulement les quantités intensives jouissent du premier et plus indispensable caractère d'une vraie quantité, savoir celui de comporter l'égalité et l'addition. Tandis que rien n'est plus facile que de définir deux lignes ou, en général, deux étendues égales, et d'en concevoir l'addition, on ne voit pas ce que seraient, mathématiquement parlant, deux sensations ou deux qualités égales et leur somme. C'est que la qualité n'a rien en soi de quantitatif. Deux données qualitatives ne différant soi-disant que par le degré, c'est-à-dire par du plus et du moins, se trouvent, lorsqu'on les examine de près, constituer deux qualités très bien caractérisées. Qu'est-ce, en réalité, qu'une surface plus et moins éclairée par de la lumière blanche? C'est une surface qui passe par deux ou plusieurs gris différents. Deux saveurs qui diffèrent par ce qui s'appelle plus et moins d'amertume ne sont pas deux sensations pareillement amères, sauf le degré, ce sont deux sensations diversement amères et ainsi du reste. Derrière ce qui paraît être quantité intensive, il n'y a jamais que de la qualité toute pure. Quand nous croyons distinguer deux états internes par leur intensité seule, voici ce qui a lieu. Si les états en question sont considérés en eux-mêmes et sans référence aucune à leur cause extérieure, alors l'état dit plus intense est celui qui enveloppe dans sa compréhension la plus grande multiplicité d'états élémentaires : un froid intense est un froid qui s'irradie et provoque ainsi un plus grand nombre de sensations partielles. Les états internes sont-ils au contraire rapportés plus ou moins consciemment à leur cause externe ? Alors leur apparente grandeur intensive n'est que la grandeur de leur cause que nous avons transportée en eux sans le savoir. Voilà ce qu'on dit contre l'existence des quantités intensives et il faut convenir qu'on a raison en grande partie. Quelques réserves qu'il y ait à faire quant à ce qu'on nie, presque tout ce qu'on affirme est vrai. Non seulement en effet un état interne, plus intense qu'un autre, enveloppe d'ordinaire un plus grand nombre de sensations que lui ; non seulement nous sommes enclins, comme on le dit, à transporter dans notre sensation la quantité de ce que nous nous représentons comme sa cause extérieure, mais encore, et cela va au fond de la question, il est certain que la quantité intensive est elle-même, dans ce qu'elle a de réel, quelque chose de qualitatif. La qualité ne contient aucun élément réel qui corresponde à l'idée la plus courante de la quantité intensive ; en d'autres termes, il n'y a pas de qualité homogène susceptible de présenter la même nature qualitative à des degrés différents. Le plus et le moins d'éclairement sont bien, comme on l'affirme, des nuances diverses du gris. Penser qu'il en puisse être autrement, c'est ne pas comprendre le caractère propre et original de la qualité. Mais tout cela concédé, il faut faire des réserves sur les négations qu'on y ajoute. L'intensité d'un état intérieur n'est-elle pas autre chose encore que la multitude des états qui le composent ? Et suffit-il de dire que nous transportons en nous l'intensité de la cause extérieure de nos sensations ? Pour quiconque ne voit pas dans cette cause extérieure une chose en soi, mais un simple groupe de sensations conditionnant des sensations d'un autre ordre, la question de savoir en quoi consiste la quantité qu'on lui attribue se posera sans échappatoire possible. Est-ce donc de la quantité purement extensive ? Mais deux lumières juxtaposées et additionnées dans l'espace et grâce à lui, et de même deux sons de pareille hauteur, ou deux chaleurs identiques ne sont pas, parce qu'ils se trouvent dans l'espace, quelque chose de purement géométrique. Et pour toucher le point capital (car lorsqu'on parle d'intensité, c'est presque toujours aux sensations d'ordre dynamique qu'on se réfère, sciemment ou non, les considérant soit en elles-mêmes, soit comme accompagnements de sensations d'un autre ordre), la force ne se laisse pas réduire à la géométrie du mouvement. Tout cela sans doute se mesure à l'aide de substituts géométriques. N'importe : il y aurait un excès de formalisme mathématique à prétendre que des quantités de cette sorte ne consistent que dans les hauteurs diverses d'une colonne thermométrique ou dans les déplacements de l'aiguille d'un dynanomètre. Les variations des qualités comportent, dans certains cas au moins, une évaluation qui serre de plus près leur essence qualitative, et nous pouvons le reconnaître sans rien reprendre de ce que nous avons accordé. Oui, toute variation qualitative est un passage d'une qualité à une autre qualité différente. Mais n'est-il pas possible quelquefois, et justement dans les cas où l'usage commun parle de quantités intensives, de démêler un progrès constant vers un certain type ou un éloignement constant à partir de lui ? La série pâlissante des gris s'avance vers le blanc et celle des gris qui se foncent s'en écarte. Nous croyons qu'il y a là pour le concept de la quantité intensive dûment corrigé une base suffisante. En effet, rien n'empêche de concevoir comme continus ces processus de ressemblance et de différence. Si une telle continuité est idéale, elle a cela de commun avec toute continuité, et si dans le domaine de la qualité il est plus clair que partout ailleurs, qu'une continuité soi-disant réelle et absolue où se perdraient les différences est une chimère, cela n'a pas de quoi nous contrarier. Il reste toujours qu'on peut, abstraitement du moins, s'approcher ou s'éloigner à pas aussi petits qu'on veut d'un certain type de chaleur ou de lumière. Or, en ne retenant que la forme la plus extérieure de ces opérations, nous obtenons l'idée d'une série continue, et c'est précisément là le concept de quantité intensive purgé de toute illusion. Deux quantités intensives égales sont deux exemplaires identiques d'une même qualité, et une quantité intensive double d'une autre est ce progrès dans la ressemblance ou la différence que l'on obtient en réunissant nos deux qualités identiques. Peut-être le maniement de la quantité intensive ainsi comprise est-il délicat ; il ne semble pas qu'il soit impraticable, et, dans tous les cas, le concept présenté de cette manière repose sur un fondement réel.

Par cette base proprement qualitative la quantité intensive se rapproche d'une autre manifestation de la quantité dans la qualité. En effet, l'échelle du grave et de l'aigu, la série des couleurs spectrales disposées dans l'ordre de la saturation croissante constituent aussi des progrès qualitatifs réguliers. Toutefois, ils ne se présentent pas comme continus et, de ce chef, ne sont pas, rigoureusement parlant, des quantités. Les sons de la gamme et les couleurs du spectre veulent être séparés par des intervalles à l'extrémité desquels ils se situent, tirant de cette discontinuité même tout leur sens. Par là ils se distinguent des intensités qui sont essentiellement continues. Cela n'empêche pas d'ailleurs qu'ils soient, à leur manière, et jusque dans le plus intime de la qualité (témoin la hauteur des sons), quelque chose de mathématique dont notre étude des relations de la qualité avec la quantité devait rappeler l'existence.

B. — *Les qualités et la dialectique*.

Jusqu'à présent, nous ne sommes point sortis des considérations générales et nous nous sommes déjà heurtés à des obstacles insurmontables dans l'état actuel du savoir. En arrivant aux espèces de la qualité, ces obstacles, que nous avons d'ailleurs annoncés, se multiplient devant nous. Tant s'en faut, en effet, qu'il existe sur le sujet une somme notable de connaissances, que les recherches expérimentales susceptibles de fournir matière aux réflexions spéculatives font presque entièrement défaut. Sans doute on a consacré de merveilleux travaux au son, à la lumière et à la chaleur, sinon aux autres qualités. Mais ils ne font que côtoyer la question qui est la nôtre. C'est par exception qu'ils s'aventurent hors de la mécanique physique, leur but n'étant point d'étudier les qualités en elles-mêmes, et ils ne peuvent nous apporter que des indications rapides et dispersées. D'autre part, il y a, un peu en dehors de la physique, quelques recherches d'un caractère plus concret sur celles des qualités qui intéressent les arts et particulièrement les beaux-arts. Tel le livre de Chevreul sur le Contraste des couleurs. Malheureusement les ouvrages de ce genre ne sont pas très nombreux, la fin qu'ils se proposent en limite un peu la portée et surtout ils négligent certaines espèces de qualités. Ils n'ont rien à faire en effet avec les contacts ou les températures et quant aux saveurs et aux odeurs elles sont la matière d'arts que l'on dédaigne comme inférieurs. C'est donc, au moins, quatre sortes de qualités sur lesquelles les auteurs techniques ne nous renseignent pas. Lorsqu'après cela nous entreprenons de dire quelque chose sur la nature et l'enchaînement des qualités, ce ne peut-être que pour indiquer des conjectures conformes à notre méthode et propres à en faire entrevoir hypothétiquement l'application. Heureux si, à défaut des notions adéquates dont nous ne saurions même approcher, nous rencontrons çà et là des propres très extérieurs qui nous suggèrent des présomptions sur le dedans des qualités.

Sans prétendre indiquer les rapports des unes aux autres

avec la précision qu'il faudrait pour répondre aux exigences de la méthode synthétique, il nous semble qu'elles se répartissent assez naturellement en trois groupes. Le premier serait formé par les qualités tactiles, les qualités dynamiques et les températures. Il représenterait un moment inférieur de la qualité avec prédominance des déterminations quantitatives. Au second rang se placeraient les saveurs et les odeurs, plus hautement qualitatives que le groupe précédent et dépendant moins de la quantité. Le troisième degré enfin comprendrait le son et la couleur et serait caractérisé par le fait que la qualité prise dans ce qu'elle a de plus qualitatif y deviendrait elle-même, selon une indication que nous avons déjà donnée, quelque chose d'analogue à une quantité. Le second groupe ne laisserait pas apercevoir en lui de subdivisions, mais dans le premier on distinguerait d'une part la prédominance de la quantité extensive, de l'autre celle de la quantité intensive, et le troisième groupe présenterait une série unilinéaire de déterminations qualitatives opposée à une pluralité de séries coordonnées.

L'objet propre du toucher ou le tangible est la surface des corps susceptible de s'appliquer sur la peau. Il a pour corrélatif l'intangible, c'est-à-dire non pas ce qui est étranger au tact, mais ce qui donne une sensation tactile négative, de même que le noir n'est pas le son ni la chaleur ou en général tout l'autre que le visible, mais l'absence définie de ce qui est proprement visible. Le poli et le rugueux sont encore des qualités tactiles, mais plus difficiles déjà à séparer des qualités dynamiques, bien qu'on ne puisse méconnaître en eux un élément tout tactile, savoir les creux et les saillies. La présence des sensations de pression qu'on signale avec raison partout où se produisent les sensations de contact ne saurait du reste, quoi qu'on en dise, empêcher la distinction des deux choses. Ainsi compris et isolés, le tangible et l'intangible dépendent étroitement de l'étendue et les sensations auxquelles ils donnent lieu ne diffèrent que par la grandeur des surfaces de contact.

Les qualités dynamiques, pressions et efforts, et les qualités thermiques tirent au contraire leurs différences intérieures de la quantité intensive. Le lourd et le léger, le dur et le mou, le chaud et le froid nous apparaissent chacun comme comportant des degrés et comme ne comportant pas d'autres nuances que celles-là. A la vérité, nous ne devons pas oublier qu'une différence de degré est au fond une dissemblance qualitative. Mais c'est une dissemblance qui est évaluée par rapport à un certain type. Or les pressions ou les chaleurs se ressemblent toutes entre elles. Elles ne se distribuent pas à proprement parler en plusieurs espèces. — Ainsi les qualités tactiles, dynamiques et thermiques, semblent former un groupe où les considérations quantitatives dominent. Par cela même, ou, en d'autres termes, parce que ces qualités sont encore quelque chose de relativement pauvre dans un domaine où tout est si complexe, on arrive à les concevoir avec quelque netteté, au moins dans les principaux de leurs éléments irréductibles. Ils se reconnaissent dans les assemblages les plus compliqués où ils entrent. C'est ainsi qu'on a fait observer que les sensations du tact s'associent à toutes les autres, ce qui est même le fond de vérité caché dans la doctrine selon laquelle tous les sens ne sont que du toucher transformé. L'analyse retrouve des données tactiles, dynamiques et thermiques sous les aspects variés des corps, viscosité, liquidité, fluidité, etc., et jusque dans ces états obscurs que nous saisissons au fond de nos organes.

Il s'en faut que les saveurs et surtout les odeurs puissent se déterminer avec cette précision relative. Rien que pour discerner ce qui est vraiment saveur, il y a de la difficulté, puisqu'on doit exclure une foule d'odeurs qui se mêlent intimement à presque tout ce que nous goûtons et que des impressions comme celles de l'astringent, de l'acide et du nauséeux, examinées de près, veulent être renvoyées au toucher ou à quelque sens de même ordre. Le fade et le salé et surtout le doux et l'amer sont les seuls objets précis et incontestables du goût. Vraisemblablement il y en a d'autres à déterminer. Par malheur, la chimie ne fournit à l'analyse qualitative qu'un secours précaire, parce que la liaison des saveurs avec la composition ou l'altération chimique des corps n'est qu'exceptionnellement assignable. Quoi qu'il en soit, l'opposition du doux et de l'amer est du moins une des mieux marquées dans tout le champ de la qualité et, à l'image de ce qui a lieu pour les couleurs, on a pu signaler l'existence de saveurs créées par le contraste. Lorsque nous avons goûté une substance amère, par exemple, l'eau que nous goûtons immédiatement après nous paraît douce : manifestation non équivoque de la dialectique cachée, qui régit les saveurs.

Les odeurs sont probablement quelque chose de plus compliqué et en tout cas on les connaît beaucoup moins. Réduits à les désigner par le nom de la substance dont elles émanent, nous sommes incapables de définir sûrement même un seul des couples de contraires qui les constituent. Les prétendues odeurs fraîches, piquantes, suffocantes, nauséeuses et autres semblables ne sont évidemment pas de vraies odeurs, ou du moins ce sont des odeurs mêlées d'éléments étrangers. Mais cette élimination faite, quelle lumière trouver dans les meilleures des classifications qui ont cours et, par exemple, dans celle de Linné ? Les distinctions que cette classification établit sont contestables : odeurs aromatiques comme celles de l'œillet et du laurier ; odeurs fragrantes comme celles du lis, du safran, du jasmin ; odeurs ambrosiaques, celle de l'ambre, celle du musc ; odeurs alliacées, celles de l'ail, de l'assa fœtida ; odeurs fétides, comme celle de la valériane ; odeurs vireuses comme celles de l'opium ou de la plupart des solanées. Il n'y a pas ici de vrais types d'odeurs définis indépendamment de leur sources et opposables entre eux. C'est tout au plus si, les choisissant comme les objets les plus purs de l'odorat, on pourrait essayer d'opposer les odeurs fragrantes et les odeurs fétides par cette raison extérieure qu'elles sont énergiquement opposées au point de vue émotionnel. — Mais si difficile à caractériser que soient les odeurs et même les saveurs, des analyses demi-littéraires permettraient à elles seules de reconnaître combien la pensée déploie d'activité dans la représentation de certains assemblages de saveurs, d'odeurs et surtout de saveurs et d'odeurs réunies. Il y a loin en complexité du goût d'une pomme de terre à celui d'une pêche. Des vins d'un bouquet très riche ou des mets savants dans lesquels s'associent des saveurs et des arômes choisis, bien contrastés et bien fondus à la fois, donnent lieu à des représentations très intellectuelles, puisqu'elles revêtent un caractère déjà esthétique. Les saveurs, et les odeurs mêmes, sont donc des idées comme les qualités du groupe précédent. Ce qui en fait une classe à part, c'est que les différences qu'elles comportent sont principalement qualitatives. Sans doute il y a lieu de distinguer des intensités diverses dans la fadeur, l'amertume ou tel parfum donné ; mais tandis que deux températures ou deux pressions n'admettent que des degrés, les saveurs et les odeurs forment une multitude de variétés, sans qu'on puisse d'ailleurs distribuer ces variétés sur des échelles où elles trouveraient une sorte de mesure. Les saveurs et les odeurs réunies constituent donc bien, dans la qualité, le moment où elle est le plus exclusivement qualitative à tous égards.

Dans le son ou la couleur, au contraire, la qualité devient en quelque sorte quantité, les sons ne formant du reste qu'une seule série de déterminations mesurables, tandis que les couleurs en forment plusieurs. — Les qualités auditives admettent tout d'abord deux grandes divisions. Au-dessous du son, en effet, est le bruit avec son opposé le silence ; c'est le stade inférieur de la qualité auditive, analogue à ce que sont, dans le domaine du visible, les impressions achromatiques. Que les bruits dépendent de mouvements irréguliers et non périodiques des corps sonores, ou qu'ils résultent d'un mélange de sons accolés ensemble sans aucune règle ou suivant une règle tellement compliquée que l'oreille soit incapable de la comprendre et, en tous les cas, ne la comprenne point; sans être en eux-mêmes, à ce qu'il semble, aussi difficiles à classer que les odeurs, ils n'ont pas encore donné lieu à de bonnes classifications. Distinguer un peu au hasard des grincements, des craquements et des bourdonnements, par exemple, ce n'est point assigner de véritables variétés de bruits, ni permettre de soupçonner les couples de contraires dont elles seraient faites. Le bourdonnement paraît bien s'opposer au grincement, mais c'est peut-être parce que le bourdonnement s'accompagne souvent de sons graves et le grincement de sons aigus. Tout autre est l'état des choses pour les sons. Il n'y a point de qualités qu'on ait soumises, et cela d'un point de vue vraiment qualitatif, à des déterminations d'une pareille rigueur. Chaque son a sa place exacte dans l'échelle musicale : il est le son inférieur augmenté d'un intervalle par l'adjonction duquel il s'élève, et par conséquent il est la synthèse d'un grave et d'un aigu déterminés. L'échelle monte en degrés parfaitement mesurés depuis ce qui commence d'être un son jusqu'à ce qui cesse d'en être un. Et cette échelle est tout l'essentiel du son. Car les différences de timbre se ramènent, comme on sait, et d'une manière qualitative, aux harmoniques, c'est-à-dire à des tons plus élevés que le ton fondamental. Ainsi tout ce qui est son se classe et se classe dans une série unilinéaire.

Les couleurs forment au contraire, parce qu'elles se laissent considérer sous divers aspects, une pluralité de séries qui d'ailleurs suivent aussi une progression régulière, bien que cette progression ne puisse pas, au moins provisoirement, se déterminer avec la même exactitude que celle des sons. Au-dessous des couleurs, comme nous l'avons déjà indiqué, il faut placer les qualités achromatiques, c'est-à-dire le blanc et le noir comprenant entre eux toutes les nuances du gris. Nous avons là le visible déjà, mais dans ses manifestations les plus pauvres. Avec les couleurs, tout se complique singulièrement. Toutefois, nous ne retombons pas à leur sujet dans une confusion inextricable comme celle des saveurs et des odeurs. Ce qui peut nous embarrasser le plus, c'est le mélange des couleurs. Tandis que deux sons de hauteur différente s'unissent, sans se perdre, dans une consonance ou une dissonance, les couleurs diverses se mêlent jusqu'à devenir méconnaissables. De telle sorte qu'il paraît impossible d'analyser dans sa qualité un mélange de couleurs et que la détermination des couleurs élémentaires paraît n'être exécutable qu'indirectement et par le secours de la mécanique physique. Mais sur le premier point, le témoignage des faits n'est pas sans ambiguïté. Selon Helmholtz, quand on croit voir réellement dans une couleur composée les couleurs qui la constituent, on prend pour un acte de sensation un acte de jugement fondé sur l'expérience. Or, la distinction de la sensation et du jugement, en tant qu'elle signifierait qu'il n'y a rien de discursif au fond de la sensation, est inacceptable et les paroles mêmes d'Helmholtz montrent combien elle est glissante, puisqu'on peut arriver, de son propre aveu, à prendre un jugement pour une sensation. En outre, tous les auteurs, et Helmholtz avec eux, caractérisent l'orangé en disant que c'est un rouge-jaune avec prédominance du rouge, tandis que le jaune d'or est un rouge-jaune avec prédominance du jaune et que le bleu cyanique est un bleu verdâtre. Cela n'aurait pas de sens si nous ne discernions pas, plus ou moins, les éléments qualitatifs de l'orangé, du jaune d'or et du bleu cyanique. Si d'ailleurs il y a des mélanges de couleurs absolument rebelles à l'analyse qualitative, il ne faut pas hésiter à y voir des couleurs irréductibles au point de vue de la qualité. Tel est notamment le cas des mélanges de deux couleurs complémentaires et du mélange des trois couleurs fondamentales. Le blanc qui en résulte et qu'on ne devrait pas appeler une couleur, n'est pas seulement autre que ses prétendus éléments, car ce ne serait là que le sort de toute synthèse, mais il paraît impossible de les soupçonner derrière lui. Les faits de ce genre ne causeraient du reste aucune surprise si l'on se rendait bien compte des circonstances dans lesquelles s'accomplit un mélange de couleurs. Mêler ensemble des lumières spectrales de différents tons c'est, en somme, accomplir une opération matérielle et extérieure qu'on ne saurait identifier sans réserves avec une combinaison directe de sensations. Suivant une juste remarque, l'illusion qu'on se fait à cet égard est entretenue par la théorie de Young et de Helmholtz. Si, comme le prétend cette théorie, il y a dans chaque terminaison nerveuse de la rétine trois fibrilles ou trois activités correspondant chacune à l'une des trois couleurs fondamentales, rouge, vert et violet, la sensation de blanc est donnée par la réunion de trois processus nerveux spéciaux et l'opération physiologique n'est qu'une doublure de l'opération physique. Mais la théorie est sujette à difficultés, puisqu'elle n'explique pas ce fait, notamment, que les parties latérales de la rétine, insensibles à toute couleur, nous procurent néanmoins la sensation du blanc. Il est donc juste de la tenir en défiance et de rétablir entre les deux opérations, physique et physiologique, les différences qu'elle oublie. Faire abstraction des intermédiaires physiologiques entre les données externes et la sensation n'est possible que dans des circonstances particulièrement favorables. Voilà peut-être pourquoi tout mélange physique de couleurs n'est pas immédiatement intelligible dans ses résultats. — Cette difficulté empêche-t-elle la détermination dialectique des couleurs élémentaires ou relativement élémentaires, et la distinction des couleurs spectrales signifie-t-elle uniquement qu'il y a, pour répondre aux diverses longueurs d'ondes, des lumières diverses sans rapports qualitatifs saisissables pour l'entendement? D'abord on doit sans doute admettre, avec la plupart des auteurs, que les couleurs du spectre présentent entre elles de l'affinité dans la mesure même où elles sont voisines, le rouge ayant plus d'affinités avec le jaune qu'avec le vert ou le bleu, le jaune avec le vert qu'avec le bleu ou le violet, etc. L'idée d'assimiler les couleurs spectrales à la gamme remonte à Newton et si elle est condamnée à ne pas aboutir, par cette raison principalement qu'il y a lieu de distinguer plus de sept couleurs dans le spectre, ce n'est pas à dire qu'il n'y ait aucune analogie entre l'échelle des couleurs et celle des sons. Mais il y a d'autres manières encore d'interpréter qualitativement la distinction et les rapports des couleurs spectrales. Une couleur est dite saturée en tant qu'elle n'est pas blanchâtre. Il suit de là, si nous avons eu raison d'opposer les impressions achromatiques et les couleurs, qu'une couleur est d'autant plus couleur qu'elle est plus saturée. Or les couleurs du spectre et le pourpre qui les complète sont entre toutes les plus saturées. Elles sont donc bien, qualitativement parlant, les couleurs vraies et principales. Ce n'est pas tout, les couleurs saturées se rangent, d'après Helmboltz, dans un ordre croissant de saturation ainsi qu'il suit : jaune, puis orangé et vert presque sur le même plan, rouge et bleu cyanique presque sur le même plan, bleu indigo, violet. Enfin, ce qui achève de donner pour nous une importance capitale à ce point de vue de la saturation, les couleurs se trouvent saturées au maximum quand elles s'opposent deux à deux comme couleurs de contraste, formant ainsi de véritables couples de contraires : Rouge et Bleu vert, Orangé et Bleu cyané, Jaune et Bleu d'outremer, Jaune verdâtre et Violet, Vert et Pourpre. Les couleurs de contraste sont en même temps, il est vrai, les couleurs complémentaires.

La signification qualitative de ce fait important serait difficile à dégager : sûrement elle ne saurait rien enlever aux résultats acquis que nous venons d'enregistrer. — Reste encore, sur les rapports des couleurs, un autre point de vue qui nous intéresse. Les peintres s'accordent à distinguer les couleurs en froides et chaudes. Or cela permet de nouvelles oppositions et une nouvelle gradation, car les couleurs froides vont du jaune verdâtre au violet et les chaudes du jaune au rouge. La précision fait ici quelque peu défaut ; mais l'aspect chaud et froid des couleurs est original : il ne ressemble ni à l'affinité des divers tons du spectre, ni aux degrés de saturation. A ce titre, il mérite d'être relevé. Nous obtenons ainsi trois échelles sur lesquelles se distribuent les couleurs selon l'aspect qu'on y envisage et c'est, comme nous l'avons dit, par cette pluralité d'aspects que, dans la classe des qualités arrivées à une détermination presque quantitative, les couleurs se séparent des sons puisque, pour ceux-ci, tout se ramène à la seule différence de hauteur. Remarquons-le bien d'ailleurs : si la couleur est quelque chose de dialectique, son analogie avec le son est nécessairement étroite. Malgré l'insuccès du clavier oculaire et des autres tentatives du même ordre, il n'en est pas moins vrai qu'il faut, au point de vue qualitatif, considérer les couleurs en tant qu'elles forment des consonances ou des dissonances, non en tant qu'elles se perdent dans des mélanges qui ne sont pas directement intelligibles. Les qualités doivent s'analyser en effet et même, évidemment, se construire : mais il faut que cette construction soit conceptuelle. Autrement elle n'aurait pas droit à son titre et ne serait en réalité que de l'empirisme travesti. Et il faut qu'elle soit vraiment progressive, qu'elle ne se trouve pas être au fond une réduction. Une consonance se compose de deux sons et elle est quelque chose de plus.

§ 2. — ALTÉRATION

PERSISTANCE, DÉNATURATION, TRANSFORMATION (DE LA QUALITÉ)

La qualité et le mouvement s'opposent et une qualité quelconque est indifférente au mouvement en ce sens que, si tous les autres rapports sous lesquels elle est donnée peuvent rester les mêmes, le simple changement de lieu ne l'affecte pas. Mais, d'autre part, l'opposition est liaison. La qualité en général est liée au mouvement en général précisément parce qu'elle en est l'antithèse et, par la même raison, chaque qualité est liée à un mouvement défini. Et ce n'est pas assez dire : la liaison des deux termes se réalise nécessairement d'une façon beaucoup plus étroite encore à un point de vue différent. L'état défini de direction, de sens et de vitesse sous lequel le mouvement est le corrélatif d'une certaine qualité n'est en lui qu'une modalité particulière et transitoire, et on conçoit dans le mouvement, comme appartenant à sa plus essentielle nature, toutes sortes de variations entre les divers états définis qu'on aura d'abord considérés. Or à ces variations, à ces mouvements par excellence, il faut que, de la part de la qualité, quelque chose corresponde. Ce quelque chose étant intermédiaire entre les qualités ne peut être qu'une variation des qualités. De cette manière se constitue, disons-nous, une synthèse du mouvement et de la qualité. En effet le mouvement et la qualité ne se présentent plus comme deux termes purement exclusifs l'un de l'autre, mais comme deux termes coopérants, et la qualité s'est même laissé pénétrer autant que possible par la continuité et le devenir du mouvement. La variation de la qualité présuppose celle du mouvement; la variation du mouvement n'existe *in concreto* que recouverte par la variation de la qualité. Elles font ensemble un phénomène un autant qu'original. C'est ce phénomène que nous appelons *l'altération*. — Il va de soi que, suivant le rang de la qualité qu'on a en vue, le mouvement que sa variation implique est le mouvement pur de la cinématique ou, au contraire, un mouvement dans lequel les qualités dynamiques jouent déjà un rôle et qui est une première altération.

Parallèle au mouvement, l'altération doit se constituer d'une manière analogue. Au premier moment une qualité est posée ainsi que son contraire (mais celui-ci dans le futur) avec une certaine fixité ou *persistance*. Puis, par opposition, cette qualité est niée, elle sort d'elle-même, elle subit une *dénaturation*, tombant dans une sorte d'intervalle où elle n'est plus ce qu'elle était. Enfin les deux contraires, d'une part, et l'intervalle, d'autre part, sont réunis dans l'affirmation d'un passage s'effectuant à travers l'intervalle, c'est-à-dire d'une *transformation* de la qualité. Le langage se prête mal, d'ailleurs, à exprimer les phases de l'altération.

Développement.

Comment constituer une notion intelligible et à peu près complète de l'altération en général.

Les espèces de l'altération nous sont moins accessibles encore, s'il se peut, que celles de la qualité qu'elles présupposent. Il serait malaisé de dire quoi que ce soit de topique sur les opérations qui se nomment noircir, bleuir, durcir, s'échauffer, etc. Force est donc de nous tenir à la notion générale de l'altération.

Il va de soi que l'altération est une notion originale au même titre que la qualité et qu'Aristote a eu raison de la distinguer du mouvement proprement dit. Mais elle offre, et nous devons résoudre à son sujet, des difficultés analogues à celles du mouvement, plus complexes encore et plus instantes parce que l'altération est quelque chose de plus profond, qu'on envisage moins aisément comme pur rapport. — D'une manière générale, il faut procéder ici comme pour le mouvement, c'est-à-dire prendre l'altération en elle-même en écartant toute considération de cause ou de support. Sans doute il n'existe pour l'altération rien qui ressemble à la cinématique, bien qu'on puisse peut-être concevoir certaines descriptions des caractères présentés par les différentes sortes de devenirs qualitatifs et une étude des diverses combinaisons formées par ces devenirs. Mais il y a dans l'altération, comme dans le mouvement, une circonstance qui nous contraint et en même temps nous aide à la considérer en elle-même. On dit que le mouvement est relatif en ce sens que le changement des rapports de position dans un système de points résulte indifféremment de la marche de tel point ou de celle de tel autre, l'attribution du mouvement à un point plutôt qu'à un autre ne pouvant être faite que si l'on recourt à un nouveau repère. Pareillement, en vertu du contraste, une altération ne saurait être mise sur le compte de l'un plutôt que de l'autre des opposés. Et cela est manifeste dans beaucoup de cas qui donnent à réfléchir au sens commun lui-même. Si, après avoir regardé une surface rouge isolée, on en approche une surface colorée en bleu vert, la saturation du rouge augmente et aussi celle du bleu vert. Après un séjour dans une pièce chauffée l'air du dehors apparaît comme plus froid. Un fruit riche en sucre, goûté de nouveau après des sucreries, est devenu à peine sucré. Au fond ce ne sont pas là des exceptions, c'est la règle même et si d'autres perceptions, la mémoire à leur défaut ou peut-être une activité plus profonde de l'esprit ne nous fournissaient pas sans cesse des repères qualitatifs extérieurs, tout en reconnaissant que telle qualité a changé par rapport à tel point de comparaison, nous serions constamment incapables d'attribuer le changement à l'un des termes plutôt qu'à l'autre. Et effectivement c'est la raison qui veut qu'une telle attribution soit impossible, l'altération comme la qualité se fondant sur le contraste et étant par là toute relative. Le point de vue phénoméniste ou relativiste s'impose donc dans l'étude de l'altération autant que dans celle du mouvement. Hors de ce point de vue le concept de l'altération n'est plus intelligible. Seulement il faut prendre garde d'appauvrir le concept à l'excès afin de le mieux comprendre et on doit exiger du phénoménisme autant de souplesse que de clarté.

Prise dans son acception franchement réaliste, l'altération serait absurde. Elle consisterait en effet en ce qu'une qualité, c'est-à-dire une chose qualifiée, se trouverait devenir son propre contraire, sans cesser pour cela d'être elle même, puisque ce serait toujours elle qui d'une part aurait été et de l'autre serait devenue. En d'autres termes un contraire en tant que tel, mais érigé en chose, serait, au bout de l'opération, son propre contraire : le noir par exemple serait le blanc. Dans ce réalisme sans faux-fuyants et semblable à celui qu'Aristote attribue aux Pythagoriciens, où les choses ne sont que les idées mêmes immédiatement réalisées, l'altération est si contradictoire qu'il est impossible de ne pas la nier, comme le fit l'éléatisme. Mais cette négation violente est à vrai dire le triomphe du phénoménisme, puisqu'il est plus facile de renoncer aux choses, aux qualités soi-disant réelles qu'à l'altération. Et le phénoménisme peut même s'approprier la pensée des Éléates et dire avec eux que l'altération est annihilation de ce qui est et création de ce qui n'est pas. Au lieu donc de la chose qui devient autre en restant elle-même, il faut voir dans l'altération deux qualités qui se succèdent, distinguées par un intervalle et de cette manière toute absurdité a disparu.

Malheureusement, si l'on s'en tient à cet énoncé sommaire, toute continuité et toute unité semblent disparaître en même temps. C'est aller un peu vite peut-être que de résoudre toute altération en deux contraires successifs et un intervalle, cet intervalle étant présenté comme tel sans explications ni réserves. Sans doute il est très clair et très incontestable qu'en un certain sens l'altération est discontinue. Prétendre qu'il existe un passage continu entre deux contraires qualitatifs en entendant par là qu'il y a dans l'altération deux moments qui ne diffèrent plus sans que cela cependant les empêche d'être autres comme il le faut pour que l'opération avance, c'est, en revenant au réalisme, tomber dans la pire des contradictions. L'intervalle de l'altération, ou, ainsi que nous l'avons appelé, la dénaturation, ne saurait être supprimé. Il faut le poser et, en tant qu'il est posé, il n'est pas nié, il est réel. Mais on doit en dire autant de l'intervalle dans le mouvement et qui plus est de l'intervalle dans le temps et dans l'espace. Deux instants ou deux points distincts ne se touchent pas; il y a toujours entre eux un laps de temps ou une distance. Cela n'empêche pas que, sous un autre rapport, ces intervalles puissent cesser d'être de purs intervalles et se diviser par l'introduction de nouvelles limites. Pourquoi en serait-il autrement dans l'altération? On dira peut-être que dans certains cas au moins nous nous trouvons absolument incapables de penser un état qualitatif intermédiaire entre deux états donnés, par exemple entre un mouvement et de la chaleur comme telle. Mais c'est là une vérité qui n'a rien à voir ici et dont on ne fait une objection que parce que la question est mal posée. Le changement qualitatif, a dit Aristote, va du contraire au contraire, et, en élargissant un peu le sens qu'il donnait au mot contraire, c'est là une proposition inattaquable. Or un mouvement et une chaleur ne sont pas, à l'intérieur de la qualité du moins, deux contraires et d'ailleurs il faut remarquer qu'ils coexistent au lieu de se succéder. L'exemple allégué et tous les faits analogues ne prouvent donc rien et c'est en se mettant en face d'un changement de contraire à contraire dans l'ordre de la qualité qu'il faut se demander s'il n'y a point entre eux d'intermédiaire concevable. Le sens commun répondra sans doute, parce qu'il est très frappé à juste titre de l'énergie des oppositions qualitatives, qu'une surface est blanche ou noire, un son grave ou aigu. Mais on voit tout de suite combien cette façon de penser est inadéquate. Entre deux sons de l'échelle musicale on peut en général en intercaler d'autres ; entre le rouge et le bleu vert il y a, pour dire les choses en gros, le vert, le jaune et l'orangé, entre le blanc et le noir il y a toute la série des gris. Et pour le remarquer en passant, si ce dernier cas où la continuité se manifeste mieux qu'ailleurs est une variation d'intensité, cela n'ôte rien à sa force probante. Car étant donnée notre définition de la quantité intensive, nous pouvons dire plus que personne avec Aristote que le changement vers le plus ou le moins dans la même espèce est lui aussi une altération, parce qu'il va d'un contraire vers l'autre. L'indéfinie multiplicité des états qualitatifs entre deux extrêmes n'a donc rien d'inconcevable et par conséquent l'opposition qualitative n'empêche pas la continuité de l'altération. Est-elle assimilable à celle du temps et de l'espace de façon à pouvoir la suivre pas à pas ? Une qualité peut-elle se faire successivement par degrés aussi faibles qu'on voudra et extensivement par aussi petites parties qu'on voudra ? On sera peut-être, au premier abord, tenté de croire qu'il n'en est rien. Les péripatéticiens insistant sur le dernier point principalement, à ce qu'il semble, reconnaissaient dans certains cas du moins une ἀλλοίωσις ἀθρόα, c'est-à-dire une altération non pas tant subite que simultanée pour une pluralité de parties étendues. Mais c'est là une conception superflue, dictée par de simples apparences sensibles et non par une difficulté réelle. Aucune nécessité rationnelle ne nous force d'admettre qu'une couleur, parce qu'elle est étendue, doive apparaître simultanément sur une pluralité minima de parties. Ou du moins la difficulté porterait au fond et uniquement sur l'étendue elle-même. Une chose en tant qu'étendue ne peut pas se réaliser par morceaux inétendus, de même d'ailleurs que le temps ne peut pas se développer par des durées qui ne durent pas. Cela n'empêche pas cependant la continuité de l'espace et du temps dans tout ce qu'elle a de légitime et nous ne voyons rien dans la qualité qui l'empêche de suivre docilement le temps et l'espace dans leur divisibilité indéfinie. En somme donc l'altération peut être continue. Elle peut l'être dans le même sens que le mouvement : c'est-à-dire que tout intervalle qualitatif est susceptible d'être conçu comme constitué lui-même par d'autres intervalles à déterminer. Le phénoménisme n'a pas le droit de nier cela et il n'y a même aucun intérêt. Au contraire : puisque la continuité n'est intelligible que comme détermination incomplète, comme abstraction en un mot, il faut dire, partout où on la rencontre, qu'il n'y a point de choses au sens réaliste, qu'on se trouve en présence de rapports et de pensées. Entre deux contraires qualitatifs se succédant l'un à l'autre, il faut des intermédiaires : cela signifie qu'entre les idées déterminées de deux contraires qui se succèdent, la pensée pose nécessairement des idées indéterminées différant des deux extrêmes d'après une certaine règle sans doute, mais à un point quelconque.

Ce n'est pas assez toutefois que de rendre à l'altération sa continuité, il faut encore faire voir comment dans la conception phénoméniste elle peut avoir de l'unité. Il est clair en effet que deux contraires qualitatifs qui se succèderaient purement et simplement sans aucune liaison ne constitueraient pas un développement ou quelque chose d'un à travers le temps. La continuité même des intermédiaires, conçue comme remplissant la continuité spatiale et temporelle, ne suffirait pas à les lier. Car la continuité n'est pas la liaison, elle n'est que la forme revêtue par la liaison lorsque celle-ci est inséparablement unie à la diversité et la liaison est, en elle-même, le rapport, la loi pris sous leur aspect affirmatif. Après avoir reconnu la continuité de l'altération, nous avons donc bien à rechercher ce qui en fait l'unité. — Le sens commun en est encore sur cette question à la réponse dont les premiers Ioniens se contentaient. L'Eau de Thalès ou l'Air d'Anaximène passait par toutes les transformations et n'en restait pas moins de l'eau ou de l'air, et ainsi c'était bien la même chose qui changeait, procurant par son identité l'unité du changement. Mais il est clair que si l'on précise cette conception vague en définissant la qualité sur laquelle porte le changement, on retombe dans la contradiction que nous avons rappelée tout à l'heure. Et d'autre part si on ne veut pas affirmer que le blanc devient le noir en restant lui-même, on se trouve réduit à une assertion insignifiante. Car de ce que la chose qui est devenue noire est restée ce qu'elle était quant à ses autres qualités, il ne s'ensuit pas une unité dans le changement lui-même, mais une unité extérieure au changement. C'est par un sophisme de subreption qu'on met la seconde à la place de la première. Nulle part ne se révèle plus clairement le vide de la notion réaliste et matérialiste de l'unité. Sans doute la permanence de certaines qualités au milieu d'autres qualités qui changent est en elle-même un fait intéressant et en outre dans la recherche de l'unité elle peut être utile comme signe. Cela ne fait pas qu'elle constitue par elle-même de l'unité au sens requis. La conservation de l'atome de Démocrite ou de tout autre conçu d'après la même méthode comme un petit solide matériel, ni la conservation des éléments d'Empédocle ou de nos corps simples ne sauraient fournir le lien que le changement qualitatif réclame. Quels que soient les services qu'elles rendent à d'autres égards, elles sont ici plutôt nuisibles en voilant la difficulté. Par elles on s'est habitué à l'idée bâtarde d'une altération qui n'en est pas une. Ce qu'on appelle un composé s'altère de toutes façons sans qu'on y trouve de scandale, parce qu'il reste, dit-on, quelque chose qui ne change pas. On est scandalisé au contraire quand on entend parler d'une

transformation des éléments eux-mêmes et, métaphysiquement, on la repousse à titre de rêverie mystique. Comme si le problème n'était pas identique dans tous les cas d'altération, et comme si ce n'était pas l'habitude seule qui nous empêche de l'apercevoir dans la moitié d'entre eux! — La doctrine de la substance ne donne pas plus de solution que le réalisme du sens commun. Car s'il est vrai que la substance ne consiste pas dans les qualités réalisées et que, par là, elle échappe, comme support de l'altération, à la contradiction grossière que les qualités présentent dans ce rôle, on doit avouer en revanche qu'elle ne peut ici servir à rien. Précisément parce qu'elle reste en dehors du changement au lieu d'y prendre part, elle ne saurait en relier les phases. Elle est dans le même cas que les qualités permanentes au milieu des qualités qui changent. Pour accomplir la fonction unifiante qu'on lui demande, il faudrait qu'elle descendît dans le devenir et s'altérât elle-même. Mais alors ce ne serait plus son immutabilité qui unirait les deux contraires successifs dans le changement. Autant dire qu'elle ne ferait plus office de substance et qu'en recourant à elle dans de pareilles dispositions, on voudrait en obtenir un service qu'elle n'est pas faite pour rendre. En d'autres termes, puisqu'elle ne produirait pas à titre de substance l'unification dont on a besoin, le problème reste entier et n'a rien à voir avec la substance.
— De tous les penseurs réalistes c'est encore Aristote qui l'a le mieux résolu et c'est naturel, puisque personne peut-être ne l'a aussi spécialement étudié. Sans doute Aristote s'abuse quand il croit, grâce à la matière, pouvoir admettre l'altération sans déroger le moins du monde à l'axiôme éléatique que rien ne vient de rien. Dire que rien ne vient du non-être absolu, mais que tout vient de l'être en puissance qui n'est non-être que quant à l'acte, c'est certainement modifier le sens du vieil axiôme, puisqu'il est clair qu'il y a, au point de vue réaliste surtout, un abîme entre l'être en puissance et l'être en acte. A son insu, Aristote est en

train de remplacer les choses par des idées et des rapports. Mais nous serions les derniers à lui en faire un reproche. Et d'ailleurs ce n'est pas précisément de cette manière toute générale, comme intermédiaire entre le non-être et l'être, que nous avons à considérer sa matière, c'est d'une manière plus déterminée comme lien des contraires qualitatifs. Or c'est une profonde analyse que celle qui dans l'altération lui a fait découvrir entre la privation et la forme, nous ne disons pas au-dessous d'elles, mais entre elles, non pas une nature déterminée ou une substance indéterminée qui se conserverait, mais quelque chose qui n'est pas encore la qualité future et qui n'est pas purement et simplement celle qui est. Une telle découverte est une défaite infligée à cet esprit d'absolutisme et d'isolement qui veut tout séparer comme avec la hache. Nous savons bien que la contradiction est au fond de ce principe d'unité, puisque Aristote se laisse encore entraîner à réaliser la matière. Mais d'une part il est juste de se souvenir qu'il a voulu résister à cet entraînement : car il a identifié la matière avec la puissance, il l'a déclarée insaisissable en elle-même, il a dit qu'elle n'était que le terme d'un rapport. D'autre part enfin, et c'est ce qui nous importe, s'il n'a qu'imparfaitement résolu le problème de l'unité de l'altération, il l'a du moins bien posé. — Il suffit de le reprendre au point de vue phénoméniste et peut-être même d'adapter la solution aristotélicienne à ce point de vue. Si l'on définissait l'altération par les deux contraires qui le limitent et par un temps vide interposé entre eux, on lui enlèverait toute unité, avons-nous dit. Pour mieux dire encore, on nierait l'altération elle-même, car tout lien étant supprimé entre la privation et la forme, on ne pourrait affirmer qu'une chose, c'est qu'elles sont données l'une après l'autre : de sorte qu'il ne resterait que de la qualité d'une part et du temps d'autre part. Que faut-il donc pour qu'il y ait unité de l'altération ou plutôt pour qu'il y ait altération au sens propre et plein du mot? Il faut que dans la succession même des qualités, aussi bien que dans la qualité pure et simple, le contraire appelle le contraire, la privation la forme. Le principe de la relativité, de la corrélation des choses ou plutôt des idées, remplace ainsi la matière d'Aristote et à vrai dire il n'est que cette matière même envisagée d'un point de vue décidément idéaliste. Car qu'est-ce que cette nécessité pour deux contraires qui se succèdent que, s'il doit y avoir changement de qualité, le premier posé appelle le second et rien que lui? N'est-ce pas, comme l'avait dit Aristote dans une langue insuffisamment épurée et subtile, une sorte de préexistence virtuelle du second dans le premier? Seulement le substitut idéaliste de la matière satisfait l'esprit tout autrement qu'elle, semble-t-il. Par sa nature mobile et comme fluide le rapport fournit de lui-même le moyen de rendre, sans contradiction, au devenir de la qualité la liaison indispensable de son commencement et de sa fin. Le phénoménisme, qui semblait menacer l'unité de l'altération, non seulement peut l'admettre, mais se trouve en fin de compte plus propre à la fonder que l'aristotélisme lui-même. C'est qu'en effet, dans la mesure où l'on est réaliste, on nie la mobilité, à moins d'embrasser la contradiction, puisqu'on pose chaque chose à part comme un absolu, tandis que le rapport est essentiellement solidarité et transition.

CHAPITRE IV

ALTÉRATION, SPÉCIFICATION, CAUSALITÉ

§ 1. — SPÉCIFICATION

GENRE, DIFFÉRENCE, ESPÈCE

L'essence du processus que nous venons d'étudier sous le nom d'altération, c'est que la qualité qui en forme le point de départ doit nécessairement disparaître, puisque l'altération consiste dans la transformation d'une qualité en son contraire. Mais il faut, par opposition, concevoir du même coup un processus dont l'essence soit précisément de conserver l'état qualitatif pris pour point de départ, de telle façon que ce dernier processus ne puisse avoir lieu que par le maintien de la qualité d'abord posée. La synthèse contient donc ici, dans le sens le plus littéral, la thèse qui ne doit pas disparaître et, par conséquent, l'antithèse ne peut faire qu'apporter une détermination qui manque à la thèse. En d'autres termes, la synthèse est un composé conceptuel dont la thèse et l'antithèse sont, dans la rigueur du mot, les éléments. Or c'est exactement là ce qui fait tout le contenu de la loi de *spécification*, quand on la considère du point de vue de la compréhension. Ainsi cette loi, avec ses trois moments : *genre*, *différence* et *espèce*, constitue bien l'opposé de l'altération.

Développements.

A. — *De la loi de spécification en elle-même.*

Les mots de genre et d'espèce évoquent d'abord l'idée de classification. En les entendant nous nous représentons des collections de choses à la fois semblables et différentes entre elles que la pensée rapproche et sépare en proportion des ressemblances et des différences. Mais une telle manière de voir est empirique et superficielle. La classification, a-t-on dit justement, a sa raison dans la définition. Pour qu'il y ait lieu de rapprocher des choses semblables il faut d'abord qu'il y ait de telles choses ; les classes sont donc postérieures aux types, l'extension à la compréhension. Cette vérité se fait toucher du doigt dans une page célèbre d'Agassiz : Si les animaux articulés, dit-il, n'avaient jamais paru sur la terre à une seule exception près, celle du homard américain par exemple, aurions-nous simplement à inscrire dans nos classifications une espèce de plus? Non, car cet animal est construit sur un type tout autre que celui des Vertébrés, des Mollusques et des Rayonnés ; il réalise ce type, à lui propre, d'une certaine manière déterminée qui en laisse concevoir d'autres possibles ; il a une certaine forme ou allure générale ; ses organes présentent l'un ou l'autre des particularités de structure ; enfin les parties de son corps ont entre elles des proportions définies et ce corps présente une ornementation spéciale. Pour exprimer tous ces caractères d'une manière satisfaisante, nous devrons instituer pour notre animal unique non seulement une espèce distincte, mais encore un genre distinct, une famille distincte, une classe et un embranchement distincts. Alexandre avait déjà dit que les définitions ne portent pas sur des caractères communs à plusieurs êtres, en tant que ces caractères sont communs ; car, s'il n'existait qu'un seul homme, par exemple, la définition de l'homme demeurerait la même, attendu que l'homme est ce qu'il est, non parce que sa définition s'applique à plus d'un homme, mais parce qu'il possède une certaine nature, qu'il y ait ou non d'autres êtres pour la posséder comme lui. Ainsi l'extension suppose la compréhension. Elle n'est pas accidentelle, sans doute, mais elle est dérivée. Il y a des collections de choses qui se ressemblent parce que ces choses, en vertu d'une nécessité interne, enveloppent le même type. Un genre est quelque chose de général, au sens usuel de ce dernier mot, soit parce qu'il postule plusieurs espèces coordonnées entre elles, soit parce qu'il existe et en lui-même, et dans la série des genres et espèces qui se subordonnent à lui comme le plus complexe ou moins complexe.

Puis donc que, étant donnée notre méthode, c'est le point de vue le plus interne et le moins empirique possible qui nous est imposé, plaçons-nous à celui de la compréhension et demandons-nous quel sens doit prendre à nos yeux la loi de spécification. Ne portant plus sur les rapports extérieurs que soutiennent entre elles des choses collectionnées et rapprochées, elle concerne les rapports intérieurs des parties au sein de chaque chose. Elle est un certain mode d'union entre ces parties, un mode d'union statique, dans lequel n'interviennent ni la considération des causes ni celle des fins. En un mot, une espèce est un composé, un genre est un élément, toute idée d'une transformation des éléments étant bien entendu écartée. Nous faisons nôtre, en la prenant dans un sens plus littéral que son auteur, la formule d'Aristote que le genre est matière et que la différence et l'espèce sont forme. L'assimilation du genre à l'élément est en effet rigoureusement exacte pourvu qu'on se fasse de l'élément une idée correcte. Sans doute si l'on estime que les éléments d'une table sont du peuplier ou du chêne ou même du bois, on dira que les éléments d'un composé sont quelque chose d'individuel et cela dans l'acception ordinaire du concept de l'individuel, tandis que les genres sont des abstraits. Mais il y a là une méprise. Les éléments d'une table, comme table, ne sont pas plus du bois que du fer ou de la pierre. Ce sont des matériaux offrant, parmi leurs principales qualités, de la rigidité et une aptitude à être aplanis. Et s'il est vrai que les éléments d'une table individuelle sont eux-mêmes individuels, c'est qu'ils joignent, à leur fonction d'être des éléments de table, d'autres fonctions supplémentaires qui les déterminent absolument. Pourvu qu'on interprète l'individuation de la manière que nous indiquerons plus loin, cela n'empêche pas l'élément d'un composé, abstrait lui-même si le composé est abstrait, d'être, par rapport à lui, indiscernablement genre et élément. Les deux notions sont identiques : il n'y a pas de genre qui ne soit élément et pas d'élément (j'entends d'élément d'un composé) qui ne soit genre. C'est que tout composé est un composé de concepts pour qui veut comprendre le monde. Les penseurs qui ne consentent pas que les éléments ne soient que des genres sont à vrai dire plus réalistes que les choses.

Voilà donc dans son ensemble notre conception des genres et des espèces : la spécification et la composition sont une seule et même chose. Spécifier c'est poser un élément, lui opposer une détermination qui lui manque, et, par la synthèse de l'élément et de cette détermination, former le composé. Ce processus interne de composition est, au point de vue de la compréhension, tout ce qu'on peut trouver dans le passage du genre à la différence et à l'espèce. Or cette conception répond à toutes les exigences qui nous sont imposées tant par notre méthode que par les besoins de la pensée dans les notions d'espèce et de genre.

D'abord elle nous fournit un principe de groupement qui nous manquait jusqu'à présent et dont cependant il nous serait impossible de nous passer. La qualité est assurément un rapport comme aussi le nombre. Mais, comme le nombre et plus que lui parce qu'elle est plus concrète, elle tend à créer une multitude de représentations qui ne sont solidaires les unes des autres que parce qu'elles se distinguent. De ce chef il se produit un émiettement de la pensée qui n'a plus devant elle qu'une poussière de qualités. L'altération survient alors et ne fait qu'accroître le mal. Posée en elle-même, sans rien qui la limite dans le temps ni dans l'espace, elle divise n'importe quand et en n'importe quel nombre de parties une étendue qualifiée quelconque. Le chaos d'Anaxagore n'était que la traduction physique de ce désordre qualitatif abstrait. Or si la spécification est comme nous le pensons une loi de composition, elle nous apporte un lien pour les qualités qui sans cela se dissolvent et se mêlent au hasard. Grâce à elle les étendues qualifiées vont s'intégrer en assemblages définis et un grand pas sera fait vers la constitution d'un monde.

Mais la spécification, conçue comme identique à la composition, n'est pas seulement une contre-partie nécessaire de l'isolement des qualités et un moyen de triompher momentanément du chaos, elle est encore et surtout l'antithèse véritablement requise par la mobilité de l'altération. Quoique tous les penseurs aient reconnu comme un des traits les plus frappants de l'ordre créé par la spécification le fait qu'il exclut le devenir et mérite en un mot le nom d'ordre statique, peut-être n'ont-ils pas assez complètement reconnu ce qui constitue et garantit un tel ordre. Assurément la simple persistance de la qualité n'y suffirait pas. Héraclite lui-même, pour dire que toute qualité passe perpétuellement à son contraire, était bien forcé de partir d'une certaine persistance de la qualité, savoir celle qui est indispensable pour poser une qualité dans le temps. Et nous-même nous avons fait entrer dans l'altération comme un de ses moments la persistance de la qualité. Mais cette persistance qui n'est garantie par rien est essentiellement précaire. Elle est bien l'opposé de la dénaturation de la qualité, elle n'est pas celui de sa transformation. Car pour faire antithèse à la transformation de la qualité il ne suffit pas d'une qualité qui se trouve ne pas varier sans autre raison. Il faut une qualité qui ne puisse pas varier, qui soit, sous un certain rapport du moins, dans l'impossibilité de se transformer en son contraire. Or qu'est-ce qui assurera l'invariabilité d'une qualité donnée? Isolée et pour ainsi dire erratique, elle n'a aucune raison pour persister dans sa nature et sa permanence est aussi arbitraire aux yeux de la pensée que son changement. Ce qui la fixera dans sa nature c'est d'être rapportée à quelque autre qualité qui ne puisse être sans elle. Alors, en tant que base de celle-ci, elle sera stable. Elle ne sera pas stable à tous les égards comme si on la projetait hors du devenir dans un monde immobile créé exprès. Elle sera seulement stable au milieu du devenir et par opposition à lui, en tant qu'elle en doit être l'opposé, et sous réserve d'un moment plus élevé de la pensée où l'inaltérable, le statique, aurait à se poser dans un rapport étroit avec l'altération. En d'autres termes, s'il y a un processus de la représentation qui consiste dans le passage d'une qualité à la qualité contraire, son opposé n'est pas un autre processus où une qualité simplement ne change pas, mais bien un processus qui n'avance qu'à la condition expresse que la qualité posée d'abord se conserve telle quelle. Qu'est-ce à dire? Ce que nous venons de décrire sans le nommer, c'est le procédé même de la spécification entendue comme composition. Ce qui est base et matière d'une détermination qualitative qui ne saurait exister sans lui et qui l'enveloppera en le faisant immanent à elle, c'est l'élément par rapport au composé, le genre par rapport à l'espèce où il s'unit avec la différence. N'est-ce pas la définition même du genre que d'être ce qui se retrouve tel quel dans l'espèce, tel quel sauf l'indétermination que le genre possède comme genre et qu'il perd en s'intégrant avec la différence ou les différences? Et notons bien que la permanence dont il s'agit ici est parfaitement déterminée par l'idée de composition. Impossible de la confondre, par exemple, avec celle des conditions d'existence, conditions extérieures et ambiantes, qui sont requises par une chose en tant qu'elle existe. Ainsi, pour former l'antithèse de l'altération, il nous fallait un ordre de choses nécessairement statique et conservatif et nous l'avons trouvé dans le processus du genre à l'espèce pris au point de vue de son contenu et identifié avec le processus de composition. Enfin un dernier avantage de cette assimilation, avantage que nous ne faisons que signaler parce qu'il va ressortir de nos réflexions sur le rapport du genre et de la différence, c'est qu'elle nous conduit à une position favorable dans le débat entre le nominalisme et le réalisme. Nous aboutirons à un certain réalisme, mais bien différent de la doctrine qu'on désigne traditionnellement sous ce nom. Du moment que spécifier est la même chose que composer, il n'y a pas à craindre que nos genres et nos espèces soient des universaux flottant au-dessus des choses : ils ne peuvent être que des moments des choses. Et s'ils ne peuvent être que cela sans doute pour quiconque adopte le point de vue de la compréhension, à plus forte raison en est-il ainsi pour nous qui avons refusé de couper en deux la pensée pour mettre d'une part des notions soi-disant sensibles et de l'autre les notions intellectuelles. Jamais nous n'avons perdu de vue le temps et l'espace et ce n'est pas maintenant que nous oublierions qu'ils sont des concepts et par suite des parties intégrantes des essences. La qualité même n'était pas pour nous entièrement séparée de l'espace et du temps, puisqu'elle ne peut se poser, avons-nous dit, qu'à la condition de résider en eux pour s'opposer à eux. L'altération à son tour constitue entre la qualité et la quantité un rapport plus étroit, puisqu'en elle la qualité et la quantité collaborent. La spécification, loin de marquer un pas en arrière, est un pas en avant dans la même voie. Le vrai genre, ou l'élément, est une certaine donnée qualitative située dans l'espace et dans le temps, dont la permanence au sein du composé signifie une conservation à travers la durée, une stabilité effective au milieu de choses qui s'altèrent. Notre réalisme sera donc, par opposition à celui de Platon, immanent et physique. Sans doute la fixité qu'il attribue aux genres et aux espèces est par là même provisoire : cette fixité n'existe pour nous que comme un moment particulier de la représentation, et, au delà de l'ordre de la spécification, il y a celui de la causalité où reparaît le devenir. Mais, loin d'être un défaut, c'est là précisément l'un des mérites de notre réalisme.

Le rapport du genre et de la différence est la pièce maîtresse de toute théorie de la spécification. On va voir que le point de vue de la compréhension permet seul d'apercevoir entre les deux termes une liaison interne. Mais avant de développer et d'établir cette assertion nous devons présenter une remarque préliminaire. L'harmonie interne qui existe selon nous entre le genre et la différence se manifeste sous deux modes qui s'appellent mutuellement, et qui sont à vrai dire la thèse et l'antithèse de l'idée de différence considérée comme synthèse. Un genre se différencie soit par l'addition d'une différence unique, soit par l'addition simultanée de plusieurs différences. Dans le premier cas, l'espèce obtenue se caractérise simplement par sa subordination à son genre (en donnant au mot subordination le sens traditionnel), tandis que dans le second cas les espèces se caractérisent en outre par leur coordination entre elles. Telle est du moins pour nous l'évolution du genre. Nous n'avons aucune raison, et au contraire, de contester son titre de genre à la matière prochaine d'une forme unique : car elle contient, envisagée du point de vue de la compréhension, tout ce qui constitue l'essence du genre. Mais ceux qui adoptent le point de vue de l'extension sont forcément d'un autre avis ; et nous ne saurions mieux faire ressortir notre manière de voir qu'en y opposant la leur. Si un genre en tant que pris en lui-même et comme genre prochain, c'est-à-dire dans son rôle propre de genre, a toujours de l'extension, ou est, comme on s'exprime, quelque chose de général, il faut de toute nécessité qu'il ait sous lui une pluralité de différences coordonnées entre elles. Et c'est ainsi que l'entend Aristote quand il écrit que le genre se divise par les différences mutuellement exclusives. Par contre, une notion à laquelle d'autres sont subordonnées, mais sans qu'il y ait de coordonnés à aucun étage, ne saurait être un genre, non pas même par rapport à la plus proche des notions subordonnées. Selon le langage d'Aristote et d'Alexandre, il n'y a point de genre là où il y a de l'antérieur et du postérieur. Le terme âme, par exemple, n'est point un genre, attendu que ce terme s'applique seulement aux âmes végétative, sensitive et raisonnable, c'est-à-dire à des notions subordonnées entre elles et non coordonnées. Aristote ne songe pas un instant à admettre que le terme âme soit genre par rapport à âme végétative ; et, à son tour, âme végétative par rapport à âme sensitive. Il aime mieux traiter d'abus tout usage du mot genre dans les cas de cette sorte. C'est parfaitement conséquent : mais notre attitude peut et doit être tout autre. Puisque un genre n'est qu'un élément et une espèce un composé, nous dirons fort bien que le terme âme désigne le genre de l'âme végétative et que l'âme sensitive est une espèce de l'âme végétative. La coordination des différences sous le genre marque une des méthodes que le genre emploie pour se différencier ; mais elle n'est pas la méthode unique, son opposé vaut autant qu'elle, sinon plus. Dans les deux cas la différence s'ajoute au genre pour constituer l'espèce. La différence se trouve-t-elle multiple ? Elle doit dans sa pluralité se développer, au point de vue de la loi de spécification, avec un ensemble parfait, si bien que la simultanéité de ces développements divers équivaille ici à l'unicité.

Pour obtenir du genre et de la différence une conception qui permette de les saisir dans leur relation mutuelle, dont ils sont inséparables, il va de soi qu'il ne faut pas être nominaliste. Si on l'est, on ne peut compter sur aucun rapport entre les deux termes, et tout au plus pourrait-on les trouver rattachés par une consécution.

Qu'est-ce qu'un genre en effet pour le nominalisme ? C'est un nom qui peut éveiller plusieurs idées à lui associées et qui éveille indifféremment l'une ou l'autre de ces idées : le nom de noir, par exemple, évoque indifféremment l'idée du noir d'un marbre poli, du noir de l'encre, du noir d'une étoffe, etc. A ce genre, qui n'est pas un concept, comment relierait-on le concept d'une différence ? La différence ne pourrait être qu'une idée associée aux idées évoquées par le nom qui a joué le rôle de genre. Mais tout ceci a bien peu de sens. Si en effet on convenait que les idées des divers noirs sont les unes comme les autres associées au nom qui les évoque parce qu'elles sont d'abord toutes associées entre elles, et si on ajoutait qu'elles sont associées entre elles par ressemblance (après quoi il ne resterait plus qu'à confesser l'existence d'une association par contraste entre les idées évoquées par le nom qui sert de genre et les idées des différences), on sortirait du nominalisme. Si, au contraire, on voulait soutenir que les associations dont on parle sont purement reproductives et, selon le langage le plus répandu, fondées sur la contiguïté, comme ce n'est pas parce qu'il évoque des idées quelconques qu'un nom peut passer pour remplir les fonctions de genre (par exemple le mot noir sera dit jouer le rôle de genre non parce qu'il nous suggère des idées de terreur, mais bien les idées de certaines colorations des marbres, des étoffes, etc.), on réduirait alors le nominalisme à n'être qu'une doctrine purement psychologique et bien insuffisante, d'après laquelle l'esprit réfléterait des ressemblances et des différences réellement données hors de lui dans un monde tout fait.

Les genres envisagés du point de vue de l'extension sont d'autant plus près de se réduire à des noms que leur contenu est moindre, de sorte que, en un sens, les partisans des universaux ont des liens de parenté avec les nominalistes. Quoi qu'il en soit, d'ailleurs, il est clair, comme nous l'avons déjà indiqué, que, du genre conçu comme titre de classe, on ne saurait passer à la différence, si ce n'est empiriquement. Car on ajoute les différences aux genres pour les spécifier, et où prendrait-on les différences sinon dans l'expérience ? Le fait que, à mesure qu'on avance dans la division, le champ dans lequel sont prises les différences se restreint est incontestable, mais on n'en saurait conclure que les différences cessent d'être recueillies empiriquement. — Nous voici donc bien et dûment détournés du point de vue de l'extension pure et conduits vers celui de la compréhension. Reste à obtenir, de ce dernier point de vue, la conception du genre qui est seule correcte et répond aux besoins de la pensée. En mêlant la considération de l'extension à celle du contenu on est facilement entraîné au réalisme le plus intempérant. Plaçons-nous en effet dans le cas traditionnel de la spécification par différences coordonnées : le genre a un contenu, et de ce chef il a de la réalité; d'autre part puisqu'il est, dit-on, universel par rapport aux espèces, il les dépasse, il est hors d'elles et au-dessus d'elles. Voilà l'universel réalisé. On lui confère une existence à part, du même ordre que celle d'un individu et encore d'un individu qui serait complètement indépendant des autres. Mais si telle est bien l'essence du réalisme, il s'ensuit aussitôt que, dans cette manière de voir, le passage du genre à la différence est impossible, du moins a priori. Puisque le genre se laisse poser à part des espèces sans restriction ni réserve, c'est qu'il se suffit, et s'il se suffit comment découvrir en lui la nécessité de passer à autre chose ? Il nous faut donc répudier le réalisme, au moins le réalisme tel que la tradition le présente. Heureusement n'a-t-il jamais pu résister à l'objection sans cesse reproduite et toujours invincible que lui adressent les nominalistes, savoir qu'il est impossible dans la plupart des cas ou même constamment de dégager entre plusieurs espèces un élément commun à la rigueur, un triangle, disait Berkeley, qui ne soit ni isocèle, ni équilatéral, ni scalène. Puis donc que le genre n'est point un tel élément, qu'est-il ? On a fait à cette question une double réponse que nous adopterons en principe, mais en l'interprétant autrement que ses auteurs. Les uns se plaçant surtout au point de vue de l'objet disent qu'il faut substituer, dans la conception du genre, à l'idée d'essence l'idée de loi, que ce qui constitue un genre c'est un terme qui se trouve vis-à-vis de son corrélatif dans le même rapport qu'un autre terme en face du sien : tel un certain os par rapport à ceux qui s'attachent à lui dans les diverses formes d'un groupe étendu d'animaux, quelques profondes que soient d'ailleurs les dissemblances de structure que cet os présente ici et là. Bref il faut, dit-on, traiter tous les genres, comme Aristote traitait ceux qui selon lui n'étaient pas de véritables genres, étant constitués par une simple unité de proportion, non par une unité de nature. D'autres penseurs se placent de préférence au point de vue du sujet et déclarent qu'un genre consiste non dans l'identité d'un élément présent en diverses espèces, mais dans celle d'un « schème opératoire », c'est-à-dire du procédé que l'esprit emploie pour former ou plutôt encore pour préparer la conception de ces espèces. — Les deux théories connexes et complémentaires renferment une grande part de vérité ; mais telles qu'on les entend d'ordinaire elles ne sont pas exemptes d'erreur. Elles sont en effet gâtées par un vice commun auquel elles doivent leur aspect trop nominaliste. L'une sépare les choses, c'est-à-dire si l'on veut les essences, et les rapports, l'autre les opérations de l'esprit et leur matière, de sorte que toutes les deux sont entachées de formalisme. Selon la première les choses existent d'abord, puis elles entrent accessoirement dans des rapports qui sont d'un autre ordre qu'elles et leur restent extérieurs ; selon la seconde, l'esprit, qui a devant lui des choses ou des essences, exécute à propos d'elles des opérations qui disposent d'elles comme d'une matière indifférente. Lorsqu'on dit que le genre d'une ruralité d'espèces coordonnées consiste en une identité de rapport, non en une communauté de nature, on entend que cette identité de rapport s'applique à des choses toutes faites qui n'ont en elles-mêmes aucune ressemblance. Or c'est précisément là une erreur. Pourquoi présupposer les choses et croire qu'elles ne sauraient se résoudre en rapports ni se construire avec des rapports ? Prenez une similitude de rapport entre deux termes quelconques, une similitude très extérieure, comme par exemple une similitude de position ; ajoutez-y par la pensée des similitudes de forme, de grandeur, de qualité, de devenir : à la limite vous obtiendrez une ressemblance aussi interne que cela est rationnellement possible. Ce qu'on appelle une identité de rapport est simplement l'identité quant à des relations superficielles et, par suite, ne diffère qu'en degré, non en nature, d'autres identités plus profondes, qui ne sont pas moins que les identités superficielles des identités de rapport. Lorsque se plaçant à l'autre extrémité de la hiérarchie des notions, dans le sujet et bien loin des déterminations très pauvres que considère de préférence la première théorie, on isole l'acte mental de la matière à laquelle il s'applique, c'est en somme et malgré les différences la même faute que l'on commet. Comment admettre que l'esprit rapproche sans raison des termes tout à fait dissemblables en eux-mêmes et qu'il leur confère la ressemblance par le simple fait de les traiter l'un comme l'autre ? Laissons de côté la remarque facile que cette identité de traitement est en elle-même et comme objet une identité de nature, n'est-il pas incontestable que l'esprit rapproche les semblables parce qu'ils sont semblables, semblables quant à leur contenu ? A défaut d'un tel contenu les opérations de l'esprit maniant une matière indifférente ne seraient plus que de l'arbitraire. Le contenu de ces opérations, qui est même tout ce qui nous intéresse présentement parce que nous sommes encore bien loin de la subjectivité dans l'échelle des notions, est la condition élémentaire des actes de l'esprit qu'on prétend considérer tout seuls. Sans doute il faudra bien que nous nous élevions au point de vue de la subjectivité et il est vrai que, in concreto, elle est partout présente. Sans doute cela seul est vraiment semblable que je sais être semblable et la similarité n'est pas seulement un rapport, c'est un jugement. Mais il faut bien que l'abstraction, cette abstraction dont nous travaillons ici même à fonder la légitimité, isole les deux moments. Ce que je déclare semblable est semblable parce que je le déclare tel et je le déclare tel parce qu'il l'est. Cette simultanéité et cet accord de la matière et de la forme est du moins constante dans la pensée normale. Il est impossible, encore une fois, d'y séparer l'opération du contenu sur lequel elle porte. Ce contenu d'ailleurs est lui-même, cela va de soi, de la pensée, dans le sens où l'objet de la pensée même pris en soi est encore de la pensée. — On voit maintenant que la part d'erreur que renferment nos deux théories du genre consiste dans ce qu'elles ont d'exclusif. Bien loin de les rejeter nous ne faisons que les pousser et cela suffit à leur enlever ce qu'elles ont de paradoxal et de faux. La vérité qui fait leur force et que nous nous empresserons d'accueillir, c'est que le genre est quelque chose non de stéréotypé et d'arrêté, mais au contraire d'indéterminé. Il est indéterminé parce que, tout en appartenant à un moment de la représentation qui est fixité et non mouvement, il est, et ce moment de la représentation avec lui, dialectique et vie. Non seulement poser de l'immobile n'est possible que par rapport à l'opposé, c'est-à-dire au devenir, mais à l'intérieur même de la loi de spécification, il y a, comme partout, passage d'un terme à un autre, progrès. Nous disons donc, avec les auteurs dont nous repoussons seulement l'exclusivisme, que le genre est identité de rapport. Il est cela plus qu'ils ne le pensent, car il n'y a pas d'autre identité que celle-là. Il est identité de schème opératoire, pourvu que l'on comprenne bien que cette identité subjective est en même temps objective. En somme, et c'est l'important, rapport et jugement le genre n'est pas une chose. Là est la réfutation du réalisme traditionnel et du nominalisme avec la vérité qui les remplace. C'est un axiôme commun de ces deux systèmes que dans la réalité et dans la pensée (dans la pensée telle que le nominalisme et le sensationisme la conçoivent), il n'y a rien que de déterminé. Toute chose est telle ou telle et toute pensée est aussi telle ou telle, à vrai dire toute pensée est telle chose, l'image de cet arbre ou de ce triangle. Le réalisme et le nominalisme se rencontrent ainsi dans une même erreur qu'il faut appeler encore réalisme dans le sens le plus profond du mot, celui d'ériger en choses des abstractions et des processus. Mais rien n'est plus faux que l'axiôme dont nous parlons. La pensée fût-elle tout objective n'est point une chose : elle est rapport, elle est passage d'un terme à un autre, les termes eux-mêmes n'étant fixes que par opposition au passage et en tant qu'ils ne passent pas l'un dans l'autre. Étant donc pensée, le genre n'est pas une découpure à l'emporte-pièce qui se retrouve avec une identité brutale dans une pluralité d'assemblages étalés côte à côte. Il est souple, il est en partie indéterminé. Il est bien en vérité le triangle qui n'est ni équilatéral, ni isocèle, ni scalène et il n'y a à cela aucun scandale pour qui a compris ce que c'est que la pensée. — Non seulement une telle conception du genre n'est pas scandaleuse; elle est encore celle qu'il nous faut. Que faut-il en effet pour que les trois moments de la loi de spécification s'enchaînent comme ils le doivent? Il faut d'abord que le genre frappé de relativité, se présentant comme incomplet, appelle un corrélatif et un complément. Or c'est précisément le caractère relatif et incomplet du genre que nous voyons se dégager de nos réflexions. A vrai dire nous avons porté notre attention sur le genre en tant qu'il se spécifie par des différences coordonnées, sur le genre extensif et

« général ». Mais nous pouvons induire de là qu'un genre sans extension est relatif aussi en face d'une différence unique; sans parler du fait que la notion abstraite de genre se présente toujours à l'esprit comme appelant celle de différence. Revenant donc au genre qui se pose devant des différences coordonnées, nous pouvons regarder comme une preuve acquise de sa relativité l'impuissance où le réalisme se trouve d'assigner et d'abstraire un élément défini rigoureusement commun à la pluralité des espèces. Le genre à différences multiples se révèle par là comme portant une pluralité de lacunes, points d'attache des diverses différences qu'il demande ; de sorte que la solidarité des différences d'un tel genre se manifeste non seulement entre ces différences elles-mêmes, mais jusque dans le genre et à partir de l'origine négative qui leur y est marquée. Il est donc démontré pour nous à présent que le genre bien conçu appelle la différence. — Que nous manque-t-il encore pour que la liaison synthétique a priori du genre et de la différence aille de soi? C'est évidemment la réciproque de la conclusion que nous venons d'obtenir. Si la différence devait être regardée comme une chose en soi, rien ne servirait que le genre fût un terme relatif. Sur ce point, heureusement, la séduction exercée par le réalisme traditionnel est moins forte. Non seulement le terme général de différence se fait volontiers reconnaître comme relatif, mais, in concreto même, une différence, parce que son contenu présuppose manifestement d'ordinaire une foule de notions antérieures, apparaît plus que le genre comme détachée, arrachée, abstraite d'un ensemble. Et toutefois il faut encore prendre garde à deux erreurs réalistes. L'une est de croire que, quant à son contenu, considéré en lui-même autant que possible, une différence peut se présenter comme indépendante du genre dont elle est la différence. Tout indique qu'une différence, même mise en dehors de sa relation expresse avec son genre, doit garder en elle, si du moins on la conçoit adéquatement, un signe de sa fonction. Aristote a beau dire que la différence a plus d'extension que l'espèce ou, en d'autres termes, qu'elle est capable de s'attribuer à plusieurs genres et, partant, qu'elle n'est pas en elle-même adaptée à un genre, cela n'est pas vraiment prouvé par l'exemple qu'il donne, lequel d'ailleurs n'appartient peut-être même pas proprement à la région des genres et des espèces. Sans doute si l'on définit le nombre 3 « un nombre impair premier dans les deux sens, c'est-à-dire tel qu'il ne soit ni un produit ni même une somme de nombres (l'unité n'ayant pas le titre de nombre) », la différence peut aussi appartenir à un nombre d'un autre genre, savoir au nombre 2 qui est pair. Mais qui garantit que nous ayons ici une bonne définition, une définition rationnelle du nombre 3 ? Disons que c'est le premier des nombres qui, dans la numération, ait pour élément un nombre et nous tombons sur une différence qui convient à son genre exclusivement. L'autre erreur est, en se plaçant au point de vue de la forme plutôt qu'à celui du contenu, de regarder comme constituant encore une notion complète la différence enlevée à son rôle. Nous avons vu que, dans la série des nombres l'opposé $+ 1$ prend un sens différent suivant qu'il est l'opposé de tel nombre ou de tel autre. De même une différence, fût-elle susceptible d'être opposée à plusieurs genres, prendrait, en chaque opposition, un sens particulier et on ne la connaîtrait sous tous ses aspects qu'en la pensant avec la somme de ses diverses fonctions. Les erreurs que nous venons de signaler une fois évitées, la relativité de la différence s'affirme et dès lors, toutes les conditions requises étant réunies, la synthèse du genre et de la différence dans l'espèce s'accomplit sans difficulté. La pièce maîtresse de la théorie de la spécification est ainsi achevée. Ce qui nous reste à dire encore consiste surtout en conséquences et en corollaires.

Que le genre se complète en se différenciant suivant

l'un ou suivant l'autre des deux modes que nous avons reconnus, le passage du genre à la différence et par suite à l'espèce est toujours nécessaire, rationnel ou a priori. Nous avons qualifié plus haut d'empirique le point de vue de l'extension et déclaré que celui de la compréhension pouvait revêtir un tout autre caractère. On voit comment cette promesse s'accomplit et on est maintenant en état de se représenter le jeu de la spécification. Il ne saurait naturellement y avoir de genres soi-disant primordiaux, séparés les uns des autres, puisque, s'ils l'étaient (j'entends sans opposition), la pensée ne pourrait jamais aller de l'un à l'autre, ni, lui fussent-ils donnés n'importe comment, comprendre qu'ils fissent partie, même pour s'y distinguer radicalement, d'un seul et même monde, d'une seule et même conscience. Il doit donc exister un genre suprême, qui appelle une première différence ou une collection de différences et la spécification doit se poursuivre depuis ce point de départ jusqu'aux dernières espèces, sans qu'il puisse se produire jamais d'autres séparations que celles qui résultent de la subordination ou de la coordination. Les dernières spécialement enveloppent dans leur essence toute la vérité que recèle le concept vulgaire des genres séparés. De cette façon tout se suit non pas sans démarcation, mais assurément sans lacunes, dans la hiérarchie des genres et des espèces ; et rien n'y vient d'ailleurs que du dedans des notions ou autrement dit de la raison. C'est seulement à titre provisoire qu'il peut être question de distinguer des définitions empiriques et des définitions a priori. Toute définition, c'est-à-dire ici toute définition par le genre et la différence, est, en droit, a priori. Les définitions botaniques ou zoologiques sont en ce sens susceptibles d'être construites comme celles qui se rapporteraient à des objets plus simples. Une science assez avancée les engendrerait par un mouvement pleinement conscient de la raison.

Nous venons de dire que le progrès rationnel de la spécification va du premier genre aux espèces dernières. Mais nous n'avons pas entendu par là qu'il restât au-dessous de celles-ci quelque chose encore à différencier. En parlant de l'espèce dernière nous songeons à l'individu et ne faisons que le désigner par une autre dénomination. On voit que, pour employer le langage de l'école, nous admettons l'individuation par la forme. La doctrine contraire est sans solidité quelle que soit la façon dont on l'interprète. En affirmant que la matière individue, veut-on soutenir que c'est l'espace et le temps qui font les différences individuelles? Cette assertion, à son tour, comporte deux acceptions. Suivant la première on projetterait dans l'espace et dans le temps les espèces dernières et leur unité s'y diviserait en une multitude indéfinie d'exemplaires, semblables d'ailleurs et même indiscernables à les considérer en soi. Mais c'est là renverser l'ordre des notions : les espèces ne sont point antérieures à l'espace et au temps, elles leur sont au contraire postérieures et tellement qu'elles enveloppent dans leur essence des rapports spatiaux et temporels. Vainement voudrait-on insister en distinguant un temps et un espace en général susceptibles en effet d'entrer dans le contenu d'une notion (par exemple la situation d'un os dans le squelette d'une certaine espèce) et un temps et un espace concrets, sensibles, qui s'expriment par les adverbes *ici*, *là*, *alors* ou par des locutions analogues, et font qu'une chose est *cette* chose en *ce* point de l'étendue et en *cet* instant de la durée. Il n'y a là qu'une séparation arbitraire entre des rapports internes d'espace et de temps et d'autres rapports de même ordre considérés comme plus extérieurs. En pareil cas, l'extériorité et l'intériorité sont quelque chose de relatif et les rapports d'espace et de temps, qualifiés d'extérieurs, entrent aussi dans les essences. Si l'on se donne un espace et un temps pour y construire l'édifice de la représentation, on y localise chaque portion en construisant, c'est-à-dire qu'on la place dans certains rapports avec les autres parties. Et c'est même là un des premiers fondements de l'individualité de chaque chose. Si donc en disant que le temps et l'espace individuent on entendait qu'ils procurent déjà une certaine individualité, on aurait raison. Seulement cette individualité est très pauvre, faite uniquement pour servir de base aux déterminations individuelles aussi, mais avec une tout autre complexité, que l'esprit élèvera progressivement à mesure qu'il disposera de notions plus riches. D'ailleurs, et cela est capital, si le temps et l'espace individuent de la manière que nous venons d'exposer en second lieu, ce n'est pas parce qu'ils sont le temps et l'espace, c'est parce qu'ils peuvent être déterminés ad assem en tant du moins qu'on se contente d'y considérer la situation des points et des instants entre eux. — D'autres penseurs, et notamment Platon et Aristote, ont compris autrement l'individuation par la matière. Après avoir poursuivi jusqu'au bout la division des genres en espèces on arrive, disent-ils, au terme de l'intelligible et il n'y a plus qu'à laisser les individus se perdre dans l'infini. L'infini, c'est ici l'accident, c'est-à-dire ce qu'on ne saurait rattacher à rien de défini, de manière à le fixer à son tour. Mais, outre que l'accident s'acquitterait fort mal de la fonction qu'on veut ici lui confier, puisqu'il ne procurerait jamais qu'une individualité précaire, conformément d'ailleurs à l'intention d'un des deux auteurs au moins si peu soucieux de l'individu, l'existence même de l'accident serait un défi à la pensée. Sans doute s'il y a des agents libres, leurs actes, dans ce qu'ils ont de plus particulier et de plus propre, sont, quand on les voit du dehors, de véritables accidents. Seulement l'accident est alors mis à sa place dans la pensée par la pensée, au lieu de lui être imposé de l'extérieur comme cette indétermination aristotélicienne de la matière qui tient la forme en échec. Il faudrait au moins qu'on pût voir d'où vient cette indétermination et comment elle se fait reconnaître de l'esprit, cela dût-il la faire évanouir à demi, ou même, en droit, plus qu'à demi. — A cette demande satisfait la conception kantienne de l'individu, au moins dans la *Critique de la Raison pure*, et l'on peut dire en partant de là que Kant est le plus profond de tous les partisans de l'individuation par la matière. Ce qui fait la force secrète de la doctrine platonicienne et aristotélicienne sur la constitution de l'individualité, c'est un recours plus ou moins implicite à la continuité et à l'infini. Or c'est précisément de l'infinie multiplicité de l'espace et du temps que Kant dérive ce qu'il y a d'invinciblement individuel dans l'individu. Il reconnaît que la pensée voudrait individuer par la forme, c'est-à-dire s'avancer d'un mouvement ininterrompu du genre suprême jusqu'aux individus. Mais il croit que ceux-ci se dérobent sans fin par cela même qu'ils sont des individus : car s'ils se laissaient saisir par l'entendement, ils se résoudraient en concepts, c'est-à-dire en généralités, y compris la loi qui unifierait en eux les concepts élémentaires. L'entendement n'atteint que ce qu'il y a de commun à une infinie diversité de phénomènes : l'individualité insaisissable qui est sous les caractères généraux est affaire d'intuition et partant de sensibilité. Elle a sa raison dans le temps et l'espace infinis. Voilà, aussi solidement fondée et aussi étroitement rattachée à l'esprit qu'elle peut l'être, l'indétermination de la matière. Mais toutes les difficultés du demi-réalisme kantien se retrouvent dans cette théorie de l'individu et nous ne pouvons, quant à nous, admettre l'infinité actuelle ou quasi-actuelle de l'espace et du temps, ni sa conséquence, savoir l'impossibilité pour l'entendement de penser autre chose que le général. Nous nous voyons donc ramenés de tous côtés à la doctrine de l'individuation par la forme et obligés d'adopter l'idée, que Kant trouve exorbitante, d'un progrès régulier et fini de la pensée depuis le genre le plus pauvre jusqu'à l'individu le plus complexe. Reste seulement une réserve à faire. C'est que l'individualité qu'atteint la spécification est encore extérieure en un double sens. D'abord elle ne renferme point le devenir et la vie de l'individu. On ne les y annexe du moins que par un artifice en traitant comme statique ce qui ne l'est pas. Ensuite, même augmentée de ce complément, l'individualité telle que nous essayons de la représenter maintenant, ne serait encore que l'individualité pour autrui. Nous verrons que l'individu est pour lui-même quelque chose de plus.

Sans rien ajouter directement à notre conception des genres et des espèces, la discussion de quelques difficultés, auxquelles on a peut-être déjà songé, ne laissera pas de l'éclaircir. La loi de spécification, telle que nous la comprenons, est loin de se confondre avec celle de relation. Mais on a pu croire qu'il n'en était pas ainsi. Car en raison des habitudes communes on est porté à regarder la spécification comme la fonction primitive de la pensée. Kant a dit que penser c'est juger et que le jugement consiste à subsumer un sujet sous un titre de classe, et d'autres penseurs, en grand nombre, estiment que tout jugement et tout concept expriment l'aperception d'une ressemblance et d'une différence; de sorte que tout exercice de la pensée serait une sorte de classification, ou, au point de vue de la compréhension, l'équivalent. Nous aurions donc dès le début manié sans nous en douter les notions d'espèce et de genre, et ce seraient celles-là même que nous aurions mises à la base de notre construction sous les noms impropres de thèse et de synthèse. Mais cette objection spécieuse vaut tout juste ce que valent les habitudes intellectuelles dont elle part. Si, depuis Platon, les philosophes ont presque toujours cru que les concepts sont tous des genres et des espèces et que penser c'est spécifier ou surtout analyser des espèces, cette opinion illégitime a causé beaucoup de mal : car elle a exclu de la pensée, comme par la question préalable, plusieurs procédés dont on n'a plus su que faire et qui, employés par l'esprit, finissaient pourtant par être regardés comme étrangers à sa nature. Il faut pour rétablir la vérité remplacer cette conception étroite du fonctionnement de la pensée par une dialectique beaucoup plus large, en restreignant du même coup à son sens propre l'idée de spécification. Les véritables genres et les véritables espèces ne peuvent exister que là où il y a à grouper dans l'espace, avec conservation dans le temps, certaines données élémentaires qui appellent précisément le mode de groupement que nous avons nommé composition. Là donc où il n'y a pas de temps ou pas d'espace et d'autre part pas de qualités, il ne saurait y avoir de genres et d'espèces à la rigueur. Sans l'espace on n'a que des notions incomplètes, sans le temps on ne saurait unir des éléments suivant un mode d'union conservatif, et sans la qualité on ne rencontrerait pas d'éléments à grouper par composition. On n'aurait donc que des genres et des espèces abstraits ou pour mieux dire des imitations de genres et d'espèces. Sans doute il est impossible de ne pas employer souvent ces deux mots dans l'acception vague que l'usage a consacrée et cet emploi, que nous ne nous sommes pas interdit, est d'ailleurs sans inconvénient. Mais quand on veut définir avec précision l'espèce et le genre, il faut mettre à part ces imitations pour saisir dans leur pureté les notions originaires. La distinction faite et les vrais genres et espèces renfermés dans leurs limites, on voit sans peine combien la loi de relation déborde celle de spécification et combien la dernière serait incapable d'embrasser tout le contenu de la pensée. Les qualités avec leurs rapports étendus sont par elles-mêmes isolées et il faut un procédé particulier pour les grouper. Mais avant la qualité un tel isolement ne se produit pas et les notions ont d'autres façons de s'appeler et de se compléter : par exemple les nombres qui se développent par la numération. Ce ne sont pas là des modes de la spécification. D'une manière générale, d'ailleurs, il est clair qu'on ne pense pas par genre et espèce quand on ne conserve pas la thèse et l'antithèse dans la synthèse. Or c'est ce qui arrive dans la notion de temps et d'autre part dans toutes celles qui impliquent directement le devenir : mouvement, altération, causalité. Ici, quelque chose doit disparaître afin qu'une chose nouvelle soit. De même dans le nombre et dans les notions qui se développent comme lui par addition, le concept auquel on s'élève ne retient pas les propriétés de ce qui lui sert de base, quatre n'a plus les propriétés de trois. Sans doute on peut bien dire en un sens vague qu'il y a ici des éléments et ajouter même qu'ils sont conservés dans le tout. Mais le procédé de composition qui engendre une espèce est tout autre et personne ne confond les genres qui font partie d'une espèce avec les nombres inférieurs qui font partie d'un nombre plus élevé. Disons plus : personne ne ferait cette confusion alors même qu'on n'aurait pas la quantité logique comme guide et qu'on ne pourrait pas dire qu'une espèce se compose de généralités. Force est donc bien d'admettre à côté de la spécification d'autres procédés de la pensée tout à fait irréductibles à elle et si la loi de relation doit les embrasser tous comme ses espèces (pour user de ce mot dans l'acception large dont nous parlions), il est clair que la loi de relation ne saurait s'identifier avec celle de spécification. Penser, ce n'est pas toujours spécifier; toute notion n'est pas genre ou espèce. Ce qui fait qu'un concept mérite son titre, c'est qu'il arrive dans la représentation à son heure, à sa place hiérarchique : mais la hiérarchie de la représentation en général n'est pas uniquement celle des genres et des espèces. Celle-ci n'est qu'un moment de celle-là. — Par une application des principes que nous venons de poser, nous allons résoudre sans peine une difficulté plus particulière que la précédente. N'y a-t-il pas des genres et des espèces dans les nombres, les figures et les mouvements? Les nombres ne se divisent-ils pas en pairs et en impairs, premiers et divisibles? Les figures (et il faut en dire autant des mouvements) ne forment-elles pas des familles? Telles sont les questions et voici les réponses. En ce qui concerne les nombres, leurs propriétés purement numériques s'expliquent toutes en fin de compte par la numération et par conséquent ne requièrent point pour s'établir le procédé de la spécification. D'autres propriétés impliquant ordre et situation relèvent à vrai dire de l'espace plutôt que du nombre même. Aussi bien, est-ce dans le domaine des choses de l'étendue qu'il semble surtout y avoir un rôle à jouer pour les genres et les espèces. Mais ici encore l'apparence est trompeuse. Quand nous passons du point et de la distance à la droite, de la droite et de l'angle au plan, nous ne constituons pas des composés conservatifs comme dans la spécification : car il y a sans doute des points dans une droite et des droites dans un plan : pourtant la droite n'est pas faite de points, ni le plan de droites. D'autre part si, quelquefois au moins, et cela au point de vue dialectique, on construit des figures par l'addition d'un côté ou par quelque autre procédé analogue d'origine arithmétique, il s'ensuit qu'il n'y a pas alors création de genres et d'espèces. La composition qu'on produit est une juxtaposition : or c'est là, encore une fois, toute autre chose que la composition spécifique, bien que ce soit aussi un procédé rationnel et une condition préalable de la composition spécifique. On dira peut-être que l'ordre, la situation et la forme sont quelque chose de qualitatif et qu'il y a lieu par conséquent de grouper en genres et espèces ces déterminations qualitatives. Mais l'ordre, la situation et la forme sont au fond des rapports de distance. Le dixième point dans une série de dix est celui qui est séparé du premier par neuf intervalles. Ces intervalles peuvent il est vrai être quelconques, mais leur ensemble n'en signifie pas moins un maximum d'éloignement entre le premier terme et le dernier, et dire qu'un point est après un autre c'est certainement affirmer qu'il faut franchir une distance pour aller du premier au second. Quant à la situation et à la forme, nous avons suffisamment montré, en traitant de l'espace, que ce sont des rapports ou des systèmes de rapports de distance. Vainement insistera-t-on en s'appuyant sur l'existence des figures semblables et en alléguant que la figure est, aussi bien que la qualité, indépendante de l'étendue où elle siège. La figure et la qualité ne sont pas vraiment comparables quant à leur indépendance vis-à-vis de l'étendue. On réduit ou on augmente comme on veut l'étendue qui sert de support à une qualité. Pour majorer ou minorer une figure, il faut au contraire maintenir intacts les rapports de distance. Et pourquoi? Précisément parce que la figure, bien loin d'être une qualité, ne consiste au fond que dans ces rapports de distance : par où l'on voit qu'elle n'est pas un opposé, mais un mode de la grandeur. La droite elle-même ne fait pas exception, car elle est, et on le démontre, la distance de deux points. Après cela il n'y a pas de doute qu'on peut, dans le domaine des figures, appliquer la loi de spécification et obtenir des imitations au moins de genres et d'espèces. Il suffit pour cela de constituer les figures avec des parties génériques au lieu de parties quantitatives. On irait par exemple des surfaces aux surfaces planes et courbes, des surfaces planes aux polygones, de ceux-ci à leurs différentes sortes. Seulement, quoique peut-être avantageuse dans certains cas, cette marche n'est pas proprement spatiale et géométrique et elle n'a pas le privilège de la rationalité, s'il est vrai que nombrer et ajouter sont, comme tous les autres processus de la pensée, des opérations rationnelles.

B. — *Remarques sur l'objet de la classification.*

Trois caractères principaux, dont les deux premiers sont étroitement unis entre eux, définissent notre manière de concevoir la spécification : nous avons envisagé dans les genres et les espèces non leur extension mais leur contenu, nous avons admis que les notions dont ils se composent sont toujours systématiquement liées entre elles de façon qu'elles se commandent l'une l'autre, enfin nous avons exclu toute considération portant sur le devenir, nous enfermant rigoureusement dans une conception statique des choses. Nous avons à nous demander maintenant si nous ne nous sommes pas mis sur ces trois points en opposition avec l'esprit des sciences naturelles. N'ont-elles pas besoin de considérer l'extension des concepts ? Ne doivent-elles pas renoncer à poursuivre des caractères dominateurs ? Ne sont-elles pas conduites, surtout, à faire prédominer de plus en plus sur l'étude des caractères statiques celle du développement des êtres ?

Quelle que soit l'importance du point de vue de l'extension dans les sciences naturelles et dans les recherches analogues, le point de vue opposé en a une plus grande encore. Il est clair d'abord que c'est la nature des êtres, et non le titre de leur classe, que ces sciences ont pour but de connaître. Non seulement la constitution de groupes subordonnés en extension les uns aux autres n'offrirait aucun sens par elle-même et indépendamment d'un contenu à y mettre, mais le groupement des êtres selon leurs ressemblances et leurs différences, à le prendre au pied de la lettre, n'aurait pas d'intérêt scientifique. Supposons en effet qu'on ait rapproché tous les animaux ou tous les végétaux proportionnellement à leurs ressemblances, mais sans s'occuper pendant ou après ce travail de la valeur relative des caractères et de la subordination des groupes les uns aux autres quant à leur contenu ; qu'on ne discerne dans l'arrangement effectué aucun progrès régulier entre les formes organiques ne songeant point, par exemple, à regarder un cheval comme un mammifère qui est de plus monodelphe, puis fait pour marcher sur la terre, puis doué de plusieurs sortes de dents, puis ongulé, etc., alors la classification, résultant de concepts qu'on ne pénètre pas et qui servent seulement de support à des groupements de moins en moins étendus, ne peut plus nous instruire sur les êtres classés. Reste seulement qu'elle nous permet de localiser exactement et de retrouver sans peine un être donné quelconque. Mais c'est là précisément l'office des classifications artificielles. Là le contenu n'est point formé de notions liées entre elles, en tant du moins que l'artifice ne se révèle pas nature par quelque côté. Des livres in-octavo, en papier de fil, reliés en maroquin et en maroquin rouge seront très exactement situés et très vite retrouvés d'après de tels caractères dont aucun n'entraîne l'autre. En même temps, nous serons fort mal renseignés sur ces livres en eux-mêmes. Si donc les botanistes et les zoologistes ont un autre but que de mettre en ordre leurs collections ou même les plantes et les animaux répandus sur la terre, si la classification naturelle qu'ils réclament n'est pas seulement pour eux la plus aisée à poursuivre et la plus lumineuse des classifications artificielles, il faut convenir que la constitution des groupes suivant les ressemblances et les différences n'est pour eux qu'un moyen. La vraie fin qu'ils se proposent est de mettre chaque caractère à la place notionnelle que lui assigne son contenu et par là d'en faire, au point de vue de la loi de spécification, quelque chose qui soit pensé dans la force du terme et mérite le nom de concept.

Mais si la zoologie et la botanique ne sont pas de simples catalogues, si leur but est bien de connaître la compréhension des concepts qu'elles font entrer sous les titres de classe, il ne faut pas méconnaître qu'elles ont besoin de considérer ces mêmes concepts dans leur extension; et nous n'avons aucune raison de nier ce besoin, puisque l'extension des idées n'est pas pour nous un accident, mais une suite du contenu. Par cela qu'il doit se développer en types de classes, d'ordres, de familles, etc., un type d'embranchement se procure de l'extension, et une certaine extension, en vertu d'une nécessité interne. Si les sciences naturelles procédaient, en fait, a priori, elles pourraient s'occuper uniquement du contenu des notions. L'impossibilité de suivre une telle marche est ce qui les oblige à se rabattre sur l'extension. Se trouvant en face de groupes de caractères très compacts et qu'elles n'aperçoivent que du dehors, il faut qu'elles aient un signe extérieur de l'importance relative et même de l'indépendance de chaque caractère. Puisque pour les concepts qui relèvent de la spécification la compréhension et l'extension sont inverses l'une de l'autre, il est clair que l'étendue des groupes, à supposer qu'on soit déjà parvenu à la déterminer, servira de guide pour établir entre les caractères mêmes une hiérarchie : celui qui paraîtra convenir à tout un ordre devra passer pour être aussi, en soi et quant à son contenu, un caractère d'ordre ; celui qui ne se présentera que dans le cercle d'un genre sera tenu pour un caractère de genre, et ainsi se trouvera déterminée indirectement la valeur des deux caractères en question l'un par rapport à l'autre. Rien n'est du reste plus banal que cette remarque. On songe moins que l'indépendance d'un caractère, la possibilité de le démêler et de le poser à part, si l'on se place au point de vue empirique, ne se constatent, elles aussi, que par la méthode de comparaison. La connaissance vulgaire dans sa phase machinale n'arrive à distinguer et à abstraire une idée, qu'au moyen de ce qu'un psychologue contemporain appelle la dissociation par variation des concomitances. Or, en tant qu'elle procède empiriquement, la science du botaniste et du zoologiste est contrainte, et surtout a été contrainte à ses débuts, de passer par la même route. Impossible de savoir si tel caractère dont on ne pénètre pas l'essence est distinct et séparable à moins de l'avoir vu se présenter avec tels autres caractères et manquer avec tels autres plus généraux. Et c'est encore cette présence et cette absence qui permettent seules de déterminer avec précision, par un relevé exact de ce qui est donné ou fait défaut dans chaque cas, le contenu de ce caractère : car c'est ainsi seulement qu'il se découpe dans l'ensemble dont il fait partie, finissant ici et commençant là. Pourquoi, en botanique surtout, sont-ce les groupes médians de la hiérarchie et pour tout dire les familles qui ont d'abord été fixés ? C'est sans doute que les types répondant à ces groupes ont pu être constitués avec des caractères très distincts et très circonscrits, attendu que ces caractères se détachaient bien au milieu d'autres caractères assez précis eux-mêmes, les uns parce qu'ils s'étaient déjà trouvés, les autres parce qu'ils devaient se trouver encore à plusieurs étages de la hiérarchie. Nous tenons ici également, au moins en ce qui concerne les sciences naturelles, la raison profonde de la maxime qu'il n'y a de science que du général. Prise à la rigueur, cette maxime est fausse, puisqu'il n'y a point d'accident, point d'individuation par la matière et pas plus dans le domaine botanique ou zoologique que dans tout autre. Il n'en est pas moins vrai que, sans parler de sa complexité désespérante qui le soustraira longtemps au savoir, l'individu est difficile à saisir dans son caractère propre, précisément parce que ce caractère lui est propre. D'où il suit que, en fait, il n'y a de science que du général qui seul se laisse bien déterminer. Faut-il ajouter maintenant que l'individu, si difficile à définir par des caractères internes, peut parfois être reconnu grâce à cette circonstance relevant du point de vue de l'extension, qu'il n'est à nul autre pareil ; que l'espèce se présente comme l'ensemble des êtres qui se ressemblent le plus ; que la validité d'une définition, toujours provisoire en tant qu'empirique, s'éprouve en la confrontant avec des êtres pris dans le cercle présumé de son étendue ? Tout cela va de soi et on conviendra volontiers que le point de vue de l'extension fournit aux sciences naturelles d'indispensables moyens de recherche.

Ce ne sont toutefois que des moyens. Pour que l'extension constituât par elle-même un mode de connaissance quant aux objets des sciences naturelles et pût dès lors être prise comme fin de la recherche, il faudrait qu'on fût en état de la déterminer sans secours étranger et en ne s'appuyant que sur elle. Alors elle pourrait, au besoin, servir de règle et de mesure à la compréhension. Mais il n'y a qu'une seule façon de déterminer directement l'extension d'une classe, c'est d'en percevoir tous les représentants. Cela revient à dire qu'on ne connaît jamais l'extension par elle-même, sauf d'infimes exceptions ; on la déduit au contraire du contenu des concepts. En fait on ne rencontre, au lieu de la classe complète, qu'une pluralité de membres de la classe et ce fragment de généralité sert, il est vrai, à la connaissance de la nature des êtres, mais seulement comme signe de l'essence et comme preuve de l'induction qui la saisit. Étant des sciences d'observation, la zoologie et la botanique ne peuvent le plus souvent prouver que tel caractère appartient bien à l'essence de tel être, qu'en constatant la présence de ce caractère dans tous les cas où cet être est observé : d'où une probabilité qu'entre ce caractère et cet être il n'y a pas coïncidence pure, mais liaison. Voilà comment l'extension est un moyen de connaître la nature d'un animal ou d'une plante et comment elle ne peut être qu'un moyen. Il faut dire de plus qu'elle n'est pas même le seul moyen, ni le plus primitif. On a remarqué avec raison qu'un caractère appartenant à une essence est un caractère influent relativement à cette essence, c'est-à-dire tel qu'il entraîne, en variant, le changement des autres caractères de l'être considéré. Ce n'est donc plus, dans ce cas, la fixité ou la généralité d'un caractère qui le désigne et le consacre comme essentiel. La part de l'extension est réduite à presque rien. Quand cela ne serait pas d'ailleurs, il resterait toujours que la fin des sciences naturelles est de pénétrer la nature des êtres et non de les classer en prenant ce mot dans son sens extensif.

L'idée que la classification est la science même, ou du moins tout un moment de la science, à l'état concentré ; qu'elle exprime la composition de chaque être, par la place qu'elle lui donne et qui est essentiellement un rang dans une hiérarchie ; cette idée a sa manifestation la plus claire dans la distinction des caractères dominateurs et des caractères subordonnés. Un caractère dominateur, d'après Cuvier, est celui qui en entraîne ou en exclut d'autres et il mérite d'autant mieux son titre qu'il détermine un plus grand nombre de ces rapports d'incompatibilité ou de coexistence entre les autres caractères et lui. L'influence d'un caractère, ajoute Cuvier, se reconnaît soit par la simple observation à ce signe qu'un caractère influent est par suite de sa nature même le plus constant et le dernier qui varie dans une longue série d'êtres rapprochés d'après leurs degrés de similitude ; soit rationnellement par la considération de la nature de l'organe. Mais par ces derniers mots il faut entendre usage ou fonction de l'organe, puisque Cuvier dit encore que les caractères dominateurs sont ceux qui se tirent des fonctions animales, c'est-à-dire des sensations et du mouvement, par lesquelles l'animal est animal et dans chaque cas avec un certain degré d'animalité ; ce qui a même fait écrire à l'auteur que le système nerveux est, au fond, tout l'animal, les autres systèmes n'étant là que pour l'entretenir et le servir. Ainsi présentée, et telle est bien sa forme classique, la théorie des caractères dominateurs est de nos jours condamnée par la plupart des naturalistes. Ils reprochent d'abord à Cuvier d'avoir procédé a priori, c'est-à-dire arbitrairement. Et leur reproche paraît fondé. S'il était possible en fait de construire les types organiques par une marche réellement a priori où chaque détermination apparaîtrait à son heure sans qu'aucune pût être omise, la méthode a priori, en histoire naturelle, serait infaillible. Mais comme en réalité le naturaliste ne voit les êtres que du dehors et ne démêle pas, surtout au début, tous les éléments qui les constituent, c'est toujours un peu au hasard qu'il décide après un examen sommaire et sur un sentiment de la dignité relative des fonctions, que tel caractère sera considéré comme plus important que les autres et devra servir à l'établissement des grandes divisions. Cette méthode s'est trouvée spécieuse en zoologie, parce que les différences de perfection entre les êtres considérés dans leurs fonctions sont incontestablement mieux marquées chez les animaux que chez les végétaux. Mais il n'en est pas moins vrai que, en dehors de la véritable construction a priori qui ne peut avoir lieu de prime abord, le seul procédé rigoureux est celui que suivent en somme les botanistes, sauf dans la distinction suprême des plantes d'après l'absence ou le nombre des cotylédons : partir de l'espèce ou en tous les cas de types complexes, rapprocher patiemment les êtres par la somme de leurs ressemblances et remonter ainsi du complexe au simple. Et en effet, dit-on, qu'est-il arrivé à Cuvier, pour avoir adopté la marche inverse? En premier lieu, la considération prépondérante de ses prétendus caractères dominateurs l'a amené à distribuer les animaux autrement que ne le demandait l'ensemble des ressemblances et des différences. Par exemple, ayant décidé que les caractères d'ordre dans la classe des mammifères devaient se tirer des organes combinés du toucher et de la manducation, Cuvier est conduit à entasser dans un même ordre, sous le nom de pachydermes, des animaux aussi différents que les éléphants, les sangliers et les chevaux, sans qu'ils aient d'autre caractère commun qu'un caractère tout négatif : celui de manquer des traits qui constituent les ruminants. Ainsi encore il est obligé d'admettre un ordre des carnassiers dans lequel la famille des Chéiroptères comprend une tribu, les Roussettes, qui vit seulement de fruits. En second lieu, ajoute-t-on, il arrive que les caractères dominateurs ne dominent rien, puisque, tandis que dans certains groupes on y attache une importance capitale, on est forcé dans d'autres de leur attribuer un rôle beaucoup moindre. Par exemple, la respiration aquatique et branchiale caractérise la classe des poissons dans l'embranchement des Vertébrés; ce n'est plus qu'un caractère d'ordre dans la classe des Mollusques gastéropodes, au moyen duquel on distingue ceux qui vivent dans l'air et ceux qui vivent dans l'eau. On sait d'ailleurs que les batraciens en général respirent d'abord par des branchies, puis par des poumons, et, qui plus est, qu'un des ordres de cette classe, les batraciens pérennibranches (les protées, les sirènes) possèdent simultanément les deux modes de respiration pulmonaire et branchial. En somme donc, l'emploi des caractères dominateurs est plein de danger puisqu'il a conduit Cuvier à l'arbitraire et entraîné chez lui un véritable retour aux classifications artificielles.

Mais ces inconvénients vont-ils jusqu'à rendre radicalement impossible la théorie des caractères dominateurs et la méthode d'Adamson, qui rapprochait les plantes au point de vue de chacun de leurs organes successivement, est-elle le dernier mot de la sagesse en matière de classification? Tel est le vrai problème. Remarquons d'abord que quand on parle de caractères dominateurs, on ne devrait pas prendre le mot de caractère dans son sens étroit de signe extérieur facile à reconnaître, ou qu'on ferait bien d'adopter l'expression d'organes dominateurs. Subordination des caractères c'est en réalité subordination des organes. Maintenant, supposé qu'une telle subordination existe, la direction dans laquelle Cuvier en a cherché la connaissance soi-disant rationnelle était-elle la meilleure? Peut-être bien est-il vrai en un sens large que l'organe est fait pour la fonction. Mais il est indéniable que la fonction est quelque chose de très mobile et que la vie emploie à des fins identiques des organes profondément divers. Il y a des mammifères et des reptiles qui volent : cependant cette circonstance ne crée pas entre eux et les oiseaux une analogie étroite : leurs membres antérieurs ne se laissent pas assimiler, sauf de loin, aux ailes de l'oiseau. La forme, au contraire, étant quelque chose de fixe, puisqu'un organe, selon le mot fameux de Geoffroy St Hilaire, disparaît plutôt que de changer de place, mieux eût valu tâcher de s'en tenir à des considérations morphologiques. D'ailleurs, introduire dans la classification et même à la première place, un devenir (car telle est la fonction), n'est-ce pas confondre deux moments distincts de la pensée? L'idée de classification a sa base naturelle dans celle de type et de plan et peut-être faudrait-il prendre comme véritable organe dominateur celui dans lequel s'accuserait le mieux la complication supérieure du plan. Ajoutons enfin que s'il y a des organes dominateurs, leur apparition ou leur modification doit retentir sur les organes subordonnés et qu'on ne devrait pas sans doute laisser dans l'ombre ou dans le sous-entendu ces retentissements, mais les faire entrer en ligne de compte dans la classification. En un mot, même en admettant des organes dominateurs, il faudrait prendre en considération tous les organes, de telle façon qu'on employât, comme dit à peu près Adrien de Jussieu, tous les caractères, mais non tous au même titre. Mais enfin y a-t-il des organes dominateurs? Il serait bien dur de répondre négativement. Supposons qu'il n'existe aucun moyen d'évaluer la dignité des organes avant l'achèvement de la classification; qu'il faille pour classer les êtres procéder selon la manière rigoureusement empirique d'Adamson, il ne suivra point nécessairement de là qu'il n'y ait pas d'organes dominateurs. Quelle qu'ait été en effet l'insignifiance de la classification tant qu'elle a été en train de se faire, une fois faite elle pourra apparaître tout à coup comme singulièrement significative. Les caractères les plus généraux commanderont en un sens aux plus particuliers et ceux-ci à leur tour, pourvu qu'on les conçoive adéquatement, commanderont d'une autre façon aux premiers. Or les uns et les autres, envisagés dans ce rôle déterminant, ne seront-ils pas en vérité ce que les naturalistes cherchaient autrefois, sous le nom de caractères dominateurs? Le nier, c'est enlever toute valeur scientifique à la classification.

C'est là, il est vrai, un parti que certains naturalistes

prendraient volontiers. Ils diront que les caractères importants sont ceux qui, par suite des hasards de la variation spontanée ou des circonstances extérieures, se sont trouvés avoir une réelle influence sur les autres. Bref, ils soutiendront que l'étude statique des êtres est sans valeur et, séduits par l'exemple des sciences physiques, ils attribueront comme seul objet sérieux aux sciences naturelles elles-mêmes la recherche des causes et l'explication par les causes. Mais suivant la formule connue, s'ils ont raison dans ce qu'ils affirment, ils ont tort dans ce qu'ils nient. Il n'y a pas de doute que la constitution des types et de leur hiérarchie doit s'expliquer par des causes. Seulement un mode d'explication n'en exclut pas un autre qui, par définition, ne saurait lui faire concurrence. De quelque manière que cela s'explique par les causes, c'est un fait qu'il existe une hiérarchie, ou, au pis aller, plusieurs hiérarchies de types organiques; une classification rigoureusement empirique amènera toujours à le constater. Quel droit a-t-on donc d'interdire à la pensée d'appliquer ici son concept de la spécification, c'est-à-dire de considérer le moins complexe comme la matière et la base du plus complexe, celui-ci comme la forme de celui-là et, au sens le plus profond du mot, comme le caractère qui le domine ? Strictement resserré en lui-même, mais maintenu dans son intégrité, le savoir classificatif, renonçant à être tout le savoir du naturaliste, reste un savoir parfaitement réel. Car encore une fois il n'y a pas de raison pour frapper d'interdit les idées de type et de hiérarchie, c'est-à-dire l'interprétation rationnelle de la classification ou si l'on aime mieux l'idée même de classification naturelle. Notons bien d'ailleurs qu'il n'est pas ici question des voies et moyens par lesquels les types et leur hiérarchie se réalisent dans le devenir, que par conséquent les fins aussi bien que les causes sont étrangères à la science statique et classificative correctement conçue. Elle est pour nous, quoique par d'autres motifs, ce qu'elle était pour Auguste Comte. Mais non seulement elle a droit à l'existence à côté de l'explication causale, il faut dire encore qu'elle en est la préparation nécessaire. Rien de plus délicat que la délimitation d'une cause. L'antécédent qui détermine en fait le commencement ou l'arrêt d'un devenir n'est pas toute la cause et on conçoit même que le rôle d'antécédent déterminant, loin de constituer une prépondérance rationnelle, puisse appartenir tantôt à celle-ci, tantôt à celle-là, parmi les circonstances dont la réunion constitue la cause. Or un type donné est un ensemble de circonstances très défini par opposition avec lequel les circonstances survenantes se délimitent plus aisément. S'il fallait, sans le secours de la classification, rendre compte d'un organisme par les causes, on se perdrait dans la complexité des faits. Mais parallèlement à l'ordination des types il se fait un triage et une ordination des causes, et ayant des genres et des espèces on peut chercher séparément les causes du genre et celles de l'espèce. L'intérêt même de l'explication causale demande donc qu'on ne déprécie pas le travail du classificateur. Il est vrai que ce travail est relativement avancé, mais il n'est pas achevé et d'ailleurs son prix ne serait pas moins réel parce qu'on le sentirait moins.

Peut-être même faut-il aller plus loin et reconnaître que l'explication causale, faisant mieux que de laisser subsister et de requérir le savoir classificatif, en rehausse la signification. Soit par suite d'une nécessité rationnelle, soit parce que en pareille matière nous ne pouvons atteindre les causes plus directement, l'explication causale des organismes et de la série des organismes s'identifie en fait avec le transformisme. Or il est bien vrai qu'en un sens le transformisme n'est pas favorable au travail de classification. Car les formes intermédiaires sont sûrement difficiles à distinguer et à ordonner. Toutefois, quelles que puissent être les difficultés de fait qui découlent de là, il ne faut pas avec Comte attribuer à la série biologique dans le transformisme une rigoureuse continuité. C'est là se payer bien mal à propos d'une métaphore mathématique. Non seulement il ne peut exister une série continue et, partant infinie, de formes animales ou végétales ; mais une telle série n'est pas même donnée en puissance dans la pensée en tant qu'elle construit les formes organiques : car, puisque le problème est de constituer des êtres progressivement différents, il faut bien mettre en chacun une différence assignable en droit. Laissant donc de côté la difficulté d'assigner les formes intermédiaires, qui toute sérieuse qu'elle soit n'est que pratique, nous répétons que le transformisme donne tout son sens à la hiérarchie des organismes. Et c'est ce qu'exprime excellemment Auguste Comte mieux inspiré que tout à l'heure et si peu suspect de partialité envers les transformistes. Si Lamarck avait raison, déclare-t-il, la marche progressive de l'organisme animal, cessant de n'être qu'une abstraction commode, se convertirait en une véritable loi naturelle. On ne saurait mieux faire voir que malgré les apparences, l'étude statique des êtres vivants ne devrait rien avoir à redouter de l'avènement d'un autre point de vue chez les naturalistes.

§ 2. — CAUSALITÉ

CAUSE, EFFET, ACTION

Nous avons à réunir l'altération et la spécification dans une synthèse. Or, puisque telle altération veut comme contre-partie telle spécification ou inversement, les deux notions en tant qu'elles s'opposent l'une à l'autre sont déjà solidaires et dans la simultanéité et, par suite du caractère successif de l'une d'elles, dans la succession. L'agrégat entier et la série entière des états corrélatifs d'altération et de spécification sont posés dès que l'un quelconque de ces états singuliers est posé, puisqu'il appelle alors tous les autres. Les choses se passent donc comme si les parties de l'espace et du temps qualifiés étaient liées entre elles de manière à ce que la variation ou la stabilité de chacune retentît sur toutes. Ou encore on aurait une image de cette liaison universelle en se représentant le monde comme matériellement et qualitativement plein. Mais ce n'est pas comme opposées, c'est comme conciliées que l'altération et la spécification doivent maintenant se montrer solidaires. Il nous faut une notion d'où toutes les deux se déduisent simultanément : c'est-à-dire que les parties de l'espace et du temps qualifiés doivent être liées de telle façon que de cette liaison, considérée dans l'ensemble de ses moments, résultent par analyse la composition et son corrélatif le changement. En d'autres termes, il est requis que les parties de l'espace et du temps qualifiés se commandent les unes aux autres leurs stabilités et changements corrélatifs. Nous retrouvons donc, mais comme vérité et non plus comme image, non plus comme subordonnée et limitée, mais comme fondamentale et dans toute la richesse de son sens, l'idée que le monde est plein, ou plutôt (car le plein est encore quelque chose de dérivé) qu'il y a un ordre des choses s'exprimant par le plein. Aux traits dont nous avons marqué cet ordre, on reconnaît la détermination mécanique ou causale.

La causalité a pour premier terme la *cause*, c'est-à-dire la nécessité pour chaque partie des choses d'être, par le fait de ce qui est hors d'elle, autre qu'elle ne serait si elle était seule. La cause appelle l'*effet*, c'est-à-dire l'état où la partie des choses considérée se trouve rejetée lorsqu'elle est exclue de celui qui, sans la cause, serait le sien. Ces deux termes s'unissent dans l'*action* qui est le déploiement de la cause et la réalisation de l'effet.

Développements.

A. — *Généralités sur la relation causale.*

La conception de la causalité à laquelle nous venons d'aboutir peut se résumer dans les termes suivants : la causalité est pour nous l'enchaînement nécessaire des phénomènes par un dynamisme mécanique rationnel. Il s'agit de développer le sens de cette formule et de combattre, au cours de ce développement, les thèses qui s'opposeront aux nôtres.

La causalité, disons-nous, d'abord consiste dans un enchaînement nécessaire et même dans un certain mode d'enchaînement nécessaire entre les phénomènes. Cette première partie de notre définition, quoique bien superficielle encore, est pourtant déjà interne par rapport à d'autres définitions et elle n'est justifiée que si les définitions plus extérieures ne suffisent pas. Beaucoup de penseurs ont cru qu'on ne pouvait définir la causalité sans recourir à ce caractère qu'elle serait une succession constante et peut-être même y en a-t-il quelques-uns (dans tous les cas, il pourrait y en avoir) aux yeux de qui son essence ne contiendrait rien de plus. Au milieu des successions variables, il s'en trouverait d'uniformes, il y aurait des couples d'antécédents et conséquents qui reparaîtraient toujours les mêmes : ce serait assez pour mettre de l'ordre dans les phénomènes, ou du moins quand on réclamerait comme complément quelque détermination plus profonde, encore faudrait-il conserver celle-là, pour rendre compte d'un des actes capitaux des sciences de la nature, l'acte de prévoir. Nous rencontrerons tout à l'heure, en expliquant ce que nous voulons dire lorsque nous parlons du caractère mécanique de la causalité, la question de savoir si et comment la succession est partie intégrante de cette notion. Pour l'instant, nous n'avons affaire dans l'ensemble succession constante qu'à la constance même. Or on n'a jamais trouvé de réponse à l'argument classique que personne ne prend la nuit pour la cause du jour, et, passant à la contre-épreuve, en demandant si de deux phénomènes qui ne se succèderaient qu'une fois dans le monde l'un ne pourrait pas néanmoins être la cause de l'autre, on mettrait dans l'embarras ceux qui réduisent la causalité à la succession uniforme. Prétendre que nous ne saurions discerner dans ce cas la cause d'avec un simple antécédent, de sorte que pour nous du moins elle ne serait pas une cause, ce serait sortir de la question et d'ailleurs se plaçât-on à un point de vue purement inductif que la réponse ne vaudrait rien, attendu qu'une concordance complexe entre les circonstances de l'antécédent et celles du conséquent constituerait un signe assez éloquent de l'existence d'une relation causale entre eux. Alléguer que l'hypothèse est vaine serait se montrer plus mal inspiré encore : tant s'en faut qu'elle soit vaine que, si l'on sort des abstractions, d'ailleurs légitimes et indispensables des savants, pour considérer la marche concrète des choses, on aura de fortes raisons de croire qu'en réalité il n'y a dans un monde que des successions uniques. Alors, diront ceux qui regardent l'uniformité de la succession, sinon comme toute l'essence, du moins comme un élément essentiel de la relation causale, il n'y aura plus de prévision possible : car prévoir, c'est à la vue des mêmes antécédents annoncer l'apparition des mêmes conséquents. Nous aurions mauvaise grâce à nier que, par l'emploi des abstractions légitimes et indispensables dont nous venons de parler, la prévision se ramène communément à quelque chose de tel. Mais nous n'assurerions pas que, en fait même, jamais aucune prévision n'ait été tirée de la seule étude d'une cause qu'on n'avait encore point vue à l'œuvre ; et, pour ce qui est du droit, nous affirmons énergiquement que la prévision et la prédétermination qui s'identifient en fin de compte dans les profondeurs de la pensée, n'ont rien de commun avec la constance de la succession. Nous avons du reste suffisamment montré ailleurs et en particulier à propos de la spécification, que les lois en général sont des rapports nécessaires, l'universalité n'étant qu'une conséquence de la nécessité : car l'universalité ne saurait s'expliquer et se justifier par elle-même. Étant donc lié nécessairement à sa cause et, en principe, connaissable par elle, quoique, selon nous, en une acception encore mal aperçue, un effet est prévisible alors même qu'il ne se produit qu'une fois pour toutes.

La définition de la causalité que nous venons de combattre est la plus empirique qui se puisse. Or l'empirisme ne manquerait pas de nous faire remarquer que les arguments, en partie exotériques, dont nous nous sommes servis, présupposent la nécessité de la relation causale plutôt qu'ils ne l'établissent. Le reproche serait juste, mais il est temps encore de nous y soustraire. L'empirisme prétend donc qu'on n'est pas obligé d'admettre une connexion réellement nécessaire entre les deux termes de la relation causale et que, s'il est bien vrai que la constance de la succession ne fait pas toute l'essence de cette relation, ce qui y est renfermé de plus n'est que l'illusion d'une connexion nécessaire. Par l'enregistrement des successions constantes, une habitude se forme d'attendre, après le même antécédent, toujours le même conséquent : voilà, dit-il, tout le mystère de la causalité. Nous verrons prochainement s'il est vrai que la raison est impuissante à concevoir les voies et moyens de la nécessité causale (nécessité que Hume ne parvenait à se représenter que comme analytique). Quoi qu'il en soit, la connexion illusoire dont se contente ce maître de l'empirisme ne suffit pas. C'est d'abord la base de l'illusion qui se dérobe. Car il est contraire aux notions les plus élémentaires du calcul des probabilités qu'une même séquence de phénomènes se représente sans cesse, s'il n'y en a aucune raison. Que l'universelle contingence impliquée par l'empirisme soit le vrai et il n'y aura pas même de successions constantes. Et ensuite, quand il y en aurait, la prétendue genèse de l'illusion d'un lien causal nécessaire n'est qu'un sophisme. Que fait Hume, en effet, lorsqu'il veut expliquer par l'habitude l'idée de connexion nécessaire, sinon un double appel à l'idée de cause et, par conséquent, à celle de connexion nécessaire ? La liaison qu'on croit exister entre la cause et l'effet n'est, dit-il, que la projection d'une habitude qui nous détermine à passer de l'idée du premier terme à celle du second et l'habitude, à son tour, est engendrée en nous par la constance des successions que nous percevons. Autant valait dire que l'habitude est la cause du passage que nous accomplissons de l'idée de l'antécédent à celle du conséquent et que l'uniformité des successions représentées en nous est la cause de l'habitude : la pétition de principe eût été plus manifeste, mais non plus réelle. Il est vrai que l'empirisme peut, pour répondre, invoquer ici une distinction. Se faisant petit et dissimulant sa légitime portée, il dira qu'il ne se place pas au point de vue métaphysique mais au point de vue psychologique, qu'il veut essayer d'expliquer l'idée que l'homme se fait de la causalité, non rechercher si et comment il y a de la causalité dans les choses. Naturellement nous ne saurions consentir à déplacer ainsi la question pour notre compte. Il ne s'agit pas pour nous de savoir comment, y ayant de la causalité dans le monde, c'est-à-dire dans la pensée, nous parvenons à nous apercevoir qu'il y en a : car c'est là un point auquel, tout intéressant qu'il soit, nous n'avons pas à toucher, surtout pour le moment. Mais en concédant même à l'empirisme la distinction qu'il réclame, on voit aisément qu'il ne peut pas en tirer grand profit et qu'il lui est impossible de la maintenir. S'il commence par admettre de la causalité dans un monde externe, on lui demandera comment elle s'y trouve et par quel procédé il fera passer cette loi de causalité du dehors au dedans. Assurément, en définissant le monde et la pensée comme solidaires l'un de l'autre, on arrivera à comprendre qu'une loi de l'un soit également une loi de l'autre. Mais si l'on tient que l'unité du monde et de la pensée a son fondement dans le monde, alors on tombe dans toutes les difficultés du réalisme; si, au contraire, l'unité des deux termes doit trouver son fondement dans la pensée, alors c'est à l'idéalisme qu'on aboutit. L'empirisme, comme il a souvent tendu à le faire, en dépit d'un obstacle primordial, se proclamera-t-il donc spontanément idéalisme? Peu importe qu'il s'agisse, dans l'espèce, d'un idéalisme subjectif. En se reconnaissant pour un idéalisme l'empirisme se retrouve exactement en face de ce qu'il appelait la question métaphysique. Il lui faut, sans présupposer ailleurs la causalité, la construire tout entière dans l'esprit. Or nous avons vu que cette construction ne peut réussir. Insistera-t-il en disant que, sur le terrain subjectif lui-même, il veut se placer au point de vue psychologique le plus étroit ? La théorie empiriste de la causalité se réduira dans ce cas à soutenir que l'expérience, c'est-à-dire le développement tout intérieur de la pensée, sans apport externe, consiste dans l'enregistrement machinal de successions constantes (à supposer qu'on en accorde de telles) et ensuite en des consécutions d'images. Mais ceci est peut-être un historique en partie exact des débuts d'une pensée : ce n'est rien de plus. La question de savoir comment nous pouvons avoir l'idée de cause et construire la réalité sur cette idée reste tout entière. L'idée de cause nous vint-elle à travers l'illusion psychologique de Hume, elle n'en serait pas moins ce qu'elle est et elle s'opposerait d'elle-même à l'illusion qui lui aurait permis de prendre conscience de soi. Elle reléguerait l'illusion à son rang d'illusion et se chargerait de l'expliquer. La tentative empiriste échoue donc de quelque façon qu'elle soit conduite, et par conséquent on ne saurait définir la causalité sans faire entrer dans la définition l'idée d'une nécessité véritable.

La causalité est un rapport nécessaire entre les phénomènes, disons, sans prétendre pour le moment à la précision : entre phénomènes qui se suivent ou s'accompagnent. N'est-elle que cela ? Sans doute toute notre doctrine répond négativement. Examinons pourtant cette nouvelle définition. A la prendre au pied de la lettre, elle est si manifestement inadéquate que ceux pour qui elle exprime tout ce qu'il y a de réel dans la liaison des faits d'expérience en effacent jusqu'au nom même de la causalité. Ils disent que, à leur point de vue, un fait est fonction d'un autre et qu'il ne faut point parler de causes dans la nature. C'est, au moins en partie, avec raison qu'ils affirment que les sciences physiques saisissent purement et simplement entre les phénomènes des variations liées ou quelque rapport de même ordre : il n'y a guère de loi physique qui ne pût servir de preuve par l'exemple à la vérité de leur assertion. Et c'est plus justement encore qu'ils protestent contre l'emploi abusif du nom de cause dans un grand nombre de cas où le langage commun n'hésite pas à s'en servir. Dire que la chaleur du foyer est la cause du mouvement dans une machine à vapeur, ou qu'un microbe est la cause d'une maladie, c'est oublier tous les intermédiaires qui séparent les deux termes qu'on entreprend de rapprocher par une relation étroite et précise. Car il saute aux yeux dans les deux cas que nous avons allégués, en les choisissant précisément parce qu'ils sont grossiers, que l'on néglige la force élastique de la vapeur et, comme si elles ne devaient jamais entrer en ligne de compte, les substances élaborées par les microbes. Pour qu'il y ait entre deux termes un rapport de causalité, il faut au moins qu'ils soient liés immédiatement. Quand ils sont séparés par des intermédiaires, c'est le mot et l'idée de fonction qui conviennent et d'autant mieux que, quel que soit le nombre des intermédiaires, ce mot et cette idée ne cesseront pas de convenir. Mais l'idée de fonction ne répond pas adéquatement au besoin de la pensée. Car il faudra bien se demander pourquoi certains phénomènes sont fonction d'autres phénomènes et la réponse la plus prochaine sera qu'il y a des couples de phénomènes dans lesquels les deux termes sont rattachés immédiatement par un lien nécessaire, quelle que soit d'ailleurs la nature de ce lien et qu'elle soit ou non pénétrable à la raison. Nous voilà, tout malentendu écarté, devant la définition de la causalité que nous voulions examiner. C'est par accident que la meilleure formule s'en trouve chez un empiriste : nous sommes sortis de l'empirisme avec l'idée même de fonction et quand on parle au fond, quoique en d'autres termes, d'un assemblage de conditions immédiatement nécessaires et suffisantes, il est clair, à plus forte raison, qu'on n'est plus empiriste. Peu importe. Stuart Mill a donc dit que la cause est l'antécédent (constitué lui-même par la somme des antécédents tant négatifs que positifs) constant et inconditionné. D'autres penseurs ont exprimé la même conception dans le langage moins technique de Leibnitz : il y a, d'après eux, harmonie entre les phénomènes. Mais il est bien entendu que cette harmonie est posée comme primitive et que toute l'explication que Leibnitz en cherchait dans l'esprit divin est laissée de côté, non seulement comme inaccessible, mais comme irrationnelle. Certains faits sont les antécédents inconditionnés de certains autres : en droit même il n'y a rien à chercher au delà.

Quoique nous devions finir par reprocher à cette conception d'être insuffisante, c'est-à-dire trop négative, nous commençons par reconnaître qu'elle a raison dans une grande part de ce qu'elle nie. Elle a raison contre la conception du dogmatisme vulgaire et tellement même, à nos yeux, qu'elle nous paraît avoir le tort de ne s'en pas détacher assez complètement encore. C'est rester trop enchaîné à des habitudes réalistes, trop enclin, en un mot, à matérialiser les notions, que de se représenter la cause comme un groupe de faits séparé et, pour ainsi dire, enfermé en lui-même par une enceinte, l'effet comme un autre groupe de faits, également isolé. Mais, d'une part, on fait preuve de sens quand on s'aperçoit qu'entre une cause et un effet ainsi représentés il ne peut exister aucun lien positif avouable ; et, d'autre part, il y aurait de l'injustice à méconnaître chez les penseurs qui nous occupent une tendance, très marquée même, à dépasser les imaginations matérielles pour s'acheminer vers la manière vraiment relativiste de concevoir les rapports de la cause et de l'effet. Ils voudraient penser la cause et l'effet, l'agent et le patient, comme des corrélatifs dans la force du mot et ils y réussissent bien à moitié. Sauf à pousser l'attaque plus à fond nous sommes donc avec eux contre le dogmatisme vulgaire. On sait comment il se figure la causalité et en particulier le lien causal. Le système peut se résumer en trois propositions. Toutes les fois que cela est possible l'effet est imaginé comme sortant de la cause par une espèce de dédoublement à la façon d'un animal ou d'une plante qui se dégage d'un germe. Lorsqu'il faut, outre la chose en laquelle on a localisé le pouvoir causal, faire intervenir une autre chose distincte qui reçoit l'action de la première, celle-ci s'appelle l'agent, l'autre le patient et l'agent est considéré comme possédant une certaine vertu qui produit l'effet dans le patient. Enfin, puisque dans le cas où il faut admettre un agent et un patient, ces deux choses sont séparées, la vertu productive émanée de l'agent doit passer dans le patient : c'est ce qu'on appelle une action transitive. — Aux deux premières propositions, les sceptiques grecs avaient déjà opposé des réponses non seulement victorieuses, mais encore presque exhaustives. Après avoir contesté qu'on eût le droit de poser la cause à part et en soi, comme possédant antérieurement à l'effet et indépendamment de lui une réalité propre d'où devrait ensuite procéder toute celle de l'effet, ils demandaient comment on pouvait tirer d'une chose autre chose qu'elle-même. Produire quelque chose, disaient-ils, c'est donner l'existence à une réalité nouvelle : si l'effet est quelque chose de nouveau, il n'était donc pas contenu dans la cause et, s'il était contenu dans la cause, il n'est pas nouveau : car ce qui existait dans le premier moment c'étaient à la fois la chose qu'on appelle cause et celle qu'on appelle effet. A l'allégation que l'effet n'existe point en acte dans la cause, mais s'y annonce sous l'espèce de la puissance, ils répliquaient en réduisant l'idée de puissance à celle d'existence actuelle mais cachée, se conformant en cela à la logique du réalisme : car ils sentaient bien que, constituée avec des éléments résolubles en rapports, la causalité perdrait son sens réaliste, puisqu'ils écrivaient, à propos de la causalité précisément, que les rapports n'ont point d'existence et ne sont donnés que dans la pensée. La séparation de l'agent et du patient était traitée par eux, bien entendu, avec la même sévérité que celle de la cause et de l'effet : tout ce qui concourt à la détermination de l'effet, remarquaient-ils, mérite le titre d'agent et d'autre part, tout agent, par cela qu'il s'accommode aux autres, est patient à quelque égard. C'est de cette inséparabilité des deux termes qu'ils tiraient leur principal argument contre les vertus productives qu'on veut localiser dans l'agent. Toute cause amenant un effet différent suivant la matière sur laquelle elle agit, le soleil, par exemple, durcissant la boue et fondant la cire, il faut, sous peine de mettre dans la cause plusieurs vertus qui se contrediraient et dont ni la coexistence ni l'action indépendante ne s'expliqueraient, avouer que ces vertus sont relatives aux choses qui sont dites en recevoir l'action, mais qui en réalité y coopèrent. Les vertus productives ont trouvé du reste d'autres ennemis que les disciples de Pyrrhon. Le sens commun lui-même, à qui l'on aurait tort de demander une parfaite conséquence, s'est moqué de la vertu dormitive de l'opium dont la nature (une vertu dans une vertu) est d'assoupir les sens et derrière cette raillerie on aperçoit tout de suite un argument. Ce qui fait le ridicule des vertus productives, c'est qu'on n'a point de concept positif à mettre sous le mot et que celui qui les invoque est dupe d'une explication nominale. S'il est possible de les remplacer par quelque notion qui ne soit plus chimérique, on ne saurait le faire qu'au prix d'un changement radical dans la manière de concevoir les causes et la théorie vulgaire y est impuissante. — Contre les actions transitives, les sceptiques avaient surtout invoqué les difficultés inhérentes au contact géométrique des corps ou à la pénétration d'un corps dans un autre, et ces difficultés ne sont pas toujours méprisables ; mais, en raison du vague qui était resté dans leurs idées de la substance et de l'individu, les anciens n'avaient pu faire porter le débat sur le point vraiment vital. Il y a fallu Descartes et Leibnitz. En distinguant deux substances de nature radicalement différente, Descartes a rendu impossible toute tentative pour introduire, sous quelque forme que ce fût, dans la pensée des effluves matériels et dans la matière des qualités idéales. Leibnitz, grâce à sa théorie de la substance, disons de l'individu, a contribué plus définitivement encore à la condamnation de la causalité transitive. Peut-être a-t-il eu tort de penser qu'un groupement d'états sous une loi perpétuelle suffit à constituer un individu pour soi-même, mais c'est avec raison qu'il soutient qu'un déterminisme étranger ne peut empiéter sur le déterminisme propre d'un individu sans que l'individualité périsse. L'impossibilité des causes transitives devient presque une proposition identique. Aussi serait-elle pour nous ce qu'il y aurait de plus incontestable dans toute cette critique des opinions vulgaires sur la causalité, si nous faisions des différences entre les divers points qu'elle touche. Mais nous ne songeons pas à en faire et, par conséquent, comme nous l'avions indiqué, nous sommes, dans la mesure où leurs négations atteignent seulement un vain dogmatisme, complètement d'accord avec les penseurs qui définissent la cause un antécédent inconditionné, ou de toute autre manière équivalente.

On comprend, néanmoins, que leur définition ne nous suffise pas. Elle nie autant peut-être qu'elle affirme puisque, après avoir reconnu une liaison nécessaire entre les phénomènes, elle ne veut point admettre qu'il y ait rien au delà. Or, les négations de cette sorte choquent toujours à moins qu'il ne soit démontré que toute tentative pour les dépasser entraîne contradiction. Alors, mais alors seulement, l'esprit renonce à toute recherche ultérieure parce qu'il s'aperçoit que, en dépit d'une première apparence, il a épuisé toutes les déterminations de son objet. Sans doute les défenseurs de la nécessité vide estiment bien avoir donné dans l'espèce la démonstration dont nous parlons. Mais c'est qu'ils prennent pour accordé que, en dehors de la leur, il n'y a pas d'autre conception de la causalité que celle du dogmatisme vulgaire ou peut-être celle d'Aristote et c'est de quoi nous ne convenons point. En l'absence d'une preuve (difficile d'ailleurs à administrer), le doute est légitime. La nécessité brute qu'on nous propose pour toute explication apparaît inévitablement comme un fait imposé du dehors à l'intelligence ; c'est-à-dire qu'on est jeté dans l'empirisme et, par suite, dans le réalisme même que les penseurs, contre qui nous discutons, avaient pourtant repoussé avec énergie.

Il y a, il est vrai, entre la conception de la causalité comme nécessité vide et la nôtre qui prétend, sans retomber dans les errements du dogmatisme vulgaire, mettre dans ce vide un contenu, une doctrine moyenne. Le formalisme de Kant, appliqué à la notion qui nous occupe, consiste précisément à soutenir qu'elle n'est pas vide en elle-même mais que nous n'en pouvons saisir le contenu : impuissance qui proviendrait d'ailleurs non d'une insuffisante pénétration de notre esprit, ainsi que pourrait l'admettre un positivisme sans portée quoique légitime, mais de l'essence même de notre constitution mentale. Nous n'avons pas à insister sur les services que le génie de Kant a rendus au rationalisme en défendant contre Hume la nécessité causale. Contentons-nous d'une brève remarque. Bien que le but de la déduction transcendentale ne soit pas d'établir qu'il doit y avoir dans la raison cette espèce particulière de rapport nécessaire qui constitue la causalité (car un rationalisme complet peut seul tenter une pareille entreprise), mais simplement que, *si* la loi de causalité est dans la raison, il faut qu'elle s'applique aux phénomènes pour qu'il y ait une expérience, on conviendra pourtant que Kant est bien près de donner une preuve par l'absurde de l'existence d'un lien nécessaire entre les phénomènes dans le temps. Les démonstrations de ce genre reviendront toujours à dire que, cette nécessité enlevée, il n'y aurait plus d'expérience ; par conséquent elles s'inspireront toutes de la déduction transcendentale qui, prise en ce sens un peu détourné, est d'une vérité éternelle. Ceci est indépendant des mérites et des défauts de la conception formaliste de la causalité et c'est cette conception qui doit en ce moment nous occuper.

L'origine en est dans le fait que nous employons la causalité à relier des phénomènes successifs et dans la théorie que Kant propose sur la nature du temps. Les moments de la durée étant pour lui non moins détachés les uns des autres que pour Descartes, la liaison de l'antécédent et du conséquent, parce qu'ils se placent dans des moments divers beaucoup plutôt que par suite de la différence interne de leur contenu, est synthétique. Or toute nécessité susceptible d'être comprise est, aux yeux de Kant, de même qu'à ceux de Hume, analytique : la nécessité causale telle qu'elle se déploie dans l'expérience ne peut donc pas être comprise et il faudrait même dire, si la chose en soi ne se retrouvait sous la sensation, que, par définition, elle ne contient rien qui soit susceptible d'être compris. Mais si la nécessité causale déployée dans l'expérience ne se comprend pas, elle n'en est pas moins réelle comme nécessité vide. Car que la loi supra-sensible de causalité ne puisse descendre dans le temps quant à son contenu, cela n'empêche pas la forme de la loi de s'appliquer aussi bien au temporel qu'à l'intemporel, puisqu'une forme de loi est toujours la même, qu'on l'emploie à relier la diversité de l'intuition sensible ou à construire les objets dans l'intuition intellectuelle. — Aurons-nous besoin de nous arrêter longtemps pour faire saisir le danger de cette profonde doctrine et l'incapacité où elle est de ne pas glisser sur la pente du rationalisme ? Une loi formelle que l'esprit porte en lui-même pour y soumettre une matière venue du dehors est, à supposer que ladite matière soit docile, d'une exigence que rien ne limite : dominé par cette forme de loi on réclamera, avec le même aveuglement que la pensée la plus vulgaire, une cause pour tout fait quel qu'il soit et cela créera, sans que la raison y trouve aucun vrai dédommagement, une difficulté aussi insurmontable que factice. Par bonheur on ne saurait demeurer dans l'attitude formaliste ; car de deux choses l'une : ou bien les phénomènes donnés dans la durée se succèderont par eux-mêmes dans un certain ordre ou désordre indépendant de la pensée et coïncideront par accident seulement, donc, à titre précaire, avec sa loi de causalité ; ou bien, si l'on repousse ce grossier empirisme qui, à vrai dire, réalise hors de la pensée tout ce qu'il y a d'essentiel dans la causalité, si on proclame que, le temps lui-même appartenant à l'esprit, la régularité des successions y est produite par la pensée, alors quelle portée peut garder l'assertion que les moments de la durée sont détachés les uns des autres et qu'il faut franchir un abîme pour en relier deux par la relation de cause à l'effet? On ne peut plus distinguer à la manière de Spinoza, entre le devenir de la nature et l'ordre de la raison. Tout s'absorbe dans cet ordre et la loi de causalité entre dans la constitution même des phénomènes, se précisant pour chacun d'eux en une détermination propre et réelle. Dira-t-on que la représentation de la causalité dans l'expérience n'est que symbolique? Ce serait forcer la pensée de Kant : il admet que l'entendement se réalise dans l'ordination des phénomènes. Lors donc que, dans la déduction transcendentale et plus complètement dans les Principes métaphysiques de la science de la nature, en faisant appel, il est vrai, à un concept qu'il déclare empirique, celui de mouvement, il organise le mécanisme, on doit dire qu'en définitive il fait œuvre de rationaliste absolu. Il s'en faut de bien peu que la causalité phénoménale, pourvue de presque tous ses organes, débarrassée, par suite, de ce coefficient d'incompréhensibilié qui en était censé inséparable, n'apparaisse avec le caractère de perfection lumineuse qui appartient aux choses de la raison et que la causalité dite intelligible ne s'évanouisse comme une vaine superfétation. Si, après avoir établi contre les partisans du simple antécédent inconditionné ou de la pure harmonie que la relation causale ne se réduit point à une nécessité vide, nous avons pu maintenir contre Kant la même vérité, il ne nous y a pas médiocrement aidés.

Pour exprimer sous son premier et plus élémentaire aspect le contenu de la nécessité causale, nous avons employé, on s'en souvient, le mot de dynamisme. Ce mot a désigné dans l'histoire bien des conceptions qui sont étrangères ou même opposées à la nôtre. D'une part on lui a prêté un sens téléologique; être dynamiste, c'était alors attribuer le changement ou la stabilité à des causes agissant pour des fins. On pressent bien et l'on verra que nous séparerons avec la dernière rigueur la causalité et la finalité. D'autre part, on a appelé dynamisme un système qui réalise ou substantialise les forces. Il est trop évident que tout nous éloigne d'un pareil système. En nous déclarant dynamiste nous voulons poser deux affirmations. D'abord, tout en restant placés au point de vue idéaliste et en considérant les forces comme des rapports, nous entendons qu'il y a de la réalité dans ce qu'on appelle communément efficace, pouvoir, force et cela sans retomber dans les grossières illusions contre lesquelles nous avons véhémentement protesté. Nous nous expliquerons un peu plus tard à ce sujet. En second lieu, thèse si étroitement liée à la précédente que ce n'en est guère qu'une transposition, nous admettons que la causalité est originale et irréductible. C'est sur ce second point que nous allons tout de suite insister.

La grande majorité des penseurs a tendu jusqu'ici, avec une conscience plus ou moins nette de cette tendance, à réduire la causalité à d'autres notions. On a pensé que c'était la seule manière de faire comprendre en quoi elle consiste et d'en expliquer l'apparition. On s'est ingénié à trouver un autre processus d'où le processus causal pût se déduire. Cette relation qui se présentait plus qu'aucune autre comme antérieure aux choses a paru un scandale. On a voulu qu'elle se fondât sur une dénomination plus interne, qu'elle dérivât, comme on l'entendait bien d'ailleurs aussi pour les autres lois, de la nature préexistante des choses. Pour cela on s'est servi de deux moyens :

d'une part on a entrepris de poser antérieurement à la causalité, afin de l'en faire sortir, des notions que nous considérons comme postérieures à elle et comme impossibles sans elle ; de l'autre, on a cru pouvoir tirer la causalité de notions que nous reconnaissons pour antérieures à elle, mais où elle n'est pas contenue.

Selon la première méthode on commence par admettre qu'il y a un quantum fixe de réalité, que l'on présente d'ailleurs cette réalité comme constituée par la matière en mouvement ou par la force même qu'on matérialise. Cette somme constante de réel prend divers aspects, se distingue de façons différentes : mais, sous chacun des aspects différents qu'elle revêt, elle se retrouve la même ; chacun d'eux n'est nouveau qu'en apparence, et, bien examiné, se trouve être identique à un autre antérieur. En un mot, la vraie formule de la causalité en même temps que sa raison d'être, c'est la vieille maxime : *E nihilo nihil*. Pour nous cette doctrine, qui n'a pas cessé de trouver des adeptes jusque chez les modernes, tel par exemple Hamilton, nous paraît aussi grossière que primitive. D'abord, elle confond, comme on l'a fait valoir avec raison contre Hamilton, la cause proprement dite ou efficiente avec la soi-disant cause matérielle, essayant d'absorber la première dans la seconde. Hamilton, qui se place d'emblée et sans justifier cette manière de faire, en face du cas le plus spécieux pour illustrer sa théorie, prétend que la cause d'un sel doit être cherchée dans l'acide et dans la base dont il est fait. Mais s'il est incontestable que la matière d'une chose en est une condition, cette sorte de condition ne peut pas prendre le nom de cause à moins qu'on ne se plaise à noyer les notions dans le vague. La cause est, dans l'espèce, ce que Hamilton a négligé presque complètement : c'est, supposé que soient données les circonstances qui en permettent la manifestation, l'affinité ou quoi que ce soit qui y corresponde, bref quelque chose qui est d'un autre ordre que la matière.

On entend bien que nous ne commettrons pas la faute de réaliser le moteur lui-même du processus causal, ce qui serait d'ailleurs lui enlever sa raison d'être et sa valeur propres. Mais réaliser veut dire ici matérialiser et la réalité, au sens conceptuel, de ce qui fait que la cause est cause et qu'il y a passage à l'effet constitue précisément à nos yeux, contrairement à l'opinion de Hamilton, ce qu'il faut affirmer avant tout quand on prétend admettre et reconnaître la relation causale. Un autre défaut de la théorie matérialiste, voisin d'ailleurs du précédent, est de concentrer toute son attention sur la chose qui est dite persister sous la diversité des aspects et de ne tenir compte ni des circonstances qui définissaient et caractérisaient cette chose dans sa première forme, ni de celles qui lui en impriment une seconde. Or, de quel droit, pour la commodité de la théorie, supprime-t-on tout ce côté caractéristique et formel? Est-ce qu'il y aurait encore causalité, dans l'exemple de Hamilton, production du sel, dont il parle, si, par exemple, la collocation des forces, comme on dit en Angleterre, n'était pas telle ou telle? Comme si la cause n'était pas justement ce qui fait qu'il y a équilibre ou rupture d'équilibre entre les forces! Enfin, et c'est une difficulté qui à son tour tient de près à celle qui la précède, ce qu'il s'agirait d'expliquer dans la relation causale, c'est-à-dire ici ce qu'il faudrait déduire de quelque autre chose, ce n'est pas ce qu'il y a d'immuable et de mort dans le monde, c'est bien plutôt ce qui s'y produit de neuf; et si la permanence de quelque mode de la réalité, soit la conservation de l'énergie, réclame aussi explication, cette permanence doit être prise dans son rapport avec le changement. En d'autres termes, il faut montrer que la causalité rend compte (sauf à s'entendre sur le sens de cette expression de rendre compte) et de la conservation de quelque chose à travers le jeu de la relation causale et de l'apparition de quelque chose de nouveau. Négliger le second objet pour s'en tenir au premier est tout à fait impossible. Car si le premier élément constitutif de la causalité consiste dans le fait que sur chaque partie de l'étendue qualifiée toutes les autres exercent une influence ou comme on voudra dire ; si, dès qu'il y a causalité, chacune de ces parties est incitée à être autre qu'elle serait isolément et en elle-même, on voit que la nature des causes est au premier chef de provoquer du nouveau. La stabilité même, en tant que déterminée par des causes, implique cette marche vers la nouveauté : seulement cette marche se trouve là opposée à soi et, par suite, neutralisée. On voit de combien il s'en faut qu'on puisse affirmer avec l'auteur d'un des livres les plus considérables de notre temps sur la philosophie des sciences de la nature que l'intelligence humaine, c'est-à-dire l'intelligence humaine en tant qu'elle cherche dans la causalité une explication des phénomènes, commence et finit avec le principe que rien ne vient de rien. Si cela était, ou si, comme le dit Hamilton, la conception des causes résultait non d'une puissance, mais d'une impuissance de l'esprit, alors l'esprit serait bien inadéquat à sa tâche. Constatant de la nouveauté dans les phénomènes il se dirait : ce qui est nouveau me dépasse, je nie donc qu'il y ait rien de tel et prononce que tout est toujours le même malgré les apparences. Ce serait à vrai dire s'aveugler et, ne voyant plus rien, se tenir pour satisfait en se répétant qu'il n'y a plus rien à voir. La nouveauté dans les phénomènes fût-elle même une pure apparence qu'il en faudrait encore rendre compte, puisque en posant cette apparence comme primitive et irréductible, on ne ferait au fond qu'avouer, en d'autres termes, la réalité du nouveau. Mais non seulement toute cette théorie, qui fonde la causalité sur la permanence d'une même somme de réel, ou d'une manière plus physique sur la conservation de l'énergie, est incapable de s'accommoder des caractères véritables de la notion dont elle prétend nous apporter le fondement, il faut dire qu'elle constitue une inversion de l'ordre naturel de la pensée. Ce n'est pas parce que la même somme de réel se conserve qu'il y a des causes et des effets ; au contraire, c'est parce qu'il y a des causes et des effets que, d'une certaine manière, la même somme de réalité se conserve. Aussi trouvera-t-on toujours en examinant bien leurs paroles une pétition de principe chez tous les penseurs qui ont soutenu sous quelque forme que ce soit la théorie que nous combattons. Wolff avait dit que si une chose n'avait pas de raison suffisante (disons : n'avait pas de cause), ce serait alors le néant qui en serait la cause. Hume, qui connaissait bien ce raisonnement, en a comme on sait donné une réfutation définitive en faisant remarquer que lorsqu'on prétend qu'un fait n'a pas de cause on ne dit pas qu'il a le néant pour cause et que c'est présupposer la causalité que d'attribuer au néant la qualité de cause. Pour le dire en passant, c'est là une des remarques les plus profondes de ce philosophe et celle peut-être qui conduit le plus sûrement à apercevoir en toute lumière le caractère original de la causalité. Hamilton, fort de l'argument de Hume, condamne sévèrement la faute de logique commise par Wolff et il ne s'aperçoit pas qu'il en commet lui-même une pareille. Rien ne vient de rien ; voilà qui est vrai s'il y a des causes et en tant qu'il y en a. Mais qu'est-ce que cette idée de venir de quelque chose, d'être issu de quelque chose, si ce n'est l'idée même d'un effet rapporté à sa cause ? Comment donc tirer celle-ci de celle-là ?

Une autre forme que peut prendre, avons-nous dit, la réduction de la causalité, la doctrine anti-dynamiste qui refuse de reconnaître dans les forces un moment original de la pensée, c'est de prétendre déduire la causalité des notions qui lui sont antérieures. Tout à l'heure on se plaçait au sein de l'être, de la réalité, de la substance en un mot, et l'on disait : s'il y a des substances, il y a de la causalité en vertu de la nature même des substances. Nous repoussions cette déduction parce que si nous pouvons bien admettre que la substance une fois donnée la causalité s'ensuivrait, nous croyons que la substance, ou ce qui y répond, présuppose la causalité à moins de n'être en fond que la notion abstraite, vide et morte de l'être pur. Maintenant ce n'est plus à la notion de substance, c'est plutôt à celle de qualité que nous allons voir recourir des penseurs qui ne veulent pas de la causalité en elle-même. D'après eux la causalité n'est qu'une conséquence de l'opposition des contraires qualitatifs. Ce qui est chaud, par cela qu'il est chaud, agit sur ce qui est froid et l'échauffe : tous les éléments de la relation causale sont contenus, disent-ils, dans ce cas typique. Elle consiste purement et simplement dans l'action d'un contraire qualitatif sur son opposé. A cela du moins se ramène, quant à sa partie physique, la conception aristotélicienne de la causalité, conception qui, sous une forme plus ou moins obscure, subsiste encore au fond de beaucoup d'esprits. Mais si elle a vécu tant de siècles ce n'est pas qu'elle ait une valeur rationnelle, c'est seulement qu'il s'est formé une association inséparable, comme dirait Mill, entre la détermination causale et la donnée de contraires qualitatifs convenablement situés. Nous nions quant à nous que l'idée de causation soit contenue dans celle d'opposition qualitative, et tout d'abord pour aider à comprendre l'hétérogénéité des deux idées nous invoquons une analogie. Envisageons les contraires spatiaux, le haut et le bas, l'avant et l'arrière : personne ne sera tenté de dire que l'avant agit sur l'arrière, ni même le haut sur le bas, ou inversement. Ce ne serait donc pas la contrariété en elle-même ou unie à la quantité, ce serait la contrariété qualitative, comme telle, qui contiendrait le pouvoir causal. Encore une fois nous n'y apercevons point ce pouvoir et prétendons avoir tiré de la contrariété qualitative tout ce qu'elle contenait, quand nous avons reconnu à son heure la nécessité qui s'impose à l'esprit de passer d'un contraire qualitatif à son opposé, nécessité qui n'a rien de causal. On croit déduire de l'autre la nécessité causale ; en réalité on l'introduit subrepticement. Ajoutons que si les contraires qualitatifs exerçaient comme tels une influence causale l'un sur l'autre, cette sorte d'influence devrait apparaître toutes les fois que de tels contraires sont mis en présence l'un de l'autre. Or, s'il est permis de chercher des arguments dans un ordre de notions presque impénétrables jusqu'à présent et où les surprises et les méprises nous attendent à chaque pas, ne peut-on pas dire que les couleurs spectrales, telles qu'elles s'étalent sur l'écran, ont encore toutes leurs déterminations qualitatives et pourtant ne s'influencent plus causalement tandis que, grâce à des circonstances qui ne relèvent pas proprement de la qualité, des lumières diversement colorées ne manqueront pas de s'influencer si l'une passe à travers l'autre ? D'autre part, si la causalité se ramenait tout entière à l'action mutuelle des contraires qualitatifs, une altération quelconque ne devrait jamais être causalement déterminée que par une action de cette espèce : or est-on bien sûr qu'il y ait rien de tel dans le cas où, par exemple, une enclume s'échauffe sous les coups d'un marteau ? La vérité, selon nous, est que les contraires qualitatifs, au lieu de recéler l'action causale, ne font que lui servir de condition élémentaire : ce qui suffit pour donner lieu à une méprise et à une association inséparable qui la perpétue. Pour que la causalité se pose sous la forme la plus simple, celle où les effets se réduisent presque à des mouvements ou à des équilibres au sens le plus mécanique du mot, il est indispensable qu'il y ait des différences de position, c'est-à-dire du droit et du gauche, etc. Or, puisque tout doit être causalement solidaire dans l'ordre de la qualité comme dans celui de la quantité, sur quoi s'établira la relation causale, sinon précisément sur les différences qualitatives et, en particulier, sur les contraires qualitatifs proprement dits ? Supports de cette relation et donnés quand elle l'est, les contraires passeront avec facilité pour en constituer l'essence. Mais l'essence de la causalité n'en sera pas moins tout autre. Les contraires qui lui appartiennent en propre se superposeront aux contraires qualitatifs sans se confondre avec eux. Quand même donc on irait jusqu'à concevoir la relation causale sur le mode dialectique, dès qu'on persisterait à n'en faire qu'une dépendance de l'opposition qualitative, on se tromperait gravement à nos yeux et, dans tous les cas, on serait très éloigné de notre conception. Pareillement si, ce qui nous ramènerait, bien qu'avec une nuance, à la théorie substantialiste, on envisageait plutôt, pour y réduire la causalité, une opposition dialectique enveloppée dans l'essence des choses en considérant cette essence comme antérieure. Le caractère original et irréductible de la causalité, la nécessité de la poser en elle-même comme un moment spécifiquement propre de la représentation, est un point sur lequel nous ne saurions trop appeler l'attention si nous voulons qu'on nous comprenne. Alors, dira-t-on, vous acceptez telle quelle la notion de causalité comme un fait pur et simple ? Rien de plus vrai et de plus faux à la fois. Pouvoir accepter les notions telles qu'elles sont dans leur vérité, c'est là un des résultats principaux que nous avons toujours attendus de notre méthode et il est sûr que, dans l'espèce, nous pensons l'avoir obtenu pleinement. Nous ne nous sommes point engagés à déduire toutes les notions de l'une d'entre elles, c'est-à-dire à les défigurer et à les appauvrir. Comment nous reprocherait-on de leur laisser leur caractère et leur richesse ? N'est-ce donc pas un avantage et la nécessité d'éviter le défaut opposé n'est-elle pas l'une des meilleures raisons d'être de notre marche synthétique ? Quant à prétendre que nous admettons la causalité comme un fait pur et simple, c'est un reproche auquel nous serions sensible s'il nous atteignait. Mais nous avons amené à son rang et en ce sens, le seul que nous devions avouer, nous avons *expliqué* la notion dont il s'agit. Croire qu'expliquer consiste toujours et exclusivement à réduire afin de déduire, est une erreur que nous n'avons pas cessé de combattre. Il est vrai que la causalité telle que nous l'acceptons et telle qu'elle est, c'est-à-dire le dynamisme et de plus le dynamisme déterminé par l'épithète de mécanique, passe pour réalistique et inintelligible : de sorte que, au cas même où nous aurions réussi à l'amener à son rang, cette notion resterait inexplicable, sinon dans son rapport avec les autres, du moins en elle-même. Mais nous retrouverons l'objection et nous espérons bien la repousser. Pour le moment nous maintenons que la liaison causale des parties de l'étendue qualifiée est quelque chose d'original qu'il convient de désigner par le mot de force et, après avoir justifié dans notre définition de la causalité le substantif « dynamisme », nous allons entreprendre la même tâche pour la première des qualifications que nous y avons jointes, celle de « mécanique ».

La signification de cet adjectif est pour nous quadruple. Il veut dire que la causalité est une détermination qui procède du dehors ; qu'elle n'a rien de commun avec une activité téléologique ; que, dans la mesure où l'idéalisme le permet, elle est un enchaînement réel et non pas idéal ; enfin qu'elle est progressive et non pas analytique.

La causalité est une détermination qui procède du dehors et cela au triple point de vue de l'espace, de la qualité et du temps. En effet elle consiste, par construction, en une dépendance qui lie chacune des parties de l'étendue qualifiée à toutes les autres en tant qu'elles sont réciproquement extérieures et que leurs états sont successifs. On voit donc tout de suite par une facile analyse, et d'abord à propos de l'espace et de la qualité, que chacune des parties de l'étendue qualifiée possède ce qu'on appelle en mécanique l'inertie, c'est-à-dire est incapable d'influer sur soi, au moins directement, et reçoit l'influence de tout le reste. La cause d'un mouvement, par exemple, n'est pas dans le mobile. Il n'y a pas de caractère qui appartienne plus incontestablement à la causalité. On n'a qu'à le bien comprendre. En premier lieu il va de soi que les parties de l'étendue qualifiée ne sauraient être prises pour des êtres séparés qui exerceraient les uns sur les autres des actions transitives : ce sont des termes de rapports donnés dans la pensée. D'autre part, le fait de concevoir la détermination causale comme procédant du dehors ne doit pas entraîner le rétablissement d'un agent et d'un patient au sens réaliste. Parce que la détermination causale ne vient pas de la chose même qui la subit, ce n'est pas une raison pour en faire la propriété et l'émanation des autres choses. Elles subissent à leur tour une détermination réciproque de celle qu'elles impriment, ou pour mieux dire la causalité n'a son siège ni ici ni là : une force est un rapport posé entre deux termes ; elle n'émane pas de l'intérieur de l'un d'eux, elle est entre eux. Et quand même l'influence ne serait pas réciproque d'un terme à l'autre, quand le dédoublement de ce rapport serait autre chose qu'une abstraction commode, de telle sorte que tout se passerait en vérité comme si l'un des termes exerçait toute l'action pendant que l'autre ne ferait que la subir, il faudrait encore se garder de réaliser le pouvoir causal dans le premier : car pour être rigoureusement unilatérale, ce qu'elle n'est pas, la relation de causalité n'en resterait pas moins une relation et l'agent et le patient ne seraient toujours que des corrélatifs. C'est une vérité qu'on va d'ailleurs apercevoir plus aisément en passant du point de vue de l'espace et de la qualité à celui de la succession.

A ce nouveau point de vue l'effet tend à se poser comme un tout, la cause comme un autre, celle-ci antérieure, celui-là postérieur et la détermination vient encore du dehors en ce sens que c'est le passé, ou tout au moins le donné, qui fait l'avenir ou le présent. Mais, dira-t-on, ce second trait caractéristique du mécanisme ne peut être accepté sans danger : si la cause est antérieure à l'effet, elle est donc réelle à part de l'effet et nous retombons sous l'objection des sceptiques grecs, infidèles que nous sommes au principe de la relativité. Nous ne pouvons pas répondre ici comme tout à l'heure à propos de l'agent et du patient que l'effet est cause à son tour : car si l'on peut prêter une influence à l'effet sur la cause, cette influence n'a rien de causal et il faut se garder de confondre les divers degrés de la représentation. Aussi bien, fût-elle possible, cette réponse n'irait pas au fond des choses : car la cause en tant que cause serait toujours antérieure à l'effet en tant qu'effet, comme l'agent en tant qu'agent devait être extérieur au patient. Nous avons une réponse plus profonde et c'est toute notre méthode qui nous la fournit. Si le temps se composait de parties sans lien entre elles en quelque sens que ce fût, s'il était formé, en un mot, d'atomes de durée, alors la cause localisée en une partie du temps et l'effet en une autre seraient indépendants l'un de l'autre : la cause serait cause en elle-même et l'effet effet en lui-même. Telle n'est point heureusement la constitution du temps, et l'espace même n'en possède pas une de ce genre. Les parties du temps, précisément parce qu'elles s'excluent, sont solidaires. De même donc que l'antérieur et le postérieur sont des corrélatifs, de même la cause et l'effet qui s'y trouvent situés. Il est bien vrai que les corrélatifs n'existent que dans la pensée : mais là du moins ils se posent, et d'une manière générale et dans l'espèce qui nous occupe, avec leur nature inaliénable de termes distincts et unis. Le réalisme ne comprend la distinction et l'union que d'une façon grossière : union c'est pour lui fusion ou mieux confusion et deux choses distinctes sont comme deux atomes ou deux mondes. La vérité de ces deux idées est tout autre : se distinguer c'est s'opposer et s'opposer c'est s'unir. La cause et l'effet sont au point de vue du temps, comme à tous les autres, des corrélatifs ; la cause est antérieure et ne peut l'être que par la postériorité de l'effet et inversement. Disons même que c'est peut-être en considérant la causalité qui le remplit qu'on se rend le mieux compte de la marche du temps. La cause appelle l'effet : cela signifie que, sous un certain rapport, l'état donné des choses ne se suffit point et qu'il n'est jamais pensé sans qu'on anticipe les états qui viendront. Quelque chose d'analogue avait déjà lieu pour le temps vide : l'instant présent se posant au milieu d'un intervalle, pour ainsi dire, demandait un autre instant avant lui et un autre après, ou encore le présent ne pouvait être conçu que dans sa double opposition au passé et à l'avenir : de sorte que le présent n'étant jamais donné isolé et en lui-même comme l'aurait voulu le réalisme, le temps, pour parler un langage psychologique, était toujours mémoire et prévision. Cette relativité de l'instant présent est présupposée pour l'établissement de la relation causale et la notion de cause à son tour la fait comprendre. L'antériorité chronologique de la cause sur l'effet ne soulève donc aucune difficulté véritable puisque, bien loin de heurter le principe de relativité, elle en est une application. Remarquons du reste que la cause pour être mécanique n'a pas toujours besoin d'être, à la rigueur, antérieure à l'effet. Dans le cas où deux forces se font équilibre, l'effet est contemporain de la cause et il n'y a même dans ce cas aucune considération implicite de changement réel ni, en ce sens, de succession. Kant pense, il est vrai, qu'on ne pourrait reconnaître quel est de deux phénomènes simultanés celui qui est la cause de l'autre, si l'on ne constatait un changement au moment où la relation causale se produit, soit, dans le cas que nous avons pris, la cessation de quelque mouvement lorsque viennent à être donnés d'une part les deux forces antagonistes et de l'autre l'équilibre. Mais l'opinion de Kant n'est vraie qu'au point de vue empirique et inductif et peut-être encore faudrait-il faire des réserves ; elle est inexacte quand il s'agit de la connaissance rationnelle et par le dedans. Il est plus heureux lorsqu'il dit que dans l'*ordre* du temps, sinon dans son cours, il y a toujours une antériorité de la cause, que le temps entre la causalité de la cause et l'effet immédiat peut s'évanouir, mais que le rapport de l'un à l'autre reste toujours déterminable dans le temps. Alors même, dirons-nous, qu'on ne pourrait plus parler d'antériorité réelle pour la cause, il resterait toujours ceci : c'est que la détermination vient de ce qui peut être conçu comme idéalement antérieur à l'effet. En somme donc, et c'est ce que nous voulions établir, la causalité étant mécanique, il faut non seulement lorsque la cause précède l'effet, mais lors même qu'il en est contemporain, la concevoir comme *vis a tergo*. Ajoutons seulement, si cela est encore nécessaire pour éviter toute méprise sur notre pensée, que l'efficacité causale ne doit pas plus, en un certain sens, être posée dans la cause comme antérieure à l'effet qu'elle ne devait l'être tout à l'heure dans un agent extérieur : la cause est *entre* les phénomènes, dans le temps comme dans l'espace. Nous avons assez dit qu'il n'y avait point d'antérieur en soi et il est assez clair que le mot désigne un pur terme de rapport.

Nous venons de reconnaître que la cause est extérieure à l'effet, qu'elle ne lui doit rien, qu'elle le domine. Quoique ces expressions ne doivent pas être entendues dans le sens réaliste et que, par exemple, dire que la cause domine l'effet ce soit encore avouer qu'elle en est le corrélatif, puisqu'il n'y a point de domination sans quelque chose qui soit dominé, il demeure acquis que, au point de vue même du relativisme, la nécessité causale suit pour ainsi dire une marche descendante. L'effet n'entre point en ligne de compte autrement que comme effet dans la relation qui le lie à sa cause. On ne lui attribue point de réalité propre qui le mette sur le même pied que la cause et, par conséquent, il n'a pas ici d'exigences à faire valoir. Il est ce que le fait la cause et elle ne s'adapte point à lui. En un mot la détermination causale nécessite l'effet et la causalité n'a rien de commun avec une activité téléologique. C'est là un des traits les plus importants que nous ayons voulu marquer dans cette notion en employant l'épithète de mécanique. C'est à vrai dire un caractère dominateur et le sens commun lui-même, sauf à se contredire ensuite, admet comme parfaitement claire et frappante l'opposition du mécanisme et de la finalité. Nombre d'auteurs cependant sont convaincus que les causes s'expliquent par les fins, et d'autres, animés en quelque mesure du même esprit, soutiennent que c'est dans l'activité téléologique par excellence, dans notre vouloir, qu'il faut chercher le type de la causalité.

Pourquoi veut-on expliquer les causes par les fins ? La raison en est qu'on se représente la causalité comme une opération inintelligible, allant même, peut-être, jusqu'à la réduire à une pure nécessité vide et que, d'autre part, abusant de la parenté des idées de forme et de fin on prétend saisir une liaison analytique entre l'effet considéré comme fin ou plutôt comme forme et la cause ramenée au rang de condition élémentaire ou de matière. On voit que ceci nous rejette dans des confusions déjà dissipées ou nous amène à un point que nous devons ajourner encore, savoir la nature progressive du processus causal. Il va de soi que nous ne contestons pas et surtout que nous ne saurions vouloir nier sans examen la subordination du mécanisme à la finalité. Nous nous opposons seulement à ce qu'on résolve d'avance un problème aussi grave et à ce que, renversant l'ordre des notions, on mette la plus complexe avant la plus simple. Et comment ne s'aperçoit-on pas du renversement qu'on opère ? On veut fonder la causalité sur la finalité en faisant des causes de purs et simples moyens. Mais un moyen qui ne serait pas d'abord une cause ne saurait pas même être un moyen. On comprend bien que, un déterminisme causal étant donné, il puisse être employé à l'obtention de tel ou tel but. Comprendrait-on, au contraire, que des faits n'ayant rien en eux-mêmes qui les qualifiât pour en amener un autre, fussent institués directement antécédents et moyens de celui-ci ? Si la réalisation d'un but ne dépendait pas de telles et telles causes, pourquoi, en mettant avant lui de soi-disant conditions, le ferait-on dépendre en apparence de faits qui par eux-mêmes ne le déterminent en aucune façon ? Il serait plus simple, à supposer du moins que cela se comprenne, de poser le but tout de suite. Autrement on ressemble à un voyageur qui, pouvant aller en ligne droite de l'un des sommets d'un triangle à un autre, s'astreindrait à passer par le troisième. Et encore faut-il observer que, dans cet exemple, la possibilité de passer par le troisième sommet symbolise un déterminisme donné et que c'est le choix seul, non l'établissement de ce déterminisme qui est arbitraire. Cette proposition que les causes dépourvues de toute fonction propre ne sont absolument et rigoureusement que des moyens est donc vide de sens. On dira que les causes sont les éléments et les parties de ce tout qu'est la fin. C'est rétablir un équivalent du déterminisme causal et par là rendre une signification à la thèse qu'on soutenait. Mais encore une fois nous n'admettons pas qu'on déduise la causalité de la substance en prétendant que celle-ci ne présuppose pas celle-là.

La défiance envers le mécanisme et l'espoir de trouver dans une activité orientée vers des fins une intelligibilité qu'on croit qui manque en lui sont la raison d'être d'une autre théorie, selon laquelle l'origine et le type de la notion de cause doivent être cherchés dans la volonté, soit dans la volonté en tant qu'elle entraîne la contraction des muscles, soit dans le vouloir pur ou limité au domaine de la vie psychique dans le sens strict. Et chez ceux-là mêmes qui sans professer expressément la théorie volitionnelle ne laissent pas de concevoir les causes à la façon d'un être qui engendre ou d'un artisan qui produit une œuvre, bref d'un agent conscient, tout l'essentiel de ladite théorie se retrouve. Ici, tout en cherchant en dehors d'elle la lumière qui doit l'éclairer, on ne fait plus comme tout à l'heure table rase de la causalité et nous devons commencer par reconnaître que certains adversaires de la théorie volitionnelle vont trop loin. La causalité n'est pas à l'état pur dans la volonté, et c'est de là que vient le mal, mais elle y est, surtout si l'on considère la volonté suivie de la contraction des muscles. Il est bien clair en effet que le mouvement des membres chez un être vivant, s'il ne s'explique pas tout entier et jusque dans sa première origine par le mécanisme, admet du moins, dans toutes les phases qui succèdent à la phase initiale, une explication mécanique. Lors donc qu'on va jusqu'à prétendre qu'il n'y a pas, en réalité, chez l'être qui veut, une prévision du résultat de la volition, et que les intermédiaires entre la volition et le mouvement d'un membre sont absolument ignorés de l'agent, de sorte que la liaison de ces intermédiaires avec la volition et même entre eux se ramène tout entière à une succession inconditionnée, on se perd dans des négations inacceptables. Il n'y a point de causalité sans prédétermination et si la prédétermination ne s'identifiait pas au fond avec la prévision, on tomberait dans le réalisme. C'est pourquoi il n'y a pas moyen de donner une signification et une portée métaphysique à la doctrine qui prétend, en expliquant le sentiment de l'effort par des sensations afférentes seulement, c'est-à-dire par la pure méthode sensualiste, exclure de la conscience du vouloir moteur toute anticipation du résultat lors des premiers actes et toute idée, si obscure soit-elle, de sa production. Une psychologie mieux informée en découvrira des rudiments incontestables. Ce n'est que dans la conscience distincte des individus ordinaires et dans celle que les psychologues ont réussi jusqu'à ce jour à rendre distincte qu'on ne trouve pas de traces d'un enchaînement des intermédiaires entre la volition et la contraction des muscles. Le fait s'explique parce que la connaissance du résultat est seule urgente au point de vue de l'utilité vitale ; et, une fois qu'une association s'est formée entre la volition et le mouvement à produire, on conçoit que le désordre des intermédiaires, consécutif à la paralysie par exemple, passe inaperçu. — Mais si les négations excessives de certains adversaires de la théorie volitionnelle sont sans valeur et sans portée métaphysique, les affirmations de ses partisans n'en ont pas non plus. Pourquoi a-t-on cherché dans l'action volontaire le type de la causalité? C'est, entre autres raisons, que là, de l'aveu du sens commun lui-même, la pensée est créatrice et on se flatte de la voir à l'œuvre dans son activité constructive, de la saisir en train de constituer des causes et des effets, d'avoir en un mot une expérience de la causalité. Le malheur est que l'expérience de la causalité se fait partout en un sens et que, en un autre, on ne l'a nulle part, pas même dans ce cas que l'on croit privilégié. Il n'y a point de relation causale si ce n'est dans une conscience qui la pose et elle ne peut être posée sans ses voies et moyens ; parler d'une relation causale absolument inconsciente serait revenir au réalisme. Tout cela est à la fois évident et sans intérêt dans l'espèce. Car l'expérience à laquelle on songe, c'est à la conscience distincte de chacun qu'on la rapporte. A l'aide de ce procédé, à demi instinctif, à demi savant, qu'on appelle l'observation psychologique, on espère obtenir, moitié par vue immédiate, moitié par analyse, une intuition claire, nette et en même temps pénétrante de la causalité. Mais on s'abuse étrangement sur la puissance de ce procédé. Même après que la psychologie aura fait de grands progrès, fournira-t-il autre chose que des signes dont l'interprétation restera à découvrir inductivement ? nous ne savons ; dans tous les cas il est dans l'état de choses actuel aussi dangereux qu'insuffisant. On risque en invoquant le témoignage de la conscience, dans une question comme la nôtre, d'accepter sans contrôle, sous le nom de faits, des notions de sens commun au fond desquelles il n'y a que méprises et confusion. La vraie méthode consisterait, au contraire, dans l'analyse et la synthèse des idées s'appuyant sur tous les renseignements qu'on aurait pu tirer des diverses sciences sans en exclure, cela va de soi, la psychologie. Les partisans de la théorie volitionnelle se trompent donc quand ils croient pouvoir atteindre par l'observation intérieure toute seule le secret des relations causales qui se développent en nous. Et toutefois ce n'est là que la moindre de leurs erreurs : car s'il y a vraiment de la causalité dans le processus volontaire du mouvement, leur effort, quoique vain, tend ainsi, en partie du moins, vers l'objet qu'il s'agirait de saisir et leur tort capital, celui que nous avons surtout à cœur de faire ressortir en ce moment, est autre : c'est qu'ils cherchent la causalité là où elle n'est pas pure, mais mêlée et peut-être même, en dernier lieu, là où elle n'est pas du tout. L'espoir d'en comprendre la nature lorsqu'elle se double de finalité les a tout d'abord attirés et, marchant vers la finalité comme vers la lumière, ce n'est bientôt plus dans la volonté motrice, c'est dans la volonté tout intérieure, où la considération des fins tient encore plus de place, qu'ils poursuivent le modèle original de la cause. Mais c'est là qu'ils ont le moins de chances de l'apercevoir et même de le rencontrer. Quand on veut saisir une notion, on tâche ordinairement de la dégager par une analyse. Les partisans de la théorie volitionnelle suivent la marche inverse : car la volonté contient la causalité sans doute, mais avec la finalité en plus et elle est même la synthèse des deux. Le cas privilégié où la causalité se montre à nu n'est donc pas la volition : c'est au contraire un phénomène bien moins haut et bien moins réel, le phénomène pauvre et abstrait de la détermination mécanique. Dira-t-on que l'on décompose le vouloir en deux parties : la volition même, qui s'explique par les fins, et les effets psychologiques de la volition, à l'égard desquels elle serait une pure cause ? Alors même que la légitimité d'une pareille analyse pourrait être accordée, les partisans de la théorie volitionnelle n'y gagneraient rien : car, la finalité étant laissée de côté, ils se retrouveraient en présence de la causalité toute seule et dans des conditions fort éloignées d'être particulièrement lumineuses. Ils invoqueraient sans doute une force, un pouvoir de la volonté sur les représentations et que mettraient-ils de clair sous ces mots ? Certes mieux vaut s'en tenir aux relations de deux masses. Qu'après cela la causalité pure et simple ne suffise pas, c'est une autre question. Ajoutons que, pour la traiter, le plus expédient est de se fixer d'abord sur la causalité pure et simple : car comment comprendra-t-on la subordination du mécanisme à la finalité, si l'on ne commence par prendre le mécanisme en lui-même afin d'en reconnaître les lacunes ? Cela est si vrai que la théorie volitionnelle qui s'attaque tout de suite à l'activité agissant pour des fins est réduite au plus cruel embarras, quand on lui demande comment le physique obéit au moral, comment la volonté détermine dans les nerfs le premier terme de la série des mouvements.

Le nouveau caractère de la détermination causale sur lequel nous allons insister maintenant se présente sous une forme paradoxale. Cette détermination, disons-nous en effet, n'est pas simplement idéale, elle est dans les choses mêmes ou du moins elle constitue un rapport qui existe entre les choses, elle est réelle. Or nous avons proclamé à plusieurs reprises que la causalité au sens réaliste est inacceptable. N'est-ce pas là une contradiction ? Non sans doute, en dépit d'une première apparence. Mais, avant de le faire voir, expliquons-nous d'abord sur un point secondaire qui est lié au point capital. Quand on nous accorderait qu'il y avait lieu, après l'altération et la spécification, de poser la causalité, c'est-à-dire la causalité réelle, on nous contesterait du moins peut-être la validité de la marche que nous avons suivie pour arriver à la poser. Nous avons voulu accomplir la synthèse de l'altération et de la spécification et, pour cela, nous avons distingué entre la simple opposition ou corrélation des deux idées et leur conciliation. Nous avons avancé qu'une synthèse est quelque chose de plus qu'un assemblage, qu'elle doit être l'unité des deux termes qu'elle rapproche et par conséquent contenir la raison du rapprochement. Vous avez, nous dira-t-on, commis une pétition de principe : vous avez cherché la raison de l'altération et de la spécification c'est-à-dire que, présupposant la loi de causalité, vous avez considéré ces deux opérations comme des effets et que vous avez conclu de là qu'ils avaient une cause. Ce reproche se fonde sur une double confusion. D'abord une raison n'est pas la même chose qu'une cause. Nous distinguerons tout à l'heure expressément entre la cause et une sorte particulière de raison, la raison déductive. D'une manière générale, nous n'avons fait, à chaque degré de ce travail, que chercher des raisons. S'il arrivait que la raison cherchée et trouvée à l'un de ces degrés fût précisément celle qui s'appelle cause, elle n'aurait pas pour cela été cherchée et trouvée à titre de cause, on n'aurait pas présupposé ce qu'il s'agissait de conclure. Mais il y a plus ; ce n'est pas la cause, c'est la causalité, soit à la fois la cause, l'effet, et leur synthèse que nous avons obtenue. L'altération et la spécification ne sont pas en elles-mêmes des effets : elles ne deviennent des effets qu'en revêtant un caractère nouveau. Un changement qualitatif n'est point en soi le corrélatif d'une cause et la même vérité se voit plus manifestement encore au sujet d'une spécification : car, comme effet, une stabilité d'éléments associés est un équilibre et il n'y a pas trace de cette idée d'équilibre dans le contenu propre et originaire de la spécification. Nous avons donc procédé correctement pour établir, au-dessus de l'altération et de la spécification, la causalité, c'est-à-dire une liaison réelle entre les parties de l'étendue qualifiée. Maintenant avions-nous le droit, placés comme nous le sommes au point de vue idéaliste, d'admettre cette liaison réelle? Il y avait là plus qu'un droit : il y avait une nécessité et, quand on le conteste, c'est qu'on se fait de l'idéalisme une notion bien inadéquate. Certes, avec la série des altérations et des spécifications, nous avions, en un sens, tout l'extérieur d'un monde abstrait : mais ne pas leur chercher une raison commune, sous prétexte que leur jeu et leur conciliation se font suffisamment dans l'esprit, c'est supposer que l'esprit, comme les lutins dont parle Leibnitz, fait toutes choses sans façon et sans outils. Ses outils, ce sont les notions avec leurs enchaînements spécifiquement propres. La causalité est l'un d'eux et n'est rien de plus. Elle apporte avec elle quelque chose de nouveau et en cela elle est une détermination *réelle*. Dans un monde où, par hypothèse, il n'y aurait pas de causalité, on assisterait au pur développement de la série des altérations et des spécifications selon l'ordre voulu par ces notions bornées à elles-mêmes. Dans le monde où règne, au contraire, la causalité, ce sont bien toujours les altérations et les spécifications qui se présentent et sous les seuls aspects que leur essence rend possibles : mais l'ordre du développement est ou peut être tout autre : car, selon l'action des forces, c'est bien toujours l'un des changements ou des arrangements de qualités, pris dans la série des changements ou des arrangements possibles, qui se réalise ; mais ce n'est pas nécessairement celui qu'il aurait fallu attendre, si l'altération et la spécification s'étaient développées d'elles-mêmes. Un déterminisme d'un nouveau genre se surajoute à l'ancien et interfère avec lui et, parce qu'il est autre, parce qu'il donne ou peut donner à la pensée un autre cours, on le croit de nature réalistique. C'est une erreur : il est réel comme l'étaient avant lui les autres degrés de la réalité qu'il vient compléter : comme toute cette réalité aussi il est dans la pensée. En un mot la causalité, comme liaison réelle entre les parties de l'étendue qualifiée, est un moment irréductible de la pensée. L'exclure, ce serait mutiler l'idéalisme; le reconnaître, ce n'est nullement retomber dans les errements réalistes. Au reste, nous reviendrons sur l'intelligibilité du dynamisme mécanique. Maintenons pour l'instant la conclusion que nous venons d'obtenir et rattachons-y deux courtes remarques. En vertu de la causalité, telle qu'elle nous apparaît désormais, un état de l'une quelconque des parties de l'étendue qualifiée a sa cause dans celui de toutes les autres. Mais cela ne signifie nullement que, pour rendre compte de la chute d'un caillou qui se détache d'une montagne, il faille remonter jusqu'à la constitution de la voie lactée. Il n'y faut point du moins remonter directement : les causes se subordonnent les unes aux autres dans le temps et dans l'espace, de sorte que chaque phénomène, tout lié qu'il soit à des conditions plus éloignées, a sa cause prochaine et spéciale. — Notre seconde remarque est relative à ce qu'on appelle le principe de causalité. Nous avons déjà fait allusion, à propos du formalisme de Kant, à la fameuse formule : Tout fait a une cause. Le caractère impérieux qu'on lui attribue, si impérieux qu'il écarterait toute restriction ou réserve, vient précisément de ce qu'elle est vague; à la faveur de ce vague on condense en elle toutes les aspirations de la pensée vers l'intelligence des choses, confondant sous le nom de cause toute espèce de raison ou de pourquoi. L'illégitimité d'une confusion pareille doit, au point où nous sommes, nous apparaître avec la dernière clarté. Parce que la causalité est une liaison réelle, elle s'applique aux phénomènes qu'elle a pour fonction propre de relier : elle ne s'applique pas à d'autres. On comprend, par exemple, quel non-sens on commettrait en demandant une cause de l'univers, c'est-à-dire en voulant considérer l'étendue qualifiée comme produite par un processus qui n'est fait que pour relier entre elles les parties de cette étendue. Encore une fois toute raison n'est pas une cause.

— Il y a notamment une distinction profonde entre une cause et une raison déductive. Nous allons nous en convaincre en établissant le caractère progressif de la relation causale.

C'est Aristote qui a créé, ou du moins dégagé, et qui a, du premier coup, achevé, car nous ne voyons pas qu'on y ait rien ajouté d'essentiel, la théorie selon laquelle la relation causale est analytique. Il héritait des préoccupations anti-matérialistes et de la méthode conceptuelle de Platon, sans en excepter, bien entendu, les étroitesses et les erreurs. Pour lui, comme pour son maître, la notion propre de la cause se dissimule en grande partie derrière celles de la fin et surtout de la forme avec lesquelles elle se combine. La nécessité ne doit pas venir d'en bas, du moins, pensent-ils l'un et l'autre, dans ce qu'il faut regarder comme la causalité véritable. Le mécanisme est ainsi condamné dans tout ce qu'il a de réel et la cause est ce qui possède la forme et la communique à l'effet. Or ce qui répond à cet idéal de la cause, c'est évidemment l'artiste façonnant une œuvre ou mieux, en un sens, parce qu'il y a ici une action identique à celle de l'art, mais avec une plus visible immanence de la forme dans l'agent, c'est le générateur produisant l'engendré. L'homme engendre l'homme, répétait Aristote, formule qui, dans ce qu'elle a d'intéressant pour nous, est parfaitement identique à celle de Platon que c'est l'idée qui est cause. Et, en effet, sous ce revêtement physique, c'est une opération intellectuelle et logique qui s'accomplit. Que fait l'artisan qui veut bâtir une maison ? Partant de la forme de la maison, c'est-à-dire de la notion d'un abri contre les intempéries, il la décompose dans les idées élémentaires de toit et de murailles, puis celles-ci à leur tour, dans les idées de tuiles, de bois et de pierres. Repartant alors de ces éléments idéaux ou de leurs objets, il les pose chacun à sa place et élève ainsi la maison. De même un médecin part de l'idée de la santé dans un cas déterminé, la ramène, par exemple, à celle d'une élévation de température, réduit celle-ci enfin à l'idée d'une friction ; puis, repartant de ce dernier terme, il accomplit une friction et, par là, réalise de la chaleur et la santé. Les deux opérations que l'agent exécute sont, comme on voit, inverses l'une de l'autre : la première est la réflexion et correspond si l'on veut à la science, la seconde est la production et correspond à l'art. Mais inverses l'une de l'autre, elles ne diffèrent qu'en cela même : telles l'analyse et la synthèse des géomètres. Si donc la première est essentiellement logique, la seconde l'est aussi. Plus précisément, la seconde est, comme la première, une déduction. En veut-on la preuve, qu'Aristote pourrait bien avoir jugée démonstrative ? On n'a qu'à considérer quelle place tient la cause dans les syllogismes qui exprimeraient les opérations de l'art : on verra qu'elle y est moyen terme. Or, pour faire comprendre le rapport de la conclusion aux prémisses dans le syllogisme, Aristote avait dit que le moyen terme est la cause de la conclusion. Maintenant la logique déductive va rendre à la notion de cause le bon office qu'elle en a reçu. La cause n'est pas autre chose que le principe du syllogisme, c'est-à-dire l'essence, laquelle s'exprime dans le moyen terme ; et les effets dérivent des causes de la même manière que les conséquences des principes.

Le but qu'Aristote s'est proposé est passablement manifeste : il veut établir que le processus causal est identique avec le processus syllogistique, c'est-à-dire déductif. Cependant on peut être tenté de se demander s'il a eu de sa thèse une conscience assez précise et surtout assez constante. N'aurait-il pas, parfois, confondu l'explication par la loi avec l'explication par la cause ? En s'inspirant des *Seconds Analytiques* on a, peut-être fidèlement, présenté sous la forme suivante l'exemple indiqué par l'auteur lui-même, l'explication des éclipses de lune : Les objets couverts d'ombre sont éclipsés ; La lune est couverte d'ombre ; La lune est éclipsée. Ce syllogisme est construit exactement de la même manière que le syllogisme ordinaire pris en extension. Tous les hommes sont mortels; or Socrate est homme, etc. Qu'est-ce donc que le syllogisme soi-disant causal quand on l'envisage sous cet aspect? C'est une opération par laquelle on fait rentrer un cas particulier sous une loi générale; en un mot, c'est une subsomption. Or que l'explication déductive dans les sciences physiques ne soit souvent rien de plus, bien qu'on prononce alors les mots d'explication par les causes, cela se peut. Mais il est trop clair que cause signifie alors loi. Et peu importe que la loi sous laquelle on subsume le fait soit en elle-même une loi causale, puisque ce qui justifie la conclusion, ce n'est pas l'intervention de la cause, mais l'inclusion du fait dans l'extension de la loi. Sans doute la liaison du sujet et du prédicat dans la conclusion peut-être en elle-même une liaison causale : néanmoins le syllogisme qu'on a déroulé n'a pas pour fonction réelle d'instituer un rapport de causalité : il ne fait que transporter un rapport de causalité, déjà posé dans la majeure avant que le raisonnement se mettre en marche; il se contente, si l'on aime mieux dire ainsi, de faire reconnaître un rapport de causalité déjà connu. Une telle explication par raison logique, et encore par cette sorte de raison qu'est la loi comme générale, ne saurait passer pour un processus causal ramené à une opération logique : c'est, de prime abord et sous la forme la plus pauvre, une opération logique. Cela est si manifeste qu'il n'y a pas besoin d'insister. Admettons tout de suite que si Aristote a parfois donné à son syllogisme causal l'aspect que nous venons de critiquer, ç'a été par une négligence passagère et hâtons-nous de le rétablir dans sa constitution normale, c'est-à-dire sur le type du syllogisme en compréhension : La lune est couverte d'ombre; Les objets couverts d'ombre sont éclipsés, etc. En présentant les propositions et les termes de cette manière on commence de voir comment le fait de cette couverture d'ombre qui est jetée sur la lune est, en même temps, le principe d'un mouvement rationnel qui nous conduit vers l'éclipse ; en un mot on commence de voir un passage nécessaire, s'opérer entre les deux termes extrêmes et la conclusion apparaît, non comme la répétition d'une liaison déjà donnée ailleurs, mais comme une liaison qui compte par elle-même et qui s'établit sous nos yeux par une médiation à elle propre. — Nous venons d'écrire qu'on *commence* de voir un passage nécessaire s'opérer d'un des extrêmes à l'autre. C'est que, en effet, il y a peut-être lieu de signaler une seconde imperfection accessoire de la théorie d'Aristote. Il n'a point songé à faire ce qu'il est tout naturel de tenter à notre époque, nous voulons dire une analyse du processus causal, une exposition des moments, selon nous des trois moments, qui le composent. Son syllogisme causal exprime donc moins la marche du processus que l'établissement, en gros, d'une liaison entre un sujet et l'effet qui vient y siéger. N'attachons pas cependant trop d'importance à ce défaut d'analyse : il laisse subsister le sens profond et l'intérêt de la théorie. Car il est aisé de concéder que, par cause, Aristote entend le moment actif et dialectique de la relation causale, ce qui, dans la cause et dans l'effet, nécessite le passage de l'un à l'autre. Bref, il convient de penser que c'est la vie même du rapport causal qu'Aristote a voulu représenter par le syllogisme.

Mais, ainsi dégagée des difficultés accessoires et plus ou moins factices, sa théorie ne dispose pas pour cela d'une route solide et n'est pas en état d'aller très loin. Il constate que le processus de production se laisse exprimer sous la forme d'un syllogisme. Accordons le fait : reste à savoir ce qu'il prouve. Évidemment Aristote estime qu'un syllogisme correct est, par là même, homogène au type normal du syllogisme et que, d'autre part, les termes y sont homogènes entre eux. Or, pour ce qui est de ce dernier point, rappelons-nous la dualité de sens que nous a révélée l'examen du syllogisme qui subsume un cas particulier sous une loi causale : le moyen, dans la majeure, est, ou au moins peut être, une cause ; dans la mineure, c'est une espèce d'un genre. Et maintenant, plaçons-nous à un point de vue plus général. Aristote se repose sur le langage de la syllogistique, c'est-à-dire en somme sur un extrait de la langue commune, pour y trouver la garantie que ce qui a forme de syllogisme est bien, au fond et effectivement, syllogistique. Or il est vrai que la langue commune, dans la proposition, n'exprime bien que des relations analytiques entre le sujet et le prédicat : elle prend toujours le sujet comme tout fait et en tire les prédicats par analyse. Pour exprimer d'autres rapports avec quelque précision, elle fait appel à des tournures pénibles et compliquées que la syllogistique a le mérite d'écarter en principe comme grossièrement incorrectes à son point de vue, c'est-à-dire au point de vue de la régression. Cependant le langage de la syllogistique, tout en ayant pour fonction propre d'exprimer des rapports analytiques, ne pourra-t-il jamais, sans qu'une incorrection grossière dévoile aussitôt cet abus, exprimer d'autres rapports ? C'est évidemment ce dont Aristote suppose l'impossibilité. Mais, pour commencer, on conviendra que, adoptant un tel criterium, il devrait au moins être très rigoureux sur la nature du langage soi-disant syllogistique qu'il emploie. S'astreint-il donc à une telle rigueur ? En aucune façon. Voyons, notamment, en quels termes il développe la partie délicate d'un des exemples que nous avons rappelés plus haut : « La chaleur, dit-il, constitue dans l'espèce la notion de la santé ou en fait partie, ou a pour dépendance quelque chose qui en fait partie. » Quoi de plus élastique que ce mot de dépendance et quelles notions n'introduira-t-on pas en se permettant un pareil langage ? Mais quand on se montrerait beaucoup plus exigeant, on ne serait pas plus avancé et le langage de la syllogistique, tout en étant fait pour l'analyse, permettrait de glisser dans le discours, sans que la subreption se décelât d'elle-même, des relations de cause à effet nullement réduites à quelque chose comme des relations de principe à conséquence. La proposition que les objets couverts d'ombre sont éclipsés est d'apparence correcte ; le sens causal s'en dissimule aisément sous celui-ci : dire que des objets sont couverts d'ombre, c'est dire qu'ils sont éclipsés. Même observation pour le langage algébrique. Quand on écrit par exemple que l'impulsion d'une force est égalée par la quantité de mouvement, $Ft = mv$, cela ne signifie pas nécessairement que les deux quantités déclarées égales sont de même ordre comme deux longueurs ou deux surfaces ; cela peut, au besoin, signifier simplement : toutes les fois que Ft est donné, on observe, dans le temps qui suit, l'apparition d'un certain produit mv numériquement égal. Dira-t-on que les observations qui précèdent portent beaucoup plus sur le rapport du sujet et du prédicat dans la proposition que sur celui des termes dans le syllogisme ? Il se peut. Mais, d'abord, nous serons conduits tout à l'heure à considérer spécialement ce dernier rapport. Ensuite, n'est-il pas vrai que le rapport des termes dans le raisonnement suppose, enveloppe à titre d'éléments les rapports des sujets et des prédicats dans les prémisses ? Et, par conséquent, n'avons-nous pas le droit d'être inquiets sur le sens réel que présente l'enchaînement syllogistique exprimé par le langage, voire par l'algèbre ? La copule ou le signe de l'égalité, fût-ce comme représentant le moyen dans la conclusion, ne traduisent pas forcément des relations d'inhérence analytique ou d'égalité entre grandeurs de même nature. Le fait que le processus de production se laisse traduire dans le langage du syllogisme est donc dépourvu de portée métaphysique.

La réponse qu'on peut tenter d'opposer à cette critique nous amène au point décisif. On dira que la cause ne tient pas dans le syllogisme causal une place quelconque, qu'elle est le terme capital, la cheville ouvrière du raisonnement puisqu'elle est le moyen, et on ajoutera surtout que c'est un moyen réel et non pas seulement d'apparence ; qu'Aristote, qui caractérise l'induction par l'absence de moyen, sait bien que dans son syllogisme inductif, formellement correct, le soi-disant moyen n'en est pas un ; qu'il n'ignore pas, par conséquent, l'existence de discours syllogistiques dont leur moyen menteur fait de pseudo-syllogismes ; mais que, dans le syllogisme causal, la cause a l'unité d'une notion et que, avec ce moyen normal, il ne peut être qu'un syllogisme normal. — Ces réflexions sont justes sans doute et cependant elles ne prouvent pas ce qu'il faudrait établir pour justifier la théorie d'Aristote. Ce fut une grande époque de la pensée que le jour où Aristote découvrit que l'essence de tout processus rationnel est dans la médiation. Mais, à son insu, l'inventeur de cette vérité de large envergure l'a aussitôt restreinte indûment et, par là, faussée, en prenant pour accordé que toute médiation est une identification et, par suite, que tout raisonnement véritable est déductif et analytique. Les liaisons analytiques étaient faciles à apercevoir : il a cru qu'il ne pouvait y en avoir d'autres, du moins d'autres qui fussent intelligibles ; son opinion s'exprime à merveille par la psychologie et par l'histoire ; elle n'en est pas mieux fondée. C'est gratuitement qu'il a prononcé le double arrêt d'où découle sa théorie de la causalité : tout vrai moyen terme est une identité, tout vrai syllogisme est déductif. Supprimons le principe arbitraire d'où elle sort, la théorie n'existe plus. Elle n'existe plus, du moins, dans ce qu'elle a de spécifique : car si l'on considérait en elle l'effort qu'elle constitue pour représenter le processus causal comme intelligible et rationnel sans spécifier de quelle sorte d'intelligibilité et de rationalité il s'agit, nous ne saurions reconnaître trop hautement l'indestructible valeur de cet effort. Mais ce n'est pas sous cet aspect trop général que nous envisageons la théorie et nous devions bien dire, à notre point de vue, qu'aucune raison n'en autorise le principe.

Le principe, d'ailleurs, n'est pas seulement gratuit, il est inacceptable et impossible. Demandons-nous en effet ce qui arriverait si la théorie d'Aristote était vraie. Le monde, au point de vue de la causalité, serait l'exact analogue des théorèmes en mathématiques. Les définitions posées, les théorèmes s'ensuivent déductivement. De même, les causes étant posées, les effets s'en déduiraient. Remarquons d'abord que les définitions sont antérieures au travail déductif. Il n'en serait donc pas autrement des causes. On aurait à les poser par un procédé synthétique quelconque, empirique ou rationnel, et leur développement seul serait analytique, ce qui limite déjà la part de l'analyse dans l'ordre de la causalité. Qu'est-ce maintenant que la déduction? étant données les définitions du cercle, du rayon, de la perpendiculaire, de la tangente et leur combinaison en une figure, idéale ou réelle, qui n'est elle-même qu'une définition où s'intègrent les quatre autres, je démontre déductivement que le rayon est perpendiculaire à la tangente menée par son extrémité. Le rayon est la distance du centre à la tangente, la distance est une perpendiculaire, donc le rayon est perpendiculaire à la tangente : voilà mon raisonnement dans ce qu'il a d'essentiel. Je dis qu'en lui-même il ne produit rien de nouveau : il ne fait que rendre explicite ce qui était implicite. Lorsque j'ai construit la figure, que j'analyse ensuite, j'ai déjà fait et créé le rayon perpendiculaire à la tangente. Il ne me reste plus qu'à m'en apercevoir. Est-ce donc que la déduction est une pétition de principe? Non : je n'aurais commis un sophisme de cette espèce que si, pour montrer que le rayon est perpendiculaire à la tangente, j'avais, en propres termes, présupposé qu'il l'est. En un mot, la pétition de principe consiste à vouloir établir ce qui est en question par cette chose elle-même. Or la déduction ne procède pas du même au même en prenant ces mots à la rigueur : elle va du contenant au contenu. L'analyse n'est pas la tautologie et s'il arrive qu'une déduction soit tautologique, il faut, pour la comprendre, considérer alors la tautologie comme un cas particulier de l'analyse. Le concept d'homme contient celui d'animal : on peut dire aussi qu'il contient celui d'homme. Mais, dira-t-on, si la déduction se distingue de la tautologie, elle est un mouvement, il y a un progrès des prémisses à la conclusion et dès lors votre thèse s'évanouit. Cette remarque, répondrons-nous, n'est que spécieuse. D'abord un mouvement n'est pas forcément un progrès et, dans l'espèce, le mouvement du syllogisme est une régression. En soi, le syllogisme n'est qu'un retour sur ce qui est acquis. Il est vrai que, pour l'esprit qui le pense, il est quelque chose de plus et que c'est là ce qui constitue sa raison d'être. Mais s'il accomplit, sous ce rapport, un progrès, c'est parce qu'il se réalise chez un être dont la nature comporte le progrès et, pour tout dire, dans un processus psychologique. Ce qu'il a de mouvement, nous voulons dire de mouvement progressif, il l'emprunte et, par conséquent, il faut qu'il y ait du mouvement en dehors de lui. A le prendre en lui-même, ou, si l'on aime mieux, dans son contenu, dans son contenu ordonné et organisé, il ne renferme rien de nouveau. La perpendicularité du rayon à la tangente, à supposer que ce fût une chose en soi, serait exactement contemporaine de la construction de la figure. D'ailleurs il est classique que le syllogisme ne crée ni n'invente et que les théorèmes de la géométrie sont des vérités éternelles. Devant cette constatation irrécusable, que devient la théorie d'Aristote ? N'est-il pas clair qu'il y aurait absurdité à absorber dans une forme morte une notion qui suppose le temps et le changement ? La relation causale n'est pas analytique.

Cette conclusion négative nous impose immédiatement l'affirmation qui en est la contre-partie. La relation causale est donc progressive. La cause ne contient pas l'effet. Elle l'entraîne certainement, et l'on peut et doit dire, en un autre sens que celui d'Aristote, que le moment dialectique de la causalité est un moyen terme : détachés l'un de l'autre un instant et sous un certain aspect, les deux termes opposés de la relation causale conduisent l'un à l'autre par leur corrélation même et pour accomplir leur conciliation. Mais si la cause entraîne l'effet, ce n'est pas qu'elle le contienne, c'est qu'elle l'appelle : bien loin qu'elle le renferme, il lui manque. Quiconque voudra y regarder de près verra que telle est la conception du lien causal qui nous est imposée par la notion même de mécanisme, c'est-à-dire, avec ou sans métaphore, de poussée venant du dehors et du passé. Et c'est pourquoi un préenveloppement (donné éternellement et sans raison) suivi d'un développement, c'est-à-dire une opération analytique, est tout à fait impropre à représenter le processus mécanique. De fait, le grand théoricien de la causalité analytique n'a pas su se faire mécaniste à l'heure voulue et dégager la conception propre de la cause, puisque sa cause efficiente est un agent guidé par une fin. Pour qui se place résolument au point de vue du mécanisme, la cause ne saurait donc renfermer l'effet. Elle est, au contraire, quelque chose de déficient et de négatif. La cause, c'est la nécessité que tel état donné ne soit pas; l'effet est l'état *nouveau* qui remplace l'état exclu. Car, pour reprendre avec notre terminologie spéciale et aussi avec des détails plus précis ce que nous venons de dire de l'essence du mécanisme : la causalité a pour office de soumettre, quant à l'altération et à la spécification, chacune des parties de l'étendue qualifiée à toutes les autres qui sont ou ont été, c'est-à-dire d'empêcher chaque partie d'être ce qu'elle serait si, par impossible, elle était seule dans le temps et dans l'espace. Le changement paraît ainsi lié à la causalité d'une manière tout particulièrement directe, comme du reste tout le monde l'a compris. C'est elle qui, pour ainsi dire, le fait marcher. Mais cela n'empêche pas qu'elle accomplisse aussi, comme elle le doit, la fonction opposée à celle de mouvoir. Et il est aisé de comprendre comment elle le peut sans renoncer à sa nature de principe moteur. Deux forces opposées, qui tendant à produire deux effets opposés n'en produisent aucun en un sens, ne laissent pas d'en produire un en réalité, qui, dans l'acception propre ou dans une acception plus ou moins figurée, s'appelle l'équilibre et, par là, la stabilité comme le changement a sa cause.

Est-il besoin, après ce que nous venons de dire, d'établir longuement le dernier des caractères que nous avons prêtés à la causalité? Nous l'avons définie : un enchaînement nécessaire de phénomènes par un dynamisme mécanique rationnel. Or, n'est-il pas clair que le jeu des causes tel que nous l'avons présenté n'est pas moins intelligible que mécanique ? Tant qu'on n'opposait à la théorie analytique qu'une conception imparfaite, chargée d'éléments bruts pris à l'expérience, la croyance pouvait persister que ce qui est analytique est seul intelligible en matière de causalité comme ailleurs. Mais la corrélation est un lien aussi intelligible que celui de contenant à contenu. Or nous venons d'indiquer les traits généraux d'une conception du rapport causal à la base de laquelle est la corrélation. De plus, nous allons essayer de faire voir tout à l'heure qu'il y a un cas privilégié dans lequel nous pouvons construire la causalité. On conviendra donc sans peine, semble-t-il, que la relation causale est, en droit, pleinement rationnelle. Hume a eu raison, sans doute, de combattre la théorie analytique : en revanche, c'est bien à tort qu'il a regardé la causalité comme une opération impénétrable en elle-même. Si les facultés d'Adam avaient été, comme il le dit, d'une entière perfection, rien n'aurait empêché le premier homme de conclure, non pas sans doute de la fluidité et de la transparence de l'eau, mais de la nature chimique du sang et de l'eau, que cet élément devait le suffoquer. Le fait que nos sciences et notre mécanique elle-même ne se constituent que par le secours de l'expérience ne prouve en aucune façon que les phénomènes ne soient pas enchaînés au fond de la pensée par des rapports de cause à effet dans lesquels tout est transparent pour la raison.

B. — *La causalité mécanique proprement dite.*

Nous avons déclaré tout à l'heure qu'il y avait peut-être un cas privilégié dans lequel il était possible, sortant des pures généralités, de construire la relation causale et nous avons assez donné à entendre que ce cas était celui de la causalité mécanique proprement dite. Naturellement nous ne saurions entreprendre d'une telle construction qu'une esquisse bien sommaire et malgré cela condamnée à l'erreur en beaucoup de points. D'abord en effet il faudrait pour avoir quelque chance de succès posséder une compétence spéciale et même une compétence étendue : car la véritable épreuve d'un principe c'est sa confrontation avec des théorèmes ou des problèmes complexes et lointains. Ensuite il faut bien convenir et que la conception de la mécanique est en ce moment très flottante et que d'ailleurs la mécanique la plus classique et la plus exclusivement « rationnelle » qui se puisse, n'a jamais réussi à projeter une lumière complète sur ses fondements.

Ainsi que nous le verrons dans un instant on ne peut parler d'équilibre sans supposer dans le point sur lequel il se fait une propriété qui rend le point apte à soutenir l'application de deux forces antagonistes, ni parler d'un mouvement mécanique sans supposer un mobile. Cela signifie que de part et d'autre est requise la matière. Est-ce donc que la matérialité, la matérialité mécanique, est antérieure à la causalité ? S'il fallait répondre affirmativement, l'idéalisme se trouverait condamné : car en quoi devrait-on faire consister l'essence de la matière sinon dans une certaine substance, puisqu'on avouerait l'incapacité de la notion rationnelle, qui sert de fondement au mécanisme, à fournir un ensemble de propriétés dont on pût dire qu'il constitue la matière? Heureusement la matière-substance porte en elle-même son impossibilité et il y a sans doute dans la causalité tout ce qu'il faut pour rendre compte de la matière, au sens où la mécanique en a besoin, de sorte que rien ne nous empêche de maintenir et de poursuivre l'application de la méthode conformément à laquelle nous subordonnons l'être aux relations et réservons le titre d'être ou d'existence complète pour le moment de la pensée où se consommera la systématisation de tous les rapports. Un mot suffit pour rappeler les raisons qui nous interdisent d'admettre soit la substance pleine et continue de Descartes, soit les atomes, au moins sous toutes leurs formes non-dynamistes : de pareils êtres ont pour base première une étendue en soi qui est inintelligible. C'est donc vers les théories mécanistes ou dynamistes de la matière que nous sommes obligés de nous tourner, celles-là se laissant interpréter en termes idéalistes. Les unes et les autres ont des chances de rendre compte des phénomènes. Si l'on se place au point de vue d'un mécanisme strict, du moins quant à la façon de comprendre la matière, sinon la causalité, il faudra considérer la matière comme composée de points géométriques en mouvement, les mouvements étant tels peut-être que tout en résultant exclusivement de poussées, les uns se trouvent par rapport à chaque point matériel centripètes et les autres centrifuges. Ce qui importe, c'est d'apercevoir comment dans une telle hypothèse un point géométrique peut devenir un point matériel : il suffit pour cela, semble-t-il, que jamais un point ne reçoive un seul mouvement à la fois : en tant que déjà ou simultanément animé d'un mouvement autre que celui qu'il y aurait à lui imprimer, le point posséderait de la matérialité. La conservation d'une matière ainsi définie serait due évidemment, puisqu'elle ne serait qu'une sorte de conservation du mouvement, au jeu de la causalité, bien loin d'en être la source primitive. — Que si on répugne à une telle façon d'entendre la matière, il n'y a plus qu'à s'adresser au dynamisme pour lui demander quelque théorie analogue à celle que Kant avait mise sur pied avec tant d'élégance et peut-être non moins de solidité. Les deux forces attractives et répulsives, très satisfaisamment justifiées l'une par l'autre en vertu d'un heureux emploi de l'idée d'opposition, constituaient, dans leur synthèse, une réplétion de l'étendue qui, par ses caractères de continuité et de relativité, permettait de concevoir d'une part l'application des mathématiques aux phénomènes et de l'autre la possibilité physique du mouvement, en même temps qu'elle s'adaptait à la définition idéaliste de l'espace et excluait toute intervention des qualités occultes telles que la soi-disant impénétrabilité essentielle de la matière. Et si Kant déclarait incompréhensibles et en cela mystérieuses elles aussi ses deux forces primordiales, on sentira bientôt que, selon nous, il était en cela trop modeste et que la répulsion et l'attraction se laissent comprendre et construire. Il est vrai que chez lui ces deux forces se conservent perpétuellement ou pour mieux dire qu'elles sont posées une fois pour toutes et restent dès lors éternellement ce qu'elles sont. Mais puisque la matière est au fond réduite aux mêmes éléments que la causalité mécanique, cette perpétuité n'est plus celle d'une chose et n'a plus pour raison le Rien ne vient de rien (non pas même dans la lettre de la théorie kantienne où la substance n'est qu'une *loi* synthétique). Ce n'est plus à vrai dire que la perpétuité de la causalité même. Une théorie dynamiste comme une théorie mécaniste de la matière signifie que ce n'est pas l'être qui est le fondement de l'action, que c'est au contraire l'agir qui fait l'être.

Toutefois, même ainsi envisagée, la matière n'est qu'un aspect accessoire de la causalité. En nous attachant à pénétrer la notion de force nous entamons l'étude de la causalité dans sa nature propre. Il serait superflu de nous arrêter longtemps à montrer que la causalité mécanique ne se laisse pas réduire à de pures successions de mouvements. Selon la remarque d'un géomètre philosophe cette interprétation cinématique de la liaison causale est sur un terrain spécial identique à celle que Hume a proposée en termes généraux. Ajoutons d'ailleurs que les penseurs enclins à une telle manière de voir ne peuvent généralement se débarrasser de la matière et de la masse qui sont à leur façon des éléments dynamiques et que le fait de traiter la masse comme un pur symbole mathématique défini en termes tout formels n'équivaut pas à en éliminer, mais au contraire à en admettre la réalité. Ajoutons surtout que, entre les deux mouvements qui se succèdent dans des circonstances déterminées, il y a sans doute un état intermédiaire qu'on ne veut pas voir, qui n'est pas néanmoins réduit à néant par cela qu'on ferme les yeux. Quant à l'attitude moins complètement négative que la précédente et qui consiste à n'attribuer de valeur qu'aux effets en excluant les causes, à regarder une force comme définie et mesurée uniquement par les vitesses qu'elle produit ou les résistances qu'elle équilibre, rien n'empêche de reconnaître que cette attitude est commode, à vrai dire indispensable, pour le mathématicien, mais qu'elle laisse entière la question philosophique.

Il n'y a rien de plus obscur, en un sens, que la notion de force. Si en effet on place la force derrière tout ce qui est intelligible et définissable pour en faire la source cachée d'où émane tout ce qu'on traite dédaigneusement d'apparences, elle est par hypothèse un mystère. Si d'un autre côté on y mêle la volonté, on la complique et on la rend même impropre à jouer son véritable rôle. Mais il est bien entendu que nous faisons tout pour nous garder de ces deux écueils. Nous envisageons la force dans son acception mécanique. Or, ainsi envisagée, la force n'est pas autre chose que la pression et la tension, deux idées qui se suffisent à elles-mêmes, c'est-à-dire figurent en titre et sous leur propre nom dans la représentation quand le moment est venu d'y paraître et qui, d'autre part, se laissent clairement concevoir et définir ainsi qu'on pourra s'en convaincre avec un peu d'analyse. Essayons de faire voir d'abord que la pression et la tension sont des rapports et que l'on trouve en elles, dès que la dualité de leur nature est reconnue, de quoi rendre compte de l'équilibre et du mouvement; ensuite, que ces deux notions correspondent bien, sur le terrain de la mécanique, à l'idée que nous nous sommes faite de la cause comme appelant l'effet en vertu d'un processus non pas analytique, mais progressif et par un mode spécial de la corrélation : d'où une interprétation particulière de la conservation de l'énergie ou de ce qui en fait la base.

Parmi les principes de la mécanique il y en a un qui s'appelle la loi de l'action et de la réaction. Newton qui en avait senti l'importance ne l'avait tenu cependant que pour une vérité expérimentale. Kant y voit avec raison une loi *a priori*. Mais la détermination réciproque n'est pas, comme il le croit, une relation différente de la relation causale : toute cause mécanique enveloppe une telle réciprocité. Pour mieux dire, l'action et la réaction égales entre elles ne font qu'exprimer sous l'un de ses aspects la dualité de la force soit, pour nous, de la pression et de la tension. Dire que le doigt qui presse une pierre est pressé par elle, que le cheval qui attelé à un câble tire un bateau sur un canal est tiré par le bateau, c'est simplement reconnaître qu'une pression et une tension ont deux pôles et ne se peuvent concevoir autrement. Les forces uniques de la mécanique courante répondent à une notion incomplète et, partant, imparfaitement intelligible. Une pression se développe toujours entre deux points et elle suppose toujours, si on la considère comme s'exerçant par exemple suivant une droite, deux poussées de sens opposés. C'est l'ensemble de cette thèse et de cette antithèse qui constitue une pression. La constitution d'une tension est, cela va de soi, exactement correspondante à celle d'une pression. — Mais la pression et la tension offrent encore une autre sorte de dualité. Dans l'action et la réaction chacun des deux moments antithétiques de la pression ou de la tension est appliqué à l'un des deux points qui se regardent et il n'y a là aucun conflit. Dans une pression, par exemple, tout se passe comme si un ressort était comprimé entre les deux points et les deux moments travaillent à une œuvre commune, soit, dans le cas d'une mise en mouvement, à écarter de plus en plus les deux points. La seconde dualité qu'enveloppent la pression et la tension est toute différente : c'est un antagonisme, c'est l'opposition d'une puissance et d'une résistance. Toutes les deux sont appliquées au même point, mais, pour ainsi dire, sur les deux faces opposées de ce point, qui en vertu de sa matérialité fait comme un écran, comme une cloison imperméable entre la puissance et la résistance. Point de puissance sans résistance, ni réciproquement et, au point de vue d'où nous la considérons à présent, une pression ou une tension n'est ce qu'elle est que par la réunion de cette thèse et de cette antithèse.

A l'aide de ces représentations figurées, qui sont du même coup des notions intellectuelles parce que l'espace est leur siège indispensable et légitime, il semble que les phénomènes s'expliquent à peu près. L'explication de l'équilibre découle immédiatement des concepts de la puissance et de la résistance. Celle du mouvement s'obtient elle-même en partant de la nature de la pression et de la tension telle qu'elle vient d'être indiquée. A moins que la mise en mouvement d'un mobile ne soit en réalité une mise en repos réciproque, comme Kant l'a admis par une hypothèse représentable sans doute, mais peut-être arbitraire, voici comment on peut imaginer que les choses se passent. On commence par supposer que toutes les résistances sont équilibrées. On suppose en outre que le mouvement ne saurait résulter que d'une pression ou d'une tension ; que ces modes de détermination ont lieu, sauf toutes les complications qu'on voudra, même dans le choc, attendu qu'une transfusion du mouvement pur et séparé de son mobile ou qu'une simple succession sans connexion intermédiaire sont, à des titres divers, choses inintelligibles. Cela posé, pour qu'une pression, par exemple, puisse se développer derrière le mobile, il faut qu'une réaction et une résistance apparaissent. Mais il faut que la résistance ne puisse jamais produire un équilibre : c'est-à-dire qu'elle ne peut être qu'une résistance à la vitesse et qu'elle doit être, pour chaque point matériel, proportionnelle à la vitesse. On reconnaît la force d'inertie. Mais il n'y a peut-être aucun inconvénient à rétablir cette « forme » décriée dès qu'on l'amène à son heure et qu'on montre par un processus dialectique la nécessité de son existence. On a même grâce à elle l'avantage d'apercevoir l'analogie de l'équilibre et de la vitesse, d'entrevoir pourquoi et comment les pressions et les tensions peuvent fournir ces deux résultats l'un comme l'autre, et sans qu'ils soient séparés comme deux mondes. — Le déterminisme de la mise au repos correspond comme il est naturel à celui de la mise en mouvement. Si pour arrêter un mouvement il faut une pression, le mobile doit fournir une résistance inverse de celle qu'il a opposée à la puissance motrice et, comme elle et pour la même raison, proportionnelle à la vitesse. — Quant au travail, c'est la combinaison d'une production d'équilibre et d'une mise en mouvement. L'énergie n'est pas à tous égards incomparable avec une quantité de mouvement puisque, après tout, elle se laisse représenter par un certain produit de la masse et de la vitesse. Le travail moteur et le travail résistant sont bien entendu conditionnés par des pressions ou des tensions.

Nous arrivons maintenant à celui des caractères de la pression et de la tension qui nous intéresse le plus, puisque c'est sur lui que se fonde la conception de la causalité mécanique comme processus progressif et synthétique. En analysant une pression ou une tension, disons seulement, pour commencer, une pression, on se convainc, croyons-nous, que c'est un phénomène négatif, un phénomène d'exclusion. Une pression prononce contre le point auquel elle est appliquée comme puissance l'arrêt que le point ne devrait pas être là. Et sauf qu'elle le prononce de telle part, c'est-à-dire en émanant de tel endroit, elle ne prononce rien de plus. Car il ne faut pas la confondre avec cet autre phénomène complexe auquel il se peut que dans les faits elle soit toujours mêlée, à savoir avec la poussée d'un moteur qui se mouvrait lui aussi et suivrait son mobile. Les déformations qui accompagnent la pression ne sont pas de son essence propre. Mettre un mobile en mouvement ce n'est pas, pour une pression, le conduire comme avec la main : car si c'était cela on ne comprendrait pas que le mobile se séparât du moteur par son mouvement. Essaie-t-on maintenant une construction au lieu d'une analyse ? Il semble bien qu'une négation mécanique de position ne puisse être autre chose qu'une pression. Car ce ne peut être de la quantité pure comme le mouvement, ni sans doute de la qualité non-dynamique. Tout cela écarté, la pression est bien le phénomène le plus simple qui se présente et par conséquent on semble autorisé à dire que se donner une négation mécanique de position c'est instituer une pression. Mais si une pression équivaut uniquement à poser que le point pressé ne doit pas être où il est, il s'ensuit que la causalité mécanique rentre dans la corrélation et consiste en une progression. Car le point pressé, condamné à n'être pas où il est, va ailleurs : mais *ailleurs* n'est pas contenu analytiquement dans *ici*, puisqu'il constitue même l'expression de l'opposition et de l'antithèse au point de vue spatial. Aller là parce qu'on ne peut pas être ici, c'est passer d'un corrélatif à l'autre, c'est revêtir une détermination nouvelle par rapport à la première, une détermination positive par rapport à une détermination négative. Ainsi l'effet mécanique, dans la pression du moins, est lié à la cause par un lien de corrélation, par un lien synthétique. Trouvera-t-on qu'il est impossible d'en dire autant lorsqu'il s'agit des tensions et que dès lors notre doctrine s'évanouit parce qu'il est impossible de la généraliser ? Nous nous heurtons en effet à une difficulté apparente. Lorsqu'une tension ne dérive pas de poussées en sens contraire, elle n'est pas autre chose qu'une attraction. Or quand un point en attire un autre, il fait quelque chose de plus que de l'arracher de sa place : il lui fixe sa trajectoire et il la lui fixe, non pas indirectement comme une poussée, mais directement et parce qu'il en pose le terme en avant et dans l'avenir. Peut-être toutefois cette difficulté disparait-elle à l'examen. Sa force lui vient de ce qu'on envisage l'attraction comme une activité téléologique et le point attirant comme susceptible de s'assigner la supériorité d'un but ou du siège d'un but. Mais cette manière finaliste et presque anthropomorphique de se représenter l'attraction est prématurée et par conséquent illégitime. Si l'on veut bien s'en tenir au point de vue de la causalité pure et simple et réfléchir que dans la relation réciproque d'action et de réaction l'un des deux termes ne peut pas se déprendre du rapport et s'en proclamer le fondement, fût-ce pour sa seule part et sous réserve des droits du point conjugué, on conviendra que l'attraction n'a pas de privilège sur la poussée, qu'une tension due à l'attraction ne diffère pas en elle-même d'une tension d'autre origine et que deux points qui s'attirent sont l'un comme l'autre sollicités à quitter leur place tout comme par une *vis a tergo* et non *pour* occuper une autre place. Que d'ailleurs, par impossible, il en soit autrement, il faudra alors conclure que l'attraction dépasse la causalité. — Du caractère négatif de la cause et, par suite, du caractère progressif de la relation causale au point de vue mécanique (comme du reste au point de vue général), il résulte que la conservation de l'énergie, ou, si l'on veut, que le premier fondement de cette conservation, ne se ramène pas à une proposition analytique et ne signifie pas que ce qui est est. Leibnitz a souvent parlé, comme d'une exigence rationnelle, d'une égalité de l'effet avec la cause. En un sens il ne s'est pas trompé : mais l'égalité de l'effet avec la cause s'explique par opposition et corrélation. Parce que la pression ou la tension exclut de sa place un mobile en s'appliquant à lui avec une certaine intensité, corrélativement l'effet qui se pose par antithèse naît avec une quantité correspondante. — En somme, dans la causalité mécanique bien comprise on peut trouver une illustration particulièrement claire et saisissable de la conception progressive et synthétique du rapport causal.

Par contre, il semble bien qu'il sera longtemps difficile de pénétrer l'essence de la causalité dans l'ordre des phénomènes proprement qualitatifs. Tout ce qu'il est permis d'affirmer c'est peut-être que, la causalité se déployant solidairement dans l'ordre mécanique et dans l'ordre qualitatif, il doit y avoir entre les qualités quelque détermination qui exclue une qualité présente et nécessite, par opposition, l'apparition d'une autre qualité. Cette détermination, spéciale au moment de la représentation qui nous occupe, est nécessairement distincte du pur jeu dialectique des qualités dans l'abstrait. Il n'est pas invraisemblable qu'il faille la chercher du côté de l'intensité des qualités ou des caractères qui seraient assimilables à l'intensité. Nous parlons, bien entendu, de l'intensité prise non plus sous son aspect mécanique, mais comme signifiant, avant tout, la hiérarchie de types qualitatifs semblables et le progrès de l'un à l'autre.

CHAPITRE V

CAUSALITÉ, FINALITÉ, PERSONNALITÉ

§ 1. — FINALITÉ

FIN, MOYEN, SYSTÈME

Dire que les phénomènes sont déterminés par des causes ou mécaniquement, c'est affirmer que, ce qu'ils sont, ils le sont par la seule vertu de conditions qui, en un sens plus profond que le sens chronologique, les précèdent et constituent par rapport à eux une *vis a tergo;* en un mot c'est les présenter comme des résultats. Mais un résultat, c'est ce qui est ce qu'il peut et se trouve être, à l'exclusion de toute considération d'ordre ou de bonté quelconque. Donc la notion de résultat (et elle représente ici toute la famille des notions de causalité), ne peut être conçue que par corrélation avec l'idée qui est toujours pensée au fond de celles d'ordre et de bonté, avec l'idée de but; de sorte que le résultat pur et simple n'est qu'une abstraction en dehors de laquelle il reste quelque chose à déterminer ou à expliquer dans le phénomène concret. Donc, encore, en face de la Causalité, nous devons poser la Finalité et c'est par elle seulement qu'achève de se constituer le déterminisme des phénomènes.

La notion de finalité se laisse aisément décomposer en ses trois moments : *fin, moyen* et *système*. Le moyen est essentiellement ce qui, antérieur ou simultané, est subordonné à la fin. Quant au système, il est clair que c'est le tout formé par la fin et les moyens.

Développements.

A. — *La doctrine des conditions d'existence.*

On a beaucoup écrit, sinon sur la finalité du moins autour d'elle, à la sollicitation d'intérêts théologiques ou anti-théologiques. Quoique nous nous proposions principalement d'étudier cette notion en elle-même et sans soucis extérieurs, il subsiste néanmoins pour nous aussi des accessoires de la question sur lesquels nous ne pouvons pas ne pas nous expliquer. Nous entendons par là que nous devons un examen aux plus importantes des tentatives qu'on a faites pour nier la finalité et pour y suppléer par certains modes du déterminisme causal.

Les objections que Spinoza a élevées ou relevées contre la possibilité même de la finalité sont demeurées sans égales ; ce qui vient sans doute en partie de la force intrinsèque de ces objections, mais aussi de ce que la plupart des penseurs ont cru non sans raison que la meilleure manière de couper court au finalisme était de le remplacer. Spinoza soutient donc, pour commencer par la moins forte de ses objections, que le fait de tendre à une fin implique dans l'être de l'imperfection : car s'il possédait ce à quoi il tend, il ne tendrait pas ; tendance et défaut vont ainsi l'un avec l'autre. Mais la réponse est facile et elle a été, sous une forme ou sous une autre, présentée bien des fois. La fin de l'être, la fin de la substance, la fin de Dieu ou quelque terme que l'on veuille employer, n'est-ce pas encore l'être lui-même et ne se fait-on pas une idée singulièrement appauvrie de la nature de l'être quand, sous prétexte de lui conférer la perfection, on lui refuse la vie ? On croit que la plus haute existence c'est celle qui est concentrée et figée comme celle d'une *chose* dans un immobile présent. Or c'est là une illusion qui achèvera de se dissiper pour nous quand nous traiterons de la personnalité et qui dès maintenant ne doit plus nous tromper. Grâce à la solidarité de ses parties, le temps peut être considéré, en un sens, comme donné tout entier ou du moins indéfiniment dans l'une d'elles, mais cela n'empêche pas qu'à un autre point de vue (et surtout au point de vue de la liberté) il se déroule et on ne voit point, quand ce déroulement ne serait pas la condition d'une perfection plus haute, quel inconvénient il y aurait pour l'être à vivre sa vie en imagination d'une part et en acte de l'autre. Sans doute il y aurait en lui véritablement du défaut si quelque chose pouvait l'empêcher d'aller à sa fin. Seulement un pareil défaut ne peut se rencontrer que dans les êtres bornés et tel n'est pas celui dont parle ici l'auteur de l'*Éthique* et que nous avons à envisager nous-mêmes.

L'objection principale de Spinoza est, comme on sait, renouvelée des Épicuriens. Elle consiste à dire que la fin n'est pas une cause; qu'en en faisant une cause on renverse l'ordre de la nature, mettant le premier ce qui est le dernier. On verra quand nous traiterons de la finalité en elle-même que personne n'est plus disposé que nous à faire droit dans une large mesure à cette objection prise d'une certaine manière. L'expression de cause finale est un contre sens. Une fin n'est pas et ne peut pas être une cause, elle ne saurait agir par efficience et mécaniquement. Mais si l'on veut conclure de là que la fin ne compte pas, qu'elle ne détermine les phénomènes en aucun sens, c'est autre chose. On se méprend et la méprise vient de ce que, ici encore, on se fait de l'existence une conception réalistique, dont les conséquences iraient beaucoup plus loin qu'on ne s'en aperçoit. La fin, pense-t-on, n'agit pas parce qu'elle n'est pas; et elle n'est pas, parce que cela seul est qui est donné dans le présent. Nous ne touchons pas à la question de savoir si la fin c'est exclusivement l'avenir, nous accordons qu'il en soit ainsi. S'ensuit-il que la fin ne soit pas à sa façon? Nullement. Car pour le soutenir, il faut admettre que le temps se compose de parties, je ne dis pas exclusives l'une de l'autre (c'est là un moment important de cette notion même) mais opaques l'une pour l'autre, ou, si l'on aime mieux, non solidaires. A ce compte ce n'est pas seulement la finalité, c'est la causalité même qui serait impossible. Se figure-t-on qu'il est plus facile de concentrer tout l'avenir dans le passé que de faire l'inverse ? Les métaphores réalistes de « forces », de germes et autres semblables ne résisteraient pas longtemps à la critique et on serait bien obligé d'avouer que la causalité comme la finalité est un rapport. Le rapport est précisément ce quelque chose de défini et de subtil à la fois qui ne se laisse pas emprisonner comme une pierre dans les limites d'une surface rigide. Par lui rien ne se confond, mais tout communique. Il permet que l'avenir dépende du passé, mais du même coup il permet aussi au présent d'être tributaire de l'avenir. La seconde objection contre le finalisme, toute part faite à la vérité qu'elle renferme, ne vaut donc pas mieux que la première et nous ne voyons pas qu'un vice interne rende impossible la notion de finalité.

Maintenant, peut-on laisser de côté cette notion comme dépourvue de réalité, quoique possible, et réussit-on à expliquer les phénomènes, à les expliquer adéquatement sans y avoir recours ? Ici nous commençons par retrouver, et nous reverrons encore tout à l'heure, les Épicuriens. Tout a été dit sans doute sur le vieil argument du tirage au sort des possibles en multitude infinie dans l'infinité du temps. Si l'on pouvait le prendre au pied de la lettre, il n'y aurait vraiment rien à y répondre; rien si ce n'est, comme nous espérons le dire mieux un peu plus tard, que l'existence d'un hasard, non amené à son heure dans le développement de la raison et non limité, serait toujours un étrange scandale. Mais enfin une fois accordée l'existence du hasard, tel que l'entendent les Épicuriens, et leur argument accepté comme ils le donnent, on devrait bien reconnaître que, par la projection des lettres de l'alphabet, l'Iliade finirait par se produire, c'est-à-dire que, de la multitude des atomes lancés n'importe comment, le monde finirait par résulter. A faire remarquer simplement que ni le temps ni le nombre des atomes ne peuvent être infinis on ne gagnerait pas grand'chose : car dans un temps fini, mais qui pourrait être très long, puisqu'on n'est pas en état d'en assigner le commencement, un nombre effroyablement grand de combinaisons, nombre fini toutefois, semblerait toujours avoir assez de champ pour se dérouler jusqu'au moment où se rencontrerait la combinaison requise. On réussirait mieux à faire soupçonner des difficultés dans l'hypothèse épicurienne en montrant qu'il faut la présenter autrement que nous ne l'avons fait et qu'on ne le fait d'ordinaire, car sous cette première forme elle n'est pas d'accord avec l'ensemble du système épicurien, ni, ce qui nous importe davantage, avec des exigences de la raison auxquelles ce système a le mérite de satisfaire. Supposer que les atomes sont, après chaque projection, réintégrés dans une sorte de cornet et lancés de nouveau par une cause non solidaire de celles qui ont amené les projections précédentes, c'est se payer d'une imagination commode, mais gratuite, pour ne pas dire impossible. Imagination commode parce que, en recourant à une indépendance mécanique des causes successives de projection, on renforce le hasard comme néant de finalité par le hasard comme néant de causalité et que, grâce à cela, on a la certitude de conserver en chaque projection tous les éléments indispensables à la combinaison qu'il s'agit d'atteindre. Si au contraire les causes étaient solidaires d'une projection à l'autre, il pourrait arriver qu'une partie des lettres nécessaires à la formation de l'Iliade se trouvât immobilisée ou séparée du reste une fois pour toutes, ce qui rendrait désormais impossible l'apparition d'une Iliade complète. Or il est clair que c'est l'hypothèse que nous venons de faire qui répond seule à la réalité selon Épicure ou du moins selon Démocrite et selon la raison. Car il y a des causes pour tout ce qui commence d'être et, sauf qu'on trouve le moyen de l'amener à son heure, il n'y a point de contingence par rupture de la série successive dans le domaine mécanique. Donc il ne faut pas parler d'une série de projections indépendantes entre elles dans leur succession et comparables à celles qu'effectuerait la liberté d'un joueur. Tous les essais de groupement que tenteront successivement les atomes sont solidaires entre eux. Au reste, cette difficulté a été présentée en d'autres termes par ceux qui ont dit contre l'hypothèse des projections successives indépendantes que le monde est un, qu'il n'y a par suite qu'une seule projection, et nous aurions tort d'insister.

Non seulement le tirage au sort de Démocrite et d'Epicure ne peut pas compter beaucoup à nos yeux parce qu'il nous transporte en pleine illusion réaliste avec ses atomes choses en soi, mais il n'est guère considéré que comme un jeu logique. Le matérialisme mécaniste a lui-même ou croit avoir de meilleures ressources. Peut-être, il est vrai, paraissent-elles meilleures parce qu'elles recèlent secrètement de la finalité : c'est ce que nous allons avoir à rechercher.

C'est presque de nos jours seulement que les naturalistes ont commencé d'employer pour l'explication de faits précis et en leur enlevant le caractère de généralités toutes spéculatives les principes de la lutte pour l'existence, de la sélection naturelle et de la survivance des plus aptes. Mais la pensée philosophique en a de bonne heure deviné tout l'essentiel et a vu le parti qu'on en pouvait tirer contre la finalité. Les Épicuriens ne faisaient déjà que répéter à cet égard des idées connues. L'inventeur en paraît être Empédocle et dans tous les cas on en trouve chez Aristote une exposition générale célèbre à juste titre, car elle est si mûre que, aujourd'hui même, on ne voit rien à y changer. « On soulève la question de savoir qui empêche que la nature, au lieu d'agir en vue d'une fin et du meilleur, agisse comme le ciel quand il verse la pluie, c'est-à-dire par nécessité : car en s'élevant les exhalaisons se refroidissent forcément et ainsi refroidies deviennent de l'eau qui tombe ; puis il arrive, en conséquence, cet accident que le blé pousse. Si au contraire la conséquence est que du blé se perd sur une aire, c'est encore la même chose : ce n'est pas dans ce but que le ciel a versé la pluie et la perte du blé est un accident. Cela compris, qui empêche que, de son côté, la nature ne procède de même pour les parties des vivants ? Les dents, par exemple, naîtraient, les unes, les incisives, tranchantes et aptes à couper les aliments, les autres, les molaires, larges et susceptibles de les broyer, sans qu'il y eût là, au lieu de buts, autre chose que des accidents. La même conception s'appliquerait à toutes les autres parties dans lesquelles l'opinion commune croit voir des buts. Les êtres dans lesquels il s'est trouvé que toutes les parties sont telles que si elles avaient été faites pour un but, ceux-là ont survécu parce que leur constitution possédait par hasard les aptitudes requises : ceux pour qui il n'en a pas été ainsi ont péri et périssent : tels, selon les paroles d'Empédocle, les bœufs à face d'homme. » Un seul trait manque peut-être à cet antique exposé de la doctrine des conditions d'existence : c'est l'idée de la longue durée de l'évolution par laquelle les êtres sont devenus ce que nous les voyons, c'est-à-dire l'idée de l'extrême petitesse des corrections reçues sous l'influence des nécessités naturelles par chaque combinaison nouvelle qui s'essayait et de l'importance prodigieuse que finissent par prendre ces corrections minimes à force de s'ajouter l'une à l'autre. Mais la doctrine ainsi complétée, spécieuse de tout temps, semble dès lors assez forte pour triompher de tous les obstacles. On voit, dans le désordre primitif, les puissances naturelles se heurter entre elles ; puis les discordances nées de l'absence de finalité s'atténuer par le seul fait de ces chocs, et, en vertu d'une sorte de dialectique, les êtres harmoniques avec eux-mêmes et avec leur milieu poussés indirectement à subsister et à se développer puisqu'eux seuls ne rencontrent pas de résistance, jusqu'à ce qu'enfin éclatent avec un ensemble imposant toutes ces apparences de finalité par lesquelles le monde actuel nous étonne et, qui sait même? peut-être quelque chose de plus que des apparences de finalité, une finalité vraiment réelle en ce sens que du mécanisme sortiraient des êtres doués de cette supériorité énorme de se proposer des fins.

Il est hors de doute, et nous y reviendrons, que la base première de la doctrine des conditions d'existence est une vérité. Les incisives déchirent et les molaires broient parce que leur constitution les y rend propres, ou encore l'œil voit parce qu'il est tel qu'il puisse voir. Plus généralement aucun effet ne se produit qui ne soit déterminé par ses causes et ne doive être, avant tout, expliqué par elles. Mais aussi n'est-ce pas à cette vérité que la théorie se réduit et que les contestations s'adressent. Il s'agit de savoir si, grâce à la lutte pour l'existence et à la sélection, des causes toutes pures suffisent pour expliquer les êtres qui sont sous nos yeux. Nous disons tous les êtres : car au fond la doctrine dont nous nous occupons embrasse aussi bien le monde inorganique que celui des vivants. Toutefois, comme c'est surtout dans le domaine de la vie que la finalité passe d'un commun accord pour se manifester le plus impérieusement et comme c'est de ce monde aussi que la théorie des conditions d'existence entend principalement rendre compte, ce sont les vivants que nous considérerons d'abord.

— Comment se fait-il que la finalité paraisse présenter ou présente même des lacunes jusque chez eux ? C'est une question que nous ajournons. Toujours est-il que pour qui prend le monde tel qu'il tombe sous l'observation, une grande place semble y être occupée par le mécanisme pur. Il y a eu et il y a sûrement des plantes et des animaux imparfaits et quand l'hypothèse de l'évolution serait encore repoussée par quelques naturalistes, quand, par impossible, ces naturalistes auraient raison, la lutte pour l'existance et la sélection n'en resteraient pas moins et dans le sens le plus fort du mot, des faits établis. On ne saurait donc éviter d'accorder à ces faits un rôle dans l'explication du règne organique. Il faut pourtant en mesurer la portée. Voici des types très imparfaits de plantes ou d'animaux qui se produisent; des êtres très imparfaits, c'est-à-dire, au point de vue de la théorie que nous discutons, des êtres faits d'éléments discordants ou en désaccord eux-mêmes avec le milieu botanique, zoologique, physique. Sans aucun doute ils vont être éliminés, laissant la place à ceux qui se trouveront mieux constitués, c'est-à-dire à ceux qui présenteront sinon de la finalité, du moins une nature telle que des discordances internes ou externes ne la condamnent pas à la destruction. La lutte pour l'existence et la sélection naturelle nettoient pour ainsi dire le monde. Ce nettoyage est-il sans reproches et sont-ce bien toujours les individus et les espèces les plus profondément tarés qu'il balaye? C'est ce dont on pourrait douter, d'autant qu'il serait surprenant qu'une opération aveugle fût aussi bien menée que si elle relevait d'une parfaite sagesse. Mais peu importe : nous accordons pour le moment que tous les êtres qu'il faut écarter et ceux-là seuls sont exterminés par la sélection naturelle. Reste toujours que son action, jusqu'ici, est négative. Est-il vrai, comme les mécanistes voudraient nous entraîner et se laissent aller à le croire, qu'elle favorise, indirectement au moins et autrement qu'en accélérant l'épuisement des combinaisons possibles, la production des aptes? Il est trop clair que le fait de leur réserver les subsistances ou tout autre avantage assimilable, en supprimant les êtres mal doués, n'équivaut pas à celui de rendre plus facile l'apparition de plantes ou d'animaux bien constitués. Réussit-on mieux en alléguant qu'anéantir les obstacles auxquels se heurterait un être, c'est somme toute en préparer l'existence ; que les discordances mécaniques en s'usant par leur frottement mutuel produisent enfin l'harmonie? Ce sont là des équivoques. Les obstacles renversés, l'espèce ou l'individu bien doué subsistera, son existence ne sera pas empêchée, mais il n'y a rien là qui la provoque. Et quant à la suppression réciproque des discordances, prise en elle-même, comment engendre-t-elle l'harmonie et quelle sorte d'harmonie ? On a beau dire que les discordances ne durent pas : quand l'une disparaît il en peut, au sein d'une nature aveugle, renaître une autre et cela presque indéfiniment. D'autre part, les deux éléments ou les deux organismes incompatibles courent le risque de ne disparaître qu'au profit de la mort et de fait, dans le mécanisme au sens étroit, le terme de la lutte des forces c'est l'équilibre. Assurément, tout triomphe de la vie en prépare d'autres. Mais d'abord c'est sous la réserve que quelque dérangement dans le milieu ne viendra pas transformer en inconvénient ce qui s'est présenté d'abord comme un avantage, ensuite et surtout un premier triomphe de la vie est quelque chose de positif qui ne doit rien à la sélection naturelle. Qu'une graine de pin maritime tombe sur une dune déserte, une forêt va naître, de l'humus va se former et toute une flore, toute une faune nouvelle aura désormais un milieu favorable à son développement. Mais il a fallu que la graine de pin fût donnée et l'œuvre qu'elle commence n'aboutit encore qu'à rendre *possible* l'existence d'autres vivants. On dira qu'il y a des cas plus favorables : qu'un organe donné détermine l'apparition d'autres organes, tellement que là est l'explication de la division du travail et du progrès chez les vivants. Ici même cependant il reste à se demander en quel sens précis la donnée d'un organe détermine l'apparition d'autres organes et si c'est en faisant plus que de leur permettre de se produire, ce qui demeurerait encore assez négatif. Surtout un point subsiste, c'est que ce serait un premier progrès de la vie, non la simple action négative de la sélection, qui aurait provoqué tous les progrès ultérieurs.

Et c'est là en effet le point délicat. Il ne suffit pas de dire que, selon les termes excellents d'Aristote, les êtres dans lesquels il se trouvera que toutes les parties soient telles que si elles avaient été faites pour un but, survivront. Il faut expliquer l'apparition de ces êtres mêmes. On croit que ce sera assez pour les constituer de juxtaposer des déterminations non incompatibles entre elles, sans qu'il y ait aucun lien effectif pour leur donner de l'unité. Passons provisoirement condamnation sur cette difficulté profonde et très métaphysique. Admettons, comme le demande la théorie, qu'il suffira d'une apparence de finalité pour constituer des êtres et, qui plus est, des êtres vivants. De quelles ressources dispose-t-on pour expliquer l'apparente harmonie de cet agrégat de déterminations apte à vivre et à survivre? Dire que de tels agrégats, surtout les plus élevés et les plus complexes d'entre eux, ne se produisent pas d'un seul coup et sans tâtonnements, c'est très probablement énoncer plus qu'une vraisemblance. Toutefois quand nous aurons reconnu que c'est là un fait, le problème que nous dégageons, après beaucoup d'auteurs sans doute, n'en subsistera pas moins. Pour rendre raison, sans parler tout de suite de la vie même, de chacun de ces progrès vitaux que la sélection naturelle va accueillir et respecter, nous devrons revenir à quelque chose d'analogue à ce tirage au sort des possibilités dont nous avons vu que se contentait Epicure. En termes darwiniens cela s'appelle, d'une manière bien expressive, la variation accidentelle ou l'accident heureux. Nous n'avons pas d'autre recours que celui-là : car toute action ou réaction spontanée de l'organisme nous ferait sortir du point de vue purement mécaniste. On dira peut-être que le champ des variations possibles n'est pas indéfini ou n'est pas aussi énormément étendu que celui où se déployaient les combinaisons possibles d'Épicure : car personne, et, au fait, pas même les épicuriens, ne prend au sérieux les puérilités d'Empédocle parlant de bœufs à face d'homme ou autres monstres analogues ; preuve qu'on sent bien que, en vertu de la constitution mécanique du monde, certaines malformations trop grossières sont écartées de sorte que le champ des variations possibles est restreint au profit des variations favorables. Mais outre que cette circonstance même pourrait faire soupçonner le mécanisme de notre monde d'être secrètement imbu de finalité, après avoir accordé au Darwinisme toutes les concessions qu'on voudra, il sera manifeste encore que les chances d'apparaître dont jouissent les variations favorables par opposition aux variations malheureuses sont bien faibles. Enfin à supposer produit l'accident heureux, va-t-il être aussi sûrement garanti qu'on le croit par la sélection naturelle? Pour rappeler l'attention sur un point souvent visé par les adversaires du Darwinisme, cette petite différence favorable qui vient de se montrer chez un individu ne risque-t-elle pas d'être étouffée par le croisement avec les autres individus qui ne la présentent pas? Ceci il est vrai tendrait à faire ressortir l'insuffisance de la sélection naturelle et ce que nous tâchons de mettre en lumière présentement, c'est l'exiguité des ressources dont on dispose pour expliquer, en restant dans la doctrine des conditions d'existence, la production et le progrès des êtres aptes à subsister. Or l'explication darwinienne si étrangement précaire est seule conséquente avec les principes mécanistes. Sans doute il y a une doctrine toute différente qui met le transformisme plus à l'aise et rend beaucoup plus faciles à concevoir l'apparition et l'amélioration de l'être vivant convenablement constitué. Si comme le veut Lamarck un organisme est une spontanéité plastique qui se modèle sur son milieu, s'il y a même un sourd travail de la vie sans cesse occupée de découvrir quelque forme avantageuse sous laquelle elle puisse se produire, si les besoins d'un vivant provoquent chez lui la formation d'organes propres à les satisfaire, alors, tout en restant très obscur encore, le développement de la série des vivants par l'accession graduelle de fonctions et de structures de plus en plus complexes, ne cause plus à l'esprit une aussi incurable surprise. Mais en suivant Lamarck il faut bien voir où l'on va. On tourne le dos au mécanisme et on retombe en plein dans la finalité. La part de l'accident devient fort petite et la sélection naturelle est nettement limitée au rôle négatif pour lequel seul elle est faite. Bref la théorie des conditions d'existence s'avoue incapable de tout expliquer dans le monde de la vie.

Nous avons d'ailleurs réservé jusqu'ici la question capitale. Si la théorie des conditions d'existence réussissait à rendre compte de l'apparition d'organismes bien doués et de leur transformation progressive en organismes mieux doués encore, il resterait toujours à se demander comment la théorie se comporte en face de la vie même. Sans doute en prenant la vie comme donnée Darwin, par exemple, use d'un droit incontestable chez un naturaliste positif ; celui d'ajourner une question qui ne lui paraît pas encore mûre ; mais des philosophes n'ont pas la même ressource ou du moins ils ne l'ont pas au même degré. Les partisans de la théorie des conditions d'existence ne peuvent donc éviter de se poser et de se laisser poser la question de savoir ce qui s'ensuivrait pour eux du fait de postuler purement et simplement la vie. Or ce qui s'ensuivrait c'est que la finalité, concentrée dans ce refuge, y subsisterait et cela non pas diminuée et appauvrie, mais tout entière. En effet d'abord la vie en elle-même est essentiellement téléologique, ou du moins devra être tenue pour telle tant qu'on ne la fera pas dériver d'une activité purement causale. On ne peut pas la définir par des phénomènes vraiment spéciaux. Depuis le succès des synthèses organiques, non seulement pour les substances de déchet mais pour celles qui composent les tissus du vivant, on ne songe plus à soutenir qu'il y a une chimie vitale irréductible à la chimie des laboratoires. Les phénomènes physico-chimiques qui se passent dans un organisme sont identiques aux autres. Mais s'il n'y a qu'une physique et qu'une chimie, le groupement simultané ou successif des phénomènes physico-chimiques peut présenter chez les vivants un caractère qu'on ne retrouve point ailleurs ou, pour mieux dire, un caractère qu'on ne saurait retrouver dans le domaine d'un mécanisme rigoureusement pur. Chacun des organes est approprié aux autres, et chacune des phases du développement d'un organisme répond aux autres. Quelques exceptions qu'on signalerait seraient toujours plus faciles à expliquer, comme exceptions, que ne le serait l'harmonie si c'était elle que l'on considérait comme exceptionnelle, le désordre étant la règle. L'idée directrice de Claude Bernard ne cesse pas, quoi qu'on fasse, de sembler présente jusque chez le plus humble des êtres organisés, et la définition Kantienne de la vie par un système de faits et de parties où tout est réciproquement fin et moyen satisfait encore aux apparences. Ainsi présupposer la vie c'est introduire la finalité. Et toutefois ce n'est pas encore assez dire. On n'introduirait pas seulement, en acceptant comme donné un vivant rudimentaire, la somme de finalité qu'un tel être renferme d'une façon manifeste et immédiate. Car cette finalité immédiate et manifeste peut impliquer celle qui se développera par degrés dans toute la série des formes et des fonctions biologiques. Concevons chacun des types vitaux non comme un agrégat de déterminations dont le seul lien consisterait à ne pas se contrarier entre elles, mais comme un système prêt à se réaliser dès qu'il ne sera plus arrêté par des obstacles ; qui empêche que la suite entière de ces types soit présente en chacun des plus inférieurs d'entre eux comme un idéal, ou comme une espèce d'idéal, élargissant et prolongeant leur destinée, s'imposant à eux et par là plus réel que ce qu'il y a en eux de réel, c'est-à-dire d'acquis et d'actuel ? Nous ne faisons qu'indiquer cette idée dont on retrouverait sans peine l'expression plus détaillée et plus précise dans nombre de théories anciennes ou surtout contemporaines. Une simple indication permet de saisir la vérité importante qui nous occupe en ce moment, savoir, encore une fois, que, dès qu'on admet la vie, fût-ce sous sa forme la plus basse, comme une donnée au-delà de laquelle on ne remonte point, on s'expose à admettre par là, disons même qu'on admet à son insu, de la finalité et à vrai dire toute la finalité qu'il puisse jamais y avoir dans le monde.

Aussi la doctrine des conditions d'existence, dès qu'elle prend l'aspect d'une négation philosophique de la finalité, est-elle entraînée à tenter de tirer la vie du mécanisme. Or, en suivant les adversaires du finalisme sur ce nouveau terrain nous allons rencontrer de nouvelles équivoques à dissiper. C'est aujourd'hui encore un fait incontestable que toute cellule naît d'une cellule. Peut-être même, quoiqu'il y ait dans cette hypothèse quelque chose qui, justement ou non, risque de paraître à certains esprits un peu matériel et grossier, pourrait-on admettre que les diverses formes vivantes sont représentées dans notre monde par des germes et que ces germes se sont développés dès qu'ils ont rencontré des conditions appropriées, l'embryon d'une espèce supérieure attendant pour éclore la matrice, par exemple, d'une espèce inférieure et voisine. Mais nous abandonnerons cette manière de voir et accepterons la possibilité de la génération spontanée, remplaçant au reste les germes par des lois, comme l'embryologie a déjà remplacé l'emboîtement par l'épigénèse. La matière vivante va donc sortir, selon le terme consacré, de la matière brute. Quelles sont la signification et la portée de cette hypothèse? Voilà ce qu'il s'agit de rechercher. Laissons de côté une remarque solide pourtant, savoir que si, dans un laboratoire, on réussissait la création d'une cellule de protoplasme, l'opérateur en faisant converger une multitude énorme de séries de phénomènes aurait pénétré son œuvre de finalité. Il y a encore plus à dire et ce n'est pas du dehors que la vie tient sa finalité; car on ne produit pas la vie comme une œuvre d'art : elle est. Elle est, même dans l'hypothèse où nous

nous plaçons et dans laquelle il semble au premier abord que la vie résulte de ce qui n'est pas vivant. Sans doute l'opposition de la matière vivante et de la matière brute offre quand on la prend en gros un caractère tranché qui impose. C'est que l'on songe à la vie telle qu'elle se présente à un étage déjà élevé de l'évolution, avec des organes très différenciés et des fonctions très complexes. Mais ce n'est pas cette forme élevée de la vie qu'il faut demander à la génération spontanée : c'est une forme très humble et aussi proche que possible de ce qui passe pour n'être pas vivant. Autrement dit, il est nécessaire de rapprocher les deux termes. Or, c'est ici qu'on doit se garder d'une équivoque. Nous venons de déclarer nous-mêmes que la vie qu'on peut s'attendre raisonnablement à voir se dégager de la matière soi-disant brute ne saurait être que de bas degré, ou, pour mieux dire, enveloppée. Nous avouons donc que lorsqu'on veut comparer la vie avec ce qui est regardé comme non vivant on a le droit et même le devoir d'en écarter ou d'en voiler les attributs supérieurs, d'abaisser, en un mot, la conception de la vie, de la vie au sens étroit. Mais ce processus d'abaissement, que tout le monde aperçoit, n'est pas la seule opération impliquée dans le rapprochement des deux termes qu'on veut comparer. Il y a un évolutionisme matérialiste qui ne sait égaliser qu'en abaissant. L'aveuglement dont il fait preuve est étrange. Comment ne voit-il pas que, pour rapprocher la matière vivante et la matière brute, on relève la dignité de la seconde plus encore qu'on n'amoindrit celle de la première ? La vie, dit-on, et encore une fois c'est la vérité, ne peut plus se distinguer de ce qui est au-dessous d'elle par des phénomènes qui seraient sa propriété exclusive : le vivant n'a pas le privilège d'élaborer ces produits supérieurs que sont les sucres et les albumines ; il n'est pas seul capable d'échanges perpétuels avec un milieu et, par suite, de croissance ou de mort ; il n'est pas seul à se reproduire par un fragment détaché du tout ; il n'est pas seul à répondre aux excitations extérieures par des réactions appropriées ; même, et ici il ne s'agit plus d'un phénomène particulier, il s'agit du caractère essentiel et global par lequel les partisans de la finalité définissent la vie, le vivant n'est pas seul à constituer un système de formes et de fonctions. Ne nous inquiétons pas devant ce langage sur le sort réservé au bout du compte à la définition finaliste de la vie ; n'est-il pas évident que tous les caractères dont on dénie la propriété à la matière vivante, on les transporte à la matière dite brute, que l'être inorganique et notamment le cristal s'enrichissent à mesure que l'être organisé semble s'appauvrir ? Par cette marche, dont quelques biologistes seulement démêlent l'orientation véritable, on va droit non vers la réduction de la vie à quelque chose qui ne vivrait pas, mais vers la suppression de toute matière rigoureusement brute, vers l'extension de la vie sans autre limite que celle de l'existence même. L'être le plus humble et prétendu inorganique est lui-même vivant. Le jeu de causes sur lequel reposent ses formes et ses fonctions est déjà pénétré de finalité. De sorte que ce ne sera pas miracle si la vie tout à coup sort de lui, c'est-à-dire se développe et s'épanouit. Cette parcelle de matière, si nue en apparence, est un vrai germe, la seule sorte de germe qu'il faille peut-être accepter en dernière analyse. Et, pour le dire en passant, ce germe, s'il s'est antérieurement déjà déployé en une vie complète, a pu garder le souvenir de cette première vie et une tendance à la restituer dès que rien ne l'en empêchera. Car aussitôt qu'on a renoncé aux imaginations superficielles et bornées desquelles le matérialisme se contente pour se représenter ce qu'il appelle la matière, on voit s'ouvrir dans ce fond de la nature un abîme de complexité. Rien qu'en suivant avec intelligence la direction où s'engagent la biologie et de son côté, ajoutons-le, la psychologie, on aboutirait à des conceptions analogues à celles dont le génie de Leibnitz a pour toujours, sous la réserve de changements dans le détail, doté la métaphysique. Or quand on est parvenu à ce point de vue on voit que la prétention d'avoir ramené la vie au mécanisme, parce qu'on aurait fait sortir la matière organisée de celle qui en apparence ne l'est pas, est un non sens. La vie partout présente n'attend que l'absence d'obstacles pour étendre ses manifestations. Les conditions d'existence lui permettent d'éclater mais ne la font point, et avec la vie subsiste irréductible la finalité.

Il ne nous reste plus maintenant que peu de mots à ajouter pour en finir avec la doctrine des conditions d'existence, en tant qu'elle se propose comme une explication suffisante des phénomènes vitaux et de tous ceux qui sont au-dessous. Si les considérations précédentes sont exactes, la doctrine est insuffisante dans le domaine même où elle semblait devoir régner sans conteste, dans le monde inorganique ou plutôt soi-disant tel. Car, la vie étant partout, le mécanisme au sens strict est chassé de partout. Du moins il est chassé de tout ce qui est concret, même de ce qui occupe le dernier degré de l'échelle des êtres. Leibnitz disait que le mécanisme enveloppe de la finalité et que les causes efficientes dépendent des fins. Or ces propositions restent justes, quoique peut-être en une acception un peu différente de celle où il les prenait. Qu'on ne puisse concevoir abstraitement un mécanisme pur, des causes pures, que tout ce qui dépasse la géométrie, c'est-à-dire que la masse et la force avec leurs lois soient choses téléologiques déjà, c'est ce que nous ne croyons pas. L'ordre de la causalité est, nous avons essayé de l'établir, un moment de la pensée qui se suffit dans son abstraction. Encore est-il vrai que la causalité ne peut nullement être comprise à la manière réalistique et matérialiste, puisque privée de son caractère de relation elle serait aussitôt frappée de mort. Mais peu importe. L'abstrait n'est pas le réel. De ce que des causes pures se laissent concevoir par la pensée abstraite, il ne suit pas qu'il y en ait jamais dans la nature. Pour n'envisager ici dans les êtres qu'un aspect encore superficiel et abstrait, en d'autres termes pour négliger parce que l'heure n'est pas venue d'en parler, ce qu'il y a au fond d'eux et dans leur noyau, de proprement subjectif ou de mental, ne devons-nous pas, dès que nous faisons autre chose qu'une métaphore en répandant la vie partout, proclamer que le déterminisme des phénomènes les plus simples, donnés dans le monde, n'est jamais purement causal et, au contraire, est toujours mêlé de finalité ? Nous ne trouvons nulle part devant nous, dans la réalité, des masses et des forces réduites à elles-mêmes. Pour l'explication des phénomènes les plus mécaniques de la nature il faut attribuer aux masses et aux forces une collocation définie. La matière, vue du dehors tant qu'on voudra, n'est pas le mécanisme pur, le mécanisme en soi, c'est un certain mécanisme. Boscovich ou même Lesage (de Genève) est obligé pour expliquer les faits d'assigner des places spéciales à ses éléments et de poser entre eux des relations spéciales. D'autres places, d'autres relations, constitueraient non moins bien un autre mécanisme, un mécanisme encore, c'est-à-dire une détermination du conséquent par l'antécédent. On a beau dire comme Descartes qu'on part de la donnée du pur chaos : la facilité avec laquelle ce prétendu chaos se débrouille suffit à en faire suspecter la sincérité. Or si pour expliquer l'évolution du monde il faut commencer par se donner un certain mécanisme, du moment que ce mécanisme n'est pas quelconque, les dés sont pipés; la finalité prise avec toute son étendue réside déjà invisible et présente dans cette première donnée.

Si la doctrine des conditions d'existence était aussi heureuse qu'elle l'est peu dans ses tentatives pour exclure et remplacer la finalité tant sur le domaine de la vie que sur celui des phénomènes inorganiques, une difficulté s'élèverait encore contre elle que tous les finalistes ont fait valoir : c'est que les êtres conscients et surtout l'homme, issus d'après la théorie, d'une nature vide de finalité, se proposent incontestablement des fins. Or cette irruption brusque de la téléologie dans le monde, ce changement de front subit dans le cours des choses, est évidemment malaisé à expliquer. Mais, tout difficile que cela soit, la doctrine des conditions d'existence a essayé de répondre à l'objection, et, par l'effort le plus hardi et le plus désespéré, de se compléter en envahissant jusqu'au terrain de l'esprit où le finalisme est naturellement porté à se regarder comme invincible. C'est, ici encore, Spinoza, qui, comme on sait, marche à la tête des adversaires de la finalité. L'homme, dit-il, se propose des fins : cela, en un sens, est indéniable. Que sont ces fins, toutefois? Elles ne sont rien d'autre que nos désirs. On construit une maison dans le but d'y habiter : cela veut dire simplement que nous éprouvons le désir de la vie domestique et que par là nous sommes poussés à bâtir. Loin qu'il faille voir dans le but ou le bien le fondement du désir, le but ou le bien doit précisément sa qualité de but ou de bien à la poussée causale qui nous force à aller vers lui : c'est parce que nous les désirons que les choses sont bonnes et non inversement. La détermination de nos actes par le désir est donc causale et le désir est à proprement parler une cause. A cela, il faut ajouter que lui-même, à son tour, il est engendré par des causes. Il résulte de la nature de l'être qui l'éprouve, n'est qu'une expression de cette nature. Seulement, dans l'imperfection de leur connaissance, les intelligences finies ignorent les causes des désirs et, ne voyant qu'eux, en font des causes premières. Mais, toute erreur dissipée, ni directement ni indirectement, l'acte de tendre à des fins ne présente rien de spécifique et, en dernière analyse, il se réduit à une chaîne de causes et d'effets.

Que nous trouvions les choses bonnes parce que nous les désirons ou que nous les désirions parce qu'elles nous paraissent bonnes, cela n'importe peut-être pas autant pour la thèse finaliste, que Spinoza l'a cru. Le finalisme n'est pas forcé de faire résider toute la finalité de la vie consciente dans un acte immobile où la vie s'absorberait et se figerait après l'avoir atteint. Pourquoi le vrai but ne serait-il par l'action et la vie elles-mêmes et par conséquent le désir en tant qu'il est une partie du mouvement de la conscience? Le désir a une direction sans doute : cela n'empêche pas que cette direction puisse avoir sa raison dans le fait qu'elle permet au désir d'exister. Ce serait donc bien parce que nous désirons les choses qu'elles seraient bonnes, en ce sens qu'elles ne mériteraient pas d'être appelées bonnes si elles n'éveillaient pas nos désirs, que leur bonté serait un moyen d'amener cette fin, le désir, qui, par comparaison, posséderait seul une bonté absolue. La proposition de Spinoza serait ainsi complètement retournée en faveur de la téléologie. Mais il y a quelque chose de moins subtil à faire valoir pour en restreindre la portée. Admettons que les choses n'ont de prix pour nous que si nous commençons par les désirer et en conséquence de nos désirs, admettons aussi que nos désirs sont ce que les fait notre nature, Spinoza n'aura pas encore cause gagnée. Nul finaliste ne refusera de convenir qu'un être conscient désire ce que sa constitution le détermine à désirer. Nul ne refusera non plus de reconnaître que, par l'habitude, des tendances se forment sous l'empire desquelles nous regardons comme des biens des choses ou des actes qui nous étaient primitivement indifférents. On fera seulement remarquer que, pour larges qu'elles soient, les limites de l'habitude n'en sont pas moins réelles, que, pour s'habituer à un acte, il faut d'abord qu'on l'accepte et que, de ce chef, fût-il au bout du compte profondément nuisible, il est soumis à une condition téléologique. En somme, un être conscient désire ce qui est prescrit ou toléré par sa nature et en disant cela personne ne croira être infidèle au finalisme. C'est qu'en effet il faut voir si dans cette nature qu'on attribue à l'être conscient et qu'on présente, en usant d'un terme assez impropre, comme la cause des désirs de cet être, la finalité ne se retrouve pas. Ce mot de nature, ou le mot d'essence, son synonyme, sont au moins équivoques pour ne pas dire que dans l'espèce ils ne comportent au fond qu'un sens finaliste. Or les auteurs de théories mécanistes du désir, et avant tous Spinoza, ne se sont pas fait faute de les employer. S'il faut attribuer quelque réalité aux essences de Spinoza, aux essences finies ou ne fût-ce même qu'à l'essence de Dieu, toute la finalité qu'il a voulu bannir rentre par là dans son système. Nous verrons en effet qu'une essence du degré qui nous intéresse ici, c'est-à-dire une essence d'ordre supérieur, celle qui enveloppe qualité, devenir et appelle comme couronnement la conscience, est ce qu'il y a au monde de plus téléologique. Il est vrai que Spinoza, tout en parlant d'essences, n'a sans doute pas voulu expliquer par les essences à la manière d'Aristote. Dans sa pensée l'enchaînement géométrique est autre chose que l'enchaînement syllogistique. Mais sans chercher si la différence est aussi radicale qu'il le croit et en reconnaissant qu'il n'y a pas de finalité dans les notions géométriques, un fait capital s'impose à notre attention, c'est que ce sont des notions plus que géométriques que Spinoza prétend traiter geométriquement. Par suite, les essences dont il parle retiennent, forcément, quelque chose du sens que l'aristotélisme leur eût attribué. Lors donc que Spinoza explique l'univers par une essence suprême et par des essences particulières, son explication s'appuie sur une base téléologique, quoi qu'il en ait. Il fait même, s'il se peut, plus que de mener les choses à leurs fins, car sa procédure étant tout analytique il suppose les fins réalisées et décompose seulement un système et des systèmes pris comme données. Telle apparaît du moins sa doctrine s'il faut interpréter en compréhension la déduction qu'elle emploie. Au cas où Spinoza prétendrait passer du général au particulier, c'est-à-dire du simple au complexe et cela déductivement, nous savons ce qu'il faut penser d'une soi-disant déduction de cette espèce. Il n'y resterait plus rien de téléologique sans doute. Il n'y resterait non plus rien d'intelligible : car ce serait, comme la division platonicienne, une perpétuelle pétition de principe.

Essayons cependant de faire table rase de toute espèce de nature ou d'essence et d'être plus mécanistes que Spinoza n'est parvenu à l'être : aussi bien ne nous proposons-nous pas uniquement ni même principalement de réfuter le spinozisme. Laissons de côté jusqu'à l'essence de Dieu ou toute autre unité suprême dont on se servirait pour la remplacer. Dès lors un être, même un être conscient, ne sera plus pour nous qu'un agrégat de séries causales, et non seulement les désirs de cet être ne seront pas autre chose que la conscience de la nécessité causale de ses actes, mais sa nature à son tour, source des désirs, ne sera encore, en admettant qu'il en ait aussi conscience, que la poussée et le déroulement des causes juxtaposées dans lesquelles elle se résout. Supposé maintenant que cet agrégat de causes s'apparaisse comme isolé et indépendant, il croira, nous dit-on, être par lui-même la cause de tout ce qui se fait en lui et cette spontanéité apparente transformera pour lui la causalité en finalité. Voilà dans toute sa force cette fois l'explication spinoziste et même, en général, l'explication mécaniste du désir. Ne recherchons pas, au moins maintenant, contre Spinoza, si la croyance d'un être conscient à sa spontanéité se laisse, aussi facilement et aussi complètement que ce philosophe le pense, ramener à une simple ignorance des causes dont l'individu, c'est-à-dire, au point de vue spinoziste, le soi-disant individu, dépend ; nous disons que la spontanéité causale apparente ou même la spontanéité causale réelle, en admettant par impossible qu'il y en eût une dans un monde où tout arriverait en vertu de la pure loi des causes, ne rendrait pas compte chez l'être conscient qui en serait ou s'en croirait doué, de l'érection d'une poussée mécanique en désir. Qu'un agrégat de séries causales ou qu'une série causale simple, s'il y en a de telles, prenne conscience de soi et, sans remonter au delà de soi, se voie couler, elle s'apparaîtra comme se déroulant d'arrière en avant depuis un commencement jusqu'à un terme; en un mot, quoique présentant une causalité spontanée, elle s'apercevra telle qu'elle est ou comme un mécanisme. Naturellement nous ne pensons pas, et tant s'en faut, qu'une vraie conscience pût s'envisager de cet œil : notre opinion est à coup sûr qu'une vraie conscience trouverait en elle par cela qu'elle serait une conscience et la finalité et même la liberté (qui est tout autre chose qu'un mécanisme indépendant), mais il s'agit de nous placer au point de vue de la théorie que nous examinons et selon cette théorie la conscience, sans rien supposer qui dépasse la causalité, reflète un processus causal. Dans ces conditions nous ne découvrons pas la moindre raison pour laquelle les séries mécaniques prendraient l'aspect de séries téléologiques. Que faut-il en effet pour que la métamorphose s'opère? Il faut que dans le processus causal le terme réponde au commencement. Supposons que ce terme soit en désaccord avec le commencement, alors la finalité apparaîtra sous une forme négative, c'est-à-dire comme aversion. Un homme lancé dans l'espace, fût-ce spontanément et par exemple à la suite d'une résolution désespérée, aperçoit pour terme de sa chute la destruction de l'agrégat de causes qui le constitue et certes il ne désire point ce terme pris en lui-même. Il voit le déroulement des causes et des effets y aboutir fatalement et jusque-là on ne saurait trouver de finalité dans sa conscience, en tant qu'elle est le témoin de sa chute. Sans doute la finalité va se manifester indirectement par l'effroi, par le souhait invincible de ne pas voir se réaliser le dernier effet de la série. Mais la contradiction entre le commencement et le terme de cette série n'en est une que relativement à la finalité et par suite de son absence en l'espèce. Donc pour autant qu'il y a ici dans la conscience, en face d'un déroulement de causes et d'effets, autre chose que l'aperception de ce déroulement comme tel, la finalité est présupposée. Le résultat dernier est-il tel qu'il ne soit ni en désaccord ni en harmonie avec la donnée initiale ? Alors la suite des causes et des effets se révèle comme indifférente et reste une simple suite de causes et d'effets. L'accord entre les deux termes extrêmes de la série est évidemment la finalité elle-même et il n'est pas surprenant qu'avec lui se montre le désir. Ainsi il n'y a rien dans la causalité même spontanée qui puisse engendrer la moindre trace d'appétition. Allons plus loin : c'est la finalité qui explique la spontanéité et non inversement, si du moins on écarte ici toute idée de liberté. A supposer qu'un mécanisme pût réfléchir sur soi et poursuivre son origine jusqu'à celle de l'univers, jamais, en tant que pur mécanisme, il ne s'apparaîtrait comme spontané : car en prenant même au pied de la lettre ce mot d'origine, il faudrait bien encore quelque raison à la collocation primordiale des causes, c'est-à-dire qu'il faudrait, pour compléter le déterminisme de la machine considérée, invoquer des considérations téléologiques. Mais laissons cette remarque. Comment, dans un monde où rien n'échappe à la causalité, un agrégat de causes pourra-t-il s'attribuer la spontanéité? Sans doute pour Spinoza le problème est aisé : la spontanéité que l'agrégat s'attribuera sera illusoire et il se croira spontané par le seul fait de ne pas voir les causes extérieures dont il dépend. Mais pourquoi donc le fait d'ignorer sa dépendance sera-t-il changé par une conscience finie, alors qu'il est purement négatif, dans le fait positif, quoique illusoire, d'être indépendante? C'est, répondra Spinoza, que l'être s'affirme par une nécessité causale, à travers les êtres bornés, forçant l'être borné à se poser comme réel, comme réel tel qu'il est, c'est-à-dire avec ses bornes. L'explication est trop simple. Si la poussée causale qui détermine l'individu à s'affirmer n'en épouse pas les limites, si elle ne forme pas avec les déterminations particulières de l'individu un système, la conscience de l'individu ne l'acceptera pas comme intérieure et l'illusion de la spontanéité ne naîtra pas. Dire que cette poussée est donnée dans la nature ou dans l'essence de l'individu, c'est, par un retour à des notions que nous avions résolu d'écarter, accorder en d'autres termes ce que nous demandons. Par conséquent une spontanéité même tout illusoire requiert la finalité et s'appuie sur elle. A plus forte raison en est-il ainsi d'une spontanéité plus réelle. Cela seul, dans un monde où rien n'échappe à la causalité, peut encore se mettre à part d'une certaine manière, qui, au lieu de former un empire dans l'empire universel, forme du moins un système dans le grand système. C'est donc renverser l'ordre des choses que de vouloir rendre compte de la finalité par la spontanéité, attribuée fût-ce comme illusion à un agrégat de causes et d'effets.

Au bout du compte, les idées de système, de nature, d'essence reparaissent toujours dans la psychologie mécaniste du désir, c'est-à-dire dans la tentative désespérée de la doctrine des conditions d'existence pour chasser la finalité du domaine même de l'esprit. Cette tentative, et cela achève de la condamner, tourne au détriment du mécanisme. Le mécanisme n'est une notion précise que dans son opposition à la finalité; les causes qui ne s'opposent plus aux fins deviennent quelque chose de vague et de confus, indiscret mélange des deux idées. Tel au plus haut chef ce concept bâtard d'essence dont s'est payé Spinoza; tels les équivalents de ce concept auxquels recourent plus ou moins tous ceux qui veulent expliquer le désir en mécanistes. Évidemment d'ailleurs, l'échec d'une entreprise de ce genre est inévitable : il l'est pour une raison que nous n'avions pas à faire valoir : c'est que la conscience suppose la finalité. La conscience est, avant tout, une unité systématique. Nous comprendrons plus tard ce qu'il faut penser des efforts que l'on a faits pour la composer elle-même avec des morceaux et par juxtaposition et quand même le succès serait possible, il resterait toujours que chaque fragment de conscience est un système, qu'une tendance par cela qu'elle est consciente, en est un à son tour, dût-elle après cela s'accorder imparfaitement avec les autres tendances.

Combattre, comme nous venons de le faire, la doctrine des conditions d'existence, n'oblige nullement à fermer les yeux sur les limites, les difficultés et, en un sens, les faiblesses des explications finalistes. Ce sera rendre justice indirectement à la doctrine combattue tout à l'heure que de les signaler.

Les explications téléologiques ne sont ni partout désirables, ni, quand elles le sont, suffisantes. Naturellement nous ne saurions envisager la finalité en empiristes, c'est-à-dire l'accepter comme un simple fait que l'expérience nous révèlerait çà et là. Toutefois, notre rationalisme ne nous empêchera pas d'admettre non seulement qu'il y a des phénomènes dont la fin est introuvable, mais encore, au besoin, sauf, il est vrai, à rendre raison de leur existence, des phénomènes qui n'ont pas de fin. De tels phénomènes, par cela que pour en rendre un compte adéquat on n'aurait point à se demander s'ils ont ou sont aucunement des buts, ne pourraient être que des phénomènes incomplets. Selon toute apparence il y en a de tels et nous verrons que l'apparence n'est pas trompeuse. Il se trouve donc, peu importe par quelles raisons, que les adversaires de la finalité ou ceux de ses partisans qui ne l'admettent qu'avec des réserves, n'ont pas tort de penser que la recherche des fins est dans certains cas absolument illégitime. Tout au plus faut-il remarquer que l'assignation précise de cas de ce genre, quoique d'une manière générale on sente bien qu'il en existe, est toujours difficile parce que si, trop souvent, nous imaginons arbitrairement des fins alors qu'il n'y en a pas, quelquefois aussi des fins cachées échappent à nos recherches toujours superficielles. Peu importe; cette remarque ne détruit pas la vérité que nous venons d'accorder. D'autre part, là même où des explications téléologiques seraient requises et acquises, jamais elles ne suffiraient. Nous avons déjà dit qu'il faut toujours rechercher, et jusque dans le monde de la vie, le mécanisme des phénomènes. Croire que la finalité détermine à elle seule et par elle-même leur enchaînement, c'est la douer d'un pouvoir efficient et rétablir, quoique d'une façon vicieuse, la causalité. Si en effet les phénomènes ne se déterminent pas causalement les uns les autres dans les limites de la finalité, si c'est la fin elle-même qui unit chacun d'eux avec les autres, soit dans la simultanéité, soit dans la succession, il faut donc qu'elle les appelle chacun à sa place et exerce sur eux une attraction au pied de la lettre, c'est-à-dire qu'elle se fasse cause. On retrouverait toujours un mécanisme bien que perverti et on aurait confondu, en pure perte et au grand dommage de l'une et de l'autre, les notions de cause et de but. L'explication téléologique ne dispenserait de l'explication mécanique qu'à une condition : c'est que la seconde fût impliquée dans la première, ce qui d'ailleurs ne peut manquer d'arriver en droit. Mais une explication téléologique abstraite et prise en elle-même ne satisfait pas la pensée. Il est vrai toutefois que si une telle explication était suffisamment positive elle compterait tout en laissant à désirer. Car comment une raison, pourvu que ce fût une vraie raison, ne compterait-elle pas? Si l'on savait à n'en pas douter que tel phénomène ou tel être de la nature est fait pour tel autre, on estimerait n'avoir pas perdu sa peine en l'apprenant, puisque, l'assignation d'un but étant dans ce domaine différent vraiment possible et positive, on trouve un profit sans conteste à reconnaître l'usage de telle arme ancienne ou de tel ustensile qu'on a découvert dans une fouille. Toutes réserves faites sur leur à propos et leur portée ce n'est donc pas, à proprement parler, la valeur des explications téléologiques qui fait doute : c'est leur possibilité même.

On peut dans la recherche de ces explications se placer à deux points de vue. Si comme nous le faisons dans notre tentative pour construire la représentation on se transporte par hypothèse au cœur des choses ou plutôt de la pensée, il est clair qu'on doit en partant du mécanisme apercevoir les fins où elles sont véritablement, c'est-à-dire ne voir que des fins réelles et voir chacune à son rang hiérarchique. Seulement comme personne, dans l'état actuel des connaissances, ne peut demeurer longtemps à un tel point de vue et qu'on n'en saurait rapporter rien de plus que la vision de quelques généralités, il faut s'en tenir d'ordinaire à un point de vue extérieur. C'est dire que la plupart du temps on est obligé d'induire les fins comme on l'est du reste d'induire les causes. Sans regarder au fond les fins comme des faits d'expérience, pas plus que les causes, on est ainsi amené à se demander, tout aussi bien que les penseurs plus ou moins empiristes, à quels signes on reconnaît une fin. Il s'en faut malheureusement que les signes des fins soient aussi sûrs et aussi maniables que ceux des causes. Sans doute on ne fait que deviner les causes derrière les fonctions de phénomènes, mais, lorsqu'il s'agit de conjecturer et surtout de prouver l'existence des fonctions, on dispose de signes assez précis pour se laisser déterminer par des méthodes définies, assez à notre portée pour que nous les cherchions dans des expériences. Après cela il est bien vrai qu'on se trompe parfois en induisant les causes et les fonctions. On va voir pourtant combien la recherche des fins se présente dans des conditions plus défavorables.

Commençons par nous demander en quoi nous devons faire consister au juste l'explication par les fins, entreprise du point de vue extérieur, si nous voulons l'aborder avec quelques chances de succès. Il y a des explications

téléologiques qui ne sont pas à vrai dire des explications
par les fins au qui du moins ne consistent pas à rapporter
des phénomènes à une fin déterminée, ni à regarder leur
ensemble comme une fin. Elles sont d'autant plus faciles
et peut-être d'autant plus acceptables qu'elles ne font que
se référer à la finalité de la nature en général, mais elles
n'ont qu'un rapport indirect avec la question de savoir
comment on établit l'existence d'une fin en un cas donné.
De ce genre, par exemple, l'explication téléologique de
la réflexion de la lumière que Leibnitz aime à citer.
L'angle de réflexion est égal à l'angle d'incidence parce
que c'est la manière la plus simple dont la lumière puisse
être réfléchie. Qui ne voit que par cette explication on
ne fait que subsumer un cas particulier sous la maxime
de la simplicité des voies? De même pour beaucoup
d'autres exemples où l'on invoque des maximes analogues,
savoir que la nature ne fait point de sauts ni dans la
série de ses changements ni dans la coexistence de ses
formes spécifiquement différentes, ou que la variété des
lois de détail se rapporte à un petit nombre de principes
dominants, etc. Ces « sentences de la sagesse métaphysique », comme dit Kant, ne font guère que traduire
diversement la croyance à la finalité universelle de la
nature et dans tous les cas elles ne dégagent aucune fin
en particulier. Dans leur vague elles ne servent pas tant
à expliquer les phénomènes qu'à mettre sur la voie d'explications non plus téléologiques, mais mécaniques : car
elles font trouver la loi des phénomènes et celle-ci en prépare ou en constitue même l'explication mécanique. C'est
là une utilité qui n'est pas méprisable, qu'il est toujours
bon de rappeler à l'avantage de la téléologie, mais l'office
qu'on voudrait demander à la téléologie ce n'est pas pourtant de nous procurer des découvertes dans un autre
champ, ni même de nous renvoyer sans rien de plus à la
sagesse de la nature. Indiquons sans insister que cette
sagesse peut quelquefois être mal traduite par les

maximes, si prudemment générales qu'elles soient, dans lesquelles on cherche à l'exprimer, que nous pouvons surtout nous tromper en les appliquant à un cas particulier et cherchons un mode précis d'explication par les fins. Celui qui se présente le plus naturellement à l'esprit consiste, étant donné un certain nombre d'antécédents ou de concomitants, à en faire les moyens d'un phénomène ou d'un être qui ne contribue point à leur production, mais qui, investi d'une dignité ontologique supérieure, paraît les dominer tous. Ce serait donc parce que le résultat serait meilleur que les causes qu'il nous apparaîtrait comme une fin et que nous serions fondés à le regarder comme tel. Pourvu qu'on se garde de confondre l'accessoire avec le principal et, comme dit plaisamment un auteur, d'attribuer, au mépris de tout ordre, le rôle de fin à la trompe de l'éléphant et celui de moyen à toute la masse de son corps au lieu de faire l'inverse, on aurait, prétend-on, de grandes chances de mettre la main sur de vrais rapports de finalité. Les explications finalistes vicieuses ou ridicules ne devraient même ces défauts qu'à une perversion de l'ordre. Mais à moins d'attribuer l'infaillibilité à la nature dans son finalisme, c'est-à-dire de voir dans la finalité naturelle la manifestation directe d'une providence divine, la garantie qu'on nous offre est sans solidité : car nous savons, par ce qui se passe dans la pratique humaine, que ce n'est pas toujours ce qui a le plus de perfection qui est fin. L'évaluation du degré de perfection est en outre difficile en beaucoup de rencontres. Enfin et surtout, en prenant pour l'ériger en but un être ou un phénomène indépendant de ceux qu'on appelle ses moyens, on s'interdit l'emploi de ceux-là seuls parmi les signes de la finalité qui méritent quelque confiance. On s'attache à ce que Kant appelle la finalité extérieure ou relative et c'est parce que les signes les moins équivoques de la finalité y font défaut que l'on ne peut faire fonds sur elle. On ne sait jamais si le résultat extérieur qu'on érige en fin fait vraiment corps avec ses causes et peut être légitimement considéré comme quelque chose de plus qu'un résultat. Là est la faiblesse des explications anthropocentriques : quand elles deviennent ridicules, comme il arrive souvent, c'est à force d'arbitraire. Peut-être, il est vrai, ne peut-on pas faire table rase de toute finalité extérieure et spécialement de toute finalité anthropocentrique parce que, à considérer certains cas frappants ou, au contraire, à prendre les choses très en gros, on ne peut se soustraire à l'idée que certaines fins sont réelles bien qu'extérieures. Mais il est du moins incontestable que ce n'est pas dans la poursuite de cette espèce de finalité qu'on trouve le type le meilleur ou le moins mauvais de l'explication téléologique. La seule finalité qui s'offre à nous avec des garanties est bien, comme l'a dit Kant, la finalité intérieure et il est aisé de comprendre pourquoi. Les phénomènes étant rassemblés en un tout, ainsi qu'il arrive au plus haut point chez les êtres vivants, et chacun d'eux recevant l'action de tous les autres et leur renvoyant la sienne, ce n'est plus au-dessus du mécanisme dans une fin qui ne fait pas corps avec lui qu'on cherche la finalité : sans cesser d'être supérieure au mécanisme, cela s'entend, elle est descendue en lui et l'a pénétré. Alors on a devant soi les signes les mieux faits pour la révéler, avec quelque sûreté, signes qui ne sont jamais, remarquons-le bien, que des manières d'être du mécanisme : le concours de séries causales nombreuses, ou importantes, ou très éloignées d'aller d'elles-mêmes à une rencontre, ou tous ces caractères à la fois avec, dans certains cas, la répétition plus ou moins renouvelée du concours ; la simplicité et le rendement élevé de la machine ainsi constituée ; enfin et par-dessus tout non seulement une dépendance mutuelle, mais une harmonie dans le jeu de tous les rouages. Voilà ou jamais, pour l'induction des fins, des instruments de preuve. Et pourtant, si, devant la réunion de tels signes ou d'un certain nombre d'entre eux la croyance à la finalité ne peut manquer de s'imposer comme hautement probable, cette probabilité puissante est incapable de s'analyser avec une précision scientifique. Chacun des signes que nous venons d'énumérer est faillible en lui-même et doit surtout son autorité à une sorte de degré ou d'intensité qui s'évalue obscurément, quand le signe n'est pas déjà par sa nature même l'objet d'un sentiment presque insaisissable, comme est souvent, par exemple, la simplicité. De plus, tous ces signes ont une qualité commune, que, faute d'un meilleur mot, nous exprimerons en disant qu'ils sont purement intellectuels. Nous n'avons point de prise sensible sur eux et c'est ce qui achève de mettre l'explication téléologique en dehors des sciences. Les signes de la finalité tombent sous l'observation et encore sans qu'il soit possible d'y appliquer la mesure : l'expérience ne saurait les atteindre. En faisant disparaître ou en modifiant une des conditions données dans un mécanisme, on en troublera ou on en changera le jeu : mais il est trop clair que ce trouble et ce changement ne peuvent manquer de se produire en vertu de la loi des causes. La finalité a beau plonger ici dans le mécanisme, les signes qui la révèlent sont dans l'ensemble, ils ne sont dans aucune des pièces de la machine. L'hypothèse que tel ensemble de phénomènes recèle une fin est donc toujours invérifiable scientifiquement, c'est-à-dire par des méthodes définies et en conséquence une explication téléologique, même dans les cas les plus favorables, ne peut être que philosophique et non scientifique. Cette faiblesse relative de la téléologie, qu'il fallait bien avouer, est la raison d'être de la doctrine des conditions d'existence. Au point de vue extérieur auquel nous nous sommes placés jusqu'à présent, et si elle se présentait comme une règle de méthode pour le savant en tant que tel, rien ne serait plus légitime que cette doctrine. C'est parce que ses prétentions sont autres que nous l'avons combattue.

B. — *La notion de finalité.*

Des considérations exotériques qui ont rempli le développement précédent et que nous n'avions peut-être pas le droit d'omettre, nous passons à l'objet propre de notre tâche dans l'étude de la finalité. Tel que nous le comprenons, cet objet n'est pas exclusivement, n'est même pas principalement d'établir qu'il y a de la finalité au fond des choses. Ce qui nous importe avant tout c'est de concevoir et de définir avec quelque précision l'essence de la finalité. Cela fait, nous verrons l'existence de la finalité se poser et s'imposer d'elle-même. Pour mieux dire, les deux questions n'en font qu'une pour nous. La finalité arrive à son rang en vertu de sa nature, comme aussi sa nature est déterminée par son rang. Dans tous les cas il ne nous est pas permis de faire bon marché de sa nature : nous sommes obligés de travailler à nous en rendre un compte exact. En revanche, et pour peu que nous réussissions, la subordination du mécanisme à la finalité, au lieu d'être un problème ardu, ira de soi.

Nous n'avons pas à chercher bien loin l'amorce de la route qu'il nous faut tracer. A moins de renoncer à la marche que nous avons suivie à propos des notions antérieures, il est clair que nous devons trouver dans la causalité même, un point d'attache pour la finalité et, sous forme de lacune, l'indication de son essence. Sauf à dessiner ultérieurement cette esquisse avec plus d'exactitude, nous pouvons, pour débuter, nous contenter de dire, en marquant à grands traits le sens de cette proposition, que la finalité est ce qui manque au mécanisme. Le mécanisme est une détermiuation qui procède de l'antécédent au conséquent et, d'autre part, vient du dehors, de sorte que le produit de cette détermination, ou le résultat, ne compte pas par lui-même et dépend sans réserves de ses conditions. La relation mécanique est, où du moins elle veut être, unilatérale : car l'effet en est sans doute un élément indispensable et, prise à la rigueur, l'expression de relation unilatérale ne signifie rien ; mais il reste que, tout indispensable qu'il soit pour qu'il y ait une cause, l'effet est, par définition, entièrement dépendant de la cause. Le résultat est donc, en lui-même, ce qu'il peut et n'importe quoi : c'est là ce qui en constitue l'essence.

Pour commencer de préciser cette proposition initiale, nous allons essayer de montrer que, si l'on considère les phénomènes en général comme n'étant que des résultats, on laisse subsister dans leurs conditions une part d'indétermination. Et, pour arriver à cette conclusion, nous suivrons deux voies différentes : l'une directe, l'autre indirecte. En d'autres termes, nous tâcherons de faire voir directement que l'idée de résultat pur et simple enveloppe celle d'un certain indéterminisme et, auparavant, nous nous appliquerons à établir que cette même idée de résultat pur et simple est identique, à certains égards du moins, avec celle de fait fortuit, intermédiaire qui mène à la notion d'indéterminisme.

Cette dernière affirmation, il est vrai, n'est exacte que si c'est toujours dans un indéterminisme qu'il faut chercher la raison du hasard. Mais le hasard est inséparable de deux caractères qui ne peuvent faire que traduire l'indéterminisme : savoir que le fait fortuit est imprévisible et qu'il peut également être et n'être pas et nous verrons tout à l'heure que l'on s'est mépris quand on a cru que certains faits étaient susceptibles d'être, en même temps, d'une part nécessaires et prévisibles, de l'autre, fortuits. Le mode de hasard qui satisfait le plus visiblement aux conditions que nous venons d'indiquer est celui qui se définit par une lacune dans la série des causes (ou par quelque circonstance qui équivaut à une telle lacune), par l'absence d'une détermination que la causalité serait apte à fournir en droit et que, en fait seulement, elle est empêchée de fournir. Soient une urne contenant une boule blanche et une boule noire, une tige rigide qui lui imprime un mouvement aussi compliqué qu'on voudra, de manière à faire passer tantôt la boule blanche et tantôt la boule noire devant l'orifice par lequel peut se faire l'extraction d'une boule ; soit enfin un automate à figure humaine dont la main, à un moment fixé, opère l'extraction. Dans ces conditions il est arrêté et prévisible que c'est telle des deux boules qui sortira et non l'autre. Le dispositif et l'opération dont nous parlons ne constituent à aucun degré un jeu de hasard. Au contraire, nous avons sous les yeux l'image parfaitement exacte d'un monde où il n'y a place pour aucun fait fortuit. Mais faisons tomber la causalité en défaillance sur quelque point. Admettons par exemple que, tout le reste du déterminisme causal continuant de fonctionner, l'époque de l'extraction devienne contingente, c'est-à-dire indifféremment telle ou telle, alors on devra avouer qu'il est également possible que la boule noire soit extraite ou bien la blanche. Et si, sans autre modification, on introduit dans l'urne une boule noire de plus, il faudra dire que l'extraction d'une noire a pour elle deux chances et l'extraction de la blanche une seule chance. On sera en face d'un jeu de hasard et dans le domaine du calcul des probabilités. Ainsi le hasard par néant partiel de causalité (quoique sans doute il ne faille pas s'attendre à voir le déterminisme causal défaillir de lui-même) est un mode de hasard parfaitement définissable et concevable, le mode le plus définissable et concevable. — Mais s'il a le privilège de l'évidence, le hasard causal n'est pas le seul. Il y a une autre espèce de hasard, savoir le hasard par néant de finalité : ce qui, tout en étant déterminé autant qu'il est possible de l'être par des causes comme causes pures, n'a pas de fin, est fortuit à sa manière. C'est ce que nous avons à faire voir en envisageant successivement deux hypothèses, suivant que le pur résultat considéré est complexe et provient de la coopération de plusieurs causes ou que, au contraire (fût-ce là une fiction), il est simple et produit par une cause unique.

Aux yeux de quelques penseurs on ne ferait pas assez en reconnaissant que la première hypothèse répond à la grande majorité des cas : il faudrait dire qu'elle est la seule possible. Ces penseurs estiment, en effet, que la causalité partage sans restriction ni réserve, tant que la finalité n'intervient pas, la multiplicité infinie et exclusive de toute unité dont souffre essentiellement l'espace; et, par suite, toute activité causale leur apparaît comme la coopération d'une infinité d'antécédents soit hétérogènes, soit même homogènes. Pour nous, nous hésiterions à adopter cette manière de voir et parce que les lois de spécification et de qualité ne vont pas sans une certaine unité du multiple, et parce qu'il n'y a pas jusqu'à la quantité, qui, par la raison qu'elle est limite en même temps qu'intervalle, n'implique déjà de l'unité. Nous craignons qu'un exercice de la causalité, aussi réduite à elle-même qu'on voudra, ne soit immédiatement une action une, bien que d'une unité inférieure et, partant, incomplète. Mais s'il est malaisé de soutenir que la détermination causale se dissipe en multiplicité infinie dès que la finalité est absente, il reste sans aucun doute à se demander, en face d'un phénomène supposé produit par une pluralité de causes, ce qu'il faut penser du rapport de ces causes entre elles. Si ces causes dérivent toutes, par un processus mécanique quelconque, d'une cause unique, nous passons en somme à la seconde de nos hypothèses, que nous retrouverons tout à l'heure. Reste donc le cas où un phénomène est produit par plusieurs causes hétérogènes, par plusieurs causes différant entres elles qualitativement, ou bien soit par le temps, soit par le lieu seuls, comme différeraient plusieurs réseaux d'ondes produits dans une nappe d'eau par divers chocs non liés entre eux. Ce cas est parfaitement concevable. Dans la doctrine du vide et des atomes il serait quelque chose de plus, il serait nécessairement l'expression de la réalité. Admettons-nous, au contraire, que la causalité se définit par la solidarité universelle dans l'espace comme dans le temps ? Il est bien vrai, alors, que toute action causale, une fois engagée, retentit sur toute autre, mais il n'y a rien dans cette vérité qui empêche les actions, en tant qu'elles commencent, de pouvoir être hétérogènes. Dira-t-on qu'il n'y a pas d'actions commençantes, d'actions originaires et qu'une distribution ou collocation de causes hétérogènes s'explique elle-même causalement par des causes antérieures? Soit. Accordons pour un instant qu'il soit permis de renvoyer ainsi la question à l'infini, il est visible qu'elle ne fera aucun progrès à chaque renvoi. L'hétérogénéité des causes que l'on a posée par hypothèse ne se résoudra pas en solidarité. On ne fera que présenter sans cesse cette hétérogénéité sous une autre forme. Car pas plus qu'elle n'est exigée par le mécanisme, pas plus n'est-elle exclue par lui, celui-ci étant toujours autant lui-même, soit qu'il commence par une action unique ou par plusieurs actions différentes. Supposé donc qu'un phénomène soit produit par plusieurs causes hétérogènes, ou, pour employer une expression plus consacrée, par plusieurs causes indépendantes, la production de ce phénomène, en l'absence de la finalité, sera-t-elle un effet du hasard ? Tout d'abord, délimitons bien le phénomène à prendre en considération. On a dit que si plusieurs agents libres représentant autant de causes indépendantes prenaient, chacun à part soi, la résolution de se rendre, les uns tous les jours, les autres moins souvent, et par exemple de deux jours l'un, en un lieu qui se trouverait le même, les rencontres effectuées ou manquées seraient prévisibles et, par conséquent, ne sauraient être des faits de hasard. Mais il y a ici un élément étranger à écarter : savoir le fait qu'un même phénomène se reproduit plusieurs fois en vertu de résolutions qu'on suppose acquises et immuables, c'est-à-dire assimilables quant à leurs effets à une cause naturelle. Ni la répétition du phénomène, ni les causes de cette répétition n'ont à faire avec le phénomène lui-même. C'est celui-ci seul, la rencontre originaire de séries causales indépendantes, qu'il convient de considérer. Placés en face de lui, il est vrai, une dernière difficulté nous attend. Mais l'examen de cette difficulté topique va nous permettre de faire un pas décisif. Lorsque des philosophes ont défini le hasard par la rencontre de séries causales indépendantes, ils se sont réjouis de trouver un hasard qui n'enlevait rien au déterminisme causal et qui même, pensaient-ils, pouvait se déployer dans la réalité sans entraîner l'existence de faits imprédéterminés et imprévisibles. En effet, étant données des causes indépendantes, leur indépendance n'empêche pas que les phénomènes dans chaque série prise à part ne soient déterminés d'avance et susceptibles d'être prévus et la présence de plusieurs séries, au même point dans le même temps, constituant la rencontre, il n'y a pas jusqu'à la rencontre qui ne tombe sous le déterminisme et la prévision. Mais si un tel langage était entièrement juste, bien loin que la rencontre de séries causales indépendantes pût servir à définir le hasard, ou ne fût-ce qu'une espèce de hasard, il n'y resterait rien de fortuit. La vérité est que les philosophes dont nous parlons commettent une confusion. Certes, une fois que les causes indépendantes sont *données*, et par conséquent situées les unes par rapport aux autres, leurs effets et les combinaisons de leurs effets sont nécessaires et prévisibles. Si les combinaisons apparaissent encore comme fortuites, on se trompe en croyant que cette fortuité est immédiate. Elle est médiate, au contraire. Ce qui est immédiatement fortuit, c'est la collocation des causes indépendantes. Parce que de telles causes sont indépendantes, il n'y a pas de raison pour qu'elles soient disposées d'une façon plutôt que d'une autre. Leur collocation aurait pu aussi bien être autre qu'elle a été et il eût été radicalement impossible de prévoir ce qu'elle serait. C'est donc, en fin de compte, dans l'indépendance des causes, non dans la rencontre de leurs effets que réside originairement le hasard ou du moins un hasard. Mais, ainsi replacé dans son vrai siège, le hasard inhérent à l'indépendance des causes (et ensuite à la rencontre des causes indépendantes) n'est pas moins véritable que celui qui provient d'un défaut dans l'enchaînement causal successif. Un phénomène résultant de la coopération de plusieurs causes réellement indépendantes sera donc un fait fortuit, si nul principe n'intervient qui unisse entre elles les causes indépendantes. Or ce principe ne pouvant appartenir à l'ordre de la causalité puisque des causes reliées par une cause (comme telle) ne sont pas en réalité des causes indépendantes, il ne peut être qu'une fin. Par conséquent, s'il n'est pas exact, comme le croyait Aristote en définissant le hasard par l'absence de fin, que la finalité ait pour fonction unique de faire converger des séries causales indépendantes, c'est bien là du moins une des fonctions de ce rapport; et, à supposer que cette fonction ne fût pas accomplie, il subsisterait dans les phénomènes une certaine espèce de hasard, bien distincte du hasard par néant de causalité, c'est-à-dire par manque de cause en tête d'une série d'événements ou par suppression d'un anneau de la série. — Trouvera-t-on encore que l'esprit n'est pas complètement satisfait quand, pour bien asseoir l'espèce de hasard que nous venons de distinguer, on en a transporté le siège immédiat de l'arrangement des effets à celui des causes? Dira-t-on que nous laissons passer inaperçu un autre hasard? que l'arrangement des effets est encore autre chose que celui des causes et qu'une rencontre de séries causales, quoique résultant d'un arrangement de ces séries, conservera le caractère d'un événement fortuit tant qu'on ne la verra pas en elle-même et pour elle-même, directement, déterminée et pourvue d'une raison? Ce sera bien dit, à la condition qu'on imagine une organisation téléologique qui, en s'appliquant aux causes, pourrait négliger les effets. Mais l'observation est trop naturelle et trop juste pour que nous n'ayons pas songé d'avance à y faire droit. Les causes une fois coordonnées sont assimilables à une cause unique et la rencontre de leurs actions à un résultat produit par une cause unique : il reste seulement à transformer ce résultat en fin. Or c'est là précisément le problème que nous envisageons dans notre seconde hypothèse. — Passant donc à cette hypothèse. Si nous supposons que parmi les phénomènes qui résulteraient du pur mécanisme il y en aurait de simples qui seraient produits par une seule cause, ce seraient là encore, selon nous, en l'absence de toute finalité des faits fortuits, du moins quant à une part de chacun d'eux. Car puisque de tels phénomènes ne compteraient pas par eux-mêmes, il serait donc indifférent sous ce rapport qu'ils fussent ou non et leur réalisation, toujours sous ce rapport, serait imprévisible ; elle ne serait nécessaire et prévisible qu'en ce qui concerne cette partie d'eux-mêmes qui est pur résultat ; à moins qu'on ne prît pour accordé ce qui est en question, savoir que la cause pure et simple soit l'équivalent de la condition à la fois nécessaire et parfaitement suffisante d'un phénomène complet. — En somme qu'un phénomène dépende de plusieurs causes hétérogènes ou d'une cause simple, la détermination causale, prise toute seule, laisserait subsister en lui du hasard.

Mais on peut faire voir directement que l'idée de résultat pur et celle de détermination causale pure n'excluent pas tout indéterminisme. La démonstration indirecte que nous venons de fournir n'a pas, au fond, d'autre utilité que d'exciter l'attention par le caractère remarquable de l'intermédiaire qu'elle met en jeu. Une fois l'attention éveillée, la démonstration directe est préférable, d'autant que, à vrai dire, elle est fort simple. Poser un phénomène uniquement comme résultat, ou dire qu'il ne compte pas par lui-même, c'est évidemment omettre une des conditions du phénomène, celle-ci précisément qu'il doit être lui-même, de quelque façon d'ailleurs que cette condition ait ensuite à être interprétée. Et l'état d'indétermination dans le résultat supposant, de la part de la cause, de l'indéterminisme, l'insuffisance de la notion de résultat conduit aussitôt à l'insuffisance de la notion de cause. Nous verrons que, primordialement du moins, des causes pures ne sont jamais données dans la réalité. Mais si, par hypothèse, on admettait que de telles causes fussent données, elles ne pourraient déterminer dans les phénomènes que ce qu'elles sont qualifiées pour déterminer ; elles détermineraient ce qui en eux est résultat exclusivement ; pour le surplus, elles ne sauraient le déterminer en aucune façon. Que tel résultat compte encore à d'autres titres, c'est ce qui, au regard de la causalité réduite à elle-même, reste entièrement indéterminé (et, par suite, contingent et imprévisible). Si, pour un instant, on se permet d'emprunter un exemple, ou, pour parler plus juste, un symbole à la pratique humaine (moment de la représentation où la finalité proprement dite est dépassée et fait place à une finalité transcendante), on apercevra avec une évidence quasi sensible que tel phénomène qui n'est qu'un résultat, du moins à notre point de vue d'agent, peut en outre devenir une fin ou une partie d'une fin et que ce nouveau caractère qui lui est ajouté par nous n'est aucunement déterminé par les causes du phénomène, que rien en elles ne rend nécessaire ni prévisible ce nouvel aspect de l'effet dont elles constituent la raison en tant que résultat. Voilà réduite à son exacte portée l'idée de causalité pure. Cette idée, comme celle de résultat pur, est une notion incomplète. D'une manière générale le mécanisme ne saurait représenter par soi un ordre de choses où rien ne manquerait ni aux déterminants ni aux déterminés. Ce n'est encore qu'une abstraction. Et, bien entendu, il ne faudrait pas prétendre que nous commettons une pétition de principe, lorsque nous indiquons un reste d'indétermination et d'indéterminisme dans les idées de résultat pur et de cause pure : car il est impossible de définir adéquatement ces idées sans y faire entrer le caractère limitatif et négatif dont il s'agit.

Faisant, à présent, un pas de plus, essayons de nous procurer une conception positive de la finalité. Que faudrait-il pour faire disparaître le caractère limitatif et négatif de tout ce qui relève de la causalité pure? Quelle modification faudrait-il introduire dans l'idée de résultat, notamment, pour le faire disparaître de cette idée ? Il faudrait, cela est clair, que le résultat se transformât en concourant à sa propre détermination. Que si l'on demande en quel sens et à quel titre le dernier terme d'un processus causal peut y jouer le rôle d'agent, nous ferons provisoirement cette simple réponse que c'est à un autre titre qu'à celui de cause et qu'on n'avancerait à rien en songeant ici à une détermination réciproque mais toujours causale, une telle détermination servant peut-être quelquefois de traduction mécanique à celle que nous cherchons, mais ne la constituant en aucun cas. Et renonçant pour le moment à mettre une idée positive précise et surtout complète sous cette proposition que le résultat doit à sa manière devenir principe, nous nous attacherons au plus vague et au plus extérieur des éléments qu'elle recouvre, savoir que ce n'est plus seulement dans le passé ni dans le simultané même que nous avons à trouver, pour notre nouveau mode de détermination, les conditions déterminantes. La finalité, quoiqu'elle soit à un point de vue plus interne, se présente d'abord comme une détermination par l'avenir et cette définition extérieure qui fait saillir le caractère le plus paradoxal que la notion de fin offre à la réflexion commençante, permet tout de suite de poser une question importante bien que préliminaire : comment l'avenir qui semble comme tel dépourvu de réalité, devient-il réel et capable d'agir? Est-ce sans sortir de l'ordre du temps et grâce à la prévision ou à quelque opération analogue? Est-ce au contraire parce que la pensée est par elle-même intemporelle et que la distinction d'un passé et d'un avenir s'y évanouit?

S'il faut en croire Kant, qui n'a fait d'ailleurs qu'exprimer sur ce point avec une netteté et une décision supérieures ce que beaucoup d'autres avaient entrevu, c'est la seconde hypothèse qui est vraie et qu'on doit adopter dans son sens le plus littéral. Lorsque nous concevons la fin sous les espèces d'une représentation anticipée de l'objet et que nous rattachons à cette représentation l'activité qui réalise l'objet, nous déformons la finalité véritable, nous faisons de la fin une cause. Et c'est un vice dont souffrira toute conception temporelle de la finalité : car où est le temps se trouve aussi le mécanisme. Il faut donc concevoir la finalité comme une opération intemporelle de la pensée intuitive. Tout étant simultané pour la pensée ainsi comprise, il est évident qu'il n'y a plus de place en elle pour des conditions antécédentes et dès lors nous passons du domaine du mécanisme dans celui de la téléologie. — Nous craignons que Kant n'ait eu tort de lier étroitement les deux questions de savoir en quoi consiste la finalité et de savoir si elle réside hors du temps. Ni une activité intemporelle n'est forcément et par là même téléologique, ni la donnée du temps n'entraîne l'exclusion de la finalité au profit du mécanisme. Le premier point n'a pour nous qu'une importance accessoire. Il n'est pourtant pas sans intérêt de se demander si la pensée hors du temps, telle du moins que Kant nous la présente dans la *Critique du jugement*, n'est pas au-dessus de la finalité aussi bien que du mécanisme. De son aveu, dès qu'on supprime le temps et par suite la différence de l'entendement et de la sensibilité, la distinction entre le réel d'une part et de l'autre le possible et le nécessaire s'évanouit ; si bien que, pour la pensée intemporelle et, partant, intuitive, il n'y a plus que du réel. Cela étant, on est réduit à se demander si la liberté et la finalité ne sont pas pour Kant une seule et même chose. Et comme il ne nous paraît pas douteux que le dernier mot de son système soit dans la spontanéité pure, c'est-à-dire dans le volontarisme, la finalité, en dernière analyse, ne se trouverait pas mieux fondée que la causalité : tout déterminisme, le téléologique comme le mécanique, serait une façon subjective et humaine d'apercevoir les choses. La suppression du temps entraînerait la faillite de la finalité sous prétexte de nous permettre d'en concevoir la véritable nature. Quoi qu'il en soit ce qui nous préoccupe principalement, c'est de voir si la donnée du temps rend la finalité impossible. Est-il exact que l'avenir en tant que représenté comme avenir soit nécessairement une cause ? Il nous paraît que non. Certes il y a des partisans de la finalité qui, incapables de la distinguer réellement du mécanisme, se satisfont à bon marché en pensant qu'elle n'est pas autre chose qu'une causalité dans laquelle une représentation de l'avenir agit pour sa part et d'ailleurs à la manière d'une autre cause quelconque. Contre eux Kant a raison de protester. Mais ils ont tort de croire et Kant a tort de croire comme eux que toute détermination qui s'exerce dans le temps est causale sans autre raison. Ils introduisent le mécanisme : le caractère temporel de la détermination envisagée ne le leur donne pas. Tel résultat préconçu détermine l'activité qui y aboutit non pas parce que, du fait qu'il est rendu présent en quelque sorte, il exerce une poussée causale de même nature que celle des autres antécédents (ou du moins un tel mode d'action serait tout au plus un moyen de la finalité) ; le résultat préconçu détermine l'activité en vertu d'un caractère intrinsèque spécifique, nullement causal et à la définition duquel nous sommes en train de travailler. Assurément la finalité est hors du temps en un sens : seulement ce n'est pas au sens kantien et l'expression hors du temps est à vrai dire inexacte. Nous avons rappelé en traitant de la causalité une remarque que les sceptiques grecs avaient faite, avec Aristote et bien d'autres philosophes sans doute, savoir que les corrélatifs sont ensemble ou simultanément. Il faut donc dire que toutes les relations, en d'autres termes toute la pensée, sont hors du temps et, à ce point de vue, la finalité ne ferait que rentrer dans la règle générale ; règle à laquelle l'espace et le temps lui-même n'échappent pas. Mais qu'est-ce que cela signifie? Cela ne veut pas dire qu'il n'y a plus de succession. Cela veut dire que chaque partie du temps, pour autant qu'elle en est, à quelque titre, partie effective et conçue, est représentative de toutes les autres précisément parce qu'elle les exclut ; que l'exclusion est un rapport et qu'il ne faut pas faire du temps (ni de l'espace), comme les réalistes, des choses dont les parties seraient opaques les unes pour les autres et s'ignoreraient absolument, d'où il suivrait d'ailleurs qu'elles ne seraient même plus des parties. L'espèce de simultanéité que requièrent les corrélatifs pour se poser n'est pas une négation du temps et ne s'obtient pas en sautant hors du temps comme le croit Kant. Il y a encore quelque chose de scolastique dans la façon dont ce philosophe se représente la domination de la pensée sur la quantité. Il fait à peu près ce que font, dans une question voisine, des substantialistes naïfs. Ceux-ci pour expliquer l'identité du moi à travers la durée imaginent une substance qui ne dure pas. Kant, pour expliquer l'unité de la pensée en dépit du morcellement temporel, allègue une pensée intemporelle. Or l'unité de la pensée et l'unité du moi dans le temps sont l'une comme l'autre des unités de liaison qui n'anéantissent pas, qui n'auraient plus de sens si elles anéantissaient la diversité temporelle. La pensée est hors du temps des réalistes ; elle n'est pas hors du temps véritable et c'est sûrement dans un acte qui dure qu'elle se représente l'unité du devenir. En ce qui concerne spécialement la finalité, c'est donc dans le temps qu'elle organise les phénomènes. En tant qu'elle se pose comme embrassant le futur, elle organise le futur et tout ce qui est avant lui : il est seulement vrai que, lorsqu'elle est elle-même et exempte de toute déchéance, elle l'organise sans tâtonnements. En tant qu'elle se pose comme s'étendant au simultané, elle organise le simultané. Et ce dernier point ne doit soulever aucune difficulté : car, quoi qu'en dise Spinoza, il n'est nullement nécessaire pour qu'il y ait finalité qu'un manque et une aspiration précèdent : la finalité règne aussi bien dans le domaine de la possession que dans celui de l'acquisition. Ainsi la détermination téléologique s'accomplit comme toutes les autres non hors du temps, mais en lui et suivant ses deux modes, pourvu qu'on ne le défigure pas sous l'influence de préjugés réalistes.

Mais cette question préliminaire résolue, il nous en reste encore une autre à débattre avant d'entrer dans la partie centrale de notre recherche. La finalité s'exerce-t-elle avec conscience ou sans conscience ? Cette question est distincte de la précédente. Car sans doute, si l'on commence par professer que la finalité s'exerce dans la conscience ordinaire et observable, il va de soi qu'elle s'exerce dans le temps. Mais d'abord la réciproque n'est peut-être pas vraie et, d'autre part, bien des philosophes pourraient estimer que rien n'empêche la pensée intemporelle d'être consciente. Il faut donc examiner en lui-même le problème de la conscience ou de l'inconscience de la finalité. Pour cela la première chose à faire est de le circonscrire. Nous n'avons pas à nous demander pour le moment si la pensée prise dans son acception la plus complète et la plus concrète peut être séparée de la conscience : c'est un point que nous traiterons à propos de la personnalité. Nous n'avons pas à nous demander non plus si la finalité est assimilable à l'activité technique : nous parlerons de cette assimilation tout à l'heure ; et puisqu'il peut ne pas sembler évident qu'une pensée intemporelle n'est pas consciente, nous voulons chercher si, de quelque manière que la finalité agisse, on doit ou non la regarder comme consciente. A supposer que dans ces termes la question soit bien présentée, quel en est l'intérêt ? Il est manifeste que lorsqu'on professe l'inconscience de la finalité on a pour but de maintenir aux opérations de la nature le caractère téléologique sans cesser de les comprendre dans un sens réaliste. Car comment admettre, se dit-on, que la nature ait des intentions ? C'est impossible ; et la finalité intentionnelle ne peut être que subjective. Nous nous en servons comme d'un symbole pour nous représenter celles des opérations de la nature que nous ne pouvons comprendre par le pur mécanisme ; nous ne pouvons pas ignorer que ce n'est qu'un symbole. Tel est notamment le langage de Kant. Mais pourquoi et de quel droit réalise-t-on la nature ? Qu'est-ce qui nous obligerait à en faire une chose en soi ? Pourquoi en tant qu'elle nous apparaît comme au-dessous de la conscience, ne serait-elle pas de la conscience plus ou moins claire à l'origine et devenue peu à peu de moins en moins consciente ? La psychologie fournirait nombre de faits favorables à cette manière de voir et rien dans l'expérience ne nous empêche de substituer à la théorie de la finalité inconsciente celle d'après laquelle les êtres, et au premier chef les êtres vivants, ont peu à peu acquis ou déployé leurs diverses aptitudes par des initiatives conscientes, sauf pour la conscience à s'effacer quand elle n'a plus été indispensable. Il n'y a pas là plus de scandale pour le matérialisme du sens commun que dans l'hypothèse d'une pensée organisatrice sans conscience : car ce que le matérialisme du sens commun proscrit c'est tout ce qui dépasse la conception qu'il se fait du mécanisme et l'art inconscient de la nature, chez Aristote et d'autres penseurs, lui paraît certainement une invention aussi pauvre que toutes celles du monadisme. Au reste la question de la conscience ou de l'inconscience de la finalité, sous sa forme ordinaire, nous paraît une question mal posée. Il faudrait se demander non pas si la finalité s'exerce dans la conscience, mais si la conscience en est la condition élémentaire et préalable. Sur le premier point nous répondrions par l'affirmative. Mais ce ne serait pas en nous appuyant sur des raisons tirées de la nature propre de la finalité : ce serait parce que, comme nous le dirons en son lieu, la conscience est coextensive et inhérente à la pensée en général, donc à toutes les relations d'espèce quelconque. Sur le second point nous répondrions au contraire négativement. La finalité est sans doute ce qu'on peut imaginer de plus proche de la pensée au sens étroit, de l'esprit, de la conscience. Pourtant elle est encore du domaine de l'objet, de ce qui sera l'objet, non du domaine de la subjectivité, ni même de celui du sujet-objet. Tout en y touchant de plus près, encore une fois elle ne suppose pas plus la conscience que ne le fait la causalité. Elle demande la conscience comme une synthèse où elle trouvera sa place ; elle ne l'implique point analytiquement.

Débarrassés des deux questions préliminaires qui précèdent, arrivons aux caractères internes de la finalité. La définition la plus ancienne et la plus populaire qu'on en ait proposée consiste à y voir l'œuvre d'un démiurge agissant du dehors sur les choses comme les artisans dans l'industrie humaine. Mais si, laissant de côté l'auteur de la finalité, nous nous attachons à la finalité dans son essence, il est clair que la théorie dont nous parlons ne fait rien pour nous apprendre en quoi la finalité consiste. Elle est, nous dit-on, le produit caractéristique de l'art et l'on s'en tient à cette réponse. Par là on réussirait tout au plus à expliquer l'existence de la finalité, en ce sens qu'on nous indiquerait par qui elle aurait été introduite dans le domaine du mécanisme préalablement gratifié d'une existence indépendante. Or il va de soi qu'un tel problème est à nos yeux entièrement factice et vain. D'abord nous ne réalisons pas le mécanisme en lui-même. Ensuite, c'est la finalité qu'il faudrait expliquer, non son transport, hors de sa source primitive, à des choses dans lesquelles elle n'est plus que l'ombre d'elle-même. Mais expliquer une notion, c'est, si elle n'est pas irréductible, la déduire d'autres notions; si elle est irréductible, c'est l'amener à son rang dans le progrès de la pensée. Ce n'est dans aucun cas chercher à rendre compte de son apparition par une cause dans l'acception où le mot serait entendu ici, c'est-à-dire par un pouvoir anthropomorphique qui produirait la notion comme un acte ou comme une œuvre. — Nous sommes donc rejetés sur la nature et la pensée de l'auteur même de la finalité et c'est en lui seul que nous pouvons espérer de la trouver à l'état originaire et naissant. Car, répétons-le, ce n'est pas dans le produit de l'art qu'elle réside proprement; ce produit n'est qu'une copie : le modèle est dans l'ouvrier. La finalité serait-elle, d'après cela, l'activité technique elle-même? Non sans doute, si nous ne nous sommes pas trompés tout à l'heure en essayant de marquer les rapports de la finalité avec la conscience. Certes la finalité est dans l'activité technique; on ne saurait manquer de l'y trouver. Seulement elle n'y est pas à l'état pur. L'activité technique, plus généralement l'activité intentionnelle consciente, est déjà la volonté ou du moins une grande partie de la volonté. Or la volonté, dont l'entendement est d'ailleurs inséparable puisqu'il en est la condition élémentaire, suppose les fins. On renverse donc l'ordre des notions quand on définit la finalité par l'activité intentionnelle, c'est-à-dire intelligente et volontaire. Et on se dispense par là même de toucher le point vif, puisqu'on s'accorde d'emblée la finalité. Quoi qu'en dise Kant, Hume n'avait pas tort d'objecter aux penseurs qui, pour expliquer la finalité, commençaient par admettre l'entendement divin, qu'il restait à faire voir comment un tel entendement, disons, si l'on veut, comment un entendement en général, cette première base de l'activité intentionnelle, est possible.

Pour éviter toute pétition de principe, faut-il donc chercher la finalité au plus loin de l'intelligence qu'il se puisse imaginer en l'espèce; faut-il la chercher dans le jeu même du mécanisme pris intégralement ? Voici ce que nous voulons dire. Supposé que le mécanisme pur soit réel par lui-même et qu'il s'essaie à produire des devenirs et des êtres, ainsi que le veut Empédocle ou tel autre penseur, non seulement les êtres stables et les devenirs stables qui viendront à résulter de ce déploiement du mécanisme présenteraient en eux-mêmes de la finalité ou toute l'apparence d'une finalité, mais encore on pourra se demander si le mécanisme même, pourvu qu'on le considère dans son ensemble ou au moins dans la totalité d'un vaste champ et d'une longue période, ne se trouve pas identique avec la finalité. En effet, toutes les données du mécanisme entrant en jeu, par son seul jeu les combinaisons inharmoniques sont éliminées, de sorte que le mécanisme apparaît bien comme la source de la finalité et, par conséquent, comme la finalité la plus haute, dès que les éléments dont il se compose ont tous exercé leur action. Il semblerait donc permis de définir la finalité : la détermination d'un résultat par la totalité des phénomènes qui peuvent exercer sur lui une influence causale. Mais contre une telle définition, dont on voit bien tout d'abord qu'il faut douter si elle n'est pas plutôt une négation, les difficultés s'élèvent d'elles-mêmes. Pour commencer, la réalisation du mécanisme pur pris en général est malaisée à concevoir : ce n'est peut-être jamais que d'un certain mécanisme qu'on pourrait concevoir l'existence en soi et, derrière cette restriction, une condition non mécanique se dissimule. De même, faire le tout des éléments et des phases d'un mécanisme ou décider quel grand nombre de données et d'épreuves on prendra pour le substitut d'un tel tout, rien de cela n'est commode. Passât-on d'ailleurs par-dessus ces inconvénients qu'un autre plus radical subsisterait. On aura beau faire intervenir toutes les actions causales, au lieu de quelques-unes, que, au fond, ce recours à toute la collection n'avancera à rien. Il est trop clair que l'on n'aura jamais, puisque c'est l'hypothèse même, que des actions causales. Or ce truisme nous ramène une fois de plus à cette réflexion décisive : c'est qu'une condition téléologique doit déterminer le conditionné par un mode d'influence qui n'ait rien de commun avec la causalité. Dira-t-on que les devenirs, ou les êtres, auxquels aboutit le jeu total du mécanisme, présentent bien réellement de la finalité? Ce serait là commettre une méprise, un faux-sens, qu'un peu de précision fait ressortir. Les devenirs ou les êtres en question offrent sans doute la même ordonnance que s'ils recélaient de la finalité. Cependant ils n'en contiennent pas, du moins à titre positif : leur ordonnance est sans raison positive. Ne doivent-ils donc rien à la finalité? Le prétendre ne serait pas exact non plus. La vérité, c'est que la finalité a ici agi par son absence. Exclue du mécanisme pur, elle le laisse imparfait, et, par cette imperfection dont il souffre, elle se venge de lui. L'inharmonique est condamné à une existence précaire ou peut-être même quelquefois à l'inexistence. Cela seul subsiste ou existe qui est tel que la finalité l'aurait fait : nouveau signe que le mécanisme n'est point une réalité par soi, quelque chose qui se suffise. Car s'il était pleinement réel et se suffisait, alors, au lieu de se détruire lui-même en partie, il se déploierait et se maintiendrait dans l'existence sans déchet.

La définition de la finalité qui vient de nous conduire à cette remarque a-t-elle été expressément avancée par quelque penseur soucieux de faire une part à la téléologie, tout en s'attachant à ne rien introduire dans la nature qui pût s'appeler intelligence ou concept, ou bien cette définition correspond-elle simplement à une attitude possible de la pensée? peu importe. Toujours est-il que, sur un terrain différent, il est vrai, Leibnitz a produit une définition analogue. Leibnitz ne considère pas des causes réelles données effectivement dans une nature. Au lieu de causes proprement dites on trouve chez lui les essences ou possibles et, pour leur servir de champ, au lieu d'un univers actuel, l'entendement divin. Il s'ensuit que la lutte des forces inharmoniques n'a plus à se dérouler dans la réalité. Mais les possibles ne laissent pas de lutter entre eux et, à la place d'un mécanisme naturel, Leibnitz admet ce qu'il nomme un mécanisme métaphysique. Chaque possible prétend à l'existence à mesure de la quantité d'essence qu'il enveloppe; et de cette action et réaction de tous sur tous résulte enfin, par la solution d'un problème de maximum et de minimum, l'existence actuelle de l'univers qui contient le plus de perfection possible au prix du moins de défauts possible. Cette profonde théorie renferme des idées à retenir sous la réserve de les modifier selon le besoin : celle que la finalité appelle un triage de mécanismes, celle que la finalité est contingente. Et sur ce dernier point Leibnitz s'est plu à insister, car il entend se séparer totalement de Spinoza : c'est pourquoi, au lieu du développement d'une essence unique suivant une nécessité brute, il admet une pluralité d'essences, d'essences vraiment individuelles, parmi lesquelles celles qui sont, non pas contradictoires entre elles, puisqu'il ne saurait y avoir de contradiction qu'à l'intérieur d'une essence, mais simplement incompatibles, s'éliminent pour ne laisser arriver à l'acte que tout le compossible, tandis que, chez Spinoza, c'était tout le possible qui se réalisait. Toutefois, sans parler du recours à l'entendement divin par lequel elle commence, en le présentant, il est vrai, de telle manière que la finalité ne soit pas par là, dans l'intention de l'auteur, subrepticement introduite, la théorie de Leibnitz est au fond affectée du même défaut que celle dont nous la rapprochons. C'est sans doute afin de faire mieux ressortir le caractère spécifique de la finalité que les possibles sont érigés en une sorte de réalité fondamentale et préalable. Peu importe. Cette demi-réalisation du mécanisme pur reste la source d'un vice profond. Mettons que ce soit par une causalité d'un autre ordre que la finalité se trouve définie. Encore est-ce par une causalité et qui n'est pas telle de nom seulement. C'est bien une sorte de *vis a tergo* et, en même temps, un conditionnement du tout par la collection des parties qui sont à l'œuvre dans le mécanisme métaphysique de Leibnitz, trop justement dénommé mécanisme. Surajouter une causalité à une autre, cela ne donne pas la finalité, et, par conséquent, nous devons renoncer à chercher l'essence de la détermination téléologique aussi près du domaine des pures et simples causes.

Cette conclusion nous prescrit d'écarter assez vite la tentative, qui s'est renouvelée sous diverses formes, de définir la finalité en se bornant à renverser l'ordre dans lequel s'enchaînent les moments d'une série causale, à prétendre, par exemple, qu'une fin n'est qu'un résultat prédéterminé. Loin de nous, bien entendu, la pensée de méconnaître ce qu'il y a de juste dans cette formule et, plus généralement, dans la tentative dont elle est l'une des meilleures expressions. Faire compter l'avenir, faire compter le phénomène qui ne serait autrement qu'un résultat, c'est à merveille. Il ne s'agit que de savoir à quel titre l'avenir et ce phénomène doivent compter : si c'était encore à titre de causes, cela n'avancerait à rien, pour ne pas dire que ce serait là une conception foncièrement inintelligible.

Bien qu'elle témoigne elle-même, au moins dans la forme, d'une obsession permanente de l'idée de cause, la définition kantienne bien connue que la finalité est la causalité d'un concept par rapport à son propre objet, s'élève très au-dessus des définitions précédentes. En effet si, par un changement aisé, nous écrivons que la finalité est la détermination d'un objet par son concept, nous l'aurons affranchie de son défaut le plus évident et nous devrons reconnaître qu'elle offre des mérites considérables. Lorsqu'elle prend pour premier élément le concept, non seulement elle met l'accent sur un caractère capital de la finalité que Kant a marqué ailleurs en disant que la détermination téléologique subordonne les parties au tout, mais encore elle nous oriente excellemment vers la vérité. Elle ne nous conduit pas jusqu'à elle, toutefois, et cela pour une double raison. Ne nous arrêtons plus à nous demander si le concept ne suppose pas préalablement la conscience : prenant le mot dans une acception objective, nous entendrons tout de suite par concept une essence. C'est abstraction faite de cette difficulté préjudicielle que la définition dont nous faisons l'analyse nous apparaît comme deux fois imparfaite. En premier lieu, supposons comme on nous y invite, que le concept soit donné et qu'il détermine, peu importe comment, la production de son objet. Ne risquons-nous pas de nous trouver en présence d'une opération tout analytique et de retomber dans la nécessité brute de Spinoza, puisque sa thèse est précisément que le possible est réel dès qu'il est possible? Si ce n'est là qu'une apparence, si chez Spinoza lui-même, on peut, comme nous l'avons essayé, retrouver de la finalité dissimulée, c'est sans doute que le terme de concept a besoin d'être précisé, de sorte que la finalité n'est pas la détermination par un concept quelconque, mais bien par une certaine sorte de concept que tout le problème est de définir. Et encore cette réponse s'égare-t-elle un peu à côté de l'objection. Car un concept de nature quelconque étant donné, si cette idée-force se réalise par un simple déploiement de son contenu, il est et reste clair que cette production de l'objet par le concept suit analytiquement de la donnée du concept. Voilà donc une première difficulté insoluble. Bien comprise, elle nous mène aussitôt à la seconde. On nous parle d'une production de l'objet par l'idée. Est-ce bien dans ce processus extérieur et dépendant que réside la finalité ? La nature originaire de la téléologie consiste-t-elle dans cette activité dérivée par laquelle le modèle se copierait lui-même ? Et sinon, jusqu'où nous faut-il remonter pour saisir la finalité dans sa source?

Évidemment cette source n'est plus maintenant très loin de nous. Ouvrons-nous en l'accès par une dernière question. Pourquoi a-t-on cherché la finalité dans une action exercée par le concept et non dans le concept lui-même ? D'abord, convaincu avec raison que la finalité consiste dans une discipline pour le mécanisme, mais l'esprit possédé d'imaginations réalistes, on se représente l'activité du concept comme domptant ou persuadant une autre activité brutale et déréglée : bref on pense obscurément que pour soumettre les forces de la nature il faut une autre force. Ensuite, et c'est ce qui nous intéresse le plus, quand on reconnaîtrait dans l'action du concept un processus purement analytique, on se dirait qu'un tel processus est encore mouvement et vie par opposition au concept. Si en effet on se met en face du concept tel que le comprend la vieille théorie antérieure aux post-kantiens et dont Kant n'est pas encore bien détaché, il n'y a rien de plus immobile, rien de moins semblable à une activité progressive. Le concept est donné tout fait, il n'y a pour lui nulle espèce de génération. Les possibles, comme on dit, sont ce qu'ils sont. Leur constitution se pose : elle ne s'explique pas, elle n'a pas besoin d'être expliquée. Comment donc aurait-on pu s'aviser de chercher dans le concept le secret de la finalité ? Sans doute c'était une pauvre ressource que de se rejeter sur l'action ultérieure du concept par laquelle il produirait dans la nature un double de lui-même et ce n'est pas sans fondement qu'on a demandé quelle valeur l'activité créatrice conserverait, si elle n'était que l'exécution matérielle des prescriptions de l'idée pure et s'il fallait lui refuser ainsi ce qui constitue le vrai mérite d'un artiste : l'invention du modèle-idéal que le geste physique ne fait plus ensuite que traduire. Et cependant il n'y avait pas de meilleur parti à prendre étant donnée la théorie qu'on suivait.

Mais la situation change de face si, comme nous avons sans cesse essayé de le montrer à notre manière, les essences elles-mêmes s'expliquent et s'engendrent. Assurément on ne peut ni les réduire et les déduire, ni, ainsi que le voulait probablement le philosophe à qui nous venons de faire allusion, y voir le produit d'une création volontaire : ce qui d'une manière générale serait inintelligible et aurait, dans l'espèce, le défaut de placer la finalité après la volonté et la conscience. Reste, malgré tout, que les essences se construisent. C'est assez pour que nous puissions faire résider la finalité non plus dans une activité dérivée du concept, mais dans le concept lui-même comme activité synthétique. Et nous n'avons maintenant qu'à développer cette formule dans laquelle toute notre doctrine en matière de téléologie est renfermée.

De quelque façon que nous devions tout-à-l'heure délimiter la nature du concept où nous faisons résider la finalité, on sent bien dès à présent que ce concept est de l'ordre de l'entendement, ou mieux de ce qui, objectivement, y correspond, de sorte que la finalité a sa place dans le monde des possibles. Ceci, naturellement, n'implique pas, de notre part, une rechute dans le spinozisme. D'abord, pour parler d'une manière générale, nous ne nous représentons pas les possibles à la manière de Spinoza ni, d'ailleurs, de toute l'ancienne métaphysique : un possible n'est pas simplement une absence de contradiction, il a d'autres conditions et, d'ordinaire, une hiérarchie de conditions. Ensuite, quelles que soient les conditions nécessaires et suffisantes de ce que Leibnitz et Spinoza appellent un possible, nous refusons de voir en lui un possible vraiment et pleinement possible. En d'autres termes, le mécanisme est quelque chose d'abstrait et d'incomplet : il y faut ajouter d'autres déterminations pour le transformer en possibilités pleines. Bien loin qu'il y ait, antérieurement à l'intervention de la finalité, des essences qui luttent entre elles pour arriver à l'existence, il n'y a point d'essences et c'est par la finalité seulement qu'il y en a, ou, si l'on veut, que la possibilité s'achève.

Cette assertion nous mène à un second développement. On nous demandera s'il n'y a pas déjà, au-dessous de la finalité, des essences, s'il n'y a pas, notamment, des essences géométriques qui ne requièrent que l'espace pour se poser et on ajoutera que, selon nos déclarations réitérées, il n'y a rien, aussi bas qu'on se place dans la représentation, qui ne soit rationnel et conceptuel. En entendant ce langage, nous nous garderons de rien retirer de ce que nous avons avancé. Certes, la représentation est rationnelle et conceptuelle à tous ses étages : mais elle l'est, à chacun d'eux, d'une manière différente. Lors donc que nous employons les termes de concept et d'essence dans la définition de la finalité, il s'agit de concepts et d'essences non pas quelconques, mais d'un degré déterminé. Tandis qu'une essence géométrique, par exemple, est étrangère au devenir et à la qualité, l'essence à laquelle nous avons recours, après que nous avons déjà atteint le mécanisme, suppose avant elle et le mouvement, et la qualité, bref tous les moments de la pensée au-dessus desquels elle s'élève et, en un sens, celui-là même dont elle se présente comme l'antithèse. Par contre, du reste, le mot de concept dont nous usons ici comme d'un synonyme du mot d'essence, ne signifie pas le concept conscient, mais seulement celui qui est d'un degré au-dessous de la conscience, celui qui est pur objet sans savoir encore se poser pour tel. En un mot, le concept comme faisant antithèse au mécanisme, voilà celui que nous avons exclusivement visé. Cela dit, nous pouvons remarquer que, en parlant de concept tout court et d'essence tout court, nous avions déjà chance de nous faire entendre, parce que, dans l'usage commun des philosophes, le concept et l'essence sont pour employer le langage de la scolastique, la chose objective, détachée de l'entendement et posée en soi, autant qu'une telle abstraction peut l'être.

Pris au degré que nous venons de déterminer, le concept, il est facile de s'en convaincre, est bien le type d'une organisation téléologique. Il exclut, cela va de soi, toutes les disparates, tout ce qui est incompatible et, pour passer au point de vue positif, comme un concept est essentiellement un, les parties sont en lui déterminées par le tout, qu'il s'agisse d'ailleurs de parties simultanées ou de parties successives. Tout cela est évident et consacré. Mais deux remarques plus intéressantes se présentent. La première est qu'un concept, précisément parce qu'il est un tout et une unité, exprime la finalité la plus profonde, peut-être la seule vraie finalité, à savoir celle que Kant appelle interne et que Leibnitz, en mettant la finalité en dehors des concepts et des essences, semblait bannir au profit de la finalité relative : conséquence indiscutablement erronée devant laquelle nous comprenons une fois de plus que c'est bien dans les concepts qu'il convient de situer l'origine primordiale de la téléologie. En second lieu, bien que, à coup sûr, il ne soit pas quelque chose de statique et de mort, le concept n'a rien de commun avec une cause, avec une cause mécanique et, par là, il s'adapte excellemment à ce caractère de la finalité, souvent méconnu, qu'il n'y a pas de *causes* finales et que, pour reprendre, en la généralisant, la lumineuse formule que Cl. Bernard appliquait au cas particulier de la vie : la finalité ne fait rien. Elle ne *fait* pas le triage des mécanismes : elle condamne seulement à rester abstraits, irréels, inexistants, les mécanismes qui ne satisfont pas à ses exigences. En principe, du moins, une causalité non téléologique demeure frappée d'impuissance, disons d'impossibilité, et cela simplement parce qu'il lui manque une condition encore pour être quelque chose d'entièrement intelligible. Ce qui est destiné à *faire*, c'est une cause et ce qui *fait* réellement c'est une cause adaptée à une fin ou, pour mieux dire encore, bien qu'en montant d'un degré de trop dans l'échelle dialectique : ce qui fait, c'est la synthèse de la cause et de la fin, la volonté.

Le dernier caractère du concept de degré suffisant pour servir à la définition de la finalité est, avons-nous dit, d'être une démarche progressive de la pensée. Tandis que, dans la manière de voir ordinaire, le concept de cette sorte est quelque chose de tout fait d'où, pour constituer la finalité, on fait découler analytiquement une puissance de se copier soi-même, il est, à nos yeux, quelque chose qui se construit par synthèse. La pensée est en face du mécanisme qui ne présente par lui-même aucune combinaison, aucun système, qui n'aboutit à un résultat défini que si certaines conditions sont données d'ailleurs. Il s'agit de triompher de cette indétermination, de cette absence de coordination et d'harmonie. Donc il faut découvrir le plan qui coordonnera les diversités et qui mettra le terme d'accord avec le début; autrement dit, le concept doit se dégager, s'inventer lui-même. Et cette grande victoire que la pensée a besoin de remporter par l'invention du concept, il ne peut être question, à l'étage de la représentation où nous sommes, de la demander à une spontanéité arbitraire : on ne peut l'attendre que de la nécessité rationnelle. La pensée passe donc du défaut et de l'imperfection du mécanisme à la perfection qu'il appelle : processus évidemment progressif puisqu'il est antithétique, et non moins évidemment nécessaire puisqu'il est exigé par les lacunes du moment de la représentation d'où on part. Dira-t-on, en parodiant une formule trop connue, que le concept paraît indispensable pour l'invention du concept, que la raison qui systématise ne peut le faire que d'après un plan et qu'ainsi il faut en revenir au modèle incréé, incréé même dialectiquement ? Mais pourquoi écouterait-on cette philosophie paresseuse, si le défaut suffit pour faire découvrir la perfection dont il est l'absence ? Plus sérieuse serait cette autre objection que le défaut n'est tel que par rapport à la perfection, ou, dans le langage d'Aristote, que la privation suppose l'habitude. Nous savons toutefois, si le relativisme n'est pas un vain mot, que, de deux termes opposés, le plus positif lui-même, s'il y en a un, n'a pas de privilège sur l'autre au point de vue dialectique et que, d'autre part, l'analyse ne se suffit pas et réclame avant elle, pour rendre raison de ce qu'elle prend comme données, une procédure synthétique. Donc le concept, le concept dans son ensemble, est bien une création nécessaire de la pensée. — Le même caractère de progression et de nécessité se retrouve du reste à l'intérieur du concept ou, plus précisément, le *moyen* et la *fin* sont des corrélatifs ayant leur synthèse dans ce que nous avons appelé le *système*. Cela est visible, croyons-nous, pourvu que, distinguant et opposant radicalement le mécanisme et la finalité, on se convainque une fois pour toutes qu'il faut renoncer à faire de la fin une cause. Non seulement il n'y a aucune action causale dans la finalité, mais encore ce ne serait pas dans la fin qu'il faudrait mettre la source de l'action causale s'il y en avait une en l'espèce. La *fin*, en effet, n'est pas le terme le plus concret de la relation téléologique : c'est encore un abstrait, c'est seulement le résultat mécanique en tant que rationalisé. Comme le résultat, elle est en quelque sorte hors du processus et le processus dont elle s'isole ainsi apparaît, par opposition à elle, sous l'aspect de *moyen*. Donc, la fin n'est que le corrélatif du moyen. Pour que tout se déduisît d'elle à l'intérieur de la relation téléologique, il faudrait, encore une fois, qu'elle en fût le terme synthétique, ce qui n'est pas. La vie est la fin de l'organisme et des actions physico-chimiques qui s'y accomplissent, mais le vrai tout c'est la synthèse de l'organisme et de la vie, c'est le *système* qu'ils constituent. La marche progressive de la pensée est en effet la suivante : une série causale donnée, (donnée *in abstracto*) manifestant par son caractère incomplet sa nature de chose dépendante, est posée comme un moyen qui s'adapte à une fin ; puis, des deux termes ainsi mutuellement adaptés, se forme le système : c'est donc bien le système qui, comme résumant et consacrant cette adaptation réciproque, possède ici la suprême valeur. Et si l'on voulait obtenir une confirmation en instituant une contre-épreuve, on y réussirait sans peine. Supposé qu'on soit passé, toujours par opposition, du mécanisme pris dans son ensemble au système, qui, corrélativement, est lui aussi un ensemble, on verra, dans le système traité par l'analyse, deux termes se dégager de lui puis s'opposer entre eux, l'un se présentant comme fin et l'autre comme moyen ou, le plus souvent, comme groupe ou série de moyens.

En somme et pour conclure, la finalité n'est pas la conformité à l'idée : elle est l'idée, pourvu que, comprenant bien l'idée, au degré où elle est prise ici, on se rende compte que c'est une organisation qui s'invente elle-même, un plan qui se dresse lui-même. Nous ne commençons pas par poser ce qu'Aristote appelle la forme. La forme, loin d'être antérieure à la fin et au système, leur serait plutôt postérieure; et, dans l'exacte vérité, elle est identique avec eux, car elle n'est ce qu'elle est qu'en communiant avec eux. Tout être, selon un axiome scolastique, est un, vrai et bon. Il faut reconnaître que toute essence du degré que nous considérons, qu'elle soit faite de parties simultanées ou de devenirs, est ordre et harmonie, c'est-à-dire qu'elle est par l'ordre et l'harmonie et en tant qu'elle est ordre et harmonie : ce qui revient à professer, en employant des mots dont le seul tort est d'être trop psychologiques, que toute essence est bonne et cela en ce sens qu'elle est par le bien. En effaçant ce défaut de notre formule définitive, qu'il nous a pourtant préparés à entendre jusqu'au fond, nous dirons : le mécanisme était l'absence de rationalité complète ou de système; la finalité, c'est la rationalité complète de l'objet ou du moins de ce qui sera tout prêt à se réaliser comme objet ; mieux encore : c'est l'objet possible se conférant la rationalité complète.

Deux conséquences importantes découlent de notre définition et des explications qui l'ont préparée. La première conséquence est relative à ce qu'on appelle la subordination du mécanisme à la finalité. Du point de vue auquel nous nous sommes placé, cette subordination, ni les voies et moyens par lesquels elle s'accomplit, ne donnent plus lieu à un problème. Pour les penseurs nombreux encore qui, sur les traces de Platon et d'Aristote, accordent au mécanisme une réalité propre, la question est ardue de savoir comment l'idée, qui n'a plus d'autre moyen d'influence, peut exercer une action causale, entrer en lutte avec une nature rebelle et la dompter. A nos yeux, comme le mécanisme, bien loin d'être réel par essence, n'est pas même complètement possible, il est clair qu'il se subordonne de lui-même à la finalité, dans laquelle seule il trouve le complément de rationalité qui lui manque.

La seconde conséquence de notre définition est que la finalité n'est pas contingente au sens ordinaire du mot. Certes, il faudrait dire qu'elle est contingente si l'on entendait par là que, au lieu d'être contenue analytiquement dans le mécanisme, elle s'y surajoute, quoique d'une façon qui n'est nullement arbitraire. Mais si l'on entend qu'elle pourrait ne pas être, qu'elle fait même originairement défaut sur quelques points, la finalité n'est pas contingente en ce sens. Il y a finalité partout, nécessairement et sans exception ; du moins sans exception originaire. Les lacunes de la finalité, dans le monde observable, ne dérivent pas d'une impuissance qui lui serait inhérente. Elles tiennent à des raisons extérieures. Nous verrons que ces raisons sont l'existence d'individus vraiment individuels, c'est-à-dire indépendants les uns des autres sous certains rapports et, ayant elle-même pour source les actes de ces individus, l'apparition du mal, qui n'est point, qui ne saurait être une donnée primitive. Au reste, même après avoir subi des limitations et s'être laissé couper de lacunes, la finalité manifeste encore indirectement son inéluctable empire, puisque, comme nous l'avons rappelé plus haut, la réalité imparfaite qui est privée d'elle est, par là-même, réduite à une existence misérablement précaire et ne retrouve quelque solidité qu'après avoir atteint la forme d'une organisation téléologique.

§ 2. — PERSONNALITÉ

MOI, NON-MOI, CONSCIENCE

En cherchant à réunir en une seule notion la causalité et la finalité, on aboutit sans peine et même inévitablement à ce résultat : système agissant. Mais cette formule est encore très indéterminée et il reste beaucoup à faire pour dégager le sens plein et précis de la synthèse que nous poursuivons. D'abord il faut qu'elle soit un rapport. Si nous ne trouvons pas une relation dont l'essence soit précisément d'être un système agissant, toute la doctrine que nous avons travaillé à édifier s'écroulera par l'absence d'une clef de voûte. De plus, il faut que ce rapport satisfasse à certaines conditions, dont la première, d'où les autres dépendent, est que ce rapport se présente comme un tout achevé. Il doit se présenter comme un tout achevé, parce que la simple juxtaposition de la causalité et de la finalité donne déjà, en un sens, une totalité : car une fois que le déterminisme causal a été arrangé en systèmes et, par conséquent, en un système de systèmes, toute trace d'indétermination a disparu, le déterminisme est complet, toutes les raisons d'être sont rassemblées. Or, étant un tout achevé, le rapport que nous voulons atteindre devra par là-même être concret, c'est-à-dire exister sans avoir son existence en autre chose. Pour toutes les relations précédentes nous avons pu appuyer l'être de chacune d'elles sur celui d'une autre, l'être du nombre sur celui du temps et même l'être des causes sur celui des fins; toutes ces relations n'étaient en effet que des abstraits de différents degrés. A présent, nous allons nous trouver en face d'un rapport qui ne peut plus reposer sur autre chose. Nous avons donc à découvrir pour lui un mode d'existence qui ne nous renvoie pas à un autre et qui ne soit pas cependant l'existence en soi, car un rapport ne peut pas se figer en chose. Que si nous sommes impuissants à trouver le mode d'existence dont nous avons besoin, tous nos principes seront faux. Etant rapport, tout achevé et réalité sans autre fondement qu'elle-même, il faut que le système agissant soit un rapport de soi avec soi. Mais il ne suffit pas qu'un observateur placé au dehors constate cette nécessité pour le système agissant d'être relatif à soi-même; il ne suffit pas de dire : nous voyons qu'il n'y a rien hors de lui, donc s'il est relatif ce ne peut être qu'avec soi-même. Car le fait qu'il n'y a plus rien hors de lui est quant à lui une dénomination extrinsèque, la relation de lui avec lui est conçue à propos de lui mais n'est pas en lui, puisqu'elle n'est que dans la pensée d'un observateur qui le voit et sait qu'il n'y a rien en dehors de lui. Or il est trop clair que, dans l'espèce, tout appel à des dénominations extrinsèques est interdit. Le système agissant devra donc présenter un caractère interne qui amène ce rapport de soi avec soi-même. Ce caractère est indiqué par la fonction qu'on en attend. Manifester son indépendance et sa suffisance par un caractère interne, c'est se faire ou posséder la liberté. A son tour, être libre c'est, au lieu de développer une série d'actes comme simples suites de sa nature, accomplir cet acte ou cet autre : d'où il suit que les actes libres sont d'abord des possibles au sens le plus profond du mot, c'est-à-dire non pas des faits qui ne sont pas encore et seront, mais des faits qui peuvent ne pas être. Or un caractère futur se laisse concevoir, quoique non sans métaphore, comme étant par avance dans la chose à laquelle il va appartenir : il existe en soi, d'une certaine manière, dans la chose. Le cas d'un possible au sens fort est tout autre. Le oui et le non ne peuvent être tous deux dans la chose ou n'y peuvent être jusqu'au bout. Ils se rattachent à elle, mais n'en sortent pas purement et simplement. Ils sont devant elle et l'un d'eux deviendra seul un de ses attributs. Tous les deux en tant que possibles et, avec une évidence privilégiée celui qui demeurera un possible, se différencient des réalités proprement dites et n'en sont que des esquisses. Autant dire que les possibles sont des représentations, qu'ils sont *pour* l'être qui s'attribuera tout-à-l'heure quelques-uns d'entre eux. Comme d'ailleurs ils ne sont ce qu'ils sont que pris avec toutes les circonstances qui les rattachent à l'être pour lequel ils sont, (ce qui implique qu'il y a un donné dans une acception avouable que nous exposerons) cet être est forcément représenté en même temps qu'eux. Donc c'est tout l'être libre qui est pour lui-même. Le système agissant, puisqu'il est un être libre, sera donc pour soi. Le pour soi ou la conscience : telle est la synthèse à laquelle nous aspirions. Ce nouveau mode d'existence ne supprime pas les autres ou du moins il en retient tout ce qu'ils avaient de légitime : l'inhérence nécessaire d'un attribut dans un sujet, c'est-à-dire l'existence en soi de cet attribut dans ce sujet dès qu'on ne prête pas à l'expression un sens réaliste, tombe sous la conscience, nous l'indiquions tout à l'heure, comme les attributs contingents.

Dans le système agissant tel qu'il nous apparaît maintenant, un terme se met tout d'abord en lumière : c'est l'agent, le sujet, le représentatif, le *moi*. D'autre part, les déterminations que l'agent regarde comme possible de se conférer et, en même temps, avec toutes les conditions qu'elle enveloppe, l'existence donnée dont les possibles sont solidaires, constituent par opposition au terme précédent l'objet, le représenté, le *non-moi*. Il faut observer d'ailleurs que ce qui, sans être le moi à la rigueur, est relativement près du moi, se range du côté du moi dès qu'on l'oppose à quelque terme qui appartient plus décidément au non-moi : ainsi les possibles comme tels sont quelque chose du moi par opposition au réel objectif et dans le réel les déterminations que l'agent s'est conférées sont quelque chose du moi par opposition à la réalité donnée primitivement comme base de la liberté. La *conscience* est la synthèse du moi et du non-moi, la réalité hors de laquelle ils n'ont l'un et l'autre qu'une existence abstraite.

Développements.

A. — *L'esprit ou la conscience.*

La conscience est à nos yeux le moment le plus haut de la réalité et par là le connaître est au cœur de l'être. Au lieu que ce soit un surcroît qui s'ajoute à l'être on ne sait pourquoi alors que l'être est déjà complet, le connaître est partie intégrante de l'être. La conscience, comme on le comprendra mieux un peu plus loin, n'est pas une espèce du genre savoir, ce n'est pas un savoir spécial qui porterait sur l'être en tant que celui-ci serait sujet et objet : c'est le savoir au contraire qui est une sorte de conscience et qui s'explique par ce fait que l'être est sujet-objet, qu'il est pour soi. Nous adoptons donc la doctrine de Descartes sur la conscience et, sauf à élargir le sens du mot pensée de manière à y faire entrer, sans doute possible, toute la réalité, nous reconnaissons avec lui que la conscience est coextensive et même essentielle à la pensée et qu'il faut définir la pensée par la conscience, si du moins il s'agit de la pensée prise au point le plus élevé de son développement, car, à d'autres égards, la pensée se définit aussi par tous les moments que nous avons précédemment parcourus : elle est relation, elle est nombre, elle est cause, elle est fin.

Cette doctrine sur la conscience est probablement claire pour le lecteur qui nous aura suivis jusqu'ici et, à vrai dire, elle doit lui apparaître comme la conclusion naturelle et nécessaire de nos prémisses. Peut-être cependant convient-il de repousser les arguments qu'on peut nous opposer, de rappeler nos preuves, et, avant tout de préciser la signification que nous attachons au mot de conscience en indiquant quelques corollaires de notre manière fondamentale de la concevoir. Tout d'abord la conscience embrasse selon nous le moi et le non-moi. Elle n'est donc pas, quelle qu'y soit l'importance du moi, ce qu'elle semble avoir été pour Aristote et être demeurée pour un grand nombre de philosophes, le sentiment et encore le sentiment particulièrement net et vif du rôle joué par le sujet dans la pensée. Il ne faut pas s'imaginer que la perception d'une piqûre par exemple implique d'une part l'opération de percevoir la piqûre, puis subsidiairement et à côté d'elle, comme constituant en propre la conscience, une autre opération par laquelle le sujet se dirait que c'est bien lui qui est le percevant de la piqûre. Contre l'opinion de ces philosophes ceux-là ont raison qui soutiennent que sentir et savoir qu'on sent ne sont pas deux choses, mais une chose, comme dit entre autres J. Mill; pourvu, naturellement, qu'on n'entende pas par là que le sujet n'est rien dans la conscience ou qu'il est tout au plus un accessoire qui vient s'adjoindre à la sensation et qui est si peu de chose qu'il y ait à peine lieu d'en rendre raison. Non, le sujet est partie intégrante, élément essentiel de la conscience. Seulement la conscience, primitivement du moins, n'est pas plus la connaissance nette et vive du rôle du sujet que celle du rôle de l'objet dans la pensée ; et, d'autre part, elle peut devenir par après la seconde aussi bien que la première de ces connaissances secondaires. En elle-même elle est l'objet pour le sujet; elle est la synthèse des deux termes dans une opposition et en même temps dans une union indivisibles. C'est, comme on voit, la distinction de la conscience spontanée et de la conscience réfléchie que nous reprenons. Mais, en la reprenant nous la modifions parce que la conscience d'après nous ne portant pas par elle-même plutôt sur le sujet que sur l'objet, la conscience réfléchie nous apparaît comme un recommencement de l'acte représentatif dont le but est d'insister tantôt sur le sujet et tantôt aussi sur l'objet. Le rôle de l'objet dans la connaissance est, comme celui du sujet, matière de la conscience réfléchie. Cela dit et la distinction traditionnelle dûment corrigée, nous admettons, avec tous ceux qui ont étendu autant que possible son domaine, que la conscience contenue dans toute pensée est la conscience spontanée, non la conscience réfléchie. — Ce n'est pas non plus, ou du moins il n'est pas nécessaire que ce soit partout, la conscience manifeste, la conscience qui n'a besoin d'aucun effort pour être aperçue, celle dont parlent ordinairement les psychologues. Chez un être borné une telle conscience a des limites par définition. Mais la limitation de la conscience claire n'empêche pas la conscience sourde de s'étendre indéfiniment au-delà. Cette extension indéfinie de la conscience, à des degrés indéfiniment décroissants, s'impose en vertu même de l'inséparabilité de la pensée et de la conscience : car tout être, même borné, voit tout, comme disait Leibnitz. Et cette sorte de conscience suffit. Comme d'ailleurs l'existence en peut bien être rendue incontestable dans beaucoup de cas par des procédés expérimentaux, sans que, en revanche, l'impuissance de la saisir en fait sur tel ou tel point permette de nier qu'elle y existe, il va de soi que nous n'avons pas à craindre que la psychologie contredise notre doctrine. La psychologie serait impuissante à l'établir et elle le serait encore plus à la renverser. — Aussi sommes-nous peu touchés par un argument très connu qu'on a employé ou qu'on peut employer en faveur de l'existence non seulement d'un inconscient, mais d'une pensée inconsciente. Tout en s'attribuant en effet une portée métaphysique, il est à vrai dire, au moins quant au nerf de la preuve, purement psychologique, parce qu'il n'est qu'une induction tirée d'observations sur une certaine sorte particulière de vie mentale inconsciente. Cet argument consiste à alléguer que la conscience se montre surtout à l'occasion de ceux de nos actes qu'il s'agit d'organiser et disparaît à mesure que notre réaction est mieux adaptée aux circonstances qui la provoquent, de sorte qu'une adaptation complète entraînerait avec elle l'inconscience et que la conscience est une imperfection ou du moins la suite d'une imperfection. Nous qui faisons reposer la conscience sur la liberté, nous sommes tout disposés à admettre que la conscience accompagne de préférence les moins machinaux de nos actes. Mais, d'une part, nous ne saurions consentir à traiter de tels actes d'imparfaits : ce sont eux qui ont le plus de perfection, s'il est vrai que celle-ci ne consiste pas dans l'automatisme et consiste, au contraire, dans une vie de plus en plus éveillée, de plus en plus féconde en initiatives, vie que l'automatisme aurait seulement pour rôle de préparer. D'autre part, la conclusion qu'on prétend obtenir dépasse les prémisses. Ce qui tombe sous l'observation psychologique, ce sont des êtres bornés et, parce qu'on trouve chez eux deux classes d'actes, des actes automatiques et des actes d'initiative auxquels la conscience paraît réservée, on conclut qu'il en doit aller pareillement pour toute nature pensante en général, pour la nature pensante en elle-même. On ne voit pas que si les êtres qu'on observe sont réduits à n'être que des automates dans l'immense majorité de leurs actes, c'est qu'ils n'ont, pour ainsi dire, qu'un petit capital de conscience et sont tenus de l'économiser. Ce qui chez eux est un défaut ce n'est pas d'avoir à organiser certains actes : c'est d'avoir peu de conscience pour accomplir cette organisation, de sorte qu'il leur faut la faire peu à peu en confiant successivement à l'automatisme les parties déjà organisées. Qu'un être ait assez de conscience et il n'aura pas besoin du secours de l'automatisme. Celui-ci n'est pas en lui-même une perfection : il n'est bon que pour compenser l'absence de la perfection véritable, c'est-à-dire de la conscience. Il n'est donc pas juste de prétendre qu'il y a opposition entre la perfection de la pensée et la conscience, c'est-à-dire que plus la pensée est pensée, moins elle est consciente. Ajoutons que, toujours pour cette raison qu'on s'appuie sur l'observation psychologique, la diminution de la conscience corrélative aux progrès de l'adaptation prouverait seulement que la pensée est souvent accompagnée d'une conscience faible, non qu'elle soit jamais capable d'exister sans conscience aucune. — On trouve dans Leibnitz un argument non plus psychologique, mais dialectique, qui irait à prouver l'existence de pensées absolument inconscientes. C'est que si tout acte de pensée devait être conscient, nous resterions attachés à une seule et même pensée sans cesse reprise : nous aurions conscience de penser à un objet, puis du fait de penser à cette pensée et ainsi de suite; de sorte que, ce piétinement sur place n'ayant pas lieu, il faut bien que quelque acte de penser passe enfin inaperçu. Mais cet argument serré ne porte pas sur la conscience telle que nous essayons de la comprendre. Il identifie la conscience avec la réflexion, suppose par conséquent qu'il n'y a pas de conscience en dehors de la réflexion et que réfléchir c'est rendre consciente une pensée qui auparavant ne l'était pas. Cela posé il démontre que la réflexion devant prendre fin, il y a, dans chaque série de pensées, une pensée au moins qui est inconsciente, celle où cesse la réflexion, c'est-à-dire la conscience. Si la conscience ne se ramène pas à la réflexion, à la réflexion telle que l'entend l'auteur, l'argument tombe. Or, encore une fois, ni la conscience n'est identique à la réflexion, ni la réflexion ne doit être ainsi entendue. La conscience ne consiste pas à prendre la pensée toute faite et néanmoins dépourvue de toute relation avec le sujet comme aussi de tout caractère d'objet, puis, mettant en elle de ce chef une propriété neuve, à rapporter au sujet la pensée qui serait dès lors inconsciente en elle-même et par définition. La conscience est l'acte inhérent à toute pensée de poser un objet pour un sujet. Partant, la réflexion n'est pas l'acte de poser pour soi une pensée d'abord inconsciente; c'est celui de recommencer la représentation, et avec elle la conscience qui en faisait partie intégrante, afin de mieux voir soit le rôle de l'objet, soit le rôle du sujet, dans la représentation dont il s'agit. Bien entendu, la décision et le fait de recommencer sont, en eux-mêmes, comme toute pensée, conscients à quelque degré; on n'a pas à les rendre conscients et on peut, satisfait du degré de conscience qu'ils possèdent, ne pas se proposer de les rendre plus conscients. Il n'est pas seulement nécessaire, il est encore tout naturel que la réflexion ne se poursuive pas à l'infini. On se demanderait plutôt pourquoi elle a besoin de se produire. Mais il n'est pas difficile de comprendre que la conscience ait des degrés. Toujours est-il que l'argument de Leibnitz (dont, au reste, la partie effective était peut-être limitée dans l'esprit de l'auteur par l'admission soit de quelque autre sorte de conscience, soit d'une réflexion virtuelle dans toute pensée) ne réussit pas mieux que le précédent à prouver l'existence de pensées absolument inconscientes. — Il faut bien qu'ils échouent : l'inconscience absolue est inadmissible. On ne pourrait l'admettre en effet sans renoncer à l'idéalisme; et c'est pourquoi, disons-le en passant, il nous paraît bien difficile de croire qu'elle ait été admise par Leibnitz. Autant elle est à sa place dans le système de Spinoza, autant elle serait déplacée dans le sien. Leibnitz continue le mouvement cartésien et s'il n'est plus dualiste, c'est qu'il fait rentrer le monde dans la pensée. Spinoza au contraire est aussi réaliste qu'on peut l'être après Descartes, et s'il conserve le dualisme c'est à la condition de ramener autant que possible le nouveau type d'existence, que Descartes vient de découvrir, au type ancien, la pensée à la chose. Chez lui, très conséquemment d'ailleurs, nul sentiment de ce que c'est que d'être pour soi. L'idée, doublure de la chose, se redouble elle-même indéfiniment en une idée de l'idée et voilà la conscience. Telle ne saurait être la conception que doit s'en faire l'idéalisme. L'idéalisme se compose de deux phases dont l'analyse et aussi l'histoire montrent la distinction, mais qui n'en sont pas moins solidaires, la première ayant dans la seconde son complément indispensable. Toute l'antiquité a travaillé pour établir ce premier point que l'objet de la pensée consiste en idées, que le monde se résout en concepts, qu'il est fait non de choses, mais de rapports. Refuse-t-on d'ajouter que les idées n'existent pas en elles-mêmes, essaie-t-on de les traiter finalement comme des choses, les réalise-t-on en disant qu'il n'y a qu'à remplacer les choses par les idées sans se préoccuper d'assurer à celles-ci une autre manière d'être que d'exister substantiellement et en soi, alors on détruit implicitement le travail même de l'antiquité, on régresse en deçà de la première phase de l'idéalisme. Comment en effet réaliser la téléologie, l'action causale, etc., ou, pour parler un langage plus généralement reçu, les essences et leur développement, sans mutiler toutes ces notions? Ces notions sont des rapports, c'est-à-dire quelque chose d'invinciblement double, quelque chose qui s'étend toujours au delà des limites dans lesquelles on voudrait le renfermer, tandis que les choses, s'il y en avait ailleurs que dans les illusions d'une métaphysique rudimentaire qui prend l'abstrait pour du concret, seraient des blocs parfaitement et définitivement isolés. Dira-t-on que le mal ne vient pas du réalisme appliqué aux idées, mais de l'espace et du temps qui précisément découpent et isolent tout ce qu'on y met? L'accusation serait tout à fait injustifiée; car elle ne prend elle-même quelque apparence de valeur que si l'on commence par traiter l'espace et le temps selon le procédé réalistique. Toute échappatoire est donc fermée : dès qu'on ne mettra pas les idées dans la conscience, dès qu'on n'en fera pas des dualités, sujet et objet à la fois, ou plutôt des moments conjugués du sujet et de l'objet, on retirera d'une main ce qu'on aura accordé de l'autre. Ce qu'on avait voulu concevoir comme une dialectique, comme un système de rapports, retournera à l'immobilité et à l'inintelligibilité de la chose. — A cette première manière de prouver que la conscience est essentielle à la pensée, preuve fondée sur la nécessité de ne pas dénaturer le rapport, un second argument vient se joindre. C'est que la pensée pourvue de toutes ses déterminations élémentaires et devenue être complet doit manifester sa suffisance par un caractère interne, que ce caractère interne est la liberté et que la liberté est la même chose que la volonté digne de ce nom, c'est-à-dire encore la même chose que la résolution accompagnée de représentations ou consciente. Mais cette identité de la conscience et de la liberté, il sera plus à propos d'y insister lorsque nous aurons à nous occuper spécialement de la liberté.

Pour l'instant, avant de passer aux divers modes de la représentation, c'est-à-dire selon la synonymie que nous venons d'établir, aux divers modes de la conscience, nous allons considérer l'essence de la représentation en général afin de voir ce qu'elle devient quand, pour obéir aux exigences de l'idéalisme, on a fait précisément de représentation le synonyme de conscience. Nous avons vu que toute représentation est consciente, nous allons voir que la conscience constitue tout l'essentiel de la représentation : elle n'est pas seulement un attribut nécessaire de la représentation, elle en est le cœur. Nous parlons, bien entendu, de la représentation prise au degré de l'échelle dialectique auquel nous sommes maintenant parvenus. Car c'est en un autre sens du mot, légitime d'ailleurs, qu'on dit qu'une notion quelconque représente toutes les autres : elle les représente, cela signifie que comme elle leur commande et en dépend, elle les exprime à sa façon dans l'en soi, en même temps qu'elle a quelque chose de propre, qu'à partir d'elle il y a dans l'en soi passage à toutes les autres. Mais ce sens inférieur du mot représentation n'est pas identique au sens supérieur et ne fait que le préparer. Pour s'élever du premier au second il faut se mettre au niveau de la conscience ou du moins, pour ne rien préjuger, au niveau de la négation qui tiendrait la place de la conscience. A ce niveau lorsqu'on dit que la conscience représente toutes les autres notions, cela signifie à la fois et qu'elle les exprime parce qu'elle leur commande dans l'en soi, et qu'elle les exprime d'une manière nouvelle et spécifique, qu'elle les revêt de la forme du pour soi (ou d'une forme de même niveau). La thèse que nous soutenons est donc que la réalité en son moment le plus haut est à la fois sujet et objet, pour soi, conscience; et que la lumière complète et définitive sur la situation réciproque de l'être et du connaître, ou encore sur le sens le plus élevé de ce mot de représentation, si obstinément mal compris, découlera d'une identification poussée jusqu'au bout du fait d'exister *in concreto* avec celui d'être soit objet opposé à un sujet, soit sujet opposé à un objet, ou plutôt encore avec le fait d'être la synthèse de ces deux termes. — Que le sens commun soit ou non réaliste, toujours est-il que les métaphysiques rudimentaires qui se tiennent tout près de lui, le sont de la manière la plus épaisse et que l'illusion réaliste se retrouve souvent au fond de systèmes très savants, en partie idéalistes. Tant cette illusion est difficile à déraciner! Et cela se comprend : car pour un regard superficiel qui suffit aux besoins de la vie usuelle, nous et nos idées nous sommes dépendants, nous sommes petits et pourtant nous nous distinguons du monde : n'est-il pas tout indiqué de croire que nous ne nous distinguons de lui que comme font les ombres des choses qui les projettent, que nos idées surtout émanent toutes du monde et, au pied de la lettre, sans métaphore ou presque sans métaphore sont des ombres de la réalité ? Toutes les explications de la connaissance par les métaphysiques rudimentaires, par celles-là mêmes qui sont restées rudimentaires sur ce point contrairement à ce qu'on eût attendu, reviennent à des imaginations de cette espèce. Une représentation est une image; car il y a des images dans les miroirs et, circonstance qui a sûrement joué un rôle capital, il y en a même au fond des yeux, et, plus manifestement, à la surface des yeux. Une représentation est un double de la chose, si l'on aime mieux : car il est facile d'attribuer un double à tous les êtres. Les sauvages, comme on sait, n'y manquent pas. L'homme a son double, les animaux et tout le reste ont le leur : la vie après la mort et déjà le rêve sont le fait de ces doubles. Toute cette mythologie, dont il n'y a nulle raison de croire que l'humanité primitive ait été exempte, a dû peser d'un poids lourd sur les esprits quand, dans leurs premiers pressentiments de la réflexion philosophique, ils ont accompli un pénible et sourd travail pour se rendre compte implicitement du fait de la pensée, en particulier du fait de la perception. Peut-être même y a-t-il quelque probabilité que la plus primitive ébauche de la doctrine réaliste, si l'on peut parler ici de doctrine même ébauchée, se soit d'abord constituée sur de telles bases. Quoi qu'il en soit, à une époque ultérieure et surtout quand l'heure des philosophies est venue, le réalisme s'est mieux accommodé des images peintes dans les miroirs ou dans les yeux, sans doute parce que c'étaient là des phénomènes plus positifs. La perception fut donc l'introduction en nous d'une image. Cette métaphore, qui n'en veut pas être une, régna et règne encore bon gré mal gré et jusque sur les penseurs. Partout on la retrouve : que ce soit dans la théorie grossière de Démocrite et d'Epicure ; que ce soit dans celle plus subtile d'Aristote qui distingue entre la réception d'une chose au complet, matière et forme à la fois, ainsi qu'on la voit se faire dans l'estomac, et la réception de la forme seule qui a lieu, par exemple, dans l'oreille ou dans l'œil ; que ce soit, en dépit de beaucoup de changements, de réserves et même d'une polémique expresse, dans les êtres représentatifs de Malebranche ; que ce soit peut-être même enfin chez un maître qui a tant fait pour l'idéalisme et a bien failli en suivre la logique jusqu'au bout, dans le phénomène de Kant, apparence de quelque chose qui apparaît. Toutes ces théories, dégagées des réserves toujours peu conséquentes et partant inefficaces que quelques-unes accumulent, reviennent fatalement à la proposition monstrueuse que la représentation est une peinture d'un dehors dans un dedans. Et cette proposition c'est, quoi qu'on en dise, la terrible autorité du sens commun qui l'impose, encore qu'il soit, si l'on veut, incapable de la dégager. Il est vrai que le sens commun une fois mis en face de sa chimère la désavoue et proteste par la bouche des perceptionnistes. Mais la protestation ne peut aboutir parce que l'on conserve la base du réalisme, c'est-à-dire la dualité substantielle de l'être pensé et de l'être pensant. Dès lors comment l'idée peut-elle être autre chose que l'image dans le second de l'attribut réel possédé par le premier? Comment la représentation peut-elle être autre chose que causalité transitive, transmission d'espèces ou qualités? Dire que la représentation n'est pas cela, qu'elle nous met en présence de la chose par une opération qu'on n'explique pas, bref qu'elle est un mystère, cela n'avance à rien. Et même on recule plutôt ; car, avec la théorie des êtres représentatifs on pouvait au moins arriver à se dire que ceux-ci, qui sont, ou peu s'en faut, des modes de l'esprit, nous cachent les autres êtres condamnés dès lors à demeurer imperceptibles ; que les êtres représentatifs, seuls connus, suffisent et existent seuls, ce qui conduit tout près de l'idéalisme. Les perceptionnistes veulent supprimer les intermédiaires entre l'esprit et les choses : ils ont raison. Seulement en conservant la dualité réalistique de l'esprit et des choses, ils s'enlèvent le moyen de réussir et ils font perdre tout sens à leurs formules. Lorsque Hamilton, par exemple, écrit qu'un encrier que je perçois est dans ma conscience, qu'est-ce que cela peut signifier si la conscience reste conçue à la façon traditionnelle comme quelque chose qui est dans l'âme et, par elle, dans le corps ? L'âme, disait Malebranche, exprimant bien cette doctrine traditionnelle, ne sort pas d'elle-même pour aller saisir les choses. Donc il faut, réalistiquement parlant, que ce soient les choses qui, à leur manière, entrent dans l'âme et dans la conscience. Mais comment seraient-ce les choses mêmes qui entreraient dans l'âme, c'est-à-dire d'abord dans le corps et le cerveau ? Assurément un encrier n'y trouverait pas place ; de petites images, à la bonne heure. Ainsi nul moyen d'échapper à l'absurdité épicurienne tant qu'on ne sape pas la base ultime du réalisme. Raffiner cette absurdité n'est pas la supprimer, c'est au contraire l'embrouiller et la rendre plus absurde. Or il faut bien qu'on la raffine. Car si la peinture en nous de l'étendue et de ses modes a encore une apparence d'intelligibilité, on n'en saurait dire autant pour les qualités secondes. Pour se peindre en nous, il faudrait d'abord que ces qualités existassent hors de nous. Justement on s'est aperçu qu'il était difficile de les réaliser telles quelles. Alors on a dit que c'étaient des propriétés organoleptiques, c'est-à-dire que les nerfs et le cerveau étaient chargés de fabriquer de la couleur ou du son ou de la chaleur. Les nerfs et le cerveau deviennent, comme disait Leibnitz, une machine qui ferait avoir perception. — Ici, avec ces modifications qu'il a bien fallu y ajouter, l'absurdité de la théorie de la représentation dans le réalisme atteint son point culminant. On ne se demande pas comment un organisme, chose géométrique, mécanique et au plus chimique par définition, pourrait produire des essences qui n'existent, dit-on, que dans la mesure où elles sont perçues, opération qui dépasserait tellement les forces de la machine que l'on met en jeu. Et quand, devant l'insuffisance de cette conception matérialiste, à laquelle la doctrine réalistique de la perception retourne invinciblement, on s'avise de recourir à une âme, on ne se demande pas si cette puissance chargée de créer les perceptions secondaires ne sera pas par là-même capable de créer aussi les autres, si, en croyant faire appel à une entité modeste, à une chose différente du cerveau sans doute et capable de le compléter, mais toujours à une chose, ce n'est pas à la pensée créatrice de l'idéalisme qu'on a ouvert la porte, si dès lors le réalisme n'est pas condamné. On ne se demande pas comment les nerfs, le cerveau et en général un organisme quelconque peuvent être autre chose que des représentés. On ne se demande pas enfin comment une image introduite dans un récepteur quel qu'il soit, chambre noire, cerveau, âme, devient un objet pour un sujet au lieu de rester une chose dans une autre chose. Ou plutôt ces questions sont élémentaires et il n'est personne qui ne les ait rencontrées. Mais elles n'en restent pas moins comme non-avenues. C'est que, bien comprises, elles exigent qu'on attaque le réalisme jusque dans sa base, entreprise que, communément, on n'ose guère essayer.

Il s'agit en effet de se déprendre de la vieille habitude de localiser la conscience dans un corps et d'expliquer comment cette localisation illusoire s'est produite. Comme nous nous en convaincrons de mieux en mieux, l'être, ou du moins ce qui à nos yeux mérite seul le nom d'être, est système agissant et plus précisément volonté. Pourquoi l'être est-il connaissance? Afin d'être action. Toute représentation est donc, comme on dit, pratique et motrice. Une sensation par exemple est une excitation provoquant une réaction, selon le schème bien connu. Seulement il faut comprendre en entier ces idées courantes et en pousser les conséquences jusqu'au bout. — Quel peut être dans ce double processus le rôle du cerveau ou de tout autre organe analogue, qu'il soit inférieur ou supérieur au cerveau, et comment se fait-il que la conscience soit assez intimement liée à un tel organe pour y paraître renfermée? Certes il est légitime dans une certaine mesure de distinguer dans le cerveau des centres d'idéation et des centres moteurs. Cependant, parce que le cerveau ou tout autre organe analogue ne consiste qu'en un ensemble de phénomènes mécaniques ou, au plus, chimiques, il est impossible qu'il s'y passe autre chose que des mouvements et des préparations de mouvements au moyen d'actions chimiques et par conséquent tous les processus qui s'accomplissent en lui doivent être exclusivement moteurs. Tout ce qui est vrai c'est que, la phase incidente du processus étant discernable de la phase de réaction, rien n'empêche, pourvu qu'on ne soit pas ensuite dupe du mot, de donner à la première le nom de phase d'idéation. Dès lors, si le cerveau ou tout analogue du cerveau est ainsi un organe moteur, on voit sans peine comment naît l'illusion qui en fait plus que le siège, la prison de la conscience; ou du moins nous tenons un élément capital de l'explication à fournir. Si nous ajoutons maintenant que l'excitation peut ne pas être la condition suffisante de la réaction, que les deux séries de mouvements sont séparées par un déterminisme d'un nouveau genre, ou plutôt, mais peu importe pour le point précis qui nous occupe, par une initiative libre à certains égards et déterminée sous d'autres rapports, la réaction nous apparaît comme contenant en elle une véritable action. Or toute action suppose un centre d'où elle part; et où réside suivant un vieil axiome l'être qui agit, sinon là où il agit ? Voilà donc le sujet localisé et dès lors les fausses interprétations commencent. Puisque le sujet est fixé en un lieu, et puisque la conscience implique le sujet, la conscience est donc attachée au même lieu que le sujet. Elle est en moi, c'est-à-dire dans mon corps. Ainsi s'explique l'illusion commune qui fait de la conscience une sorte de boîte placée elle-même dans une autre boîte. Mais puisque l'illusion est expliquée, il est facile de n'en plus être dupe. La conscience paraît résider dans le centre d'où émane l'action la plus consciente et la plus personnelle : pourtant comme c'est seulement à titre de principe d'une telle action qu'elle se localise de la sorte avec vérité, à tout autre égard elle est indépendante de cette localisation. En tant qu'elle représente l'espace et tout ce qu'il contient elle est coextensive à l'espace : ce qui ne veut pas dire que la conscience est un espace un peu plus grand que l'espace et qui le contient, mais revient simplement à ceci que la représentation en tant que spatiale est spatiale. L'encrier perçu est bien dans la conscience et l'organisme et le cerveau ou tout analogue du cerveau y sont aussi. Car il est bien entendu que les représentés ne sont pas en dehors de la représentation, pas plus que le représentatif d'ailleurs : c'est à la pleine intelligence de cette vérité que l'analyse précédente a pour but unique de nous conduire. Il faut concevoir la pensée comme une activité créatrice qui produit à la fois l'objet, le sujet et leur synthèse : plus exactement, car il ne faut rien mettre sous la conscience, la pensée est ce processus bilatéral lui-même, le développement d'une réalité qui est à la fois sujet et objet ou conscience. La pensée produit d'un même coup le moi et l'organisme et aussi le monde extérieur à l'organisme dans le cas où le monde et l'organisme se distinguent ; et elle produit tout cela dans la conscience ou la conscience est l'évolution de tout cela. Quand une partie du monde ou de l'organisme envoie vers le centre moteur une action qui va y provoquer une réaction, cette action dès qu'elle naît est en réalité dans la conscience d'autant plus que la source d'où elle naît y est elle-même. Seulement elle est, pour un être borné, dans la conscience obscure, non dans la conscience claire. Chez quelque être que ce soit, elle n'engendre une sensation qu'au moment où elle va provoquer une réaction ; et chez un être borné la capacité de la conscience claire est si étroite qu'il ne voit, n'entend, ne goûte qu'au moment de la sensation et que sensation est pour lui synonyme de représentation externe. A quoi il faut ajouter du reste que, chez les êtres bornés, des restrictions analogues pèsent aussi sur la conception claire des changements à introduire dans le monde par des actions spontanées et libres, c'est-à-dire sur la conscience des idées comme idées proprement dites, distinguées de la représentation extérieure. Mais quoi qu'il en soit de ces remarques sur la représentation chez les êtres bornés, remarques secondaires en somme, bien que des êtres bornés comme nous soient sans doute forcés d'y penser pour concevoir l'essence de la représentation, la vérité générale que nous avons à cœur de faire apercevoir s'entoure enfin, nous l'espérons, de quelque lumière. L'objet et le sujet sont également réels et également inséparables l'un de l'autre. La représentation n'est pas autre chose que la conscience sous les espèces de laquelle ils naissent conjugués. La représentation, contrairement à la signification étymologique du mot, car il faut bien emprunter les mots au sens commun, ne représente pas, ne reflète pas un objet et un sujet qui existeraient sans elle : elle est l'objet et le sujet, elle est la réalité même. La représentation est l'être et l'être est la représentation [1].

Bien qu'elle soit ou parce qu'elle est ainsi tout ce qui est, c'est-à-dire l'objet et le sujet en tant que réunis dans une synthèse, elle présente nécessairement plusieurs aspects selon que c'est l'objet ou le sujet qui prédomine ou encore que c'est le rapport, harmonie ou discordance, des deux termes. Nous n'entendons pas par là, du moins en premier lieu, que, à prendre la représentation comme une contemplation de ce qui est, c'est tantôt l'objet, tantôt le sujet et tantôt enfin l'accord de l'un et de l'autre qui attire et fixe principalement ses regards. Ceci en effet serait

---

1. Il y a, entre notre manière de comprendre les rapports du physique et du mental et la théorie de M. Bergson sur le même sujet, une étroite analogie. Quoique nous eussions lu *Matière et Mémoire* lors de l'apparition de l'ouvrage, nous n'avions pas la pleine conscience de cette analogie jusqu'au jour où nous avons vu, dans le *Bulletin de la Soc. franç. de philos.*, la discussion de M. Bergson avec M. Binet. (Nous avouons ne pas connaître encore le travail de M. Bergson présenté au *Congrès de philos.* de Genève.) — Cette note n'a pas pour but, bien entendu, de revendiquer des droits à la découverte de la doctrine dont il s'agit, mais d'expliquer que nous ayons développé tout au long des idées que nous aurions pu présenter d'une façon plus concise, puisqu'elles avaient déjà été publiées avec beaucoup d'éclat.

déjà une subdivision que nous retrouverons tout à l'heure tandis que, pour le moment, la représentation est devant nous comme un tout intact que nous avons à diviser. C'est donc cette première et fondamentale division qu'il faut essayer. Pour cela rappelons-nous comment nous avons constitué la conscience. Ça a été au moyen du caractère interne par lequel l'être affirme sa suffisance, au moyen de la liberté. Autant dire que la conscience est par-dessus tout action ou plus qu'action. Mais, corrélativement, afin que l'action se définisse, afin qu'elle ait un point de départ, un terme et une marche, la conscience doit être position de ce qui est ou aussi de ce qui peut être considéré comme étant. Nous dirons par conséquent que la représentation est d'une part *théorique* et de l'autre *pratique*. Puis comme l'acte a un résultat, c'est-à-dire qu'il aboutit à une prise de possession de l'objet par le sujet ou, au contraire, laisse le sujet privé de ce dont il avait tenté la conquête, et que le sujet apprécie à son point de vue cette assimilation réussie ou manquée de l'objet par le sujet, nous ajouterons que la représentation est, en dernier lieu, *affective*.

En abordant la représentation théorique nous nous trouvons immédiatement obligés de donner une explication préliminaire. Sous cet aspect en effet la représentation est, disons-nous, contemplative et non active, elle constate et ne fait pas. Mais cela ne peut pourtant pas signifier qu'elle soit contemplation et constatation pures : car comment, dans ce cas, serait-elle encore représentation au sens où nous avons dit que le mot doit s'entendre ? Voir serait alors, ainsi qu'on se l'imagine d'ordinaire, une pure passivité, le sujet recevrait le reflet de l'objet et nous retomberions dans toutes les impossibilités du réalisme. Nous n'avons échappé à ces impossibilités qu'en concevant la pensée comme un processus essentiellement actif et productif, comme une activité qui engendre le non-moi, le moi et la conscience ou plutôt qui n'est pas autre chose que le déroulement de la conscience et de ses modes. Il faut donc que nous maintenions cette conception fondamentale et que la représentation théorique soit pour nous pratique à quelque degré. Or comment cela est-il possible ? Sans doute la représentation qui paraît en un sens la plus purement théorique, savoir celle d'un organisme ou d'un monde qu'on n'a qu'à voir comme ils sont, se laisse facilement rattacher à la représentation pratique, de sorte que la séparation de l'une et de l'autre est manifestement une abstraction. Car ce monde et cet organisme sont des sources de sensations, c'est-à-dire de sollicitations à l'action et, à vrai dire, des commencements d'action puisque la réponse motrice de l'agent continue, quoiqu'elle y ajoute, l'excitation apportée par la sensation. Mais lorsque la représentation représente des possibles, c'est-à-dire ce qui n'est pas, lorsque la représentation de ce qui est est reprise, recommencée afin de devenir plus consciente, lorsque surtout elle est ou paraît ainsi reprise et recommencée simplement en vue de savoir, sans référence à une action ultérieure, tout lien semble rompu entre l'ordre théorique et l'ordre pratique, et l'on dirait que le premier se suffit. Répondre que la conception des possibles aboutira à l'action, que toute étude théorique, si purement spéculative qu'elle soit à première vue, ne fait que préparer des actes, assurément ce ne serait pas se tromper, ce ne serait pas cependant lever la difficulté véritable. Comme nous en aurons la perception claire en cherchant tout à l'heure à définir les phénomènes psychiques, la difficulté réside en ce que certaines idées prises en elles-mêmes et *in abstracto* ne sont pas des actions, au sens du moins que nous avons assigné à ce terme en traitant de la causalité et que nous avons tâché de lui conserver depuis. Pour que ces idées fussent par elles-mêmes et dans l'abstraction de leur propre nature des actions mécaniques, cela au sens le plus plein, c'est-à-dire des processus de force et de mouvement dans l'univers actuel, il faudrait qu'elles fussent un produit du cerveau ou d'un organe analogue ou encore qu'elles eussent pour envers un processus organique. S'il faut repousser l'une et l'autre de ces hypothèses, la représentation théorique pure n'a plus qu'un seul moyen d'être pratique ; c'est, malgré les apparences, de faire partie intégrante d'un processus d'action, d'action immédiate et présente, non d'action future. Telle est précisément pour nous la signification d'une formule bien connue : « Penser, c'est se retenir d'agir. » Ce n'est pas à dire que, par une transformation mystérieuse, du mouvement arrêté devient de la pensée. Il faut entendre que la pensée théorique est une pensée pratique dont le côté pratique est écourté. Or cet acte écourté qui est toujours inhérent à la pensée théorique, nous n'avons pas à le chercher bien loin, c'est le signe. L'idée d'une chose qu'un acte peut accomplir, c'est déjà dans toute conscience l'acte même : chez un oiseau, par exemple, l'idée du nid c'est déjà la nidification. Que l'acte avorte en partie, ce qu'il en reste devient le signe, le signe auditif, musculaire, etc. Et ces actes avortés pouvant s'attacher à toutes sortes d'idées, si abstraites soient-elles, en deviennent pour ainsi dire la base physique. La pensée théorique, le plus étroitement théorique, apparaît, selon le mot de Platon, comme un discours intérieur, à condition qu'on admette la proposition dans son acception littérale et que, d'autre part, on comprenne qu'il s'agit d'un discours tactile, musculaire ou tel qu'on voudra, aussi bien que d'une parole intérieure. C'est de cette façon que l'être, système agissant, peut, sans manquer à sa constitution, se borner quelquefois à de la contemplation presque pure et qu'il peut exister dans la représentation, toujours pratique, une représentation qui mérite pourtant, et d'une façon toute spéciale en certains de ses modes, le nom de théorique.

La représentation théorique, suivant que c'est l'objet, le sujet ou la conciliation des deux qui y prédomine, se partage naturellement en *représentation objective, représentation subjective* et *représentation logique*. Lorsque nous avons voulu poser la personnalité ou conscience, c'est la représentation qui est pour ainsi dire le plus représentation que nous avons dû viser. Nous avons trouvé que la liberté impliquait la conception de possibles proprement dits, de quelque chose qui non content d'être dépourvu d'une existence actuelle risque même de ne jamais arriver à l'existence et nous sommes allés jusqu'à appeler ces modes paradoxaux de la pensée, afin de les distinguer du réel, des esquisses, c'est-à-dire des images anticipées et des images anticipées condamnées peut-être à demeurer sans objet. On pense bien que ce terme n'était pour nous qu'une métaphore, qu'en l'employant nous nous efforcions simplement de montrer, au dernier échelon de notre échelle dialectique et obtenue par la seule ascension de cette échelle, une notion de la représentation assez nette et assez vivement sentie pour qu'il fût possible et même indiqué de l'exprimer dans le langage du sens commun. Ainsi conçue, la représentation c'est la création par le sujet d'un nouveau monde pour s'ajouter à l'ancien ou, dans d'autres cas, c'est la recréation de ce qui est, de ce qui possède l'actualité, mais que le sujet éprouve le besoin de refaire à sa mesure pour se l'assimiler plus complètement, je ne dis pas plus exactement. C'est dire que la représentation, sous cet aspect, est assujettie à un point de vue spécial qui peut être partiel et qui dans tous les cas est contingent; d'où une déformation possible des représentés, soit parce que le sujet les mêle ou les laisse se mêler entre eux sans consulter ou en violant les exigences de leurs essences, soit parce qu'il est préoccupé avant tout de ses propres préférences. Voilà, dans leur sens le plus énergique et le plus étroit, la subjectivité et la représentation subjective. Mais elles ne sauraient se poser, on l'a vu, sans s'opposer un autre aspect de la représentation : car comment y aurait-il une réalité dépassée par le sujet et accommodée à ses exigences contingentes, si, en face de cette réalité il n'y en avait pas une autre qui, tout en n'étant ce qu'elle est que pour le sujet est cependant, sous les autres rapports, indépendante de lui et constitue le domaine légitime et originaire de la nécessité? En un mot il faut qu'il existe, corrélativement à la représentation subjective, une représentation objective. Précisément d'ailleurs parce qu'il s'agit de termes corrélatifs il est bien entendu que, selon une indication déjà donnée, l'opposition des deux représentations peut être plus ou moins radicale et que l'étendue de l'une et de l'autre peut varier avec le point de vue. Par rapport à un univers ou au moins à un organisme qui s'oppose radicalement au sujet, la nature du sujet, et cela à mesure qu'elle lui est plus intime, apparaît comme quelque chose de subjectif, tandis que en revanche les actes émanés de l'initiative du sujet, en tant qu'ils sont désormais soustraits à ses prises, et les modifications mêmes qui résultent de tels actes quant aux possibilités d'agir revêtent l'aspect objectif. Enfin, objective d'un côté, subjective de l'autre, la représentation théorique est encore, pour embrasser et réconcilier ces deux aspects opposés, *représentation logique*. De ce milieu trouble, remué en tout sens par l'arbitraire, nous allions dire (parce que l'arbitraire menace toujours, dès qu'il s'agit de la conscience d'un être borné, d'engendrer la confusion) de ce chaos qu'est la représentation théorique subjective se dégage un système de notions distinctes, de rapports précis, nécessaires ou tout au moins exacts, où la réalité objective se retrouve et se reconnaît, atteinte et formulée jusqu'en ses parties les plus délicates et les plus voisines de la subjectivité. Car, aussi bien que l'univers, la vie du sujet et même les démarches par lesquelles le sujet s'est efforcé de ressaisir et de dégager le réel trouvent place dans la représentation logique. Mais l'objectivité qu'elle possède est la vérité; c'est-à-dire que c'est une objectivité qui a traversé la subjectivité, une objectivité volontairement refaite par la renonciation du sujet à tout point de vue propre, par l'abjuration de tout arbitraire, au besoin par la dissipation des confusions. Le savoir, qui comporte d'ailleurs une infinité de degrés et se présente comme plus ou moins objectif, n'est pas seulement pour le sujet : car il n'est pas une création nécessaire, mais une création libre de la pensée. Il est par le sujet en même temps que pour lui. Au reste, les trois moments de la représentation théorique sont, cela va de soi, solidaires, et aucun d'eux ne saurait exister absolument à part, pas plus que l'objet, le sujet et la conscience.

La distinction de la représentation objective et de la représentation subjective tient de près à un problème que nous sommes obligés de résoudre si nous voulons être en mesure de saisir les traits caractéristiques des opérations qui s'accomplissent au sein de la représentation théorique. L'une de ces opérations, en effet, est psychologique dans toute la force du terme et c'est pourquoi nous ne saurions nous dispenser de définir les phénomènes psychiques. Cette tâche urgente est peut-être d'ailleurs particulièrement délicate pour qui se place à notre point de vue. Nous n'avons pas en effet, comme les écoles réalistes, la ressource d'une définition toute prête et de dire : les phénomènes psychiques ce sont les faits de conscience. Pour nous c'est la pensée en général qui, à son moment le plus élevé du moins, se définit par la conscience et, puisque nous sentons le besoin de distinguer les phénomènes psychiques, l'assertion que tous les phénomènes sont des phénomènes psychiques constituerait pour nous pis encore qu'une proposition stérile. Non, tous les phénomènes ne sont pas des faits psychiques. Tous sont des faits de conscience, car il peut bien y avoir une idée du mécanisme qui soit autre chose que le mécanisme, qui le représente, comme on dit, mais le mécanisme lui-même est déjà quelque chose d'idéal, et parce que le contenu en est du même ordre que les concepts, et parce qu'il n'existe *in concreto* que dans la conscience. Que sont donc les phénomènes psychiques au milieu et à la différence des faits de conscience ? On dirait volontiers qu'ils sont saisis par la conscience seule tandis que les autres ne sont conscients que médiatement, savoir par les sens. Le malheur est que cette définition renferme en réalité bien peu d'éléments positifs. Car, qu'est-ce qu'être saisi directement par la conscience ? Rien de plus peut-être que la négation du fait de tomber sous les sens. Et puis qu'est-ce que c'est qu'un sens, ou comme on dit quelquefois plus explicitement, un sens extérieur ? C'est une faculté de percevoir des choses étendues. Or par là nous sommes renvoyés à un autre essai de définition. Ne passons pas cependant à celui-ci sans demander encore si l'objet d'une hallucination, d'une hallucination visuelle ou tactile surtout, objet dans lequel on dira qu'il ne faut voir qu'un phénomène psychique, n'affecte pas les sens extérieurs autant que l'objet d'une perception ? Il faudrait donc dire que les faits psychiques sont ceux que saisit directement la conscience, c'est-à-dire ceux qui ne tombent pas sous les sens, à l'exception pourtant de ceux qui n'y tombent pas réellement. Tous les caractères de la définition sont négatifs. Négative aussi est la définition à laquelle nous venons d'être renvoyés et qui est la plus sérieuse, parmi celles dont on use couramment. Les faits physiques, affirme-t-elle, sont étendus, les faits psychiques, par contre, sont inétendus. C'est une notion bien confuse que celle qui se cache derrière cette négation. Sans doute, l'acte de prendre conscience de l'image d'un champ ou d'un ruisseau est inétendu, seulement c'est là une abstraction du plus haut degré à laquelle on ne peut réduire tout le phénomène psychique. Or l'image elle-même, qui est sans doute un fait psychique, n'est-elle pas étendue ? Et quand on réussirait à prouver qu'elle ne l'est pas, ici encore l'hallucination nous fournirait un argument sans réplique. Lorsqu'un halluciné aperçoit sur le sol à quelques pas devant lui un animal qui l'effraie et qui, au besoin, lui fait sentir son contact, cet objet illusoire est un fait psychique et cependant c'est un objet étendu. — Le caractère auquel il faut recourir, croyons-nous, pour définir les faits psychiques n'est autre que la subjectivité. Un phénomène dans lequel intervient à titre de partie intégrante et en tant qu'elle y intervient l'activité propre du sujet est psychique. La définition s'applique d'abord aux faits qui causaient tout à l'heure notre embarras quand nous essayions de trouver dans l'absence d'étendue la caractéristique de tout ce qui est psychique. Une image tactile ou visuelle, sans parler des autres, a de l'étendue; elle en a plus incontestablement que jamais quand elle est hallucinatoire. Mais cette étendue, avec tout ce qu'elle renferme, n'appartient pas au monde actuel ou à l'organisme actuel du sujet : elle est une création du sujet. En même temps qu'il s'apparaît comme actif et créateur, le sujet s'oppose un objet qui est objet au plus haut point, qui est pour le sujet comme une réalité indépendante de lui, comme un donné qui précisément offre prise à l'action du sujet et sur lequel il faut agir. Un processus naît alors, qui est principalement subjectif : car, dans ce processus, s'il y a d'une part une action commençante, une mise en jeu du mécanisme cérébral ou de tout autre mécanisme analogue, il y a aussi, d'autre part, soit l'idée de l'effet que va produire l'action commençante, déplacement pur et simple d'un organe ou œuvre matérielle et extérieure, soit l'idée de quelque aspect du donné que le sujet, pour le mieux comprendre peut-être, recrée dans un discours intérieur. Le pas qui se prépare dans les nerfs et les muscles du marcheur, la tuile que, d'un geste déjà en voie de se faire, le potier va pétrir, la formule d'une loi de la nature, que le savant prononce presque, tout cela est physique ; par contre le pas, la tuile en tant qu'ils ne sont pas encore tout à fait réalisés, la loi spatiale et mécanique en tant qu'elle n'est pas encore tout à fait exprimée et que pourtant on les voit ou entend, c'est-à-dire les imagine, sont des créations ou recréations du sujet, et, de ce chef, des phénomènes psychiques. Étendues sans doute, ces trois choses n'ont, au moment où nous les prenons, qu'une étendue subjective. Au reste, il y a parmi les phénomènes qui relèvent le plus spécialement du sujet et sont psychiques pour cette raison, des faits qui semblent bien ne représenter aucune étendue : tels sont, par exemple, certains plaisirs et certaines douleurs, ou les opérations du sujet comme juger ou vouloir. Ce qui n'empêche pas ces faits d'entrer, comme tous les autres, dans des processus d'action, juger étant toujours parler son jugement et vouloir même étant toujours accomplir une action physique, puisque, vouloir réfléchir, c'est maintenir le corps, à certains égards, dans l'immobilité. La subjectivité, pour ne pas insister sur ce point qu'elle va même jusqu'à expliquer leur essence, est donc un caractère qui distingue les phénomènes psychiques et les embrasse tous dans son extension. Il convient seulement de noter que le mot de subjectivité doit être pris ici dans un sens large : il ne désigne pas exclusivement ce qui relève de cette espèce de la représentation théorique que nous avons appelée la représentation subjective ; il s'applique aussi à tous les moments de la représentation qui impliquent une intervention marquée du sujet : à la représentation logique et, au moins en partie, à la représentation pratique ainsi qu'à la représentation affective. — Présentée comme nous le proposons, la distinction des faits physiques et des faits psychiques offre plusieurs avantages. D'abord elle satisfait aux exigences de l'idéalisme intégral ; ensuite elle permet à l'idéalisme une attitude ferme et libre dans deux questions importantes. Elle satisfait, disons-nous, aux exigences de l'idéalisme intégral. Descartes en séparant la pensée et l'étendue a certainement accompli une œuvre capitale : car ç'a été pour lui le moyen de s'élever jusqu'à la vraie notion de la pensée. Les anciens et la scolastique avec leurs forces de nature indécise et leurs âmes végétatives qui agissaient d'une façon demi-mécanique et demi-spirituelle ne pouvaient voir ressortir vigoureusement, faute d'une opposition violente, la plus haute et aussi la plus essentielle manière d'être de l'esprit. Mais la vraie notion de la pensée une fois conquise, le dualisme, instrument de cette victoire, n'y pouvait pas survivre. La pensée envahissait tout : l'étendue et le mécanisme devenaient quelque chose d'idéal. Au lieu que la pensée fût dans le monde et un accident du monde, le monde était dans la pensée. Dès lors, la pensée étant tout, il n'était plus possible de l'identifier avec le fait psychique et de l'enfermer dans les mêmes bornes et, partant, le besoin de distinguer celui-ci au milieu de celle-là se faisait sentir. C'est à ce besoin depuis longtemps senti, que notre définition tâche de satisfaire. — Nous disons, en outre, qu'elle améliore la situation de l'idéalisme en face de deux problèmes importants. Nous voulons parler de la distinction entre percevoir et imaginer et, d'un autre côté, des rapports du physique et du moral. Si tous les phénomènes appartiennent à la pensée, si tous sont dans la conscience et si cependant il est possible de mettre à part au milieu des autres les phénomènes psychiques ; la matière, le corps, le physique existent aussi à part et, en un sens raisonnable, aussi plein et aussi positif avec cela que dans le réalisme, ils ont leur réalité propre. La perception, c'est-à-dire cet état du sujet qui va répondre à l'excitation extérieure, suppose une action mécanique et une présence de l'objet comme dans le réalisme ; l'imagination reproductive est une opération différente où l'initiative vient du sujet ou de ce qui y tient de près. L'idéalisme n'est donc plus obligé de tendre à contester la différence des deux opérations, de travailler à construire le monde avec des images dans l'acception étroite de ce mot. Et à cela il gagne certainement en netteté et en solidité. Pour ce qui est des rapports du physique et du moral, on les comprend sans peine si les faits physiques et les faits psychiques sont ce que nous croyons. La liaison des deux sortes de faits n'en compromet pas la distinction et se présente comme nécessaire et intelligible. La vieille idée d'identifier les faits psychiques et les faits physiques dans on ne sait quel fond substantiel ou au moins de les lier terme à terme dans un parallélisme absolu a perdu beaucoup de terrain pendant ces dernières années. Des psychologues et des philosophes ont mis en avant l'idée toute différente que nous avons recueillie ou également rencontrée : savoir, qu'il n'y a pas à parler d'une énergie psychique et d'un équivalent mécanique de la conscience, que l'organisme est l'agent des fonctions psychiques, non leur substrat et leur générateur. Mais cette idée gagne à être dégagée de tout alliage de réalisme et de perceptionnisme. Car il n'est peut-être pas aisé de voir comment une vie psychique soi-disant pure ou spirituelle, bien voisine de celle que revendiquait pour l'âme le spiritualisme dualiste, se traduit tout à coup par des actions mécaniques. Si, au contraire, l'action mécanique et le fait psychique sont tous les deux de la pensée, si le second suppose la première, on comprend comment ils font tous les deux partie intégrante du même processus. Lorsque l'action n'est pas une réaction provoquée par une sensation, elle naît dans le cerveau ou dans tout autre organe analogue en même temps que la fin à laquelle elle est soumise et que la volition qui accueille cette fin : après quoi tout s'achève selon les lois de la mécanique. La causalité, la finalité, le système agissant avec la conscience, dans laquelle il faut comprendre la représentation subjective et, en ce qu'elle a de plus intime au sujet, la représentation pratique, tout cela, sans se confondre, ne fait qu'un. L'union du physique et du psychique est une solidarité nécessaire et intelligible. Faut-il ajouter maintenant que, à l'entendre de cette manière, on permet à l'idéalisme de faire accueil aux justes prétentions de la physiologie et de la psychologie physiologique sur l'étude des phénomènes mentaux? Dès qu'il existe à côté du moral et à titre aussi légitime que lui un physique, dès qu'il est reconnu que ce physique est le collaborateur indispensable et très prochain du moral, comment verrait-on de la difficulté dans l'intervention de la physiologie ou plutôt comment ne s'attendrait-on pas à devoir invoquer fréquemment son intervention ?

Notre but en entreprenant de définir les faits psychiques était surtout de préparer quelques indications qu'il nous faut maintenant donner sur cette partie de la représentation théorique que nous avons appelée la représentation subjective. Loin d'embrasser tous les faits psychiques au sens large, c'est-à-dire de s'étendre aux phénomènes logiques et à certains des phénomènes pratiques et affectifs, elle renferme seulement parmi les phénomènes intellectuels ceux qui sont soumis à des lois psychologiques. Si l'on se rappelle que le trait principal de la représentation subjective est pour nous la présence d'un point de vue propre et contingent, bref, qu'elle est une intelligence contingente, on devinera sans peine ce que sont les faits et les lois qui constituent ce mode de la représentation. — Pour les faits nous disons que ce sont des images et voici ce qu'il faut entendre par là en conséquence de nos prémisses. Pour certains philosophes la pensée imaginative est la même chose que la pensée spatiale ou peut-être que la pensée spatiale et temporelle. Comme la plupart de ces philosophes admettent que l'espace et le temps sont, ou plus facilement que d'autres représentations deviennent, des manières subjectives de se représenter les choses, leur opinion, par un détour, rejoint la nôtre jusqu'à un certain point. Toutefois nous ne saurions accorder que ce qui constitue l'image c'est d'être étendue ou temporelle et cela en aucun sens. En premier lieu, si l'on veut dire qu'une pensée est une image dès que son contenu enveloppe l'espace ou le temps, que, par exemple, un cercle est une image dès que l'on conçoit de lui quelque chose de plus que l'équation qui lui convient, nous refusons de voir dans le mot image, ainsi employé, autre chose qu'un synonyme de pensée plus développée et plus concrète par opposition à une pensée plus enveloppée et plus abstraite et la seconde peut être plus maniable que la première : elle n'est pas plus intelligible en soi ; c'est même le contraire qui est vrai. Veut-on dire qu'une pensée devient une image ou devient au moins imaginative en partie dès qu'elle suppose la collaboration de l'organisme, chose étendue, et que la vraie pensée, la pensée pure, est celle qui est, comme on dit, spirituelle ; alors nous opposons qu'une telle sorte de pensée est chimérique et que ce qui fait que la pensée est vraiment spirituelle, c'est que l'organisme aussi est de la pensée. Bref, le contact avec l'étendue, sous quelque aspect que ce soit, n'est point dégradant pour la pensée et ne force point les idées à déchoir au rang d'images. L'image vraiment digne du nom, ce n'est pas la représentation spatiale ou temporelle, c'est la représentation accommodée aux exigences contingentes du sujet, c'est-à-dire partielle, mêlée d'éléments étrangers, qu'ils viennent d'autres objets ou du sujet, et, au besoin, prise pour complète et pour pure. Nulle façon de définir l'image ne saurait mieux faire voir qu'elle n'a pas d'objectivité, soit primitive, soit logique : car elle se présente dès lors, ainsi qu'il convient, comme un fait subjectif par définition. C'est dire qu'elle est, dans la représentation théorique, le fait psychologique par excellence. — La loi à laquelle obéissent les images ou plutôt dont elles ne sont qu'un moment et un extrait, est l'association et dans celle-ci par conséquent, nous devons nous attendre à trouver des caractères qui la désignent comme le type et le principe de toutes les lois proprement psychologiques. A la différence des autres fonctions intellectuelles elle est spéciale à la représentation subjective, car elle relie des représentations qui ne sont pas objectives par un lien qui n'est pas objectif, ou du moins si parmi les liaisons associatives quelques-unes ont de l'objectivité, elles ne se distinguent pas des autres et s'y mêlent au contraire intimement. En lui-même le lien associatif n'amène pas les images à la conscience claire par solidarité rationnelle, mais pas suggestion. Et si la suggestion aboutit pourtant dans nombre de cas à une organisation des images, si, pour mieux dire, elle est un moment de cette organisation en voie de se faire, un tel groupement organique, et à ce titre rationnel, n'a pourtant qu'une rationalité subjective, c'est-à-dire que les images en s'associant n'arrivent à former un système que pour satisfaire aux exigences du sujet et en trahissant toutes les fois que besoin est celles de l'objet. Tâchons de donner quelque sentiment de la manière dont les choses se passent dans l'association. On peut dire qu'il va de soi, et sans crainte d'être désavoué en cela par la majorité des psychologues, que la doctrine traditionnelle, même sous sa forme la moins étroite, est insuffisante parce qu'elle ne répond pas à la complexité et à la profondeur de la vie psychologique. A plus forte raison faut-il éviter de restreindre encore cette doctrine. L'association par contiguïté a certainement un rôle important comme l'habitude, c'est-à-dire l'habitude physiologique dont elle n'est que l'expression. Il est impossible d'y voir le seul mode d'association. Car, psychologiquement parlant, la réduction de l'association par ressemblance à l'association par contiguïté n'aboutit pas. Si l'image AEFG suggère l'image ABCD, c'est, dit-on, que l'élément A, qui est commun, ramène dans la conscience, quand AEFG est donné, les éléments BCD qui ont été antérieurement contigus avec A. Ne disons rien contre l'admission d'un tel élément commun, car, après tout, il faut bien que pour constituer une habitude des états semblables fusionnent. Reste à savoir ce que vaut et ce que suppose l'explication qu'on présente de la distinction qui s'opère entre l'image AEFG et l'image ABCD. D'abord cette distinction, fondée sur l'incompatibilité de EFG avec BCD en un état présent est, pour des psychologues de tendance empiriste et mécaniste, une opération bien rationnelle, de sorte que la part de l'association proprement dite dans l'évocation d'une image semblable par une autre se réduit beaucoup. Ensuite et surtout l'association par ressemblance, qu'il s'agissait d'éliminer, se retrouve tout entière dans l'opération qui nous occupe. Ce que nous procure, en effet, l'application stricte de la théorie, c'est, si incohérent qu'il soit d'ailleurs, un état ⅭⅮꓭAEFG. Le besoin de le dédoubler pour faire disparaître l'incohérence ne peut entraîner un dédoublement effectif que si ⅭⅮꓭAEFG suggère, par ressemblance cette fois, l'image ABCD qui est alors reconnue pour une image existante et située dans le passé. C'est uniquement par cette suggestion due à la ressemblance que le dédoublement peut s'accomplir. Car on ne saurait le demander à une action des caractères BCD qui, une fois évoqués, suggéreraient en retour, par contiguïté, l'image ABCD. Le caractère A, ainsi réveillé une fois de plus, ne cessera pas de se confondre avec le caractère A de l'état à dédoubler, cette fusion inévitable n'étant que la conséquence du principe posé par la théorie. En commençant on a réduit à l'unité, peut-être avec raison, les deux caractères A : il faut bien s'attendre, tant qu'on ne fera jouer que la contiguïté, à ne pas pouvoir dissoudre cette unité. D'ailleurs, à un autre point de vue, qui dépasse la psychologie, la réduction essayée implique un contresens et conduit à une impossibilité. Ce que se proposent ses auteurs, c'est de dénier au rapport en général et aux divers rapports en particulier le pouvoir de suggestion. Or qu'est-ce que le mécanisme, pour qui le scrute à fond, sinon un dérivé du rapport ou, en d'autres termes, qu'est-ce que le processus causal sinon un moment de la dialectique? A dépouiller le rapport de son mouvement on anéantirait donc le mécanisme lui-même et la machine organique, cérébrale ou autre, s'arrêterait. Tout proprement psychologique qu'elle soit, l'association ne saurait être après tout, qu'une manifestation de l'activité du rapport, astreinte, il est vrai, à des conditions spéciales et subjectives. Ainsi l'association par ressemblance doit être maintenue comme irréductible. De même encore pour l'association par contraste : il est peu sérieux de prétendre la ramener à l'association par ressemblance sous prétexte qu'il n'y a contraste qu'entre des images qui se ressemblent à certains égards. Car, à supposer qu'une image ait évoqué toutes celles qui lui ressemblent, si l'on vient alors à envisager les images sous l'aspect du contraste, une nouvelle évocation se fait qui trie certaines images au milieu du tout fourni par la première. Refusera-t-on à cette seconde évocation le nom d'association et prétendra-t-on y voir un fait de pensée déjà hautement active et éveillée et même logique? Ce refus et cette prétention seront arbitraires tant qu'on n'aura pas montré que la suggestion par contraste est incapable de s'exercer, comme les autres, automatiquement. Il faut donc bien se garder de bannir les associations par ressemblance et par contraste. Mais ce n'est pas encore assez. Ce que désignent ces deux dernières appellations, c'est moins des associations *in concreto* que les traits les plus généraux et encore extérieurs de toute une classe d'associations, savoir des associations relativement objectives produites par le jeu automatique des rapports objectifs enveloppés dans les images. Or ces rapports, dont notre échelle dialectique a fait ressortir les principaux, sont nombreux et beaucoup plus complexes qu'on ne le suppose lorsqu'on n'admet, comme modes d'association, outre la contiguïté, que la ressemblance et le contraste. La ressemblance et le contraste sont en matière de théorie de l'association ce que sont dans la théorie de la connaissance en général la simple relation dans sa thèse d'une part, dans son antithèse de l'autre. Dire que la pensée psychologique associe par ressemblance, c'est dire qu'elle pose d'abord quelque chose qui n'est rien de distinct et qui embrasse dans son indistinction tout ce qui présente des traits communs en tant qu'il en présente. Dire qu'elle associe par contraste, c'est dire qu'elle fait appel à un opposé de cet indistinct afin de le déterminer. Et de même que le rapport se divise en rapports plus particuliers et plus précis, de même l'association par ressemblance et par contraste se résout en associations plus spéciales. Pour mieux dire, les espèces d'associations et les espèces de rapports sont identiques. Car, ainsi que nous l'indiquions tout à l'heure, l'association est l'œuvre du rapport en tant qu'il fonctionne automatiquement et aussi en tant qu'il ne fonctionne plus que mutilé et altéré par des conditions subjectives. Par conséquent, il y a autant de sortes d'associations que de sortes de rapports. Lorsque les rapports qui sont à l'œuvre sont ceux qui font partie intégrante des images elles-mêmes, les associations sont relativement objectives : aussi objectives et, d'autre part, aussi subjectives que les images. Lorsque l'intérêt du sujet intervient plus directement, lorsqu'une finalité subjective travaille à suggérer les images qui sont le plus aptes à entrer dans un système convenable pour le sujet, l'association devient plus subjective. A vrai dire, cette intervention directe de l'intérêt du sujet s'exerce dans toutes les associations et varie seulement en degré. A présent, munis des explications qui précèdent nous pouvons nous rendre compte à peu près du jeu de l'association. Quand un processus psychique est en formation, quand une image commence de naître, chacun des rapports qui entrent hiérarchiquement dans sa constitution suggère autant qu'il peut ce qui est de son domaine, et cela donne à chaque morceau d'image et à chaque image pour accompagnement ou pour suite une multitude d'images. De son côté le sujet intervient directement par ses préférences propres. Enfin, puisqu'une image est toujours enserrée dans une action mécanique de l'organisme, l'association par contiguïté vient collaborer avec les autres modes d'association. Sans doute, c'est tantôt sur un point, tantôt sur un autre que la suggestion atteint son maximum d'activité et il est permis de dire que c'est tel mode d'association qui se déploie plutôt que tel autre. Au fond cependant, toute suggestion est très complexe et c'est toute la représentation objective, subjective, rationnelle, irrationnelle qui opère en elle. Telle est la loi d'association, telles sont, puisqu'elles en dérivent toutes, les lois de la représentation subjective, les lois proprement psychologiques de la représentation théorique.

Si la fonction associative est exclusivement propre à la représentation subjective, à ce point qu'elle en fait l'essence et la définit, les autres fonctions de la représentation théorique sont au contraire communes dans leurs traits généraux, et sauf modifications accessoires, aux trois modes de cette représentation. Mais il nous faut commencer par faire voir que les trois opérations constitutives de la représentation théorique ont elles-mêmes une base commune, ternaire à son tour, large base qui, tout en servant plus spécialement à les appuyer, s'étend, à vrai dire, sous toute la représentation et, par conséquent, jusque sous l'association. Nous disons que ce fond commun n'est autre que le raisonnement. Partant en effet de la notion de raisonnement, nous allons retrouver, comme essence et moteur de l'acte de raisonner, la loi fondamentale de la représentation et, parvenus là, il nous sera facile d'apercevoir que, réciproquement, la présence de cette loi en tout acte représentatif et, au plus haut degré en tout acte théorique objectif, logique et même subjectif, fait d'un tel acte un raisonnement. Il y a plusieurs sortes de raisonnement. Essaie-t-on de connaître les choses non pas en se mouvant dans leur intérieur comme on le fait par les deux manières de raisonner qui vont suivre, non pas en allant soit d'un élément aux autres et au tout, soit du tout aux éléments, mais en se supposant d'abord placé en dehors des choses et en cherchant à y pénétrer ? On emploie, dans ce cas, un raisonnement de nature très spéciale, l'induction. La déduction, qui a son expression parfaite dans le syllogisme proprement dit, est, dans son emploi normal, l'une des espèces du raisonnement sur caractères intrinsèques. Elle est l'inverse de l'autre espèce, c'est-à-dire du raisonnement synthétique lequel n'est que la méthode même dont nous avons usé pour construire la représentation depuis la relation jusqu'à la personnalité. Après que la synthèse a achevé ou est censée avoir achevé son œuvre, l'esprit tourne sur soi et, désormais, au lieu de construire, décompose, de sorte que déduire, c'est analyser. La correspondance des deux procédures inverses demande seulement à être établie avec exactitude pour permettre d'aller droit à l'essentiel dans l'un comme dans l'autre mode de raisonnement. La marche synthétique de l'unité à la totalité a deux phases : d'abord on oppose la pluralité à l'unité parce que l'unité a quelque chose d'incomplet et, par là, appelle un corrélatif ; puis on réunit les deux opposés dans l'idée de totalité parce que les deux opposés, comme tels, trahissent encore de l'insuffisance. La première phase ne comporte pas le renversement parce que le passage de la pluralité à l'unité serait, aussi bien que celui de l'unité à la pluralité, un passage par opposition, étranger à l'analyse. C'est donc la seconde phase seule qui se renverse, et encore sous une réserve qu'on verra tout à l'heure. La synthèse peut s'exprimer à peu près ainsi : L'unité et la pluralité exigent le nombre ; exiger le nombre, c'est déjà être le nombre, donc l'unité et la pluralité sont le nombre. L'opération analytique inverse est susceptible de deux formes selon qu'on se propose d'aboutir au sujet auquel la synthèse voulait attacher une propriété ou au moyen terme dont se servait la synthèse. Dans le premier cas on dirait en substance : Exiger le nombre, c'est être le nombre ; le nombre est l'unité et la pluralité ; donc exiger le nombre, c'est être l'unité et la pluralité. Dans le second cas on aurait : L'unité et la pluralité sont le nombre ; le nombre exige le nombre (de même que, par exemple, le réel exige le possible) ; donc l'unité et la pluralité exigent le nombre. La réserve annoncée consiste en ce que l'exigence du nombre, qui est dans l'unité et la pluralité comme opposées, étant en eux une absence de propriété, une négation, il faut torturer le langage pour l'exprimer. Aussi, dans la réalité de l'usage, un syllogisme déductif suppose-t-il toujours deux processus synthétiques et demande-t-il son petit terme à une notion supérieure en complexité à celle qui fournit les deux autres termes. On dira par exemple, cette fois d'une façon naturelle : Le temps est nombre ; le nombre est unité et pluralité ; donc le temps est unité et pluralité. Voilà quelles sont et ce que sont les trois manières de raisonner. Or, en tout raisonnement, il y a une pièce maîtresse, un principe générateur, c'est le moyen. Lorsque, par l'induction, j'infère des données de l'observation que l'orbite de Mars est une ellipse, ce qui me porte de l'un à l'autre des deux extrêmes : les points observés de l'orbite, la notion d'ellipse, c'est la facilité avec laquelle ces points se laissent relier par une ellipse et c'est là précisément le moyen terme. Dans l'exemple traditionnel du syllogisme : Socrate est homme, etc., c'est le terme homme qui conduit de Socrate à mortel et constitue le moyen. Enfin lorsque de l'idée d'unité je m'élève à celle de totalité en traversant d'abord celle de pluralité, c'est l'idée de totalité qui, par son absence sous deux aspects successifs dirige l'ascension, la produit même, et joue de cette façon le rôle de moyen. Au reste un tel processus synthétique, bien que composé de deux phases, est pourtant un ; il s'accomplit par une double médiation et pourtant il a pour moteur un moyen terme unique en fin de compte. Le caractère incomplet de l'unité fait poser la pluralité : première médiation entre deux extrêmes ; puis, parce qu'il manque encore quelque chose à l'unité et à la pluralité en tant que, purement et simplement opposées l'une à l'autre, elles restent, de ce chef, encore isolées l'une de l'autre, on les concilie dans la totalité : seconde médiation. Seulement c'est dans les deux phases vers le même tout, vers la même essence que l'on marche et les deux moyens sont l'un et l'autre l'idée de la totalité en tant qu'absente ; absente une première fois sous la forme du second de ses éléments, la pluralité ; absente ensuite comme union de ses deux éléments. On voit l'importance capitale du moyen en toute espèce de raisonnement. Précisons sa fonction et cherchons ce qu'il doit être pour la remplir. L'aptitude des positions observées de Mars à être reliées par une ellipse me fait passer de ces points détachés de l'orbite à l'idée que cette orbite est une ellipse ; l'idée que Socrate est homme me fait passer à celle qu'il est mortel ; le caractère incomplet de l'unité, puis de l'unité et de son opposé me fait passer à la pluralité, puis à la totalité. Le moyen a pour fonction propre de faire passer d'une idée à une autre : que ce soit comme dans l'induction d'une manière toute spéciale ; que ce soit à titre de notion présente et donnée, par suite régressivement, comme dans le syllogisme où je retrouve le mortel dans Socrate en y retrouvant l'homme ; que ce soit à titre de manque, de notion absente, par suite progressivement, comme dans le raisonnement synthétique où je trouve la pluralité grâce à ce qu'il y a d'incomplet dans l'unité, la totalité grâce à l'imperfection des deux opposés ; peu importe. La fonction du moyen est toujours la même et partout aussi précisément caractérisée. Que faut-il donc qu'il soit pour faire ainsi passer d'une idée à une autre ? La désignation complète qu'on applique au moyen, celle de moyen terme, est vraiment assez malheureuse ; car un terme entre deux termes, cela semble faire une chose entre deux choses et une chose n'est pas un lien. Pour apercevoir ce qu'est le moyen dans sa véritable idée, au lieu de nous laisser troubler par les mots, nous n'avons qu'à fixer nos regards sur l'analyse sommaire que nous venons de donner du raisonnement synthétique. Il nous sera impossible de ne pas reconnaître dans le moyen la loi essentielle de toute la représentation, qu'on reprend seulement à l'envers dans le syllogisme, en un mot le rapport. Médiatiser c'est donc penser à l'aide d'un rapport et par là l'idée de médiation s'éclaire pour nous d'une vive lumière. En retour, si nous reprenons comme point de départ l'idée de rapport, nous savons qu'elle va nous ramener en s'approfondissant à celle de raisonnement; en d'autres termes, nous retrouvons l'acte générateur de la représentation enrichi de toute la rationalité des idées d'explication et de preuve qui sont elles-mêmes inhérentes à l'idée de médiation avec laquelle il ne fait qu'un. Mais puisque penser c'est raisonner, ce que nous avons appelé plus haut la base commune de la représentation théorique va prendre à nos yeux un nouvel aspect. Cette base ternaire est constituée par les trois modalités traditionnelles de l'esprit : concevoir, juger, raisonner. Or nous ne pouvons plus professer avec la vieille logique qu'il faut d'abord concevoir, ensuite juger, enfin raisonner. Ni le concept ni le jugement ne se suffit et chacun d'eux est encore quelque chose de plus qu'il ne paraît être, quelque chose de plus que pur concept et pur jugement. Avec de purs concepts on ne ferait jamais de jugement, avec de purs jugements, on ne ferait jamais de raisonnement. Raisonner, ou penser, c'est passer d'un extrême à un autre. Ce n'est donc pas apercevoir les extrêmes séparés ni même insérer entre eux un troisième terme séparé à son tour de l'un et de l'autre. On ne pense pas Socrate, et d'autre part mortel, et d'autre part encore homme. Il est bien vrai que ces trois termes sont, en un sens, isolables : ils sont chacun isolable relativement aux deux autres parce qu'ils sont, et en tant qu'ils sont, engagés dans d'autres rapports. En tant qu'ils sont pensés ensemble ils ne sont pas juxtaposés, ils ne font qu'un. Homme n'est que l'identité de Socrate et de mortel et ce qu'il y a dans l'esprit ce n'est pas Socrate, puis homme, puis mortel : c'est Socrate en tant qu'homme et du même coup homme en tant que mortel. Par suite, c'est une erreur que de prétendre qu'il faut d'abord concevoir et juger pour raisonner. Les trois termes sont produits par un acte unique et cet acte seul complet est le raisonnement. Si le concept et le jugement sont parfois donnés en premier lieu, ce ne sont pas alors des parties mais des prodromes du raisonnement ; et s'ils arrivent ensuite à jouer le rôle de parties, c'est qu'ils portent en eux quelque chose qui les dépasse : ils s'ouvrent, pour ainsi dire, et le rapport qu'ils recélaient se dégage. Ce sont en droit des abstractions, des appauvrissements de l'acte ternaire seul complet. Le jugement est une conclusion, c'est-à-dire un raisonnement, d'où le moyen a disparu. Le concept est un jugement, et par là un raisonnement, condensés. La preuve, c'est que le jugement a sa copule, le concept son unité : deux traces laissées sur eux par le rapport d'où ils sont nés. De là une nouvelle conséquence concernant la dignité relative du concept, du jugement et du raisonnement. La pensée discursive rabaissée au second rang revient au premier : car plus la pensée est discursive plus elle est rationnelle, tandis que l'intuition, puisqu'elle ne contient pas de raison en elle, n'est qu'une pensée imparfaite. C'est là une vérité qu'on ne contestera pas pourvu qu'on l'entende comme il faut. Soutenir que la pensée véritable est discursive, ce n'est ni oublier l'unité de la pensée ni d'autre part lui refuser la puissance créatrice. Nous avons insisté nous-mêmes sur l'unité du raisonnement et certes de ce que penser c'est enchaîner, il ne suit pas que ce soit apercevoir par fragments puisqu'une chaîne est une en même temps qu'elle est multiple. A plus forte raison la pensée qui, pour être discursive, n'est pas dispersée, est-elle encore moins dans sa perfection rationnelle haletante et pénible. Au cas où l'on voudrait appeler intuition la discursion même en tant qu'elle est une, nous n'y verrions pas d'inconvénient pourvu que le mot ne ramenât pas de malentendus. Quant à la puissance créatrice de la pensée, le fait que la pensée est discursive ne l'atteint pas. Car nous ne voulons pas prétendre avec Kant que penser discursivement c'est être condamné à ne produire que des concepts généraux, des cadres qu'une matière étrangère, passivement reçue, viendrait remplir. C'est à des concepts encore que les concepts commandent et pour être produit sous la forme d'un enchaînement, le tout n'en est pas moins spontanément produit. Nous maintenons donc que toute pensée est médiation. Il n'y a pas jusqu'à l'association elle-même qui ne soit, sous un certain aspect, pensée médiate et par conséquent rationnelle. Il faut seulement distinguer entre les moyens termes intrinsèques ou ceux qui, comme dans l'induction, visent à les suppléer, et les moyens termes franchement extrinsèques. Ce sont ceux-ci qui sont à l'œuvre dans l'association. Lorsqu'un écolier, inintelligent et d'ailleurs distrait, ayant à retracer les réflexions d'un homme qui médite sur son néant fait dire à ce personnage : « Que suis-je entre les mains de Dieu, sinon une pauvre machine mue par la vapeur ? » les quatre derniers mots, quelque absurdité qu'il y ait à les écrire après la phrase qui les précède, ne laissent pas d'être la conclusion rationnelle de certaines prémisses physiologiques et une autre association aussi ridicule, mais fondée sur une autre sorte de rapport, serait la conclusion nécessaire de certaines prémisses psychologiques.

Toujours médiation, toujours raisonnement, la représentation théorique se partage, avons-nous dit, en trois opérations. Ces trois opérations ou ces trois moments distingués de longue date par les psychologues s'appellent : l'*acquisition*, la *conservation*, l'*élaboration* des connaissances. — Après les indications que nous venons de fournir sur la nature foncière de la représentation théorique, on pense bien que l'acquisition des connaissances ne se fait pas selon nous comme selon l'empirisme et qu'elle ne comporte pas non plus chez nous la même signification que chez lui. Il est clair d'abord qu'elle ne se fait pas de la même manière. Car si nous pouvons parler d'acquérir des connaissances, nous ne saurions entendre qu'elles entrent en nous par une porte extérieure telle que les sens d'après la conception vulgaire. Parlons d'abord de la représentation objective. A supposer qu'un élément nouveau soit introduit dans le déterminisme et que nous en envisagions le retentissement sur la série des phénomènes suivants, la position de ces phénomènes sera elle-même, dans la représentation théorique objective, un fait nouveau, une acquisition. Mais ce fait nouveau sera posé par un processus rationnel, ce ne sera pas une donnée brute et passivement reçue. Passons-nous maintenant à la représentation subjective et à la représentation logique ? Le type de l'acquisition c'est ici l'arrivée à la conscience claire, soumise ou non à des exigences contingentes, d'une perception jusque-là obscure. Mais nous savons bien qu'élever un phénomène à la conscience claire c'est le recréer ; et il va de soi que cette recréation est œuvre dialectique. La perception immédiate est une impossibilité : la psychologie fait plus que de commencer à s'en convaincre et quant à nous, nous nous rendons compte que la sensation ne peut pas déroger à la loi fondamentale de la pensée, qu'il faut bien, par conséquent, qu'elle soit une médiation. Nous l'avons caractérisée plus haut et nous lui avons fait une place. Ce n'était pas toutefois pour retomber dans les errements de la métaphysique sensualiste. Qu'on se demande par exemple quelle part revient au toucher et quelle autre à la vue dans la connaissance de l'espace, si la question est légitime, c'est sous la réserve qu'on cherchera comment la notion d'espace est mise à contribution et par là appelée à la conscience claire lorsque l'esprit rencontre l'occasion de se concentrer sur tel ou tel aspect du monde qui le sollicite d'agir, et qu'on n'entreprendra pas d'effacer le caractère intellectuel de l'espace pour en faire un simulacre d'Epicure, ni même, bien que l'intelligence reprenne par là quelques-uns de ses droits, un complexus de simulacres. Ainsi pas de connaissance qui entre dans la représentation sans y être amenée par un moyen terme. Cela étant en quel sens est-il permis de parler de connaissances acquises ? Dans la doctrine que nous essayons d'articuler, le difficile n'est pas de trouver des connaissances *a priori* et de les expliquer : la difficulté est précisément inverse. Cette difficulté cependant n'est pas insoluble et nous espérons même en donner une solution radicale, puisque nous allons parler dans quelques instants d'un élément absolument empirique dans la connaissance. Auparavant plaçons-nous au point de vue psychologique dans ce problème de l'acquisition. Tant qu'on ne sort pas du déterminisme, toute notion étant solidaire et, dans une acception que nous avons définie plus haut, représentative de toutes les autres, en poser une c'est les poser toutes de sorte que, à considérer même la conscience psychologique une fois donnée et en tant qu'aucun acte arbitraire ne vient plus s'y introduire, il faut avouer qu'il n'y a peut-être point d'idée c'est-à-dire d'image qui soit jamais entièrement nouvelle. Pourtant il est vrai d'autre part que, selon notre manière d'envisager la connaissance, toutes les idées sont acquises. Aucun point de vue ne paraît plus favorable pour distinguer entre l'apriorité et l'innéité des idées. Prise au pied de la lettre, comme se sont d'ailleurs gardés de le faire les maîtres du rationalisme, l'innéité des idées constitue une doctrine naïve et paresseuse bonne tout au plus pour les philosophes du sens commun. L'apriorité ne l'implique pas. Sans doute si la pensée ne vient pas du dehors s'inscrire sur une table rase, il faut qu'elle se possède à son début. Mais si cet état de début n'a pas d'antécédents il est prodigieusement complexe et, pour peu que les éléments qui le composent n'obtiennent pas tous le même degré de conscience, le plus favorisé doit sans doute cette faveur à des conditions concomitantes. De sorte que, même dans le cas unique de la pensée commençante, nous ne rencontrons pas cette innéité littérale qui serait la mort de l'analyse, ici de l'analyse psychologique. Pour ce qui est de tous les autres cas, il va de soi qu'une pensée *a priori* n'est nullement une pensée innée. Être *a priori* c'est être en vertu d'un déterminisme ou par une raison : la première expression est parfaitement synonyme de l'une des deux autres et elle ne signifie rien de plus. Qu'une notion ait une histoire, qu'elle se dégage aussi tardivement qu'on voudra, cela ne porte aucune atteinte à son apriorité puisque ce sont là des circonstances d'un autre ordre. La théorie de la connaissance est une chose, la psychologie en est une autre. Loin de méconnaître cette distinction ou de l'interpréter d'une façon défavorable à la psychologie, nous ouvrons au contraire la voie à toutes les recherches psychologiques. Car si toute notion doit traverser la conscience subjective avant d'arriver à la conscience logique, en affirmant que toute idée est sujette à médiation, qu'en aucune sorte de conscience, par conséquent, nulle idée ne peut surgir comme un bloc, nous reconnaissons que toute idée passe à un certain moment par la dialectique des rapports psychologiques. On ne saurait sans doute professer plus clairement ni même prouver avec plus de force que les notions ont toujours une histoire. Et cependant la difficulté subsiste sur un dernier terrain. Au point de vue psychologique il y a, il n'y a même que des notions acquises et, dans cette acception relative, la pensée comporte un élément empirique et même est toute empirique.

Y a-t-il dans la pensée un élément empirique au sens absolu du mot? Nous trouvons-nous quelquefois dans la pensée en présence d'un pur fait? Voilà, dans l'espèce, la question ultime. Nous la résolvons par l'affirmative. Bien entendu le pur fait que nous sommes prêts à admettre doit être préparé. Le pur fait ne peut pas apparaître à un moment quelconque ou du moins absolument quelconque comme le voudraient les doctrines d'universel empirisme et de hasard illimité. Il faut donc d'abord se convaincre qu'on ne peut le chercher qu'au degré de l'échelle dialectique qui est le sien, et entre certaines limites. Ceci convenu, voici comment il y a dans la pensée des faits purs. Il y en a d'abord qui appartiennent au développement de la conscience même qui les considère. L'acte libre pour l'agent même est un tel fait, encore que ce soit le contraire d'un phénomène passivement subi et d'une nouveauté étrangère. Mais déjà les suites de l'acte libre, son retentissement sur la pensée plus ou moins machinale et plus ou moins soustraite à la conscience claire commencent de revêtir l'aspect de ce que l'empirisme désigne sous le titre de fait. Une suspension arbitraire d'un processus dialectique, lorsqu'elle est possible, mutile les idées, change le point de départ de tous les autres processus, amène par le jeu des processus ainsi modifiés des conclusions déconcertantes, qui seront des erreurs si on prétend les ériger en affirmations logiques. Voilà donc le sujet dérouté, surpris, mis en face d'énigmes dont il n'a pas, dont il lui faut du moins chercher le mot, à moins qu'il ne se décide à l'ignorer, ce qui prépare un pullulement de nouvelles énigmes. En insistant nous ne ferions que recommencer la description sommaire de la représentation subjective. C'est que l'origine de cette représentation est précisément un acte arbitraire, un fait pur. L'empirisme relatif ou psychologique dont nous parlions tout à l'heure suppose ainsi, comme condition même du point de vue psychologique, un empirisme plus radical.

Et cependant il existe un fait plus radicalement empirique encore que l'acte libre dans la conscience de l'agent : c'est, pour une conscience, l'acte libre qui s'est accompli dans une autre. Mais le moment n'est pas venu de nous demander comment il peut y avoir plusieurs consciences et comment on peut, sans retomber dans le transitivisme réaliste, expliquer qu'il se produise dans l'une d'elles une répercussion ou l'équivalent d'une répercussion de ce qui a été librement voulu par une autre.

L'association, telle que nous l'avons présentée, est une loi très générale qui préside au besoin à des phénomènes d'acquisition (car elle signifie automatisme et tout automatisme n'est pas nécessairement mnémonique). D'autre part l'imagination reproductive n'est qu'un autre nom du souvenir incomplet. Il suit de ces deux remarques qu'il ne saurait y avoir pour nous qu'une seule et unique fonction de *conservation*, la mémoire. Cette fonction, comme toutes celles de la pensée, est, bien qu'à sa manière, dialectique elle aussi et c'est ce caractère dialectique fondamental qui fait l'unité des deux aspects qu'on doit distinguer en elle. La mémoire est à la fois connaissance du passé comme passé (du passé de chacun pour chacun), ce qui la rapproche décidément des modes les plus hauts de la pensée, et reproduction de phénomènes déjà donnés, ce qui lui assigne, surtout à première vue, un rang inférieur. Comment est possible, se demande-t-on, une connaissance du passé ? La réponse écossaise heureusement démodée, savoir que la connaissance du passé est intuitive et immédiate, et qu'il faut l'accepter comme telle sans explication en constatant par contre que nous n'avons aucune connaissance analogue de l'avenir, est dans son sens littéral aussi erronée que paresseuse. Dénier aux hommes tout bornés qu'ils sont une connaissance de l'avenir est le fait de psychologues bien superficiels et avant tout de métaphysiciens qui n'ont pas pénétré la nature de l'esprit. Nous connaissons l'avenir dans une mesure plus large qu'on ne croit et s'il est vrai que ce n'est point d'une manière immédiate, autant en faut-il dire du passé. La perception proprement dite n'est pas immédiate ; comment donc y aurait-il une perception immédiate du passé ? Le présent et l'avenir se construisent, le passé se reconstruit. Les Écossais n'auraient raison que s'ils voulaient dire qu'il y a toujours dans la représentation un passé contigu au présent, s'y rattachant immédiatement, c'est-à-dire ici sans interposition d'un intervalle entre les deux : immédiation figurative, descriptive, qui n'empêche pas la médiation dialectique (puisque le passé est l'opposé du présent), qui loin de l'empêcher en résulte même, puisque c'est ici l'opposition qui crée le lien. La nature de ce lien bien comprise, on se convainc qu'il n'y a là nul mystère et que la question : comment la modification de l'âme qui est présente peut-elle constituer une connaissance du passé ? est fictive. Comme nous l'avons fait remarquer en étudiant le temps, l'inhérence du passé au présent est de l'essence du temps, de même que lorsqu'il s'agit de l'espace, la représentation ne porte pas seulement sur le point, mais sur une étendue autour de cette limite. Ce rayonnement autour d'une limite c'est la quantité, c'est plus généralement le rapport, la pensée dialectique, médiate, discursive et l'on renverserait l'ordre réel des notions en prétendant qu'il faut d'abord que deux termes soient rapprochés sous l'œil et, pour ainsi dire, sur le terrain de la conscience avant qu'un rapport s'établisse entre eux. C'est le rapport, au contraire, qui fait ou qui est le terrain commun et le contenant. On conviendra donc que, dans toute représentation temporelle, le passé a sa place et que, d'une certaine manière, il est là comme immédiat et donné. A défaut de cette amorce, le passé plus lointain et manifestement plus médiat ne saurait être atteint et repensé : car toute trace et, à vrai dire, toute idée du passé, auraient disparu. Sans doute on soutiendra avec raison que c'est par suite d'une incompatibilité avec les circonstances présentes que certaines représentations sont rejetées dans le passé. Mais l'opposition du présent et du passé contigu est précisément l'acte élémentaire et initial d'un tel processus dialectique et cette opposition, nous venons de le voir, nous fournit l'amorce du passé. En somme, la mémoire, en tant que connaissance du passé, c'est, au moins pour commencer, le cours même du temps. Cependant, puisqu'il ne peut s'agir dans l'espèce que du cours du temps comme intégré à la vie du sujet et que, si nous considérons un être borné dans le temps, la reconstitution d'une époque où il n'existait pas sera pour lui une connaissance du passé sans être de la mémoire, il faut que nous ajoutions aux explications précédentes que la mémoire, connaissance du passé, est, plus profondément, l'acte de penser certains phénomènes comme ayant été donnés une première fois au sujet, qu'elle ne va pas en un mot sans la reconnaissance. Mais si la localisation du souvenir dans le passé n'est qu'un aspect extérieur de la reconnaissance, la reconnaissance, à son tour, ne s'exerce pas sans la localisation. Car lorsque le sentiment du déjà vu et, par conséquent, la reconnaissance, s'appliquent à des représentations qu'on ne sait où situer au juste dans le passé, c'est que ces représentations sont en train d'en faire renaître d'autres qui, elles, se localiseront avec précision. Ceci est un premier indice que la reconnaissance, comme la possibilité d'une connaissance du passé, veut être expliquée par le mouvement dialectique de la pensée. On n'avance à rien en faisant appel à une entité soustraite à ce mouvement : car on sera, non moins que tout à l'heure, renvoyé au rapport comme fond de la pensée. Tout à l'heure on demandait un terrain pour y asseoir ensemble le passé et le présent; maintenant on demande un moi identique qui ait été le sujet du phénomène original et se retrouve celui du souvenir. Mais une pierre immuable au milieu du changement n'en saurait relier les phases. La seule identité qui rende compte de la reconnaissance, c'est celle qui résulte de la continuité dialectique des états du sujet. — Il ne saurait peut-être exister de séparation absolue et métaphysique entre les deux aspects de la mémoire : la faculté de penser le passé comme passé et celle de le repenser purement et simplement. Quoi qu'il en soit, cette faculté de reproduire le passé, en tant que par abstraction on la considère seule dans la mémoire ou en tant qu'elle s'exerce seule *in concreto*, ne laisse pas, elle aussi, de s'appuyer en définitive sur la pensée rationnelle. Il y a d'abord une reproduction du passé qui en est la reconstruction clairement consciente et volontaire, qui est cela du moins dans certaines de ses parties, et pour l'instant nous laissons de côté les autres. Une telle opération appartient évidemment à la représentation logique et il va de soi que, même comme purement reproductive, elle est toute rationnelle. Elle consiste, en effet, soit à retrouver par analyse et syllogisme le passé dans le présent, car celui-ci en est chargé et le contient, soit, une fois qu'on s'est replacé par un procédé quelconque en un point du passé, à recommencer le progrès synthétique jusqu'au présent. C'est là plus que la remémoration qui n'est pas dans son entier clairement consciente et volontaire et s'aide au reste de la reproduction machinale convenablement provoquée ; c'est bien, semble-t-il, la mémoire intellectuelle des anciens auteurs. On aperçoit avec évidence qu'elle est et comment elle est possible et, par conséquent, voilà un mode de reproduction qui ne doit rien au mécanisme, sauf à coïncider quelquefois avec la reproduction mécanique et à envelopper, comme tout processus de pensée, une action mécanique. Mais il y a plus. La reproduction automatique et même proprement mécanique est rationnelle à sa manière. Nous avons déjà dit, en parlant de l'association, que la suggestion automatique du passé, par conséquent la reproduction du passé, est due parfois à l'activité des rapports de ressemblance, de contraste, etc., laquelle activité ne cesse pas d'être dialectique parce qu'elle s'exerce sous des conditions subjectives et par des moyens termes qui sont extrinsèques relativement aux images considérées. Et nous avons indiqué aussi que le cas de la suggestion mécanique n'est pas au fond différent. Ajoutons enfin, nous répétant ici encore, que le mécanisme repose sur la dialectique. Quelque part que les psychologues doivent faire à l'habitude, c'est-à-dire à l'habitude physiologique, dans l'explication de certaines sortes de souvenirs, il faut d'abord que le mécanisme soit fondé et, par conséquent, l'explication ultime et métaphysique de la mémoire, même comme pouvoir de reproduction, est, en fin de compte, spirituelle, le corps étant finalement de l'esprit.

En étudiant plus haut le fond commun de la représentation théorique, nous n'avons laissé que peu de chose de spécial à dire sur la *fonction d'élaboration*. Il n'y a guère que le processus de la formation des concepts : comparaison, abstraction, généralisation, dont nous n'ayons pas parlé. On se tromperait en pensant que ce processus, sous prétexte qu'il ne se rapporte qu'à l'acte de concevoir, ne doit rien au raisonnement et lui est antérieur. C'est un processus ternaire comme tous ceux de la représentation et, par conséquent, il ne s'accomplit que par l'intervention de moyens termes. Par la comparaison, le concept commence de se définir grâce à la présence d'éléments communs dans deux ou plusieurs représentations. S'étant ainsi posé, il s'oppose aux caractères non communs, se met à part d'eux, ce qui constitue l'abstraction. Enfin le concept ainsi dégagé se pose de nouveau, mais cette fois comme étant à la différence des représentations qui l'entourent, constant dans les divers assemblages où il entre et mieux encore comme possédant une unité interne en vertu de laquelle il est un tout indivisible. C'est là ce qu'on appelle la généralisation, ce qu'il faudrait nommer, du point de vue plus intérieur de la compréhension, l'unification du concept. — Tout en s'exerçant à un plus haut degré dans la représentation objective et dans la représentation logique, la fonction élaboratrice se retrouve jusque dans la représentation psychologique. Ces combinaisons nouvelles qui caractérisent l'imagination non pas purement reproductive mais spontanée, celle qui finit par prendre le nom de créatrice lorsqu'elle est bien près d'être une opération logique, constituent une élaboration encore à demi automatique et dans tous les cas intéressée et subjective, mais enfin une élaboration des images. Dans la représentation logique l'élaboration apparaît clairement comme la synthèse de l'acquisition et de la conservation, car avec les éléments déjà acquis et conservés, complétés au besoin par des acquisitions nouvelles faites à dessein, elle produit la pensée qui va diriger la vie, la pensée tendue vers l'avenir, c'est-à-dire la pensée par excellence ; car, ainsi que cela deviendra plus manifeste tout à l'heure en considérant la représentation pratique, c'est dans et pour l'avenir que vit surtout ce système agissant qu'est la conscience et c'est donc sur l'avenir que se concentre, lorsque la conscience atteint à ce degré, l'effort de la représentation travaillant à se rendre lumineuse et vraie. Au reste, à moins d'entendre par élaboration la manipulation réfléchie des idées une fois données et d'en exclure tout appel d'un élément nouveau, bref, à moins d'enfermer l'élaboration dans les bornes de l'analyse, il faut reconnaître que, dans la représentation théorique, il n'y a pas d'acte qui ne soit au fond un acte d'élaboration. Il n'en peut aller autrement puisque le fond c'est ici le rapport avec son mouvement dialectique, et que si, sous l'aspect théorique, la conscience est non une juxtaposition d'idées ou d'images, mais comme les psychologues récents l'ont aperçu, un courant, c'est que d'incessantes médiations la font telle.

Dans tous les modes de la représentation théorique,

nous avons pu sentir, sauf variation de degré avec chaque mode, la prédominance de l'objet et nous n'avons pas pénétré aussi profondément qu'on peut le faire dans la constitution de la conscience. En étudiant la *représentation pratique* nous allons voir prédominer le sujet et la conscience nous laissera apercevoir quelque chose de sa racine. Notre thèse est en effet que le fait d'exister pour soi vient de ce que l'être agit, de ce qu'il agit dans le sens le plus fort du mot. C'est, disons-nous, cette action véritable ou première, cette action libre et contingente qui donne le moi, du même coup le non-moi et par suite la synthèse des deux ou la conscience. Occupons-nous d'abord de la liberté, nous passerons ensuite à la conscience. En chacune d'elles nous montrerons la part qui revient à la contingence.

Il y a une doctrine qui prétend faire l'économie de la contingence dans l'action libre et instituer la liberté sans sortir du déterminisme. La liberté, prétend-elle, c'est la nécessité comprise ou encore c'est, à l'exclusion de toute influence extérieure, la détermination de tous les actes d'un être par la nécessité de sa propre nature. Que la nécessité ne soit que la nécessité comprise, cela ne se peut pour deux raisons. D'abord à considérer cette définition objectivement et en elle-même, comment pourrait-on comprendre la nécessité, dirons-nous, sans lui opposer la contingence? L'un des deux termes n'a de sens que par rapport à l'autre. Vainement répondra-t-on que même en nous accordant qu'il fût indispensable de recourir ici à l'idée de la contingence, on ne nous donnerait pas gain de cause, attendu que l'idée de la contingence n'est pas la contingence. Si l'idée de l'action contingente est bien une idée, si elle n'est pas contradictoire en elle-même, ce dont on se convaincra tout à l'heure, nous l'espérons, pour peu qu'on veuille bien continuer de nous suivre, en nous concédant l'idée on nous concède aussi la chose. Car cette idée logiquement possible est une idée pratique; c'est dans l'esprit d'un agent que nous la plaçons et dès lors elle se trouve réellement possible, puisqu'elle ne requiert plus d'autres conditions ; l'agent n'a plus qu'a l'actualiser dans une volition effective. Par conséquent il y a virtuellement, pour ne pas dire tout court qu'il y a, des actions contingentes. D'autre part l'acte de comprendre la nécessité veut être envisagé au point de vue subjectif comme au point de vue objectif. Or au point de vue subjectif il suppose quelqu'un qui comprenne, un moi qui s'élève à l'intelligence du déterminisme et nous verrons qu'il n'y a pas de sujet, pas de moi sans la contingence. — Pas plus que la nécessité comprise, la détermination de l'être par la nécessité de sa propre nature ne peut donner la liberté. La nature ou l'essence d'un être, dit-on, a une supériorité sur les actes et en général sur les accidents : ceux-ci ne feront que développer ce qu'elle concentre. Elle est la source d'où ils découleront. Un être en tant qu'essence est cause de ses accidents et de cette manière il est cause de soi. N'est-ce pas là la liberté même ? Nous croyons que la liberté exige quelque chose de plus. On n'a pas tort d'affirmer que l'essence d'un être est la raison des actes de cet être, si l'on veut dire par là que ces actes, en tant qu'ils sont déterminés, se rattachent à l'essence d'une façon nécessaire. On n'a pas tort non plus de souscrire à la formule de Spinoza : la liberté n'exclut pas la détermination, elle la pose. La question est de savoir si la liberté n'est que détermination. L'essence de l'agent et si l'on veut même l'essence de l'être le plus complet possible est la raison des actes de l'agent. L'activité de l'être considéré est de ce chef spontanée. Mais par elle-même la spontanéité ne se garantit pas pour absolue. Rendre raison de tout ce que l'on fait sortir de soi ou de tout ce que l'on appelle ce n'est pas rendre raison de soi, avoir tout ce qu'il faut, si l'on est une conscience, pour connaître qu'on est une source d'action vraiment première. Bornée à elle-même, la spontanéité aurait besoin de recourir aux lumières d'un observateur étranger pour apprendre si elle est ou non absolue. C'est dire qu'elle ne le serait pas, même quand en un sens elle le serait, car le fait de n'être pas commandée par autre chose serait quant à elle une dénomination extérieure. Voilà pourquoi la spontanéité pure et simple n'est pas la liberté. La liberté ne s'identifierait qu'avec une spontanéité portant en elle-même sa garantie. Mais une telle spontanéité se dépasse elle-même. Elle ne peut appartenir qu'à l'être qui empiète sur le non-être ou qui du moins y touche. Et tout cela n'est qu'une manière de désigner une spontanéité qui implique la contingence. Car, comme beaucoup de métaphysiciens et notamment les disciples d'Aristote l'ont bien vu, la contingence est proche parente du non-être. Seulement la contingence requise par la liberté n'est pas, pour cela, comme ils l'ont cru, un défaut : c'est un signe de perfection. Peut-être y a-t-il une contingence qui serait au-dessous de l'être. Celle qui nous occupe est au-dessus. Elle marque que toutes les raisons sont réunies et qu'on s'élève plus haut encore. C'est par la présence d'une telle contingence que la spontanéité devient liberté. Ajoutons que ma nature a beau être mienne, je m'en distingue et que si pour réduire la distinction au minimum je m'envisage comme ne faisant que doubler cette nature, alors elle m'apparaîtra comme quelque chose de tout fait que je subirai et dont je me sentirai l'esclave. Répondra-t-on que ladite nature est plus que mienne, qu'elle est moi et que je ne dois m'en distinguer d'aucune façon? Il restera à nous demander, comme nous ne tarderons pas à le faire, si sans contingence on peut constituer un être, une essence qui soit le sujet d'une conscience, qui soit un moi. Au cas où cela ne se pourrait, il faudrait conclure sans réserve qu'il est impossible de rendre compte de la liberté sans sortir de la nécessité, en dépit des tentatives de Spinoza, de ses devanciers et de ses imitateurs.

Est-ce à dire qu'il faille se jeter dans l'extrémité

opposée, ramener la liberté à la pure contingence et adopter le volontarisme ? On pense bien que nous ne saurions prendre un tel parti. Si nous accueillons la contingence, ce ne pourra être qu'en tant qu'elle vient à son heure et se présente comme limitée, dans le sens du moins où elle peut l'être. Nous renverserions de nos propres mains l'édifice dialectique que nous nous sommes efforcé de construire, si nous faisions de la contingence non pas un moment des choses avec autant de répercussions qu'il faudra sur les autres moments, mais le fond des choses. Au lieu de lois nous n'aurions plus même originairement et à tous les degrés de l'être que des rapports constants, quand encore ils voudraient bien être constants ; en un mot nous tomberions dans l'empirisme puisque le contingent c'est l'empirique, comme d'autre part apriorisme et rationalisme sont synonymes de déterminisme. Mais fît-on abstraction de ces conséquences fâcheuses au point de vue de la théorie de la connaissance que le volontarisme n'en serait pas plus acceptable. Car il ne nous donne pas la vraie notion de la volonté et, partant, de la liberté. C'est de la puissance nue et complètement indéterminée, de la contingence brute qu'il fait la substance de tout et il a beau l'appeler volonté on ne voit pas comment ce langage se justifie. La volonté est autre chose que cette indétermination absolue. Dira-t-on que c'est de là du moins que la volonté tire son origine ? Cette réponse ne serait juste qu'en partie. Si la contingence était la source unique de la volonté, il faudrait qu'elle se fît elle-même volonté et pour cela qu'elle commençât par se donner une conscience et une intelligence. Mais cette génération de la raison est bien difficile à comprendre. Car le déterminé ne sort pas sans peine de l'indéterminé, ni le nécessaire du contingent, et en entreprenant de constituer la volonté nous retombons malgré tout dans les difficultés de théorie de la connaissance dont nous ne voulions plus arguer. Constatons en outre que cette puissance pure qui entend être tout l'opposé d'une chose, puisque dans l'intention de ceux qui l'invoquent ses affinités sont du côté du sujet, risque pourtant d'aller se confondre avec la chose, de sorte que, comme on l'a dit de Plotin, pour avoir voulu s'élever au-dessus de l'intelligence on retomberait dans l'abîme du naturalisme païen.

La liberté n'est ni nécessité pure ni contingence pure : elle est la synthèse de la nécessité et de la contingence. Pour développer le sens exact de cette vérité, nous n'avons qu'à partir de cette autre vérité qui n'est que la traduction de la première : l'action libre est la même chose que l'action motivée. Pourvu que nous écartions les fausses manières de concevoir le motif, cette proposition nous apparaîtra comme contenant la synthèse annoncée et comme exprimant la nature véritable de la liberté. On se représente trop souvent le motif comme une cause ou, moins malheureusement, comme une fin et, bien qu'on place cette fin ou même cette cause à l'intérieur de l'agent, on leur maintient néanmoins le caractère nécessitant de la fin et de la cause : on remplace seulement une nécessité simple et rigide par une nécessité complexe et souple. L'observation psychologique impartiale proteste, ce semble, contre une pareille conception du motif. Il n'y a pas de volition sans motif; mais corrélativement rien ne permet de séparer le motif de la volonté, ni tel motif de telle volonté. Un motif est essentiellement une sollicitation adressée à une volonté. Rien n'autorise à s'imaginer que la volition soit dans la rigueur des termes un résultat et un effet du motif, c'est-à-dire à transformer la corrélation apparente qui la lie au motif en une subordination, pour ne pas dire plus. Au point de vue de l'observation le motif et la volition sont pour ainsi dire sur le même plan et il n'y a pas moyen de réduire cette dualité à l'unité en supprimant l'un des deux termes. On dit, il est vrai, pour prouver que l'observation nous fait saisir dans le motif l'antécédent nécessitant de la volition, que nous avons conscience d'une possibilité de vouloir autrement non sur les mêmes motifs, mais seulement sur d'autres motifs. Cette manière de présenter les choses est confuse et inexacte. En réalité, deux alternatives s'offrent à nous chacune avec ses motifs et ce que nous dit la conscience, quand ce serait à tort, c'est que nous prenons tel parti pour tels motifs et que nous pourrions prendre tel autre parti pour tels autres motifs. On insistera en disant qu'il y a une préférence effective, que cette préférence même doit avoir ses motifs, que nous avons des motifs d'adopter cette alternative avec ses motifs plutôt que l'alternative opposée avec les siens. Mais si lorsqu'on tient ce langage on ne se met pas en présence du fait accompli, si l'on ne constate pas tout simplement qu'une volition acquise est acquise et que nous avons voulu ce que nous avons voulu, on dénature les données de l'observation sous l'empire du préjugé déterministe. Quand la conscience me dit : je puis vouloir ou je veux telle chose pour tels motifs et je pourrais vouloir telle autre chose pour tels autres motifs, elle entend bien qu'elle a devant elle tous les motifs et non qu'elle en tient d'autres en réserve pour décider entre les deux groupes de motifs. C'est en face de la totalité des motifs qu'elle maintient sa croyance à la possibilité d'adopter les uns ou les autres et l'idée d'un motif de motif, si elle ne désigne pas le fait très simple d'approfondir le même motif, est une notion factice, pour ne pas dire contradictoire en soi. — La vraie nature du motif est conforme aux apparences telles que nous venons de les exposer. Le motif n'est ni cause ni fin : ou plutôt il est l'une et l'autre avec quelque chose de plus. Il est la cause et la fin ramenées à l'unité dans la notion du système agissant, mais en même temps revêtues de l'aspect conscient et rapportées à un sujet : et dans cette relation la nécessité expire, ce qui restait de fatal dans la cause et même dans la fin est surmonté. Insistons sur ces deux faces du motif. Il ne faut pas croire, nous le savons déjà puisque nous avons rejeté plus haut ces idées séparées de toute action, que la conscience n'ait devant elle que l'idée vide et pure de l'acte dont elle se propose l'accomplissement. Non seulement l'idée spéculative de l'acte, le tableau idéal de ce qu'il s'agit de faire, par exemple marcher, s'arrêter, soulever un fardeau, ne s'isole que par abstraction de ce qu'il y a dans l'acte d'actif et de pratique, mais on doit encore se garder de couper en deux cet élément pratique, mettant d'une part le motif et de l'autre le mouvement produit par le motif. On serait conduit en effet à se demander comment, à tel acte, s'ajoutent des motifs de l'exécuter, puis comment le motif idéal devient réellement moteur. Le motif n'est qu'un aspect d'un processus causal et téléologique qui se développe en nous. C'est ce processus qui est la réalité, l'expression concrète de la synthèse de la cause et de la fin dans le système agissant; et quand nous parlons de motifs, c'est d'actions motivées qu'il est question. En d'autres termes, ce qui s'offre à la conscience délibérante ce sont des processus pratiques avec tout leur poids, tout ce qui les pousse ou tout ce qui les attire. En d'autres termes encore, une possibilité d'action motivée, c'est-à-dire une action motivée commençante, est une conclusion que le plus haut des moyens termes, celui qui est cause et fin à la fois, et derrière lequel sont tous les autres, éclaire de sa lumière et met en marche par sa puissance. Mais cette puissance, qui est le déterminisme même, a atteint son terme lorsqu'elle a créé une possibilité d'action motivée et nous passons à ce que nous avons appelé la seconde face du motif. Né du déterminisme, le processus d'action motivée pris à l'état naissant n'est pourtant ce qu'il est que par rapport à une volonté. Les conditions dont la hiérarchie l'ont fait ce qu'il est ne lui ont donné qu'une existence imparfaite et conditionnelle : le peu qu'il a d'actualité il le doit déjà à ce qu'il est un peu voulu, et il ne s'actualisera complètement que si la volonté s'abandonne à lui. Le sujet en effet, le sujet proprement dit, condition suprême de l'actualité, expression ultime du pouvoir créateur de la pensée, se prête au processus naissant ou s'y refuse par l'attention ou son contraire. Lorsque l'attention se porte tout entière ou de préférence sur le processus qui est le plus près de naître du jeu naturel du déterminisme, ce processus s'accomplit comme de lui-même. Dans ce cas la liberté ne se traduirait par aucune manifestation sensible, si la conscience de la possibilité d'inhiber le processus dont il s'agit, et qui est en même temps la conscience tout court, pouvait aller sans quelque velléité et, par conséquent, sans quelque commencement extrêmement faible d'inhibition, à peine tenté, abandonné tout de suite. Ce commencement d'inhibition, toujours très faible, admet pourtant encore une multitude de degrés, de sorte que dans une conscience confuse, privée de toute vision nette des actes et des alternatives, accablée sous le poids d'une nécessité originaire ou d'une nécessité issue de volitions antérieures, il est comme réduit à rien. Et il constitue en cet état toute la liberté et toute la contingence au sein des êtres inférieurs tels que ceux qui, au besoin, peuvent exister derrière ce représenté que nous appelons la nature. Mais, dans une conscience moins basse, un autre cas, contraire du précédent, se présente aussi couramment que lui. L'attention, le sujet, se refusent au processus que le déterminisme est en train de préparer. Alors ce processus s'arrête et meurt. Car le retrait d'une condition supérieure supprime un processus aussi bien que celui d'une condition inférieure. Par l'abstention de la pensée sous sa forme la plus haute, le processus délaissé perd sa constitution téléologique, peut-être sa constitution causale et même quelque chose de plus, bref il se désorganise et, par là, de l'énergie, ou quelque chose qui redeviendra de l'énergie, se trouve disponible. La pensée, conformément à son déterminisme, recommence sur un point son travail de création et d'invention et un nouvel acte s'ébauche dans le physique et dans le moral de l'agent, le surplus d'énergie, s'il y en a un, pouvant se dissiper sous forme de décharges mécaniques et de gestes désordonnés. Il va de soi que la désorganisation est, toutes choses égales d'ailleurs, aussi petite que possible et qu'il suffit, à supposer l'organisme en bon état, d'une très faible quantité d'énergie pour opérer le remplacement d'un processus par un autre : car la machine organique est très délicate. Ajoutons que la loi de la conservation de l'énergie se trouve respectée et que seul l'enchaînement causal, prédéterminé une fois pour toutes, des faits physiologiques, se trouve sacrifié : mais la physiologie, sinon la philosophie de certains physiologistes, ne peut rien objecter à cela et, sans parler du matérialisme, devant une métaphysique suffisamment approfondie le système du parallélisme ne se soutient pas, puisque le physique rentre aussi dans la pensée et, dès lors, il semble plus que permis de faire dépendre les processus organiques de toutes les conditions de la pensée. — Ainsi, dans la réalité comme dans l'apparence, le motif est en corrélation avec la volonté, comme la volonté avec le motif, et l'action libre est la même chose que l'action motivée. Entendue de cette manière, la liberté n'est rien d'autre que le libre arbitre. C'est seulement le libre arbitre pris, autant qu'on a pu, avec toute sa portée métaphysique. La contingence y est enveloppée. Mais nous ne prétendons plus identifier la volonté et la liberté avec la contingence en elle-même, comme Plotin et d'autres l'ont fait. Et d'autre part la liberté n'est pas pour nous, comme pour quelques partisans du libre arbitre, une faculté dont il n'y ait qu'à constater la présence au milieu du déterminisme sans l'honorer d'une recherche un peu profonde de ses racines, ni même peut-être de quelque étonnement. Nous savons comme les volontaristes qu'elle nous reporte jusqu'au fond de l'être pour ne pas dire au delà et que si elle est, elle ne peut être que la souveraine puissance de l'esprit dominant le déterminisme, la manifestation supérieure de la pensée créatrice. Il n'y a pas de liberté sans contingence, sans quelque contact avec le non-être. Il n'y a pas non plus de de liberté sans nécessité et la volonté n'est pas la contingence brute. La contingence, à vrai dire, est relative à la nécessité : elle la borne comme elle est bornée par elle. C'est en tant que rapportée de cette manière à la nécessité, c'est comme limite de la nécessité qu'elle devient chose positive et, autant que sa nature le comporte, déterminée. Sa nature exige qu'elle soit et reste en un sens l'indétermination même. Cependant l'indétermination pure ne serait que le pur néant. Ramenée au contraire à n'être plus que l'ambiguïté entre deux alternatives, la contingence est encore indéterminée sans doute puisque l'ambiguïté est une sorte d'indétermination ; c'est du moins une indétermination partielle et pour ainsi dire déterminée. C'est une indétermination qui porte sur quelque chose de précis. L'acte contingent est définissable, il est un objet défini de vouloir et il admet par là même et faisant corps avec lui des motifs également définis. La contingence brute ou absolue n'était rien de saisissable ; la contingence relative n'est plus brutale, elle est en somme le facteur suprême de la volonté et comme nous le verrons tout à l'heure le sujet de la conscience. En somme donc la nécessité pure, incapable de se borner et par conséquent de se faire comprendre ou de se comprendre par elle-même et sans opposé, n'est qu'une abstraction ; la contingence pure est une abstraction aussi : par le jeu naturel de notre méthode nous arrivons inéluctablement à réclamer la synthèse des deux et dans cette synthèse on ne saurait, semble-t-il, ne pas reconnaître la liberté. Cette démonstration dialectique de la liberté, cette affirmation de la liberté comme d'un fait nécessaire, n'a rien de contradictoire puisque ce que nous disons nécessaire, c'est l'existence de la liberté et non celle de tel acte excluant son opposé et qui néanmoins serait dit libre en même temps que nécessaire. D'autre part, la synthèse de la nécessité et de la contingence dans la liberté ne signifie pas que l'acte libre soit à la fois et sous le même rapport nécessaire et contingent; elle signifie qu'il y a en lui quelque chose de nécessaire et quelque chose de contingent; distinction qui n'empêche pas l'acte libre de posséder une unité. La liberté n'est ni le hasard intérieur d'Epicure, cette réduction avant la lettre de l'absolue contingence de Plotin, ou plutôt cette réédition maladroite et forcée de la puissance ambiguë d'Aristote, ni la détermination inéluctable, quoique complexe et souple, des Stoïciens et de Leibnitz. C'est la collaboration de la contingence et du déterminisme, avec l'unité caractéristique des collaborations et des solidarités, une unité qui rassemble sans identifier à la rigueur ni jusqu'à confondre.

De la liberté prise en elle-même, passons à la conscience avec laquelle elle est intimement liée. Ici comme à propos de la liberté, nous nous trouvons pour commencer en face d'un système qui veut faire l'économie de la contingence, soit qu'il omette, soit qu'il entreprenne d'expliquer la conscience. Mais, de toute manière, il échoue. Dans le premier cas, qui est le plus fréquent, car la plupart des nécessitaires posent la conscience sans aucun essai d'explication, la conscience, gratuitement introduite, n'est pas la vraie conscience et on découvre bientôt dans la doctrine le pourquoi de cette double faute. Spinoza, par exemple, prétend, comme nous l'avons déjà dit, ramener la pensée consciente, la pensée pour soi, au dédoublement, au dédoublement indéfini de l'essence objective. Or c'est sans raison que chez lui l'idée se dédouble ainsi et, d'autre part surtout, c'est à tort que ce dédoublement est identifié avec la conscience ; car on cherche en vain pour qui ce dédoublement aurait lieu : le sujet est totalement absent, il n'y a que de l'objet, puisque l'idée telle que la conçoit Spinoza n'est qu'une peinture de l'idéat, bien que ce soit une peinture spontanément produite et non pas dérivée de son modèle. Si d'ailleurs on était disposé à regarder la pensée de Spinoza comme étant déjà de la conscience, il resterait à lui demander pourquoi il y a de la pensée. Il aurait de la peine à répondre, car non seulement la conscience est posée arbitrairement par le plus grand nombre des nécessitaires, non seulement ils la dénaturent : elle est encore une superfétation qui dépare le système. A quoi peut-elle servir, en effet, si les actes sont prédéterminés une fois pour toutes ou, pour couper court à toute difficulté incidente, s'ils sortent nécessairement et infailliblement de l'essence de l'être ? La conscience, dira-t-on, sert à agir intelligemment. L'assertion se comprend si, pour agir intelligemment, il faut modifier le cours du déterminisme. Mais l'action intelligente ainsi envisagée est contingente. S'il peut y avoir intelligence sans contingence, il n'y a pas besoin de conscience. L'hésitation, dès qu'elle est, comme diraient les Stoïciens, confatale à la résolution, ne se comprend plus. Elle n'est qu'un retard, un désordre, un mal et même un fait irrationnel à tous égards qu'on ne saurait d'ailleurs admettre sans rouvrir les voies à la contingence par en bas. La conscience dans le nécessitarisme est donc, comme l'ont reconnu des penseurs qui avaient embrassé la cause de la nécessité sous les espèces du mécanisme physiologique, un épiphénomène, c'est-à-dire la chose la moins compréhensible et la plus importune qu'on puisse imaginer. Au fond de la thèse, d'ailleurs erronée en partie, nous l'avons vu, que la conscience a sa raison et sa limite dans les difficultés d'une adaptation commençante, il y a cette vérité que ce qui explique la conscience c'est le besoin de choisir. Or la philosophie nécessitaire ne s'accommode aucunement d'une activité de choix. Si donc d'ordinaire ce système, au lieu d'expliquer la conscience, l'accepte en paraissant croire qu'elle ne suppose rien d'étranger au déterminisme, mais non sans la mutiler, c'est qu'il est fort en peine de savoir qu'en faire. — Des nécessitaires plus entreprenants que les autres ont-ils essayé d'expliquer la pensée pour soi par le développement même de la nécessité en disant que l'être se replie nécessairement sur lui-même lorsqu'il est complet? Nous leur accorderons alors que, en effet, l'être atteint et marque sa perfection par la conscience. Mais nous leur demanderons si, pour être complet, absolument complet, de façon à porter le signe irrécusable de son autonomie, l'être ne doit pas se dépasser et prendre contact avec le non-être, ce qui fait entrer dans l'être ou dans une synthèse supérieure à l'être purement objectif, la contingence. Sans celle-ci, décidément, et par les seules forces du nécessitarisme, la conscience ne se comprend pas.

En recourant au contraire à la liberté et à la contingence, nous serons beaucoup moins éloignés d'en rendre compte. Par des raisons étrangères au point précis auquel nous voulons nous attacher maintenant, nous savons que la conscience doit être un rapport et, d'autre part, qu'elle doit être un rapport d'un tout avec lui-même ; ce qui n'est pas encore un rapport d'un objet avec un moi, mais est seulement une condition nécessaire et préparatoire d'un tel rapport. C'est au-dessus de cette condition que nous avons à reprendre l'explication de la conscience. La liberté, nous venons de le voir, implique la contingence. Et ceci n'est pas vrai du libre arbitre seulement ; c'est vrai encore de la liberté des purs volontaristes, puisque cette liberté n'est même que la contingence absolue. Or, à moins qu'on ne renonce à définir aucunement les notions dont on se sert pour se réfugier dans l'ineffable qui pourrait bien être aussi l'inintelligible, la contingence c'est toujours l'égale possibilité d'être et de n'être pas, l'être dont il s'agit fût-il l'être indéterminé. Du même coup que la contingence, la liberté implique donc des possibles au sens fort du mot, des futurs ambigus dont chacun peut également être et n'être pas et dont chacun sera à l'exclusion de l'autre. Or l'opposition d'un possible avec lui-même, en tant qu'il sera ou ne sera pas, et d'un possible avec l'autre en tant que, des deux, c'est l'un ou l'autre qui sera, est un genre d'opposition que nous n'étions pas habitués à rencontrer. Celles qui ont constitué les échelons de notre échelle dialectique n'étaient pas des exclusions réciproques définitives. Nos opposés étaient des aspects des choses, ils se conciliaient et, finalement, c'est plutôt la conjonction « et » que la conjonction « ou » qu'il fallait insérer entre eux : thèse *et* antithèse, unité *et* pluralité, devait-on dire, plutôt que thèse *ou* antithèse, unité *ou* pluralité. La présente opposition est une disjonction et les opposés ne sont pas des contraires, mais des contradictoires. Ceci sera ou ne sera pas, c'est ceci qui sera ou bien cela ; il n'y a pas d'opposition plus absolue, c'est celle de l'être et du non-être. Considérons maintenant un couple de tels opposés et essayons de le rattacher au reste des choses. Puisque ce n'est pas l'un des deux éléments du couple, élément qui peut toujours être tenu pour le pur produit du déterminisme, puisque c'est le couple comme couple qu'il s'agit de rattacher à un support, nous voyons tout de suite que le rapport dont il faudra user à cet effet n'est pas facile à établir, qu'il est d'une nature spéciale, plus rapport sans doute que tous les autres rapports. Un couple de futurs contingents ne peut pas, en tant que tel, sortir, se déduire de la somme du réel, ni même être appelé par elle comme opposé, à la façon du moins d'un opposé ordinaire. Malgré leurs attaches avec le réel, malgré tout ce qu'ils doivent au déterminisme, les possibles ambigus ne peuvent pas s'expliquer adéquatement par lui. Qu'est-ce à dire ? Simplement traduit dans un autre langage, cela signifie que les futurs contingents, les possibles ambigus, n'existent pas dans la somme du réel comme des attributs en soi dans une chose en soi, non pas même quand on subtiliserait au plus haut point ces idées d'existence et de liaison en soi. Un rapport, considéré abstraitement, possède encore, jusque dans son rôle de moyen terme et de liaison, une sorte d'existence en soi et des propriétés en soi qui tiennent à lui par une médiation en soi. Par exemple, dans l'antériorité réside l'aptitude à être cause et ceci sort de cela sans qu'il faille absolument renoncer à concevoir sur le type de la chose en soi et de ses dérivés ce substrat, cet accident et cette inhérence. Si le déterminisme était toute la vérité, s'il pouvait se concevoir en lui-même et sans son corrélatif la contingence, les choses et les liaisons des choses pourraient posséder l'existence en soi, rien n'obligerait à leur chercher un autre mode d'existence. Et effectivement, à la vérité provisoire et incomplète, c'est-à-dire abstraite, du déterminisme correspond, également dans l'abstrait, cette sorte d'existence en soi subtilisée que nous venons de reconnaître aux rapports qui sont au-dessous du rapport suprême. Mais le déterminisme ne se suffit pas. Voici donc, et en gros d'abord, ce qui se passe dans le progrès dialectique. En même temps que le déterminisme s'oppose la contingence, cette sorte d'existence en soi qui n'est que l'envers du déterminisme et a pour contenu positif l'enchaînement nécessaire, s'oppose l'existence de termes entièrement exclusifs les uns des autres, ne comportant même pas cette liaison de constituer un tout par leur exclusion réciproque, puisque l'un ne complète pas mais détruit l'autre. Et un tel mode d'exclusion correspond à la contingence. Enfin, réunissant les termes mutuellement exclusifs, comme l'aurait fait l'existence en soi qui leur est inapplicable ; les maintenant d'autre part absolument séparés comme leur nature l'exige, un suprême mode d'existence paraît qui correspond à la liberté. Ce mode d'existence suprême, c'est précisément l'existence pour soi ou la conscience, la synthèse de l'objet et du sujet. — Pour nous en convaincre, revenons sur le processus dont nous sortons d'indiquer les grandes lignes. Tout d'abord, l'être au sens inférieur, ou l'ensemble du déterminisme, se dépasse. Il s'échappe, pour ainsi dire, dans le néant et, par là, il devient le principe de certaines oppositions absolues, fait surgir, à côté de ce qui est, quelque chose qui n'est pas ; ou, plutôt encore, à la place d'un développement qui, malgré toutes les divergences internes qu'on voudra, restait unique en fin de compte, il met deux possibles radicalement opposés qui, en un sens, ne sont ni l'un ni l'autre : psychologiquement parlant, il oppose à ses tendances des fins de non-recevoir, et, dans la rigueur des mots, il les contredit ; ou, si l'on préfère, il rend contradictoires entre elles, en les portant à l'absolu, certaines tendances divergentes, il met en face l'un de l'autre, dans certains cas, deux maîtres qu'on ne peut servir à la fois. Voilà l'être repoussé par quelque chose qui est et lui-même et plus que lui : lui-même, parce que, pour le dominer ce quelque chose, qui grâce à un tel contenu reste positif, le suppose ; plus que lui, parce que dominer veut dire être supérieur. Mais ni l'être comme somme du réel ou totalité du déterminisme ne peut servir de contenant à lui-même et aux opposés absolus suscités par ce terme qui le repousse et le domine, ni, de son côté, le pouvoir de négation et de domination dont nous venons de parler ne saurait être non plus, pour lui et pour les possibles contradictoires, un tel contenant : car, en vérité, il n'y a rien de réel, dans l'acception étroite, qui puisse jouer un pareil rôle, attendu qu'on ne peut pas faire coexister d'une existence en soi des termes contradictoires, c'est-à-dire réaliser une contradiction. Deux possibles contradictoirement opposés n'existent pas dans le sens réalistique du mot exister ; ils n'existent pas puisqu'ils se chassent réciproquement de l'existence et puisque, d'ailleurs, l'un deux n'existera jamais. Et pourtant, à leur manière, ils sont. Comment donc cela peut-il se faire ? La totalité du déterminisme repoussée par le terme dominant et ce terme dominant lui-même, avec les possibles contradictoires qu'il a suscités, sont unis par un mode d'unité dont le terme dominant, en vertu de la domination qu'il exerce, doit être le centre, et qui institue une nouvelle sorte de réalité sans réalisme. Ainsi : un terme qui reste, en un sens, indépendant parce qu'il est le déterminisme même et que sa nécessité intérieure le fait être solidement ce qu'il est, mais qui peut toujours être repoussé et par là dominé, qui est donc comme étranger et cependant soumis, que l'autre terme, en tant qu'il ne le repousse pas, s'approprie et fait sien ; d'autre part, un terme dominant qui doit son pouvoir à ce qu'il n'a plus que le néant derrière lui et que, pris en lui-même, rien ne le contient et ne le détermine, qui, grâce à ce voisinage avec le néant, approche lui-même autant que possible de la nature d'un opposé absolu et occasionne des oppositions absolues ; enfin, au-dessus des deux termes et des opposés absolus auxquels leur action mutuelle a donné naissance, une unité originale qui constitue une existence non réalistique, unité où l'un des deux opposés domine et où l'autre, tout dominé et appropriable qu'il est, se maintient pourtant comme distinct, — tel est en somme, à considérer en lui l'envers du processus qui conduit à la liberté, le dernier degré de notre dialectique. Il semble difficile de n'y pas reconnaître l'objet, le sujet et l'existence pour soi ou la conscience, difficile aussi de ne pas y apercevoir l'identité de la liberté avec la conscience et des conditions de la liberté avec les conditions de la conscience. En particulier la relation d'un objet et, d'autre part, celle d'un motif avec le sujet sont, semble-t-il, de même espèce : même sorte de dualisme et même sorte d'unité.

Nous venons, en nous attachant spécialement à la représentation pratique parce que c'est elle qui nous permet de pénétrer le plus avant, d'expliquer la représentation en général, prise au moment où elle est représentative au maximum. Les possibles sur lesquels porte le choix ne sont en effet que des représentations ou des idées, comme dirait le sens commun. Mais la représentation ou la conscience a un contenu plus large et rien ne nous empêche de reconnaître, avec le sens commun bien qu'à notre manière, qu'il y a une autre sorte d'existence encore que l'existence idéale dans l'acception restreinte du terme. Bien entendu il ne peut jamais exister pour nous que des représentations ou des idées. Seulement il y en a de plusieurs sortes et la représentation pratique nous fournit sans peine la distinction dont nous avons ici besoin. Puisque nous reconnaissons que tout possible n'est pas réel, nous accordons forcément quelque chose à la théorie empiriste de l'existence : la théorie intellectualiste pure ne nous satisfait pas jusqu'au bout; et nous montrerons tout à l'heure, d'un point de vue un peu différent, comment nous prétendons concilier les deux théories en les dépassant. Pour l'instant, contentons-nous de remarquer que le fait d'être voulu ou non nous permet de discerner entre ce qui n'est qu'idéal et ce qui est réel, comme s'exprime le langage reçu. Ce qui est voulu possède sans conteste une détermination de plus que ce qui ne l'est pas. C'est cette détermination qui est pour nous, toute illusion réaliste écartée, le fondement véritable de la réalité le plus proprement dite. Nous avons remarqué plus haut, et nous rejoignons ici cette pensée, qu'il n'y a pour nous qu'un fait pur, qu'un seul élément empirique dans la connaissance : ce qui est librement voulu par nous ou par autrui. S'il y a quelque force apparente dans la définition empiriste de l'existence, savoir qu'exister c'est être perçu, cette force vient au fond de ce que ce qui a été voulu est comme tel un donné et de ce que, d'autre part, la manière dont un sujet s'expose et se prête aux représentations pour les percevoir, ou au moins pour les éprouver, dépend elle-même directement ou indirectement de quelque volition et enveloppe de la contingence. Exister c'est être voulu. De là encore une fois la différence de réalité entre ce qui reste idéal et possible et ce qui a été choisi par la volonté. Mais de là aussi, jusque sous ce qui est idéal et possible, un fond de réalité et d'actualité ; de là par suite cette vérité que la conscience contient outre la matière immédiate des possibles, tout ce qui les prépare, tout cet ordre de rapports inférieurs qui, s'ils se suffisaient à eux-mêmes, seraient en soi. En vertu de la liaison de toute notion avec toute autre, dès qu'une notion est dans la conscience, toutes y sont, même celles qui semblaient par elles-mêmes avoir moins besoin d'y entrer ; et, plus profondément, en se remettant de propos délibéré et en termes exprès sur le terrain de la représentation pratique, vouloir d'une volition particulière, c'est vouloir tout ce que cette volition suppose.

Si notre conception de la conscience et de la réalité qui lui est identique n'est pas inexacte, on sent, et c'est là le point de vue que nous annoncions quelques lignes plus haut comme un peu différent de celui qui nous occupait, que de cette conception découle une doctrine sur l'origine de l'être ou du réel en donnant à ces termes toute l'extension et à la fois toute la compréhension possibles. D'abord nous sommes conduits à une certaine interprétation de ce mot d'origine ; ensuite il se présente à nous, de la question d'origine ainsi définie, une solution assez spécialement caractérisée.

C'est évidemment un contre-sens que de prétendre appliquer à l'origine radicale de l'être la même méthode d'explication qu'à l'origine d'un être dépendant dans ce qu'il a de dépendant. L'origine d'un tel être et par exemple d'un agrégat ferrugineux tombé du ciel se recherche et s'établit au moyen de la notion de causalité et de toutes les autres du même ordre qui se trouveraient requises. En un mot on cherche et on découvre à la chose considérée une origine historique. Lorsqu'il s'agit au contraire d'expliquer l'origine des notions premières elles-mêmes et de l'esprit, qui en est l'ensemble et le support, on ne peut plus procéder de la même façon. Et la raison en est que ce même terme d'origine recouvre des significations différentes : il ne s'agit plus, dans le dernier cas, d'une origine historique : car comment se proposerait-on intelligiblement d'assigner une origine par des faits et par des causes à ce que supposent les faits et les causes, à la source des faits et à la causalité elle-même ? Jusqu'à ce que nous eussions achevé de poser la conscience et ses modes, surtout de poser ses conditions, et telle est l'œuvre à laquelle nous nous proposions de travailler, notre dialectique a été logique, rationnelle, si l'on veut bien donner à ces expressions un sens étroit, elle n'a pas été historique. L'histoire ne commence qu'après, ou au plus avec, la position de la conscience et l'histoire, tout en se fondant ou parce qu'elle se fonde sur cette dialectique, est autre chose que la dialectique par laquelle l'esprit se constitue. L'histoire est d'abord la mise en jeu des notions qu'enveloppe la conscience et ce jeu, complément du processus rationnel par lequel les notions se sont posées, est encore une logique : seulement il n'est pas toute l'histoire : il y a dans l'histoire un élément de fait et contingent. Sans doute à cet élément ou à ces éléments, le jeu des lois, le déterminisme en exercice, fait porter synthétiquement ou analytiquement toutes les conséquences exigées, et chaque donnée contingente qui tombe dans l'histoire est immédiatement intégrée dans le déterminisme. Cela n'empêche pas que, en elle-même, cette part de contingence demeure irréductible et excellemment caractéristique de l'histoire. La dialectique dans laquelle consiste la constitution de l'esprit, principalement quant à tout ce qui est inférieur à la conscience, est au contraire pur déterminisme, pure logique, pure rationalité. Cela étant, il est clair que, lorsqu'il s'agit de l'origine radicale de la réalité avec tout son contenu depuis le plus bas degré, ce n'est pas d'une origine dans l'histoire et au cours de l'histoire qu'il peut être question. (Inutile, sans doute, d'appeler l'attention sur le sens hautement abstrait que nous donnons présentement à ce nom d'histoire : sa signification, comme aussi celle des expressions dialectique pure, logique pure, rationalité pure, se précise par l'opposition mutuelle où ces termes se présentent.)

Comment donc, d'après nos principes, doit se résoudre la question de l'origine de l'être ? C'est d'abord et pour une large part, ainsi que nous venons de l'indiquer incidemment, par le moyen de la dialectique pure et de la nécessité pure. Notre point de vue est le plus favorable qu'il se peut légitimement à la preuve ontologique, que celle-ci d'ailleurs tende à prouver l'existence d'une personne suprême, ou celle d'un système de personnes, ou celle d'une réalité primordiale envisagée comme on voudra, car ce n'est pas précisément de savoir ce que la preuve établit que nous devons nous préoccuper à l'instant où nous sommes. Ce qui nous intéresse c'est de savoir si la **preuve** ontologique a une force quelconque, si elle est apte à prouver quoi que ce soit. Or **nous** disons qu'elle a sa place marquée dans **notre façon** de comprendre l'origine première de la réalité totale. L'explication grossièrement empiriste, la régression de fait en fait contredit, cela est manifeste, toutes nos affirmations dominantes : nous venons de voir qu'elle nous enferme dans l'histoire, nous borne à la considération des êtres dérivés ou que si nous voulons la porter à l'absolu, elle se perd dans le non-sens. Il y a plus ; le pur volontarisme lui-même, qui est un empirisme sublimé, ne saurait nous satisfaire. D'un commun accord l'empirisme et le volontarisme définissent l'existence par le fait pur : par le fait de tomber sous la perception ou par le fait de se produire comme un accident primordial. Bref, ils font de l'existence une position absolue. Nul passage analytique ou rationnellement synthétique entre l'intelligible et l'actuel. A la vérité le volontarisme prétend bien que les déterminations de l'être sont une suite de l'acte vide, de l'existence pure, posés d'abord, mais on ne suit pas sans peine cette procédure, de sorte qu'elle équivaut à un néant de passage. Et, d'autre part, l'empirisme, ou du moins un demi-empirisme comme celui de Thomas d'Aquin ou encore comme celui de Kant, veut bien admettre des notions, des essences : entre celles-ci et l'existence il creuse un abîme. Pour qui essaie comme nous de pousser le rationalisme aussi loin que possible, cette théorie de l'existence est en grande partie inacceptable. Nous laissons de côté, au moins quant à présent, cette acception du mot de réalité où il est synonyme d'objectivité. Il est trop clair que, dans cette acception, tout ce qui affecte nos sens, et par exemple un représenté hallucinatoire, n'est pas réel. Ce n'est pas de cela qu'il s'agit. Nous ne songeons pas à nous demander s'il y a plusieurs consciences, et des démentis de l'une à l'autre, non pas même s'il y a pour une conscience supposée unique du normal et de l'anormal. A supposer une conscience unique et dans celle-ci une activité exclusivement normale, ou, ce qui revient au même en l'espèce, une activité subjective qui, par impossible, n'eût pas à être autre chose que subjective, est-il admissible qu'il y ait d'un côté les essences et de l'autre les existences sans aucun lien entre celles-ci et celles-là? Tout notre travail répond négativement. Le processus par lequel nous nous sommes élevé de la relation à la finalité n'est pas autre chose que les premières articulations d'une preuve ontologique, synthétique, il est vrai, malgré cela toute rationnelle comme celle de Descartes. Et puisque, la finalité atteinte, nous continuons d'avancer et faisons profession d'atteindre la personnalité même, la conscience, l'existence pour soi et en acte, ne suivons-nous pas la preuve ontologique jusqu'au bout ? La vérité est que nous la suivons seulement aussi loin que possible, ou si l'on veut appeler notre dialectique en son entier une preuve ontologique, il faudra reconnaître que, surtout à la fin, elle prend un caractère particulier. Sans doute nous n'avons pas songé une minute à mettre à part, en nous inspirant de l'empirisme, les notions et l'existence. Pourquoi les abstraits seraient-ils autre chose que des incomplets ? On ne saurait arriver à sortir de la pensée. Or c'est dans la pensée que la distinction se pose entre le possible et le réel, entre l'idée et ce qui la dépasse. Lors donc qu'on prétend ériger l'idée en je ne sais quelle sorte de réalité irréelle, tout à fait *sui generis*, sans aucun lien de parenté avec le tout d'où on l'a extraite, on est dupe de ce préjugé du sens commun qu'abstraire c'est vraiment séparer et qu'une abstraction est une chose en soi. Il n'y a pas de coupure à la hache entre l'intelligible et le réel et, parce qu'on ne saurait être autorisé à faire autrement, nous avons dû admettre de prime abord, au début même de notre dialectique, qu'ils sont l'un et l'autre des degrés d'une même hiérarchie : car c'est admettre cela que de s'enfermer dans la pensée et de reconnaître en outre que tous les moments de la pensée se tiennent. Et ces deux vérités admises, force est bien de convenir qu'une notion quelconque, si pauvre soit-elle, conduit par un progrès nécessaire à la conscience, à la conscience disons-nous et non à l'idée de la conscience, car d'une telle abstraction il faudrait affirmer, plus encore que d'aucune autre, qu'elle suppose le concret et l'actuel. Conférer la primauté ontologique à l'abstrait et par conséquent commencer par lui attribuer, au lieu de son caractère de fragment et d'élément, le caractère de se suffire à soi-même; le représenter comme attendant avec patience que la réalité s'ajoute à lui du dehors absolu et après coup comme un supplément dont il n'aurait pas en lui le besoin, c'est renverser la raison. Mais si les notions inférieures à la conscience et la conscience sont des degrés d'une même hiérarchie, si depuis la relation jusqu'à la conscience on est emporté par un progrès aussi nécessaire que synthétique, c'est pourtant dans et par un acte libre que l'être concret, pleinement réel, se pose et entre en possession de soi-même. Et en cela consiste la part de vérité que nous reconnaissons au volontarisme. Il n'y a pas de contingence sans nécessité, pas de liberté sans ces deux opposés. Donc la contingence et la liberté présupposent, non comme quelque chose de supérieur, mais comme quelque chose d'élémentaire, la nécessité : voilà ce que le volontarisme a le tort de ne pas comprendre. Si on le comprend, si on pense en outre qu'il y a passage synthétique des éléments à ce dont ils sont les éléments, on doit avouer que la contingence, puis la liberté, que la conscience, que la volonté, se démontrent avec autant de nécessité, malgré la différence de procédure, que l'existence de l'être souverainement réel d'après les partisans de la preuve ontologique. Seulement s'il est nécessaire que la liberté soit, s'il l'est peut-être que ce soit en présence de telle alternative particulièrement radicale qu'elle commence de s'affirmer, elle n'en est pas moins tout entière dans ce premier choix, ou autrement dit le résultat de ce premier choix est contingent. Et ainsi c'est dans le vouloir que consiste le réel au sens le plus fort. Le déterminisme, c'est-à-dire toute notre hiérarchie des notions, n'en est que la condition élémentaire. Dès son premier pas l'être réel la dépasse : c'est à juste titre qu'Aristote a donné au réel le nom d'acte, car c'en est un et plus proprement encore que ne le suggère une terminologie un peu métaphorique à l'origine et d'ailleurs un peu usée.

En nous engageant dans cette exposition d'une conséquence importante et significative de notre synthèse de la nécessité et de la contingence, conséquence qui consiste elle-même en une synthèse entre la vérité du nécessitarisme ontologique et la vérité du volontarisme, nous n'avons point déserté le terrain de la représentation pratique. Il est manifeste en effet que c'est la seule présence de l'élément pratique qui permet à la représentation de devenir à nos yeux quelque chose de pleinement réel et que par suite c'est à la représentation pratique que le primat appartient. La représentation théorique, avec la nécessité pure à laquelle elle est identique, est indispensable sans doute pour que la représentation pratique se produise ; mais elle est abstraite et sans vie. Elle ne s'actualise que par l'action et comme condition de l'action. L'esprit pose ses assises inférieures pour agir et en tant qu'il agit, parce que sans elles il ne pourrait agir. Mais toutes ses forces sont tendues en avant vers l'œuvre à continuer, ou plutôt vers l'œuvre qui reste encore tout entière à accomplir. D'abord en effet cette œuvre fût-elle comme dessinée d'avance qu'il y aurait toujours à la réaliser, et que sur cette réalisation se concentrerait l'intérêt majeur de la vie de l'esprit. Ensuite, il s'en faut bien que l'œuvre de l'esprit, que l'histoire qu'il est appelé à vivre soit intégralement dessinée par avance. Car d'une part, et la remarque est à peine utile dans la doctrine que nous professons, les alternatives ambiguës se pressent à tous les points du futur envisagés par l'esprit, de sorte qu'avant d'accomplir il faut choisir; d'autre part il y a lieu d'entrer dans une considération de plus de conséquence encore. On pourrait imaginer que tout l'avenir est prédéterminé, contemplé et presque vécu d'avance, en ce sens que toutes les alternatives futures préparées par la nécessité pour des choix contingents, que tous les possibles dans l'acception étroite du mot, que, à plus forte raison, tous les possibles dans une acception plus large s'étaleraient comme un tout achevé devant les regards de l'esprit. Nous allons voir qu'une telle imagination est inadmissible. Sans doute on devrait l'admettre si la série des futurs était finie. Mais, comme cette condition n'a pas lieu, la position de l'esprit en face de l'avenir est tout autre. Nous disons que la série des futurs n'est pas finie. En effet, on ne saurait découvrir la moindre contradiction dans l'hypothèse que autant d'autres termes qu'on voudra viendront s'ajouter à celui qu'on présenterait comme indépassable pour l'esprit qui prévoit : car toutes ces additions ne feront jamais qu'un certain nombre de termes prévus. Il n'y a donc pas de raison générale pour qu'il existe dans le déploiement de la prévision un terme que l'esprit ait à juger indépassable. Il n'y a pas non plus de raison spéciale : car supposé que l'on prenne pour dernier terme prévisible un cycle de développement et de vie tel qu'on n'en puisse plus après concevoir un autre de nature différente, à tout le moins il apparaîtra comme possible de répéter ce cycle et, en effet, cette répétition pure et simple vaudrait encore la peine d'être réalisée, puisqu'elle donnerait un plus être. Si donc il n'y a ni raison générale ni raison spéciale pour une limitation de la vie prévue de l'esprit, une limitation qui viendrait à se produire serait une violence imposée à l'esprit soit par une cause extérieure, soit par le hasard : deux hypothèses également absurdes. Ainsi il n'y a pas de borne au déroulement de la vie de l'esprit envisagée d'avance à travers l'avenir. — Faut-il, dès lors, concevoir ce déroulement comme infini ? C'est ce qui pourrait sembler d'abord. La pensée, en tant que pleinement déterminée, est un enchaînement de termes singuliers : non bornée du côté de l'avenir, la pensée, va-t-on dire, posera donc sans borne, dans ses prévisions, après tel nombre tel autre nombre, après telle durée telle autre durée, au delà de telle étendue (pour augmenter le champ de son activité) telle autre étendue, etc. D'autre part, puisque cet enchaînement sans fin est un enchaînement à la rigueur, un déterminisme, il a forcément une unité : car dans la condition, ou du moins par la condition, tout le conditionné est donné et pensé : cela est impliqué dans la notion même du déterminisme. Voilà donc l'avenir faisant pour l'esprit une série à la fois sans borne et unifiée. Cela répond exactement à l'idée de l'infini de composition. Mais on ne peut assister, comme nous venons de le faire, à l'établissement d'un infini de cette espèce sans être frappé de la contradiction qu'il enveloppe. La première apparence qui s'est offerte à nous est donc forcément trompeuse : la vie à venir de l'esprit n'est pas devant lui comme une série infinie. — Il faut que ce soit une série indéfinie. Mais il reste à s'entendre sur le sens de ce mot. Pour y parvenir, nous avons deux choses à comprendre : 1° Comment est-il possible que l'esprit s'arrête à un certain point dans la série des termes singuliers qu'il prévoit ? 2° Que pose-t-il, en vérité, au delà de ce point ? 1° Que la pensée doive s'arrêter, c'est ce qui est indispensable sous peine de contradiction. Il s'agit seulement de savoir comment un tel arrêt est possible. La condition, dit-on, pose avec elle le conditionné : donc, dès qu'on a posé par exemple $1 + 1 = 2$, on a aussi posé $2 + 1 = 3$ et ainsi à l'infini, chaque nombre étant, synthétiquement parlant, la condition nécessaire et suffisante du suivant. Il y a là, continue-t-on, une nécessité objective, une nécessité des essences, une nécessité des notions prises en soi à laquelle l'esprit ne peut échapper. Mais, en tenant ce langage, on est encore dupe de l'illusion réaliste. Rien n'est en soi que relativement : une essence n'est qu'une idée dans un entendement ; ce qui est en soi c'est ce que l'esprit se représente comme tel ; ce qu'une essence exige, c'est ce que l'esprit aperçoit comme exigé par cette essence. Les premiers membres de la série des nombres n'exigent pas plus de nombres que l'esprit n'en conçoit comme exigés. Quand l'esprit ne conçoit plus rien, ou, pour mieux dire, dans la mesure où l'esprit ne conçoit plus rien, il n'y a plus rien : il n'y a pas même d'essences et de possibles : car l'essence et le possible sont corrélatifs du réel et appellent le réel non moins que celui-ci ne les appelle. Quant à demander pourquoi l'entendement a un horizon, d'ailleurs quelconque et aussi lointain qu'il veut, c'est une question absurde : autant demander pourquoi le cercle n'est pas carré, sous prétexte qu'il y aurait à cela des avantages. 2° Ce qui est posé au delà de l'horizon de l'entendement, n'étant pas du concret, du pleinement déterminé, du singulier, est du général : c'est le nombre en général, le temps en général etc., en d'autres termes la loi générale de la position des nombres, des durées, etc. On dit d'ordinaire dans les écoles anti-infinitistes que l'infini est puissance. On n'a pas tort sans doute, pourvu toutefois qu'on n'entende pas par ce

mot de puissance une puissance trop voisine de l'acte, quelque essence complètement déterminée à laquelle il ne manquerait que d'être réalisée dans une action de la volonté. Il est clair que l'infini chez Aristote par exemple, se donnant comme une puissance qui ne s'actualise pas, est moins ce qui peut être que ce qui ne peut pas être. Mieux vaut donc définir l'infini par le général, c'est-à-dire par l'incomplet quant à l'essence et à la notion mêmes.
— Cette définition, d'ailleurs, a le mérite de satisfaire en tout ce qu'elles ont de raisonnable les revendications des penseurs qui défendent l'existence d'un infini supérieur à la composition et qui insistent sur le caractère positif de l'infini. La loi générale, qui s'appliquera à tous les cas, les enveloppe tous sans qu'ils soient en elle comme des parties composantes. Et elle est quelque chose qui dépasse positivement tout le donné ou le conçu. Mais ces deux propriétés, si ce n'est pas la même sous deux aspects, n'ont rien de mystérieux : parce que l'esprit fait des notions plus complexes et plus particulières avec les plus simples et les plus générales comme matière, le général se trouve envelopper et dominer par avance le particulier.
— Il résulte de tout ceci que, en dépassant chacun de ses horizons, l'esprit accomplit une création, fait sortir de rien tout un monde de déterminations spéciales et singulières pour préciser les généralités dont il se contentait précédemment, en voyant toutefois d'avance qu'il aurait à les préciser et s'aviserait à temps du processus dialectique requis pour cela. Mais, dira-t-on, reconnaître le fait de ces créations, n'est-ce pas abandonner le principe que l'objet et le déterminisme sont la condition du sujet et de la contingence, n'est-ce pas, en un mot, retomber dans le volontarisme ? Non, croyons-nous : car, à chaque création, la volonté apparaît toujours comme se posant et s'exerçant dans un cadre de nécessités. Jamais on ne la voit se présenter seule et comme capable, après s'être suffi sous les espèces de la pure contingence, de se déterminer en pro-

duisant autour d'elle un entendement. Tout ce qui ressort vraiment des remarques que nous venons de proposer, c'est, pour la vie de l'esprit dans le futur, l'élargissement de perspective que nous avions pressenti.

Avant de quitter cette sorte de considérations qui intéressent la représentation dans son ensemble tout en ayant leur point d'origine dans la représentation pratique, il reste encore une question à laquelle notre attention ne peut se refuser. Nous voulons parler de l'unité de la personne et spécialement de cette unité telle qu'elle deviendra dans l'histoire. Il y a, cela se voit tout de suite, deux aspects de la personnalité. Il y a d'abord la personnalité avec laquelle l'histoire commence. Celle-ci ne possède qu'un contenu minimum, malaisé sans doute à définir, dont on peut dire toutefois qu'il comprend justement ce qu'il faut pour que la personne soit en état de former une première volition concrète. A cette personne on peut appliquer, en l'entendant avec les restrictions qu'emporte la relativité de la contingence, la formule volontariste : je suis ce que je veux. L'unité qu'elle possède n'est pas celle d'une forme pure, car cette expression de forme pure manque de sens, mais enfin c'est une unité surtout formelle. L'autre aspect de la personnalité c'est celui qu'elle va prendre en conséquence de ses choix, c'est tout le contenu, toute la nature qu'elle va se donner, toutes les issues qu'elle va ouvrir et fermer à son activité future, en vertu du déterminisme qu'elle constitue en elle par le fait d'embrasser tel parti avec ses suites. L'unité de cette personnalité concrète est au plus haut degré une unité d'assemblage et de composition, l'unification d'une prodigieuse complexité de matière. Mais qu'il s'agisse de l'unité surtout formelle de la personnalité presque vide encore, ou de l'unité engagée dans la matière de la personnalité devenue plus complexe, la source de l'unité est toujours la même par définition et génération : c'est la volonté. Seulement, dans le dernier cas, l'unité de la personne est d'une façon très manifeste une construction; c'est un édifice élevé par la volonté avec assistance de la dialectique. De là une vue sur les fragmentations et les dissolutions de la personnalité; elles résultent d'une fragmentation de la volonté elle-même, soit par affaiblissement et abdication de la volonté, soit par concentration exclusive de la volonté sur un acte particulier. La dernière sorte de désagrégation a son type, dont la considération est hautement instructive, dans ce cas bien connu où un sujet hypnotisé doit à son réveil tenir pour non-avenus parmi ses représentations certains faits marqués d'un tel signe, par exemple, entre plusieurs autres, un certain carton sur lequel on a mis un point ou une croix. On voit ici d'où viennent et ce que valent l'unité normale, et les unités parcellaires et pathologiques de la personnalité. Est une la personnalité ou la partie de personnalité qu'on veut qui soit une. Reste en dehors de l'unité ce qu'on s'est laissé suggérer, au besoin sans doute ce qu'on s'est suggéré d'y faire rester. En même temps on apprend à distinguer, avec des volontés plus ou moins profondes, des unités plus ou moins profondes dans la personnalité. Dans l'exemple cité il est clair que l'unité fondamentale persiste, l'unité qui permet de saisir ensemble ce qu'on doit voir et ce qu'on ne doit pas voir, et que seulement on est décidé à ne pas tenir compte de cette unité fondamentale. Elle est sans doute plus solide qu'un examen superficiel des faits ne dispose parfois à le croire. Si la dissolution en était poussée très loin, celle de l'organisme devrait, selon toute vraisemblance, l'accompagner. Le même exemple nous met encore à même de nous faire une opinion satisfaisante sur l'inconscient. L'inconscient c'est ce que la conscience ne veut pas reconnaître en elle: soit pour ménager ses forces, soit parce que son intérêt n'est pas excité, soit par toute autre raison.

À la prendre même en son état le plus pur, c'est-à-dire en tant qu'elle est l'ensemble des notions élémentaires inférieures à la personnalité en exercice, la représentation théorique n'est sans doute pas un donné massif où l'on ne saurait distinguer des conditions et des conditionnés. Tout s'y étage au contraire et s'y conditionne et, sous ce rapport il faut dire qu'elle est déjà la raison en marche, une manifestation de l'activité créatrice de la pensée. Cependant comme le processus de création est ici logique exclusivement et non historique, il est clair que la représentation pratique, puisqu'elle fait commencer l'histoire et y introduit ensuite sans cesse l'élément historique proprement dit, est créatrice à un degré beaucoup plus élevé encore que la représentation théorique. Elle n'a trouvé devant elle que les bases et les premiers rudiments d'une personnalité concrète et d'un univers. A elle d'actualiser les possibles que la représentation théorique met sous ses prises, et même, à elle de créer jusqu'à des possibles nouveaux et avec tout cela de faire son œuvre sans bornes. Cette œuvre se présente sous trois faces ou, si l'on veut, la représentation pratique se pose sous les espèces de trois activités conformément à la démarche ternaire dont la représentation ne saurait se départir : *activité technique, activité esthétique, activité morale.*

Chacune de ces trois activités a ses caractères propres. Disons tout de suite que ces caractères sont respectivement : la prépondérance du résultat, la prépondérance des moyens et grâce à ce que l'activité est prise plus profondément dans ce troisième moment, la synthèse du résultat et des moyens. Le premier moment a quelque rapport de correspondance avec l'objet, le second avec le sujet, le dernier avec la conscience.

Par activité technique nous entendons celle qui s'exerce dans les arts qu'on peut qualifier d'utiles par opposition aux beaux-arts. L'activité technique est pour nous la continuation et déjà même le fond de la nature, la prolongation dans la représentation pratique de ce qui, dans la représentation théorique, était l'objet. Il est vrai que l'activité technique obéit à des prescriptions, à des impératifs, tandis que la représentation théorique ne connaît que le mode indicatif : mais ce caractère, s'il est original, n'est pas du moins difficile à expliquer de notre point de vue. Ce qui, pour nous, a demandé explication, ç'a été plutôt l'existence d'une représentation tout indicative et de constatation pure. Il est vrai encore que l'activité technique suit l'ordre progressif : mais si, par là, elle s'oppose à la science spécialement humaine qui d'ordinaire est régressive, elle ne fait en revanche que s'accorder avec la science la plus profonde, avec la pensée constructive. Nous n'assignerions pas davantage la véritable marque distinctive de l'activité technique en disant qu'elle est essentiellement tâtonnante, qu'elle commence par être une routine et parfois même un jeu, que loin de présupposer la science à tous égards il est plus vrai de dire qu'elle la fait naître, que la science n'est indispensable que pour parfaire les arts et non pour les constituer. Toutes ces affirmations sont justes assurément en un sens. Mais ce sont des accidents qu'elles relèvent et mettent en lumière. D'un point de vue moins historique et moins relatif on doit dire que, en droit, la science précède l'art, que l'activité technique continue la pensée constructive. La caractéristique véritable de cette activité, c'est que pour elle l'obtention du résultat qu'elle poursuit est tout. Sans doute le résultat est subordonné à un besoin du sujet et sous ce rapport un art ne s'attache pas seulement à la réalisation d'une œuvre objective. Mais d'une part l'activité technique prend le besoin comme un fait, n'en examine pas la valeur, et d'autre part le besoin n'est pour elle qu'une condition extrinsèque et préalable. Un résultat étant posé comme but, la tâche propre de l'activité technique vient ensuite et consiste à procurer le résultat. Plusieurs remarques aisées constituent autant de conséquences et de preuves de cette affirmation. Si le résultat n'est pas atteint, l'activité qui l'a poursuivi, quels que puissent être d'ailleurs ses mérites, est, techniquement parlant, de nulle valeur. Si l'activité morale ne peut jamais produire qu'un acte, si l'activité esthétique peut s'exprimer, mais n'est pas tenue de s'exprimer, dans une œuvre extérieure et objective, l'activité technique trouve son type le plus achevé dans les arts qui fabriquent un objet. Enfin et surtout le résultat est tellement la seule chose qui importe dans l'activité technique, qu'il peut indifféremment être obtenu par les méthodes les plus indirectes et les plus gauches, pourvu que ces méthodes répondent à des considérations d'utilité et par exemple de moindre dépense. Quand cette sorte d'imperfection des méthodes serait un fait accidentel et tout humain, elle n'en mettrait pas moins sur la voie du caractère interne et absolu que nous avons à cœur de bien saisir. En somme, obtenir le plus de résultat possible le plus commodément possible, c'est-à-dire en empêchant le moins possible l'obtention de résultats dans d'autres séries de l'activité technique, voilà la fin et l'essence de tout art.

L'ensemble des beaux-arts, tels qu'il sont ou plutôt tels qu'ils peuvent être, constitue la sphère de l'activité esthétique, et l'activité esthétique est coextensive à la représentation esthétique tout entière. Nous voulons dire que toute beauté est au fond le produit d'un art : de sorte que la représentation esthétique est un moment de la représentation pratique. La raison et la légitimité de cette thèse ressortiront, nous voulons l'espérer, de la conception même que nous nous faisons de l'activité esthétique. Car dans le caractère essentiel de cette activité on reconnaîtra celui de toute beauté, et il est tel qu'il ne saurait appartenir à quelque chose de figé et de mort, à quelque chose qu'on ne pourrait à tout le moins envisager comme ayant été fait et produit. Une pure nécessité théorique donnée d'un seul coup, où l'on ne discernerait la trace d'aucune organisation dialectiquement progressive, ne serait aucunement belle ; et si, à la rigueur, il n'y a point de telles données théoriques, il reste possible de se rendre compte que ce qui approche le plus de cette manière d'être est aussi ce qui se prête le moins à la qualification de beau. A vrai dire l'activité seule est belle. — On n'a point encore réussi, croyons-nous, à dépasser les idées maîtresses de l'esthétique kantienne et c'est d'elle que nous allons nous inspirer pour indiquer les principaux caractères de l'activité esthétique. Ceux qui ont entrepris d'expliquer la beauté par l'utilité vitale ou ses analogues en reviennent toujours à insister sur l'appropriation des organes, ou en général des dispositifs quels qu'ils soient, au but qu'il s'agit d'atteindre : promotion de la vie ou satisfaction d'un besoin quelconque. Mais l'appropriation des dispositifs à leur fin ne se confond pas avec la réalisation de cette fin. Ce qui mène à un résultat n'est pas la même chose que l'obtention du résultat. C'est si peu la même chose que l'appropriation des dispositifs à leur but se laisse considérer à part et en elle-même, comme ne manquent pas de le faire les penseurs dont nous discutons la manière de voir. Or, en elle-même, l'appropriation des dispositifs appartient de toute évidence au moment de la méthode et des moyens, non à celui du succès. Une heureuse appropriation des dispositifs est identique à l'emploi d'une méthode directe, exempte de toute gaucherie, élégante en un mot. Justement c'est en cela même que consiste pour nous l'essence de l'activité esthétique. Une activité est esthétique par la méthode qu'elle suit, par l'enchaînement de moyens dont elle offre le spectacle, nullement par le résultat qu'elle obtient. Comme a dit Kant, ce qui fait la beauté c'est la finalité sans fin ; ou comme on a dit encore en le commentant : une activité esthétique est une activité de jeu. Pour prendre un exemple entre mille, le fond en littérature, c'est-à-dire la thèse à démontrer est sans importance au point de vue de l'art. Ce n'est qu'un prétexte. Il faut seulement que le prétexte soit suffisant parce que, quand il ne l'est pas, l'activité de jeu ne recevant pas assez d'excitation n'arrive pas à se déployer.

Sous cette réserve, même dans ce cas qui n'est pas des plus favorables, on peut et on doit dire que tout ce qui importe, c'est la manière dont l'activité se joue au milieu des difficultés de la démonstration, trouvant ses arguments sans les chercher, les rangeant dans l'ordre le plus simple et le plus aisé et prouvant sans avoir l'air d'administrer une preuve. On voit comment l'activité esthétique diffère de l'activité technique et de l'activité morale. Jouer c'est quelquefois faire sans paraître faire. C'est plus proprement encore paraître faire sans faire. Le jeu implique donc toujours une part de convention, la convention que le résultat ne comptera pas. Par là, et c'est une tautologie, il manque de sérieux, c'est-à-dire encore d'objectivité ou de rationalité. Nous avons remarqué tout à l'heure au contraire que l'activité technique est essentiellement objective. De même en est-il, bien que d'une autre manière, pour l'activité morale. Celle-ci est essentiellement sérieuse. Nous ne voulons pas dire qu'elle est forcément pénible : ce caractère est plutôt extrinsèque. Mais, même lorsqu'elle ne coûte aucune peine, l'activité morale ne peut pas être un faux-semblant. Elle exclut toute convention qui tendrait à laisser de côté une partie de l'action. Elle accomplit toute l'action et prend tout l'agent : objective comme l'activité technique en même temps qu'elle est aussi subjective. Dans l'activité esthétique, toute subjective, le sujet se fait une indépendance en négligeant l'objet, il se repose et se distrait. Toutefois il y a peut-être en elle plus de rationalité que Kant ne le voulait. La nécessité qu'il accordait au jugement esthétique est mieux fondée encore qu'il ne le dit. L'activité esthétique admet sans doute des règles. Elle admet des règles parce que cette activité de jeu est malgré tout dirigée par des concepts. Assurément, si par concept on entend celui d'un but ou résultat, il est clair que l'activité esthétique doit être déclarée une activité sans concept dès qu'on l'a définie par la finalité sans fin. Mais quelque effacée que soit l'idée du but et quand même cette idée serait absente dans l'activité esthétique, l'enchaînement des moyens est quelque chose de conceptuel et par conséquent il en faut dire autant de la beauté libre elle-même. Il y a de l'exagération à prétendre que « des rinceaux ne signifient rien ». Sûrement il n'existe pas de type immuable ni surtout de type unique du rinceau. Cependant des rinceaux qui n'offriraient pas quelque régularité, dont le tracé ne se soumettrait pas à quelque loi mathématique simple et saisissable, de tels rinceaux n'éveilleraient aucun sentiment de beauté. La vieille formule n'avait pas tort que la beauté suppose l'unité dans la variété. Elle a besoin d'être approfondie à l'aide de la formule kantienne ; mais en retour elle indique mieux la part du rationnel, de l'intellectuel dans le beau. Ainsi tout en accordant que l'activité esthétique est le moment subjectif de l'activité pratique, nous maintiendrions qu'elle obéit encore à des règles : car il y en a non seulement pour reproduire un petit nombre d'idéaux à jamais fixés, mais encore pour enchaîner harmonieusement des moyens soit à titre de moments d'une action, soit, lorsqu'on saisit l'activité esthétique à travers une œuvre et non plus en elle-même, à titre de parties d'un tout. Et du reste cette manière dynamique d'entendre le concept, nous n'avons pas eu à l'inventer pour les besoins de la question présente. N'est-ce pas ainsi qu'il nous a déjà apparu, au moins en partie, quand nous avons traité de la spécification ? Une esthétique notionnelle, suffisamment élargie, est donc, semble-t-il, seule capable de rendre compte intégralement de la beauté.

Ce qui définit l'activité technique et l'activité esthétique c'est, nous venons de le voir, que la première est toute tournée vers le résultat qu'elle poursuit, la seconde toute concentrée sur les moyens qu'elle emploie en vue, prétendûment, d'un but qui n'est pour elle qu'un prétexte. L'activité morale, qui est plus profonde que les deux précédentes, embrasse la fin et les moyens, et cela dans une notion dont les arts et les beaux-arts ne connaissaient que les effets ou le développement extérieurs, la notion de la volonté. Il est très clair que la volonté implique le but, puisque vouloir c'est vouloir quelque chose. Elle implique aussi les moyens : car autrement elle ne serait qu'un désir vague, peut-être un désir de l'impossible ; et du reste si l'on essaye de faire abstraction des moyens, de les tenir pour indifférents, on voit tout de suite qu'on n'a plus à soumettre au jugement moral qu'une action incomplète dont il ne se contente pas. La volonté est, de plus, le support vivant de la fin et des moyens, la chose concrète dont l'une et les autres ne sont que des moments détachés. La volonté est donc toute l'activité et la volition est toute l'action, pourvu du moins qu'on ne considère pas la volonté au sein d'une pensée imparfaite et bornée, de telle sorte qu'une volition ne pourrait compter sur son propre succès, assujettie qu'elle serait à des lois impénétrables ou à des hasards (nous ne disons pas à des libertés : car c'est là une autre question) capables de se jeter à la traverse entre elle et le but. L'activité morale étant la même chose que la volonté, nous dirons que la moralité n'est pas autre chose que la volonté rationnelle. Telle est pour nous la formule qui résume toute la morale et que nous avons maintenant à expliquer.

Nous venons d'indiquer, en passant, le terrain sur lequel nous nous plaçons. La moralité est pour nous un moment, on peut dire le moment le plus haut de la pensée en elle-même. Nous n'avons donc pas à nous occuper précisément d'une morale pour un état donné de l'humanité, ni peut-être d'une morale pour l'humanité en général. Notre objet est plus abstrait et plus simple que cela. Dans ce qui va suivre, nous ne restreindrons donc pas aux conditions humaines nos affirmations les plus essentielles.

De la formule que la moralité est la volonté rationnelle,

nous commencerons par expliquer le dernier terme. Il nous interdit l'empirisme, le formalisme, le subjectivisme et il implique une théorie de l'obligation d'après laquelle c'est la raison même en tant que raison qui se présente comme obligatoire.

Nous verrons tout à l'heure qu'une morale rationnelle met forcément l'obligation parmi les caractères des règles morales. Laissant donc de côté comme vaine la question de savoir s'il peut exister une morale sans obligation, parlons tout de suite des doctrines qui donnent à l'obligation un fondement empirique. — La morale théologique ne nous retiendra pas longtemps. Une telle morale fait évidemment de l'obligation un commandement externe, une contrainte subie par l'agent, donc un principe empirique d'action. Dès que le commandement divin serait fondé en raison, au lieu d'être un ordre arbitraire, il cesserait d'être pour l'agent adventice et empirique, mais du même coup il cesserait de tirer sa puissance de la volonté de Dieu. Il pourrait être conforme à la volonté de Dieu, mais il ne serait pas imposé par elle. Il aurait commencé par s'imposer à Dieu en tant qu'inclus dans la raison divine. Toute insistance serait superflue : on aperçoit au premier abord, avec évidence, que dans une morale rationnelle Dieu ne saurait intervenir comme source de l'obligation. Dieu ne saurait se passer de l'obligation, si obligation et rationalité sont la même chose ; en revanche rien ne se passe mieux de Dieu que l'obligation. — Quelque différente qu'en soit d'ailleurs l'inspiration, la morale sociologique partage avec le précédent système le défaut d'envisager l'obligation comme une contrainte externe et arbitraire. C'est même ce parti pris de ne pas justifier l'obligation, qui explique la complaisance manifeste de cette morale pour une partie de celle de Kant. Mais cette partie de la morale de Kant est précisément celle qui répugne le plus à un rationalisme intégral. Bien entendu, en indiquant l'insuffisance de la morale sociologique on ne prétend pas condamner la sociologie en général ni même nier l'utilité des recherches sociologiques pour la morale humaine et, si on peut le dire, pour toute morale analogue. Ce n'est pas la même chose de faire du fait moral purement et simplement un fait social et de se borner à soutenir que le fait moral a dans l'humanité et aurait au sein de toute espèce d'êtres vivant dans des conditions analogues, beaucoup à compter avec les faits sociaux. L'homme est, il ne peut pas ne pas être un être social. Agassiz disait que la bruyère a toujours été lande; on pourrait dire que l'homme a toujours été société. Le social n'est donc nullement un accessoire et une efflorescence de l'individuel. La société est pour l'individu un milieu et même un berceau nécessaire : c'est un prolongement du monde externe dont l'individu dépend, comme il dépend du monde en général. D'une part donc le fait moral apparaît au sein d'une société et sous des conditions sociales; de l'autre une fois qu'un fait moral, par exemple un jugement moral, s'est produit et exprimé au dehors il tombe aussitôt dans le déterminisme social lequel, selon ses propres exigences, tend à lui faire telle ou telle destinée et, par exemple, l'accueille et le favorise ou au contraire le repousse. Mais conditionné de tous côtés par le milieu social, éclos peut-être grâce à ce milieu, le fait moral n'est pas pour cela un simple fait social. Il se peut que l'opinion sociale relativement sûre et, dans tous les cas, indépendante de l'individu ait été le premier symbole de la vérité, symbole sans lequel la chose même n'eût jamais été saisie. Pareillement la contrainte sociale a pu être le premier symbole de l'obligation, un stimulant et un degré nécessaire pour que l'humanité s'élevât à l'idée d'obligation. Quant à être l'obligation même, c'est autre chose. Sans essayer de pénétrer sur le terrain des faits, de demander, par exemple, si dans beaucoup de cas les hommes ne savent pas distinguer entre une obligation morale et une mode, l'argument que nous avons déjà annoncé paraît suffire : la contrainte sociale n'est pas l'obligation parce qu'elle est arbitraire. Une humanité assez développée reconnaît la force de la contrainte sociale, compte avec elle, mais n'en est pas dupe. Pour identifier la contrainte sociale avec l'obligation il faudrait faire une hypothèse énorme dont les sociologues se gardent à juste titre. Il faudrait supposer qu'une société ne se trompe jamais sur son bien. Or les sociologues refusent d'admettre l'utilitarisme social : preuve qu'ils ne reconnaissent pas aux sociétés le pouvoir de discerner sûrement leur bien, fût-ce sous la forme la plus sensible. D'ailleurs l'infaillibilité des sociétés sur le bien appellerait aussitôt leur infaillibilité sur le vrai. Ici la chute dans l'absurde serait manifeste : car chacun sait qu'Anaxagore et Galilée avaient raison contre l'opinion d'Athènes et celle de la catholicité. Dira-t-on qu'il n'y a pas lieu de réclamer pour chaque société l'existence d'un vrai bien ; qu'il n'y a pas d'autre bien pour elle et, partant, pour les individus qui la composent, que ce qu'elle croit être le bien ? Cet excès de phénoménisme empirique mènerait loin. Et pourquoi irait-on soutenir une thèse si désespérée, quand l'individu fait sous nos yeux ce miracle de démêler le vrai du faux et de discerner les preuves et les raisons au milieu du tourbillon des mobiles psychologiques et des impulsions aveugles du mécanisme dans la conscience ? Aussi bien la morale sociologique elle-même admet une intervention de la raison, fait une part à l'*a priori* lorsqu'elle parle d'un art moral et qu'elle nous concède le droit de chercher à mettre de l'ordre dans les contraintes sociales souvent discordantes que nous subissons, en déterminant celles qui vont dans le sens de l'évolution et en y sacrifiant ou subordonnant les autres. Convenons donc que la contrainte sociale n'est pas par elle-même obligatoire. Elle peut recéler des prescriptions qui, bien examinées, seront reçues pour obligatoires. Elle en implique d'autres que la critique de la raison condamnera comme de simples préjugés à la mode. Que les traditions morales d'une société méritent de n'être rejetées qu'à bon escient, il n'y a pas à le contester. Car d'abord il peut y avoir dans ces traditions des éléments d'origine rationnelle et ensuite les règles d'origine accidentelle ont des chances de se rencontrer avec ce que demanderait la raison, puisqu'elles ont favorisé ou du moins n'ont pas empêché la vie de plusieurs sociétés ou d'une société. Mais cette indispensable concession secondaire ne change pas, sur le point capital, l'état de la question. Puisqu'on ne veut pas supposer un instinct social beaucoup plus avisé et beaucoup plus sûr dans son inconscience que la raison (et qui du reste serait un pseudonyme de la raison, ainsi restaurée au nom près); puisqu'on ne veut pas professer non plus qu'il est indifférent qu'une règle imposée par la contrainte sociale soit absurde ou non, il faut avouer que les impératifs sociaux sont sujets à la discussion et à la critique. En les proclamant intangibles, en soutenant par une absolue intransigeance de positivisme que ce sont des faits devant lesquels il n'y a qu'à s'incliner, on rétablirait un nouvel intuitionisme plus insupportable que celui de tant d'écoles d'autrefois dont toute la doctrine consistait à se réclamer de la conscience morale. Ce vieil intuitionisme était tout à fait dépourvu de valeur, puisque la conscience morale ne peut pas être autre chose qu'une des formes du sens commun, produit composite dans lequel entrent à haute dose les hasards de l'histoire. L'intuitionisme nouveau serait plus insupportable encore, parce que les sociologues savent et ont eu le très grand mérite de montrer mieux que personne comment se constitue une conscience morale. Ils érigeraient en absolu des règles et des jugements dont ils ont établi, dans toute l'acception péjorative du mot, le caractère relatif.

Pas plus que l'empirisme de la morale sociologique le formalisme kantien n'est acceptable pour une philosophie morale rationnelle. Le formalisme en effet consiste dans cette assertion que la moralité est d'un autre ordre que ce qui est accessible à notre connaissance; que le fond de la moralité ou le bien est tout-à-fait insaisissable pour des êtres bornés; que nous n'en pouvons posséder que des symboles et que, enfin, tout ce qui dans la moralité est pour nous susceptible d'une connaissance mieux que symbolique, c'est le fait qu'elle est quelque chose de rationnel et de légal. De sorte que tout se ramène pour nous à ce précepte qu'il faut agir de telle façon que nos actes puissent se ranger sous une loi. Nous n'avons pas à reprendre ici la réfutation de l'agnosticisme. Puisque, d'une manière générale, il n'y a point, selon nous, d'inconnaissable absolu, point de mystère au fond des choses, il est clair que, en matière de morale comme ailleurs, nous prétendons qu'il est possible de tenir tout autre chose encore que des symboles. Chaque espèce d'êtres raisonnables peut, en droit, connaître ce qui constitue réellement pour elle la moralité et la moralité a toujours pour elle un caractère immanent. Pour l'humanité, notamment, c'est avant tout dans la vie présente qu'elle doit chercher sa destinée morale. Sans doute il peut y avoir un au delà. Mais cet au delà, quand on y supposerait pour l'humanité un accroissement de perfection aussi énorme qu'on voudra, ne saurait être autre chose qu'une continuation de ce que nous voyons ici-bas. Selon le mot d'Arlequin que Leibnitz aimait à répéter, il faut prononcer que c'est partout comme ici.

C'est bien à tort que l'on confond parfois avec le formalisme l'intentionalisme pur ou subjectivisme. Sans doute quand on prend l'intention à vide, quand on soutient qu'il suffit pour être moral de vouloir n'importe quoi pourvu seulement qu'on projette sur cette chose indifférente en elle-même une vague teinte de bonté, la volonté morale se trouve dépourvue de contenu comme lorsqu'il s'agit de prendre pour objet la forme d'une loi en général. Mais les points de vue auxquels on se place de part et d'autre pour vider la moralité de son contenu diffèrent diamétralement. Car l'intentionalisme prend dans l'activité l'acte le plus concret et en ôte tout ce qu'il pouvait contenir de général et d'objectif pour ne laisser subsister que la simple adhésion du sujet à ce contenu objectif, élément singulier s'il en fut jamais et dont tout ce qu'on peut dire de général est qu'on en retrouve l'analogue chez tous les agents. Le formalisme au contraire s'attache au caractère le plus vraiment général et le plus incontestablement objectif de la moralité, au caractère le plus simple de tous en compréhension, à celui au-dessus duquel tous les autres s'élèveraient s'ils étaient donnés. Si insuffisante que puisse être la règle que Kant prescrit à la volonté, il lui en prescrit une. Sa morale est et veut être objective. Ce n'est pas à dire qu'il n'ait pas aperçu, et il a même fortement senti, l'importance de l'intention. Seulement son intentionalisme n'a rien à voir avec son formalisme. L'intentionalisme pur c'est, encore une fois, le subjectivisme et il n'y a rien de moins kantien. Rationalistes comme Kant et plus encore, nous repoussons donc aussi la doctrine de l'intention abstraite. Il est inadmissible qu'on prétende faire de l'intention vidée de son contenu le tout de la moralité. Nous dirons tout à l'heure quelle place considérable revient à l'intention prise comme il faut. Mais l'intentionalisme pur ou subjectivisme étant l'arbitraire, la part à lui faire doit être, sans rien de plus, celle que l'indulgence concède à une faiblesse en faveur de laquelle plaident des circonstances atténuantes. C'est ce dont on conviendra pour peu qu'on se rende un compte exact de ce qu'il est juste d'entendre par intentionalisme pur et subjectivisme. Supposons un monde où, par hypothèse, la volonté n'aurait aucun autre pouvoir que celui de prendre des résolutions. Dans un tel monde, dira-t-on, le subjectivisme moral devra régner puisque action et intention y sont des termes coextensifs. On ne prend pas garde que le subjectivisme disparaît ici dans son prétendu triomphe et que, bien loin qu'il n'y ait plus que subjectivisme, il n'y a plus de subjectivisme du tout. Ou plutôt nous nous trompons : le subjectivisme subsiste encore, parce que l'objectivisme subsiste lui-même idéalement. En effet, nous avons supposé que les volitions n'ont pas d'efficacité externe ; nous n'avons pas supposé que la volonté ne peut pas se proposer, à titre d'idées, des résultats externes ni, encore moins, qu'il n'y a pas pour la volonté même bornée à la résolution, des idées tout internes dont elle doive faire l'objet de ses résolutions. Si nous ajoutons à l'hypothèse de l'impuissance ultérieure de la volonté, celle d'une impuissance de l'entendement devant l'inconnaissable, alors toute trace d'objectivité disparaîtra. Mais tout s'abîmera dans le chaos, y compris même le subjectivisme. Pour qu'il soit quelque chose de saisissable, il faut qu'il s'oppose à l'objectivisme. La vraie question est donc celle-ci : peut-on, par une abdication volontaire de l'activité et de l'entendement se désintéresser du résultat de l'action et de l'objet idéal de la volonté ? Ainsi posée la question, sur laquelle nous allons d'ailleurs revenir, est bien près d'être résolue par la négative : car, pour ne pas compter moralement, il faudrait que le résultat de l'action et l'objet idéal de la volonté ne fissent pas partie en droit de la volonté. Admettant pour l'instant qu'ils en font partie, et tenant pour bien compris d'autre part que, dans la mesure où il y a impuissance absolument réelle de la volonté et de l'entendement, il ne reste plus rien qu'on puisse exiger de l'agent, nous dirons et on nous accordera qu'un agent mérite l'indulgence lorsqu'il renonce à un résultat trop difficile, ou qu'il se contente de quelque faible probabilité faute d'avoir réussi à déterminer nettement où est le devoir. La doctrine de l'intentionalisme pur est née en présence d'un monde où le succès extérieur de l'action est souvent pénible et peu sûr sans être impossible, où la connaissance du devoir est enveloppée fréquemment d'obscurités épaisses, qui ne sont pourtant point impénétrables à la rigueur. En voulant élever le subjectivisme à l'absolu, elle succombe dans un sophisme. Plus sophistique encore serait ce prétendu corollaire trop célèbre de l'intentionalisme pur : la théorie de la direction d'intention. Mais elle est au-dessous de la critique et très illégitimement rattachée à l'intentionalisme pur : car on voit tout de suite qu'elle consiste à substituer, en se mentant à soi-même, une pseudo-intention à l'intention véritable où la volonté s'est fixée.

Nous avons passé en revue les exigences négatives d'une morale entièrement rationnelle. Tâchons maintenant d'apercevoir comment une telle morale doit se représenter l'obligation et l'objet de l'obligation, du moins quant aux traits les plus généraux et à l'aspect le plus spécialement intellectuel de cet objet. La première question que soulève une théorie de l'obligation, c'est de savoir si l'obligation est chose possible. L'idée d'obligation n'est rien de moins en effet que celle de loi normative et cette dernière idée est évidemment paradoxale, sinon contradictoire. Car une loi exprime une nécessité et une nécessité n'admet pas de dérogation : elle est, et même de telle façon qu'elle ne peut pas ne pas être. Que les phénomènes moraux aient des lois, cela doit vouloir dire que leur production est déterminée et expliquée par des conditions nécessaires et suffisantes, comme celles des phénomènes physiques ou, plus près du domaine moral, comme celles des phénomènes psychologiques. Les promoteurs de la morale sociologique, en tant qu'ils veulent aussi représenter en morale l'esprit scientifique, ont fait valoir avec beaucoup de force l'argument auquel nous touchons. Une science, disent-ils, étudie ce qui est. La science de la morale, c'est la science des mœurs telles qu'elles se présentent dans les diverses sociétés que l'observation historique ou l'observation contemporaine nous révèlent.

L'idéal moral lui-même, pour autant qu'il y a quelque chose de tel dans chaque société, bien loin d'être supérieur aux faits, est lui-même un fait et on doit en rendre compte par des causes. L'être, ajouterait-on, est si bien ce qui produit le soi-disant devoir-être que celui-ci n'est en réalité que la pression de ce qui est sur ce qui est en voie de se faire. Ce qu'il faut faire c'est ce qui se fait, attendu que ce qui se fait, ce qui est donné, détermine causalement les actes qui naissent ou vont naître. Un métaphysicien, poussant plus loin, demanderait comment on peut vouloir qu'il y ait quelque chose de plus que ce qui est, quelque chose de plus réel que l'être, pendant que l'être, inadéquat à sa notion, demeurerait inachevé. Dans cette objection à plusieurs faces, dont nous ne nierons pas la force, on reconnaît de tous côtés le déterminisme absolu. Nous avons cru avoir des raisons décisives pour le repousser. Et en le repoussant nous avons du même coup remplacé l'être tout fait de l'ontologie pure par l'être de la conscience qui se dépasse et dans une certaine mesure se fait librement lui-même. Un tel être se dédouble inévitablement : il y a pour lui d'une part ce qu'il a voulu déjà, avec tout ce que cela implique à titre de conditions élémentaires; il y a d'autre part et la suite de sa propre nature et d'autres manières d'être moins appropriées à lui, mais pourtant non sans raisons d'être. Rien de ce qu'il sera en plus de ce qu'il est déjà ne sera nécessairement, surtout d'une nécessité causale. Si sa raison lui parle, bien loin de ne pouvoir lui parler qu'à la façon d'une loi physique ou psychologique, elle ne peut nullement lui tenir le même langage. Nous avons à voir si le langage qu'elle lui tient est celui de l'obligation; dans tous les cas il n'est pas impossible que ce soit celui-là. — Tous les impératifs qui s'adressent à la volonté ne sont pas des obligations. La plupart d'entre eux sont, comme dit Kant, hypothétiques. A cette espèce appartiennent notamment ceux que la majorité des philosophes, à tort peut-être d'ailleurs, s'accordent à regarder comme jouissant du pouvoir le plus facile à concevoir et à expliquer, les impératifs qui se fondent sur la promesse directe ou indirecte d'un plaisir. Comme ce qui plaît, ce qui agrée est essentiellement ce qu'on recherche si on veut, il serait impossible d'introduire dans les impératifs fondés sur la promesse d'un plaisir la moindre prétention de s'imposer à la volonté. Aussi toutes les morales qui n'invoquent pas d'autre ressort d'action ne peuvent-elles faire que donner des conseils. Ce sont en termes stoïciens de pures et simples parénétiques. D'autre part, soit une tendance, dont on ne se demande même pas si elle est rationnelle ou non, et qui incite à l'acte sans considération ultérieure de plaisir; une telle tendance qui, par hypothèse, ne revendique pour elle aucune autorité privilégiée ne peut encore donner naissance qu'à un conseil. Supposons au contraire que la raison parle à la volonté libre. La raison ne peut pas dépouiller, sans cesser d'être elle-même, son caractère d'absoluïté. Elle est par essence ce qui réunit toutes les conditions. Comment faudra-t-il donc qualifier une prescription de la raison à la volonté, sinon en l'appelant obligatoire? La nécessité rationnelle parlant à la liberté, nécessaire sans être nécessitante, voilà, semble-t-il, l'essence même de l'obligation. L'impératif est cette fois catégorique, comme dit encore Kant, mais non pas parce qu'on ne lui connaît point de conditions : il est catégorique parce qu'il réunit toutes les conditions. Une morale fondée sur le plaisir et aussi une morale fondée sur un appel à des tendances en tant que quelconques sont forcément de simples parénétiques; à l'inverse, une morale rationnelle ne peut pas être une parénétique. Il est vrai que beaucoup de philosophes seront disposés à traiter de chimère une morale de raison pure. Peut-être, diront-ils, si la raison s'adressait elle-même à la volonté pourrait-elle lui donner ou ne saurait-elle se dispenser de lui donner des ordres. Mais la raison n'a par elle-même aucun pouvoir moteur. Elle ne peut déterminer la volonté que par l'intermédiaire du plaisir et ainsi il n'y a pas d'impératifs rationnels, pas de morale obligatoire : il n'existe et ne peut exister qu'une parénétique. Celle-ci pourra du reste prodiguer les conseils les plus raisonnables, les plus rationnels, les plus élevés : et ils paraîtront valoir d'être suivis parce qu'on sentira bien qu'ils mèneront à du plaisir. En dehors des morales d'autorité : morale théologique ou morale sociologique, il est vain de chercher des règles de conduite obligatoires. Pour des esprits philosophiques et affranchis, il n'y a plus de commandements : il ne reste que des conseils. Cette objection est-elle dirimante ? Elle nous paraît tirer sa force apparente d'une méprise, très généralement répandue d'ailleurs, sur la place et le rôle du plaisir relativement à l'action. Ainsi que nous aurons occasion de le prouver en analysant un peu sa nature lorsque nous traiterons de la représentation affective, le plaisir n'est pas, originairement et essentiellement du moins, la source de la tendance et de l'acte. Ce qui est voulu par la volonté la plus primitive et la plus profonde, c'est l'acte et non le plaisir qui dérive de l'acte. Sans doute il est très humain de prendre l'accessoire pour but principal : mais tout ce qui est proprement humain n'est pas par là même ce qu'il y a de plus haut et de plus normal : car il y a des erreurs dont l'homme seul est capable. En droit, le conditionné ne peut pas usurper la place de la condition. En droit donc le vrai moteur n'est pas le plaisir, c'est l'idée. De sorte qu'on peut conclure, en faveur de l'obligation, par cette formule kantienne : la raison est pratique par elle-même.

Mais la formule est loin de comporter en réalité le sens que Kant y attachait. Pour lui, aucune des matières humainement accessibles de la moralité n'étant adéquate à la raison, il voulait comme les philosophes que nous venons de combattre, qu'elles fussent incapables de s'imposer à nous, si ce n'est par le plaisir. C'était par sa forme seule que la raison était pratique. Pour nous, elle est pratique par sa forme et par sa matière réunies, chacune d'elles étant adéquate à l'autre. En d'autres termes, nous sommes d'accord avec Aristote, avec la morale de la perfection en général, pour admettre que tout être raisonnable peut, au moins en droit, avoir l'idée ou le soupçon de la réalité ontologique la plus haute et que c'est cette idée qui s'impose à la volonté comme objet. Il y a pour chaque agent, il y a pour l'esprit à tous ses degrés, un prolongement de ce qu'il est déjà de rationnel et de normal, il y a une vraie nature qu'il faut s'efforcer de s'approprier. Le bien est un aspect du vrai, ou plutôt bien agir c'est dire vrai puisque c'est affirmer la réalité. C'est par une conséquence de ces principes que le formalisme et l'intentionalisme pur sont condamnés. Le formalisme, parce qu'il y a plus et mieux comme objet pour tout être raisonnable qu'une simple forme; l'intentionalisme pur, parce qu'il y a un objet : à quoi il est juste d'ajouter, pour reconnaître, malgré leur essentielle différence, une affinité accidentelle entre les deux doctrines, que la condamnation de l'intentionalisme pur apparaîtrait comme d'autant moins nécessaire que l'objet serait moins déterminé et qu'elle s'impose d'autant plus que la détermination de l'objet est plus complexe et plus précise. Si l'objectivité de la raison entraîne la chute du formalisme et de l'intentionalisme pur, il va de soi d'ailleurs que l'insuffisance directement aperçue de ces deux systèmes établit à son tour l'objectivité de la raison morale. La forme est un terme corrélatif : comment serait-elle et, il y a plus, comment serait-elle comprise de nous, sans la matière? De même en est-il de l'intention. Il est impossible qu'il existe une intention sans quelque chose sur quoi elle porte. Pour avoir une intention il faut être en possession d'une idée déterminée conçue comme constituant l'essence d'un possible, et il faut même en outre estimer que le passage à l'acte de ce possible couronnera, comme résultat, l'exercice de notre activité. Si l'on se désintéresse du résultat et à plus forte raison de l'idée même qu'on avait devant les yeux, l'intention ne subsiste plus. On dira que, psychologiquement parlant, il suffit pour qu'une intention se produise que le sujet ait l'illusion de saisir l'idée d'un possible et de poursuivre un résultat. Cela est incontestable. Mais l'intentionalisme pur suppose qu'on a pris conscience de cette illusion comme telle : et c'est par là qu'il s'évanouit dans la contradiction. Si d'ailleurs il pouvait survivre, il serait tout à fait impossible d'accorder qu'il renferme la substance de la moralité : tout sérieux étant enlevé à l'intention, celle-ci deviendrait un jeu et, de l'activité morale, nous retomberions dans l'activité esthétique. En somme donc, il faut que la raison morale ne se réduise ni à la forme ni à l'intention, il faut qu'elle soit pratique comme raison concrète. Ce qu'elle doit produire c'est une volition complète, c'est-à-dire déterminée et efficace. Rappelons une dernière fois que l'efficacité est normalement comprise dans le concept de la volonté.

Jusqu'ici nous avons suivi sensiblement la même ligne que les morales de la perfection. En passant au commentaire du premier terme de notre formule capitale : que la moralité est la volonté rationnelle, en insistant sur les idées impliquées dans ce mot de volonté, nous allons rejoindre une direction toute différente. Ce sera peut-être la méthode des moralistes purement métaphysiciens qui nous conduira au point de rencontre des deux routes. Quoi qu'il en soit, nous nous rencontrerons à la fin avec le moralisme. Ce qui est moralement bon c'est, sans aucun doute, ce qui l'est déjà ontologiquement. Mais notre ontologie ne ressemble pas à l'ontologie traditionnelle. L'être n'est pas pour nous la chose en soi ni même la pensée conçue autant que possible sur le type de la chose en soi, comme chez Spinoza. L'être, avons-nous dit, c'est encore une relation, c'est la relation suprême, la conscience. Or la conscience c'est l'unité synthétique de l'objet et du sujet. Il y a donc forcément place dans la moralité, telle que nous sommes amenés à la concevoir, pour le sujet et pour tout ce qui tient au sujet. D'abord ce qui possède la plus haute valeur ontologique et par conséquent morale, c'est la personne. Ensuite, puisque la personne est, par le plus profond d'elle-même, volonté, ce qui vaut le plus pour nous ontologiquement, puis moralement, c'est la volonté. Si donc le principe des devoirs est pour nous la conservation et au besoin le progrès de la personne ou des personnes, cela signifiera en même temps le maintien et le développement de la volonté en ces personnes. Le devoir en général sera de vouloir la personne, c'est-à-dire de vouloir qu'une personne soit une personne, c'est-à-dire encore une volonté. Une morale entêtée d'ontologie se contenterait peut-être de poser en guise de bien moral l'apparence et l'extérieur de la personnalité. Ainsi supposons que la justice, reconnue indispensable à la conservation et au développement d'une pluralité de personnes, soit constituée par une certaine sorte d'égalité dans l'échange de services, une morale tout ontologique se reposerait avec satisfaction devant un système d'agents fonctionnant avec une parfaite régularité suivant la formule matérielle de la justice. Les mobiles secrets des agents lui importeraient peu. Avec le fonctionnement régulier du système le souverain bien serait acquis. Il est clair que cette manière de voir, abstraite et superficielle, ne saurait convenir à qui s'est rendu compte de ce qui fait le fond de la personne. On demandera que la volonté soit adéquate aux actes, adéquation indispensable à la rationalité et seule sera saluée comme une réalisation de la justice cette association de personnes qui sous l'apparence des actes justes aura su mettre la réalité ultime des volontés justes. En un mot entre l'idéalisme poussé jusqu'au bout, entre la philosophie de la conscience et une morale dans laquelle l'intention est réputée pour le cœur de la moralité, la liaison est étroite et manifeste. Dira-t-on que cela est trop vrai et que nous retombons dans l'intentionalisme pur? Cette allégation ne serait pas exacte. Sans doute, puisque vouloir la personnalité c'est vouloir la volonté, la moralité revient en fin de compte pour la volonté à se vouloir elle-même dans l'agent ou en autrui. Mais la volonté a une foule de conditions : se maintenir ou se développer, c'est pour elle rester ou devenir maîtresse d'un déterminisme énormément complexe. Il s'en faut donc de tout point qu'en se prenant elle-même pour objet la volonté se propose le simulacre vide d'un objet. C'est tout un monde, c'est même, si l'on ne se restreint pas au point de vue des êtres bornés, l'univers entier présent et futur qu'il s'agit de maintenir ou de mettre à la discrétion de la personne, afin qu'elle soit et demeure ce qui veut dans la lumière et la liberté. Selon l'intellectualisme la pensée n'a pas d'autre œuvre à accomplir que de se penser. Nous disons, quant à nous, que la volonté a pour œuvre unique de se vouloir. Mais vouloir la volonté c'est vouloir la pensée, c'est penser. Nous ajoutons à l'intellectualisme, nous ne laissons rien échapper de son contenu.

Sur cette conclusion que le maintien et le développement de la personne ou des personnes est le principe des devoirs, la philosophie morale prend fin et la morale, dans un sens plus spécial, commence. Sans cette conclusion la morale manquerait de base. On objectera que cette base est insuffisante, que la complexité des devoirs humains notamment ne saurait se tirer du pauvre principe auquel nous sommes parvenus. Mais l'objection provient d'une erreur. Dans une doctrine qui poursuit partout le concret, il ne peut pas être question de déduire les devoirs de la donnée pure et simple d'une personnalité abstraite. Nous avons essayé d'indiquer d'une manière générale que la personne a un contenu, et une métaphysique moins rudimentaire aboutirait à une notion autrement riche de la personne. Peut-être même pourrait-elle construire les principaux types possibles de personnalité. Toutefois la métaphysique ne saurait, même en droit, fournir aux morales des concepts de personnes adéquats à leurs besoins. En effet, les morales doivent accomplir leur fonction sur le terrain de l'histoire. Par conséquent elles ont à tenir compte de déterminations empiriques. Par conséquent encore elles ne sauraient éviter, en aucun état de cause, de recourir à l'expérience. Si, après cela, on se met en face de l'état dans lequel se trouvent en fait les connaissances humaines, il apparaîtra que, en morale comme dans tous les autres domaines de la représentation théorique ou de la représentation pratique, l'expérience est le substitut indispensable du savoir *a priori* encore inaccessible. Donc, pour établir les devoirs dans l'humanité et pour une certaine situation de l'humanité, il faudra avoir recours à toutes les connaissances dont on pourra disposer : aux sciences de la nature, aux sciences psychologiques et sociales, notamment à la science des mœurs. Il y a autant de manières de travailler au respect et au progrès de la personne humaine qu'il y a de fonctions sociales et même d'aptitudes individuelles. Et d'autre part les devoirs sont relatifs à ce qu'il peut y avoir d'anormal dans les fonctions et dans les aptitudes : comme l'indique si justement, par exemple, la lumineuse distinction qu'on a établie entre l'état de paix et l'état de guerre. En dernière analyse tout devoir serait singulier, à nul autre pareil, bien loin de se ramener à une généralité vide. S'il reste des devoirs généraux, c'est par l'impuissance où est le moraliste de pousser jusqu'au bout la spécification. Ce qui permet de reconnaître qu'une action est conforme au devoir ce n'est pas, à vrai dire, la possibilité de l'universaliser, même sous des conditions déjà spéciales, c'est la possibilité de la faire entrer dans un système d'actions favorable à la personnalité. Mais si éloignés que nous soyons de vouloir constituer avec des abstractions la morale dont l'humanité a besoin, nous ne saurions regarder comme vaines les indications générales auxquelles la métaphysique peut et peut seule conduire. Dire que l'intervention d'une idée telle que celle du respect de la personne est sans importance, serait peu sérieux. Une idée de cette sorte constitue l'esprit d'une morale et inspire les jugements qu'on porte sur les opinions et pratiques morales que l'observation fait connaître : c'est elle qui permet de leur assigner un rang dans l'évolution. Or tomberait-on dans une exagération très déraisonnable si l'on soutenait que dans une morale l'esprit est tout ? Nul n'ignore qu'il y a une morale animée d'un tout autre esprit que celle où nous avons abouti. On aura beau invoquer l'identité des pratiques et des opinions morales, dans un milieu donné, en tout ce qui touche de près aux faits, il restera et on le sentira bien, que la morale anti-personnaliste a toute faite par devers elle ou implique une détermination des devoirs telle que cette morale heurterait l'autre sur chacun des points les plus particuliers de la conduite.

Parvenus au terme de la représentation pratique, nous n'avons pas encore atteint celui de la représentation dans son ensemble. Il nous reste à étudier un dernier moment de la représentation, la *représentation affective*. En effet, après avoir dans la phase théorique posé l'objet en face du sujet, la pensée, dans la phase pratique, s'apparaît comme sujet s'appropriant et dirigeant désormais le développement ultérieur de l'objet. Mais en s'assimilant ainsi l'objet, la pensée n'a pas dit son dernier mot. Elle ne le dira qu'en constatant quel effet produit sur le sujet la conquête de l'objet. Ce moment de la représentation où l'objet est comme fondu dans le sujet est celui de l'affectivité, celui des sentiments de plaisir et de douleur. On peut d'ailleurs et on doit le diviser lui-même en trois moments. Car l'état total du sujet, son humeur à tel instant et dans telles circonstances, n'est pas l'un ou l'autre des deux contraires pris à part. C'est bien plutôt une synthèse de l'un et de l'autre. Car il est faux assurément, même à considérer une conscience dont le champ soit rétréci au dernier point, que toute la pensée s'absorbe jamais dans un sentiment exclusif de plaisir ou de peine. C'est impossible dialectiquement, puisque l'un des deux opposés n'a de sens que par l'autre; et si l'on dit qu'un tel argument prouve seulement la coexistence idéale du plaisir et de la douleur sans en établir la coexistence effective, il sera légitime de répondre que l'observation psychologique n'aurait pas besoin de s'enfoncer bien avant dans la subconscience pour trouver de la douleur à côté du plaisir le plus absorbant, même du plaisir à côté de la douleur qui, en apparence, nous envahit et nous occupe de la façon la plus cruellement complète.

Notre manière de comprendre la représentation affective se ramène à deux propositions capitales : la première que le plaisir et la douleur sont des faits postérieurs à l'activité et de plus sont des états sentis, des retentissements du résultat de l'activité sur le sujet; la seconde que le plaisir et la douleur sont, comme tout autre moment de la représentation, irréductibles, originaux et qu'il faut seulement montrer comment ils viennent nécessairement à leur place.

Que le plaisir soit lié à l'activité, corrélatif de l'activité, c'est là presque un lieu commun psychologique sur lequel sont revenus à satiété Hamilton et ceux qui l'on suivi. On a montré notamment que les parties les plus mobiles de l'organisme sont en général celles qui procurent aussi le plus de sentiments de plaisir. On a montré en outre que les plaisirs sensoriels supposent eux-mêmes tout autre chose que de la passivité. Et ce n'est pas nous qui, en songeant soit aux raisons les plus profondes de la théorie de la connaissance, soit aux constatations plus accessibles de la psychologie, méconnaîtrons l'activité de l'esprit dans la sensation. Il n'y a donc pas besoin d'insister : le plaisir est corrélatif de l'activité; il ne se produit point s'il n'y a déploiement d'activité. Mais ce n'est pas encore assez dire. Le plaisir n'est pas seulement en corrélation avec l'activité : il est consécutif à l'activité, il en dépend. Et sur ce point encore nous pouvons nous autoriser de faits acquis en psychologie. Nous assistons, et c'est d'ailleurs un fait singulièrement significatif, à la création de tendances par l'habitude. Un acte qui n'était pas voulu pour lui-même à l'origine, un de ceux par exemple qui constituent l'exercice d'un métier passablement pénible devient l'objet d'un besoin, procure une jouissance directe et surtout lorsqu'il vient à manquer occasionne une peine. Ici le témoignage de l'expérience est clair : le plaisir est postérieur à la canalisation de l'activité et à l'apparition d'une tendance qui sollicite désormais l'activité, ou qui, si on veut, est l'amorce permanente d'un certain genre d'activité, car la tendance se confond avec l'activité naissante. Nous voyons naître sous nos yeux une activité canalisée ou dirigée, puis une tendance et enfin des phénomènes affectifs. L'observation établit donc incontestablement que ces phénomènes sont des suites de l'activité et de la tendance. Il n'est pas même indispensable de demander à l'étude directe mais malaisée de la notion du plaisir cette conclusion qu'elle ne saurait manquer de rendre. Cette conclusion, à son tour, fournit aussitôt un corollaire du plus haut intérêt. Puisque le plaisir est postérieur à la tendance, se fonde sur elle, la tendance ne va donc pas au plaisir. Expliquant le plaisir, ce n'est pas en lui qu'elle peut elle-même trouver son explication. Quelle est donc l'origine de la tendance et par suite l'origine de l'origine du plaisir ? Cette question comporte une réponse très simple et au premier abord satisfaisante. C'est que la tendance se produit mécaniquement. Pour reproduire à peu près la formule de Spinoza : ce n'est pas parce que certains résultats nous apparaissent comme des fins que nous tendons vers eux ; c'est au contraire parce que nous tendons vers eux en vertu d'une nécessité causale que ces résultats nous apparaissent comme des fins. Malheureusement, à moins de présupposer un sujet qui s'intéresse déjà à lui-même et qui dès lors ne peut manquer de s'intéresser à ce qui est effet et conséquence de ce qu'il est, on ne comprend pas comment dans une série causale un des effets revêtirait tout à coup ce caractère nouveau de présenter un intérêt, et par conséquent lorsqu'on veut expliquer la tendance par le mécanisme on réussit seulement à la rendre inintelligible. Force est donc d'admettre que la tendance va vers un but, est aspiration vers un but. Mais qu'est-ce qu'un but? N'est ce pas quelque chose qui promet du plaisir, n'est-ce pas un plaisir anticipé? Si cela est, nous voilà pris dans le cercle que nous indiquions tout à l'heure et dont nous protestions qu'il n'y a pas moyen de s'accommoder : la tendance expliquera le plaisir et le plaisir anticipé expliquera la tendance. Et il est bien vrai qu'un plaisir anticipé n'est pas la même chose qu'un plaisir présent : toutefois une pareille remarque ne saurait suffire. La vraie manière de sortir du cercle est tout autre et elle est très caractéristique de la théorie du plaisir et de la douleur à laquelle nous croyons devoir nous arrêter. L'objet de la tendance n'est pas le plaisir anticipé. Du moins ce n'est pas son objet primordial, car il peut y avoir, il y a en fait chez l'homme des tendances qui vont au plaisir pour lui-même et pris indépendamment de l'acte dont il dépend. Mais ces tendances secondaires et, à vrai dire, ces contrefaçons de la tendance, parfois licites d'ailleurs, ne sont rendues possibles que par les tendances premières et celles-ci vont bien vers un but; elles ne vont pas proprement vers le plaisir. Ce n'est pas l'affectivité qui est première et qui est motrice de la tendance et par elle de l'activité. Ce qui est premier, comme le disait Spinoza, cette fois bien inspiré, c'est l'idée, et comme disait de son côté Aristote prenant le contre-pied de l'explication mécanique de la tendance : nous désirons en conséquence de ce que nous jugeons, bien plutôt que nous ne jugeons en conséquence de ce que nous désirons. C'est donc l'idée, l'élément intellectuel, bien ou analogue du bien, qui éveille la tendance et l'activité, ce n'est pas le plaisir, quelque rudimentaire d'ailleurs que puisse être cette idée, cet élément intellectuel dont nous parlons. Le bien ou son analogue, l'objet de la tendance et de l'activité est, comme l'indique le mot d'objet, encore sur le terrain ou à la limite du terrain de la représentation théorique : il est le point d'attache sur celle-ci de la représentation pratique. A l'objet de la tendance s'opposent la tendance et l'activité, l'activité qui n'est que la tendance passant à l'œuvre comme la tendance est déjà l'activité. Enfin ces deux moments se concilient dans le résultat de l'activité, ce résultat fût-il d'ailleurs simplement l'activité considérée comme un fait acquis et donné. Telles sont, pour ainsi parler, les catégories de la représentation pratique. Chacune d'elles se traduit dans l'affectivité par un terme correspondant. On peut dire que le bien ou son analogue devient le désirable, que la tendance et l'activité deviennent le désir, que le résultat devient le plaisir, s'il est entendu qu'on donne aux mots de désirable et de désir leur sens le plus restreint, celui que la psychologie éclectique ne leur permettait pas de dépasser, bref pourvu qu'on les comprenne en fonction du plaisir. Mais les catégories de l'affectivité n'étant qu'une traduction n'existeraient pas sans le texte qu'elles traduisent. L'affectivité, encore une fois, suppose avant elle l'activité et, par delà l'activité, l'intelligence. Les notions du plaisir et de la douleur, inintelligibles de toute autre manière, commencent de présenter une signification claire dès qu'on veut bien les interpréter très simplement comme étant ou exprimant celui-là un but atteint, celle-ci un but manqué. Toutes les paroles qu'on a prodiguées pour expliquer que le plaisir résulte d'une dépense modérée d'activité ou au contraire qu'il correspond à un accroissement d'énergie soit organique, soit, si l'on peut dire, psychique, toutes ces paroles sont vides, ou trop près de l'être. Seule peut compter la formule que le plaisir résulte de l'exercice d'une activité conforme à la nature. Elle peut compter parce qu'elle dit en somme que le plaisir est un but atteint. Mais, et c'est un point sur lequel il convient d'insister, elle avait le tort de le dire en termes étroitement et illégitimement optimistes. La nature dont parle la formule en question c'est la bonne nature d'une normalité et d'une rationalité indéfectibles. Or il s'en faut que tous les buts, même en n'entendant pas par là des plaisirs érigés secondairement en buts, soient normaux et rationnels. D'abord, en effet, si l'on considère les buts que peuvent se proposer les êtres bornés, on voit tout de suite que ces buts sont susceptibles d'être erronés, que de tels êtres sont sujets à viser de faux biens. En outre, toute erreur à part, ce n'est pas seulement le bien proprement dit qui sollicite l'activité, le bien, c'est-à-dire le développement tout rationnel de la personnalité. Au lieu d'être quelque chose de pauvre et de simple la position des possibles devant l'activité ne peut être qu'un étalement prodigieux d'alternatives compliquées. En dehors du but le plus rationnel, il y en a d'autres, très systématiques encore, qui peuvent compter par d'autres avantages que la rationalité complète, avantages intellectuellement représentables bien entendu : par exemple, l'avantage d'être atteints plus vite et avec plus de facilité (ce qui ne veut pas dire primordialement avec moins de peine) ou encore l'avantage de présenter un intérêt esthétique de haut degré, etc. En un mot, comme nous l'avons indiqué en passant, il y a, à côté du bien, des analogues du bien. Dans cette foule compacte et profonde de possibilités qui s'étendent comme une mer autour du bien, l'activité peut choisir des fins. Incorporées plus intimement à la nature de l'agent après le choix libre par lequel il se les sera appropriée, elles deviendront la source de tendances marquées et véritablement effectives ; par là, en dernier lieu, des occasions de plaisirs. Sans cette possibilité d'être choisis que nous venons de reconnaître aux analogues du bien, la liberté ne serait qu'un mot. Mais si, en dehors du bien, la tendance trouve d'autres objets, et très divers, où s'attacher, il s'ensuit que le plaisir ne peut plus être entendu dans un sens entièrement optimiste. La formule de Leibnitz qui résume la pensée de tant de métaphysiciens : « Le plaisir est dans le fond un sentiment de la perfection », ne peut être acceptée que sous réserves. Le mot de perfection doit y être pris dans une acception très large et très atténuée. La satisfaction d'une tendance n'est souvent un plus-être que par rapport à cette tendance et au détriment des autres et cette tendance peut être éphémère. L'interprétation finaliste du plaisir n'en entraîne pas l'interprétation optimiste parce que les objets de la tendance sont soumis au choix de la liberté. De là des tendances anormales et des plaisirs anormaux. De là aussi, sans doute, le fait bien constaté que le plaisir et la douleur sont loin de signifier adéquatement l'importance des états favorables ou des troubles de l'organisme sur lesquels ils viennent se greffer.

Quoi qu'il en soit de sa valeur comme signe, le plaisir, nous venons de le voir, est postérieur à la tendance et à l'activité. Tout décisif que soit ce point, il ne suffit cependant pas à déterminer la nature du plaisir. Car à quel titre le plaisir vient-il se placer à la suite de la tendance, de l'activité et de l'acte ? C'est ce que nous n'avons pas encore éclairci. S'il fallait en croire Aristote, le plaisir serait un complément de l'acte, de même ordre que l'acte bien que le supposant. Ce serait quelque chose de l'activité encore et, pourrait-on dire en langage moderne, lorsqu'on le qualifie de sentiment il faudrait comprendre un sentiment efférent. Or, sans doute, il est juste de remarquer que le plaisir renforce l'acte. Nous ne contesterons pas l'influence dynamogénique du plaisir pas plus que le caractère déprimant de la douleur. Mais le fait de pouvoir jouer le rôle d'un ex 'tant de l'activité et par conséquent le rôle d'un objet de l'activité, le rôle d'un acte où elle aboutisse et se termine, n'implique pas que le plaisir soit essentiellement et primitivement tout cela. Ce n'est point, primitivement, un complément de l'acte, homogène à l'acte, c'est un effet de l'acte, un retentissement de l'acte sur le sujet, un état dérivé de l'activité cela est vrai, mais passif en lui-même, un sentiment en propres termes, un sentiment afférent. Naturellement ce n'est pas là une raison pour vouloir le séparer de la tendance, de manière à le présenter non seulement comme distinct d'elle, mais comme sans rapport avec elle. Cette façon trop sensualiste de concevoir l'émotion fait que son élément spécifique s'évanouit et qu'on se rejette sur des accessoires pour rendre un contenu à l'émotion qu'on vient de vider. Telle est la mésaventure des psychologues qui ont soutenu que l'émotion consiste dans les sensations dont elle est accompagnée. Si l'on fait, disent-ils, abstraction des larmes, des contractions musculaires pénibles, des troubles organiques de toute sorte, on ne trouve plus rien pour donner à une émotion triste sa substance et son caractère. Un malheur nous a frappés : nous jugerons froidement que c'est un malheur : ce jugement froid n'a rien de commun avec l'émotion. Donc, pour expliquer l'émotion, il faut recourir aux sensations issues des réactions que la mauvaise nouvelle reçue par nous a provoquées dans notre organisme. Mais en parlant ainsi on ne songe pas que la perception des larmes qui coulent, de nos muscles qui se contractent, etc. serait en elle-même une constatation parfaitement froide. Il resterait toujours à chercher la source de l'émotion comme émotion. Cette source c'est la satisfaction de la tendance ou son opposé. Seulement si l'émotion est liée à la tendance et à l'activité, cela ne veut pas dire qu'elle leur soit homogène.

Une fois la tendance satisfaite, cette satisfaction affecte le sujet en tant que réceptif et passif. C'est ce retentissement analogue à la sensation qui est le sentiment du plaisir. Ajoutons d'ailleurs que l'affectivité n'attend pas à vrai dire pour entrer en jeu que la tendance ait achevé d'obtenir satisfaction, que l'activité soit parvenue à son terme. Comme pour si passive qu'elle soit c'est toujours la pensée qui s'affecte elle-même, le plaisir s'anticipe ainsi que tout autre moment du déterminisme représentatif. Il y a déjà du plaisir senti quand le bien ou un analogue du bien est pris pour objet ; il y en a aussi à plus forte raison pendant qu'on poursuit cet objet. L'espérance et la crainte sont les types les plus connus de ces émotions anticipées. Ajoutons encore que si son caractère passif n'empêche pas l'émotion de pouvoir être anticipée, ce même caractère ne l'empêche pas non plus de constituer une sorte de jugement. N'est-ce pas là d'ailleurs ce qui a lieu pour la sensation en général ? Le plaisir est donc une appréciation du sujet sur l'état où le sujet se trouve quand il s'est assimilé l'objet. Le plaisir dit en quelque sorte comment se porte le sujet en conséquence de cette assimilation.

Nous n'avons qu'à développer cette dernière formule pour justifier notre seconde proposition. Le plaisir et la douleur, disions-nous, sont, comme tous les moments de la pensée, originaux, irréductibles ; il ne faut point essayer de les ramener à d'autres phénomènes, il faut seulement montrer qu'ils arrivent à leur place dans l'ordre dialectique. Or, que venons-nous de reconnaître implicitement en déclarant que le plaisir exprime la manière dont le sujet sent qu'il se porte après s'être assimilé l'objet ? Nous venons de reconnaître que la place dialectique du plaisir est marquée à la suite de l'appropriation de l'objet par le sujet et que le plaisir est la manière spécifique dont le sujet se prononce sur son état dans les circonstances indiquées. Lorsqu'on prétend réduire le plaisir à n'être qu'un jugement pareil à tout autre et lors même qu'on se contente de le présenter comme un jugement confus, on se trompe. Car le plaisir a pour caractéristique indéfectible cette chaleur sur laquelle tout à l'heure on attirait à juste titre notre attention en rappelant par antithèse la froideur des jugements intellectuels purs. Et la confusion sera toujours incapable d'engendrer un tel caractère. Une émotion peut être un état confus ; elle peut même l'être pour cette raison que le sujet occupé à sentir n'a pas la force et le loisir de penser intellectuellement. Il peut aussi être vrai, par réciproque, que l'application à penser intellectuellement empêche de sentir. Tout cela ne fait pas que la confusion soit plus que l'occasion, soit la raison de la nature spécifique du sentiment comme tel et de la chaleur qui caractérise le sentiment de plaisir. En revanche les psychologues qui soutiennent l'impossibilité de définir le plaisir et se satisfont en déclarant que le plaisir est ce que chacun sait, méconnaissent les limites inhérentes à toute définition et tombent ensuite, sans y être forcés, dans un sensualisme trop désespérant ou trop commode. Il ne se peut pas que l'attribut dans une définition soit tout à fait adéquat au sujet : car l'attribut décompose le défini que le sujet seul exprime sous la forme synthétique et avec la marque de l'unité. Sous cette réserve il est possible, semble-t-il, de définir le plaisir et autrement, bien entendu, que par une définition causale. Sans doute, ainsi que nous allons le comprendre au mieux tout de suite, personne n'est plus qualifié que chacun de nous pour savoir, au moins d'une certaine façon, ce qu'est le plaisir. Mais on indique avec plus de lumière l'essence du plaisir, on le définit, à vrai dire, lorsqu'on le présente comme l'appréciation par le sujet lui-même, et à son point de vue de sujet, de l'état dans lequel l'a mis la satisfaction d'une tendance. Cette subjectivité du plaisir sur laquelle d'ailleurs on a souvent insisté à d'autres égards, est ce qui en fait la « chaleur », le caractère affectif. On prétendra peut-être que pour apprécier son état le sujet n'a qu'à en juger en se représentant à lui-même pour ce qu'il est et qu'une telle appréciation sera sans chaleur. Elle sera sans chaleur, il est vrai, seulement c'est qu'on aura transformé le sujet en objet : après quoi il n'est pas surprenant qu'on n'ait plus devant soi qu'un phénomène intellectuel. Si on s'attache énergiquement au point de vue de la subjectivité on obtient la chaleur demandée, on obtient le plaisir. Il en va à peu près pour la spécificité des phénomènes affectifs comme pour celle de la causalité. En essayant de constituer la causalité avec des éléments extérieurs, disons avec des éléments objectifs puisque nous savons maintenant que la causalité comme toutes les autres notions analogues est un mode de la conscience, ou n'en atteindra jamais l'élément spécifique, à savoir l'action repoussant l'état présent, l'action moitié de l'effort. On s'arrêtera toujours à la représentation spatiale d'un plein où tout se touche et à la représentation plus interne, mais extérieure et objective encore, d'une nécessité du déplacement de toutes les parties de l'ensemble dès que l'une d'elles est déplacée. Le propre de la causalité échappera. Mais il n'échappera plus si l'on restaure l'élément subjectif. De même en est-il pour le plaisir. Il est, par rapport aux éléments qu'il possède en commun avec le jugement objectif qui serait porté sur l'état du sujet comme objet après la satisfaction de la tendance, ce qu'est le *nisus* par rapport à la solidarité des déplacements dans le plein. Il est si vrai que la présence de l'élément subjectif dans l'appréciation de l'état d'un sujet chez qui une tendance vient d'être satisfaite engendre le plaisir, que, si, afin de nous représenter d'une manière qui ne soit pas trop inadéquate une telle appréciation chez un autre sujet, nous nous mettons à sa place, cela suffit aussitôt pour nous faire éprouver un plaisir, faible sans doute, mais bien caractérisé comme plaisir ; et c'est ce qu'on nomme la sympathie. Il doit être bien entendu d'ailleurs que pour être essentiellement subjectif le plaisir n'est pas dépourvu de toute objectivité. On peut le prendre, une fois donné, pour le traiter comme un objet et on reconnaît alors, non seulement qu'il a des lois, car il n'est pas douteux qu'il en ait en chaque sujet, mais qu'il a même des lois générales : qu'il peut être prévu jusqu'à un certain point et évalué pour un sujet en général. Ces prévisions et évaluations ne sont toutefois possibles que sous réserves et si le plaisir peut revendiquer, comme les philosophes modernes paraissent l'admettre tous, une certitude et une véracité absolues, c'est à la condition de rester exclusivement une appréciation sur l'état du sujet par le sujet et pour le sujet sans aucune prétention de s'imposer à d'autres esprits.

De cette théorie des phénomènes affectifs, telle surtout qu'elle est caractérisée par la première des deux propositions dont elle se compose, deux conséquences découlent. L'une concerne le rôle du plaisir dans la vie morale. Si le plaisir est bien ce que nous croyons, nous n'avons pas eu tort de présenter ce rôle comme secondaire et subordonné. Un simple fait de retentissement ne peut pas occuper la première place. Ce n'est pas que le plaisir soit à dédaigner et encore moins faudrait-il le considérer comme mauvais en lui-même. Mais la morale n'est pas une méthode pour arriver à la vie heureuse. Il se peut qu'elle y conduise. Elle n'y conduit que par surcroît. Les tendances morales satisfaites ne peuvent manquer de donner naissance à des plaisirs et il semble même exister de fortes raisons de penser que ces plaisirs doivent être comptés parmi les plus intenses et les plus solides. Cela n'empêche pas que pour goûter les plaisirs de la vie morale il faille d'abord s'attacher à la moralité pour elle-même. On trouvera du plaisir dans la moralité si on est moral. Avant qu'on se soit fait moral ce plaisir ne peut apparaître que comme une possibilité vague incapable de produire une émotion notable. Et peut-être pour embrasser le parti de la moralité se trouve-t-on contraint de renoncer à d'autres plaisirs soit mauvais, soit même moralement indifférents et licites. Il est vrai, en revanche, que le progrès de la moralité dans le monde semble supposer la diminution de la douleur : car un être affolé par la douleur présente ou redoutée ne délibère pas et n'est pas une personne. N'insistons pas trop pourtant : car le plaisir, bien que plus rarement, peut, lui aussi, troubler la délibération et, en pareil cas, force serait de le traiter en ennemi. — En nous demandant si la vie morale est nécessairement, tout compte fait, la vie la plus heureuse, nous sommes amenés à la seconde des remarques auxquelles nous songions. Pour que la vie morale pût être appelée, dans la rigueur des termes, la vie la plus heureuse, il faudrait qu'il y eût une commune mesure entre tous les plaisirs. Or il importe de remarquer, après Aristote du reste, que si les plaisirs sont postérieurs aux tendances et si les tendances sont spécifiquement différentes, les plaisirs doivent aussi différer entre eux spécifiquement. Comme il y avait trois moments de la représentation pratique, il doit y avoir en conséquence trois sortes irréductibles d'affectivités : l'affectivité sensitive, l'affectivité esthétique, l'affectivité morale. Au reste, il est clair que chaque affectivité peut être regardée comme possédant la même dignité ontologique que l'activité à laquelle elle correspond. C'est pourquoi l'affectivité, spécialement comme affectivité morale, peut, sans qu'il y ait à cela rien de choquant, occuper le sommet de la représentation ; à moins qu'on ne préfère dire que l'affectivité est, par rapport à la représentation, plutôt un épilogue qu'une conclusion suprême.

Quoi qu'il en soit, nous avons maintenant atteint le terme de la représentation synthétique tout entière. La relation, devenue la conscience avec ses divers modes, a conquis l'actualité pleine. Elle est ce qui est, la réalité, l'être. En voulant se poursuivre au delà, le processus synthétique de la pensée fait surgir pour lui-même la preuve qu'il est achevé et la dernière notion qu'il engendre fournit précisément la règle de la régression analytique : car le point où la synthèse s'achève est celui où l'analyse commence. Les oppositions que nous avons rencontrées jusqu'à présent étaient des corrélations; aussi, loin d'être inconciliables, les opposés appelaient-ils une conciliation. L'opposition et la conciliation se posaient l'une et l'autre sur le terrain du relatif. Il s'ensuivait que ni l'une ni l'autre ne présentait de difficulté. On comprenait sans peine que la thèse exclût l'antithèse et inversement puisque ces exclusions étaient relatives, et la synthèse allait aussi de soi puisqu'elle était précisément la relation totale dont la thèse et l'antithèse n'étaient que les aspects partiels. En un mot partout et toujours il y avait passage d'un terme à l'autre dans la marche progressive de la pensée. L'opposition à laquelle la pensée aboutit en essayant de dépasser l'être est une contradiction, le type primordial de la contradiction et, par conséquent, les deux opposés défient toute conciliation, puisque le propre des contradictoires est de se supprimer réciproquement d'une manière complète. L'opposition n'est plus relative, elle est absolue. Tout ce qu'il faut comprendre de la conciliation, c'est sans doute son impossibilité et son inintelligibilité : encore cela suppose-t-il qu'on essaie de s'en faire une notion. Ce qui rend possible cette tentative, c'est un prolongement de l'idée de synthèse. L'opposition des contradictoires à son tour est peut-être plus clairement encore redevable de sa possibilité à un dernier effort par lequel l'idée de corrélation se survit. Ainsi, au moment où l'être s'oppose absolument et inconciliablement le néant, au moment où ce qui est tout n'a plus en dehors de lui que ce qui nie tout ce dont il est l'affirmation, on passe de la contrariété ou corrélation à la contradiction et de l'opposition proprement dite à la négation et on voit en réfléchissant sur la contradiction et la négation qu'elles ne peuvent apparaître qu'au terme de la représentation synthétique. Mises à l'origine, elles couperaient court à tout développement. Vainement allèguerait-on qu'on peut bien commencer par la négation partielle et la contradiction limitée. Ce ne sont là que des manières indirectes, donc postérieures, de désigner la contrariété ou corrélation. Vainement encore dirait-on que l'être et en général toute notion doivent s'affirmer eux-mêmes par une proposition identique avant de se donner un opposé et, quand cela se peut, de se **fondre** avec lui en une notion où les deux opposés se complètent. **S'affirmer** ainsi soi-même tautologiquement, c'est prendre une attitude de défense contre une négation possible. Or, encore une fois la **pensée** ne peut pas débuter par la négation. Ce qui est primitif pour elle, le moyen par lequel elle se donne à elle-même, c'est la synthèse. Lorsque la synthèse est achevée l'idée de contradiction et de négation se montre. L'être se dit qu'il ne peut pas être et n'être pas et qu'il est seulement l'être. Puis, revenant sur lui-même, puisqu'il ne saurait aller au delà de lui-même, il conçoit que chacun de ses moments pourrait aussi, au moins idéalement, être nié, c'est-à-dire nié absolument ou contredit. Il pose donc qu'une même chose quelconque ne peut pas être et n'être pas et, du même coup, que chaque chose est seulement ce qu'elle est. Mais poser cela, c'est reconnaître que tout moment de la pensée contient les moments inférieurs, c'est entrer décidément dans la voie de l'analyse.

Il est bien entendu que l'esprit est une réalité vivante et que la vie, ainsi que nous avons eu occasion de le reconnaître en traitant de la représentation pratique, ne se laisse pas saisir comme un tout, fermé à jamais, d'actes singuliers. Sous cette réserve et en faisant entrer le possible dans le contenu de la représentation (le possible, c'est-à-dire au sens ultime, l'indéterminé de la notion abstraite et générale), on doit dire que la représentation tant synthétique qu'analytique, est tout et qu'elle se pose comme étant le tout. C'est ce qui ressortira sans difficulté des considérations suivantes. En premier lieu, supposé que l'être se considère d'un point de vue assez extrinsèque mais très favorable à la clarté, nous pourrons dire que de ce point de vue, particulièrement accessible à la réflexion d'une conscience dépendante et bornée, l'être en vertu du principe de contradiction, qui exclut l'infini actuel, apparaîtra comme formant nécessairement un tout. L'ensemble des déterminations de l'être, y compris celles qui sont abstraites et générales, constituent un total. En dehors de ce total il est impossible qu'il y ait rien d'autre. Par exemple, il n'y a ni temps, ni espaces, ni causes. L'esprit, qui saurait toujours au moins cela, ne s'avisera donc pas de poursuivre en dehors du tout, à titre de choses déjà existantes, ni temps, ni espaces, ni causes, etc. Ce qui peut se trouver au delà des limites du tout, c'est uniquement, même au point de vue de la régression, du temps en général, de l'espace en général, de la causalité en général, etc. Mais cette considération, que nous venons du reste de présenter comme extrinsèque, ne suffit pas à établir que l'esprit embrasse la totalité du réel. En effet, a-t-on dit, l'esprit sait assurément que le réel est un tout : cependant il n'est pas capable de penser ce tout sous l'une des catégories dont il dispose : causalité, temps, etc. Aucune cause ne peut se présenter comme qualifiée pour être la première des causes, aucun temps pour être le premier des temps. Antérieurement à toute cause ou à tout instant l'esprit imagine la possibilité d'une autre cause et d'un autre temps. La cause ou l'instant qu'on pensera en tête de la série des causes ou des temps sera une pure limite de fait, non une limite de droit. Ce qui suffit, conclut-on, pour établir la « relativité de la connaissance », l'impossibilité pour la pensée de se comprendre dans sa propre intégrité. L'objection signale avec justesse une insuffisance de la considération par laquelle nous avons débuté. Toutefois, il faut bien dire que le philosophe dont cette objection reproduit la pensée est bien près d'avouer que l'esprit opère, pour employer son langage, « la synthèse totale ». Si la loi de causalité déborde les faits *a parte ante*, ce ne peut être en ce sens qu'on pourrait découvrir des causes effectives au delà de celle qu'on a posée comme première. Le passé n'est pas une construction arbitraire, c'est une reconstruction et nous ne nous plaçons pas au point de vue d'un esprit borné qui commette d'abord des fautes de mémoire et les répare ensuite. La cause posée comme la première est donc bien la première et l'Esprit sait que les causes antérieures sont purement imaginaires. Il est vrai que l'Esprit, qui sait que l'extension de la causalité au delà de la cause initiale est imaginaire, sait aussi que ce jeu de l'imagination est inévitable, de sorte, dit-on, que la pensée en essayant de se comprendre comme tout n'arrive à comprendre que son incompréhensibilité. Mais pourquoi se fait-on un monstre de cette nécessité de remonter plus haut dont on a saisi et dévoilé le vide? Cette nécessité n'est pas imposée à la pensée par une raison extérieure, supérieure et pour une destination mystérieuse. Elle se fait dans la pensée même. Elle est le produit de l'abstraction et de la généralisation et peu importe que, dans l'espèce, la pensée abstraye et généralise nécessairement. Il faut seulement, c'est un point sur lequel nous reviendrons tout à l'heure, se faire une idée exacte de la nécessité des lois de la pensée par rapport à la pensée. On ne doit pas, par un reste d'empirisme et de réalisme, faire de cette nécessité quelque chose qui domine et écrase l'esprit. Et maintenant il reste, comme fond dernier de l'objection, que la cause qui vient la première, que le temps qui commence la série des temps n'auraient rien qui les qualifiât pour être initiaux. Mais d'abord, en ce qui concerne la cause et, au besoin, d'autres catégories, il y a sans doute une classe de causes ou d'autres déterminations qui présentent le maximum de simplicité, et qui sont requises pour que l'Esprit, constitué comme esprit, ait de quoi commencer sa vie et son histoire. Ensuite et surtout le caractère de fait, de donnée en partie arbitraire, qui persiste par exemple dans la cause initiale, attendu que parmi la classe de causes possibles dont nous venons de parler, l'Esprit en choisit une et laisse les autres, ce caractère de fait, on arrive à se rendre compte qu'il ne peut pas ne pas se présenter au moment initial de la représentation. On y arrive quand, ayant suivi dans son enchaînement dialectique la constitution de la pensée, on voit la pensée s'actualiser et ne pouvoir s'actualiser que dans et par la volonté. Le premier instant est celui où l'Esprit accomplit son premier acte, celui qu'il pose pour y situer son premier acte; la première cause est celle qu'il fait première, le premier espace c'est celui qu'il étend autour de son centre d'action, etc. Est premier ce que l'Esprit fait premier. Demander, question spécialement usitée, s'il y a un avant antérieurement au premier temps, est dépourvu de sens. Car il n'y avait pas de temps; réponse qui satisfait aussi à une autre question de même valeur : pourquoi l'Esprit n'a-t-il pas commencé plus tôt? Il a commencé au commencement. Et si, pour situer le premier instant, il imagine un laps de temps antérieur, il n'est pas dupe de ce procédé. Telle est la seconde des considérations que nous voulions invoquer pour nous aider à apercevoir comment l'esprit embrasse toute la réalité. Cette considération nous conduit directement à une autre que nous avons récemment annoncée. La nécessité des lois de la représentation, la nécessité de ce qu'on désigne le plus souvent sous le nom de catégories, n'est pas pour l'Esprit une oppression externe : c'est une nécessité intérieure et comprise. Par exemple, la quantité elle-même ne pèse pas sur l'Esprit. Sans doute il ne faudrait pas regarder comme rigoureusement exacte la relation du temps à l'Esprit telle que, selon Schopenhauer, dans une formule devenue banale, elle résulterait des travaux de Kant : « Avant Kant nous étions dans le temps, depuis Kant le temps est en nous. » Le temps n'est pas proprement dans l'Esprit si l'on veut dire par là que l'Esprit pense, quand il lui plaît, en dehors du temps. L'Esprit pour penser emploie et ne peut pas ne pas employer le temps. Ce qui n'empêche pas le temps d'être pour lui absolument maniable. Car l'Esprit se représente à l'échelle qu'il veut, non pas tout le devenir réglé par le déterminisme puisque changer l'échelle de tout le devenir ne signifie rien, mais une partie quelconque du devenir. Et le vrai rapport entre le temps et l'Esprit, c'est que c'est l'Esprit qui fait l'existence du temps, qui est le temps, de même, bien entendu, qu'il est les autres catégories. Maintenant nous sentirons d'autant mieux que la nécessité des catégories est une nécessité comprise, si nous ajoutons que l'on ne dirait pas assez en affirmant que l'Esprit est de plain-pied avec le niveau qu'elles occupent. L'Esprit, nous avons sans cesse travaillé à le montrer, possède la loi même des lois intitulées ordinairement catégories, puisque ces catégories s'appellent nécessairement l'une l'autre. Enfin l'Esprit va jusqu'à dominer cet enchaînement puisque l'Esprit c'est, en même temps que le déterminisme, la liberté, la liberté qui suppose le déterminisme totalisé et le dépasse. Ainsi la vérité est bien que l'Esprit est tout et qu'il embrasse tout. Le mot d'absolu, dont on a d'ailleurs tant abusé, est équivoque, puisqu'il peut désigner l'indéterminé échappant à toute relation. Mais si par absolu on entend ce qui contient en soi toutes les relations, il faut dire que l'Esprit est l'absolu.

B. — *Sous quelle forme faut-il se représenter la réalité première?*

Notre dialectique synthétique est, dans son ensemble, une sorte de preuve ontologique. Mais de quoi cette preuve établit-elle précisément l'existence? Elle établit que l'être c'est l'Esprit, et l'Esprit en tant que conscience. Or cette conclusion si elle écarte plusieurs hypothèses sur la manière dont il faut concevoir la réalité première, ne détermine pourtant pas complètement sous quelle forme la réalité première existe.

Il est trop clair que nous repoussons toute conception et même toute explication matérialiste de la réalité. Car sans doute nous sommes partis des déterminations inférieures de l'être, des déterminations qui constituent l'essence de la matière : mais, notre méthode étant le contraire de la méthode déductive et analytique, notre principe d'explication au lieu d'être la suffisance a été constamment l'insuffisance des éléments inférieurs. Chacun de ces éléments nous a paru ne pouvoir exister qu'en s'appuyant sur quelque chose de plus élevé. Tout en commençant par en bas, notre construction de la représentation n'a donc rien de matérialiste. Nous n'avons pas même considéré la constitution progressive de l'être comme une évolution dans le temps. Si nous l'avions fait, nous n'aurions pas pour cela traité l'inférieur comme étant le plus réel. Cependant nous lui aurions concédé un certain genre d'actualité. Nous n'avons vu dans le temps, dans l'espace, dans le mouvement que des choses abstraites entièrement dépourvues d'actualité propre. C'était couper court à toute explication et même à toute apparence d'une explication du supérieur par l'inférieur. Car ce qui pourrait désormais nous rapprocher le plus de la manière matérialiste, ce serait d'aboutir finalement à faire jouer un rôle de premier ordre au progrès, à la marche vers le plus être. Mais comme dans ce cas le meilleur existerait d'abord à titre d'idéal pour une conscience ou des consciences, la distance resterait grande entre les matérialistes et nous.

Outre le matérialisme notre preuve ontologique et sa conclusion excluent très nettement encore deux conceptions de la réalité suprême : le panthéisme idéaliste et aussi ce que nous appellerons la doctrine impersonnaliste. — Selon le panthéisme idéaliste, comme à nos yeux, la réalité fondamentale est la pensée. Le temps, l'espace, le mouvement ne sont que des aspects superficiels et secondaires du réel. Le secret des choses, bien loin de résider dans un mécanisme encore entaché de hasard, est dans le développement dialectique des idées. Ce développement produit progressivement les degrés de l'être que le matérialisme considère à tort comme les plus réels et, au-dessus, tout ce qui constitue le plus spécialement, l'essence de la pensée jusqu'à la possession de la pensée par elle-même, jusqu'à l'Esprit. Deux raisons, on le pressent tout de suite, nous détournent de ce système. D'abord la pensée substantialisée dont il se contente est pour nous une chose et participe comme telle de l'inintelligibilité de la matière. Il n'y a d'intelligible que la relation et la relation ne s'actualise que dans la conscience. Par là toute possibilité d'une pensée inconsciente est exclue. En second lieu le panthéisme n'admet qu'un seul individu. Si donc nous constatons l'existence d'une pluralité de consciences, le panthéisme est inacceptable : car une conscience, c'est un individu, c'est un être, quelques difficultés que la reconnaissance de ce fait puisse entraîner. — Par doctrine impersonnaliste nous entendons celle qui a été professée par Kant et peut-être par d'autres philosophes sur le mode d'existence de la pensée. Obéissant à une tendance positiviste très légitime en elle-même, Kant déclare que le « je pense » est de même ordre que les concepts, c'est-à-dire, pour lui, abstrait et général. La pensée ne serait donc au fond et en soi la pensée de personne. Mais ou cette doctrine revient à appuyer la pensée en général sur la pensée des divers êtres pensants et nous retrouverons quelques lignes plus bas cette manière de voir, ou bien ce n'est rien de plus ni de moins que la réalisation des universaux. Le « je pense » étant un abstrait, les catégories, les lois quelconques sont des abstraits à plus forte raison. Qu'est-ce que tout cela posé en soi, chargé de se supporter soi-même ? On risque de retomber dans le matérialisme selon lequel la loi est immanente aux faits, c'est-à-dire à la matière, ou au moins dans le panthéisme idéaliste. — Ainsi, ni matière, ni pensée substantialisée, ni concepts et lois posés en soi, voilà, étant donnée notre construction synthétique de l'être, ce que la réalité première ne peut pas être.

Que doit-elle être ? Il nous reste encore l'embarras de choisir entre deux systèmes. Le premier consisterait, étant admise une pluralité de consciences et au besoin de consciences de divers degrés, à faire résider en chacune d'elles, avec la pensée qu'elle regarde comme constituant son être propre, la pensée qui constitue l'univers. Certains sociologues professent, si nous ne nous trompons, qu'il y a, outre les consciences individuelles, une conscience sociale; que cependant cette conscience ne doit pas être posée à part des consciences individuelles; qu'elle a pour support chacune de ces consciences. De même nous admettrions en chaque être, et notamment en chaque homme, une conscience de lui-même et une conscience de tout le reste. Par cette conscience de l'univers chaque être serait le soutien de tous les autres. Il ferait vivre la nature, graviter les astres, évoluer les mondes. Tout idéalisme est obligé d'admettre quelque chose de cette hypothèse et nous ne pourrions pas jurer qu'elle n'est pas la vérité. Cependant, à la prendre sans atténuation dans son sens le plus littéral, elle a quelque chose de si exorbitant que le métaphysicien le plus décidé s'en trouve confondu. Il n'y a peut-être pas grande difficulté à faire de chaque conscience un être qui a vécu et vivra dans tous les temps. Seulement c'est là le moindre des réquisits de l'hypothèse. Comment attribuer à chaque homme, et à plus forte raison aux consciences moins élevées que la conscience humaine, le pouvoir et la science que réclame une conscience de l'univers ? Cette conscience, d'ailleurs, ne pouvant être en nous que subconsciente, la tentation sera grande de passer d'une conscience de l'univers à une pensée inconsciente de l'univers, puis, finalement, l'individualité s'évanouissant avec la conscience et la liberté qui en est inséparable, au lieu d'une pluralité de pensées de l'univers, il n'en subsistera plus qu'une seule, et on sera retombé dans le panthéisme. Elle est donc bien difficilement tenable cette hypothèse qui sans doute a le mérite de donner comme base à toute la représentation des existences palpables pour ainsi dire, mais qui, poussant jusqu'au bout l'idée que le soi-disant être suprême n'existe que dans l'esprit des êtres bornés, a pour faiblesse irrémédiable de faire de Dieu un accessoire de l'homme ou de moins encore.

Resterait donc, comme seul aboutissement acceptable d'une philosophie qui définit la pensée par la conscience, le théisme. Ce n'est pas une doctrine à la mode et peut-être est-il permis, dans un travail du genre ultra-abstrait comme est celui-ci, d'attacher aux questions de mode une médiocre importance. D'autant que la mode est variable et que l'humanité, pour qui on avait fait de Dieu un obstacle à ses aspirations les plus légitimes ou à tout le moins, au détriment de préoccupations plus prochainement urgentes, l'objet d'une contemplation absorbante et prématurée, serait bien capable de repenser à lui quand il ne la gênera plus et qu'elle aura accompli les tâches qu'elle ne pouvait pas remettre. Mais nous devons prendre garde de nous laisser emporter plus loin qu'au mépris de la mode. Il ne faudrait pas, par réaction contre la platitude et la sottise des négations régnantes, détourner les yeux des réels inconvénients du théisme. Appliquons-nous donc à les regarder en face. Du point de vue idéaliste et rationaliste, on en découvre, semble-t-il, deux principaux. — On pourrait, il est vrai, en compter un troisième : mais il convient de l'écarter parce qu'il n'est pas spécial au Dieu du théisme. Nous voulons parler de la difficulté d'établir un rapport entre Dieu, dont on supposerait l'existence acquise, et un autre être pensant. Comme l'idéalisme a pour principe la conviction qu'il est impossible à la pensée d'atteindre un objet extérieur à elle, il paraît suivre de cette conviction primordiale qu'une conscience ne peut que partir d'elle-même et aboutir à elle-même. Comment donc Dieu serait-il en relation avec la conscience du philosophe dès qu'on ne considère plus le Dieu du panthéisme à qui la pensée de chacun est au fond identique, mais un Dieu personnel ? Deux systèmes de pensée incommunicables seront en présence. L'idéalisme théiste qu'on pourra développer en partant de Dieu, sera probablement condamné à rester un solipsisme divin, et ne réussira pas à faire provenir de Dieu d'autres personnes ; dans tous les cas l'idéalisme issu de la conscience du penseur ne trouvera pas moyen d'entrer de son côté en contact avec Dieu. Au lieu d'une philosophie il y en aura deux. Telle est la difficulté et elle est grave. Pour la lever il faudrait accomplir l'œuvre ardue à laquelle, sans s'expliquer d'ailleurs suffisamment, nous convie un interprète de Descartes : « Partir de soi, restant en soi, et partir de Dieu. » Mais si malaisé à exécuter que soit un tel programme il ne l'est peut-être pas beaucoup plus que la solution du problème général de la communication des êtres. Si nous entrevoyions une manière de mettre en rapport deux consciences quelconques, peut-être alors ne nous resterait-il plus grand chose à faire pour montrer que le système d'une pensée individuelle et celui de la pensée divine étant capables eux aussi, dans certaines conditions, de se représenter l'un à l'autre par une action interne et spontanée, le système de la pensée divine se subordonne l'autre ou tous les autres en telle sorte que l'unité de la philosophie se trouve restaurée. — Laissons donc de côté une difficulté dont l'essentiel subsiste, tout théisme à part. Des deux, qui disions-nous sont propres à cette doctrine, la première concerne la preuve de l'existence de Dieu. Pour un idéaliste la preuve par les causes finales ne se présente plus de la même façon que dans l'ancienne philosophie populaire. Le monde, en effet, est un représenté. Il est donc, par hypothèse, d'une part l'objet, d'autre part le moyen d'action, enfin la création d'une pensée. Nul besoin d'établir qu'il suppose une activité pensante. Ce qui reste à se demander c'est quelle sorte de pensée il suppose. La preuve *a contingentia mundi*, de son côté, prend essentiellement la forme suivante : la pensée telle que nous la trouvons en nous ne se suffit pas. En somme, ces deux preuves intimement connexes en constituent à vrai dire une seule : la pensée de l'un de nous n'est suffisante ni comme raison de l'organisation du monde, ni comme raison de sa propre existence. Nous nous garderons, et pour cause, de dénier à cette preuve toute espèce de valeur. Mais il faut convenir qu'elle est loin d'être rigoureusement démonstrative, puisque la conclusion à laquelle elle aboutit reste toujours frappée d'ambiguïté : la conscience de l'univers, dont on ne peut en effet se passer, existe-t-elle séparément ou, de si haut qu'elle paraisse la dominer, est-elle fondée sur la nôtre? L'argument ontologique n'est pas plus favorisé. Il peut prouver l'existence de la pensée de l'univers : il n'établit pas son existence séparée. Que faudrait-il donc, au point de vue où nous sommes placés, pour établir avec rigueur l'existence de Dieu ? Il ne faudrait rien de moins qu'une preuve expérimentale. A supposer que nous arrivions à établir la possibilité d'une expérience externe en général, c'est-à-dire la possibilité du retentissement sur le système fermé que nous sommes d'une action inexplicable par le contenu de ce système ou de ses annexes, d'une action libre d'une autre personne, alors si l'on observait une action qu'on ne pût rapporter à aucun des agents donnés dans le monde, ce serait donc une action de Dieu, révélant d'une manière irréfragable l'existence de son auteur. Mais l'acte créateur initial ne tombe pas sous l'observation et l'intervention libre de Dieu dans l'histoire du monde, le miracle, pour l'appeler par son nom, n'a jamais été constaté avec une vraie certitude. Peut-être même est-il au fond inconciliable avec l'idée de Dieu créateur de personnes libres. A de telles personnes Dieu a dû abandonner, pour en disposer à leur gré et à leurs risques, le cycle de déterminisme qui sert de matière à leur activité. En fin de compte, par conséquent, l'existence de Dieu ne saurait s'établir que par conjecture, en invoquant des considérations de proportion entre des idées. — Le second inconvénient du théisme est d'un autre ordre. Il est relatif au rôle de Dieu comme moyen d'explication. Un maître qui a fini par embrasser avec ardeur la cause du théisme et qui même n'y a jamais été radicalement hostile a pourtant écrit cette déclaration menaçante : « L'athéisme est la véritable méthode scientifique. » Nous venons de rappeler qu'on n'observe pas de miracles et il y a longtemps que personne n'invoque plus l'action divine pour expliquer immédiatement un événement politique ou physique, bref un fait appartenant à l'histoire du monde. Mais l'auteur de la sentence qui nous occupe a visé plus haut. Il a voulu dire que dans l'explication même des principes premiers de l'être et de la connaissance, Dieu ne doit pas intervenir. Et en effet quoi de plus vain et de plus puéril que, par exemple, l'ancienne doctrine des idées innées ? L'innéisme croyait expliquer la raison en recourant à des idées ou à des lois implantées en nous. C'était en réalité retomber dans l'empirisme et couper court à la recherche au nom d'un prétendu fait. La méthode scientifique exige que les principes eux-mêmes soient examinés et fondés rationnellement. Même en Dieu, la raison ne saurait s'expliquer par un acte arbitraire de la volonté. Par conséquent, en tout ce qui est nécessité, la science et la philosophie doivent pousser leurs investigations absolument comme s'il n'y avait pas de Dieu. Si une telle conclusion ne détruit pas le théisme, elle en limite du moins la portée.

Mais quelles que soient les faiblesses du théisme, cette doctrine convenablement entendue est encore celle qui satisfait le mieux aux exigences de la philosophie idéaliste telle que nous avons essayé de la concevoir. La preuve tirée de l'insuffisance de la pensée humaine n'est pas démonstrative assurément. Cela n'empêche pas qu'elle conserve beaucoup de poids. Il faut, pour satisfaire la raison, une proportion entre le principe d'explication et ce qui est expliqué. L'existence par soi, lorsqu'on la prend au sens absolu, l'univers avec son organisation si éperdûment vaste et profonde, ce sont là de prodigieux fardeaux. Ce n'est pas trop de Dieu pour les porter. Pour peu donc qu'il nous soit possible de sortir de nous-mêmes et d'apercevoir un moyen de faire communiquer les êtres, nous affirmerons l'existence séparée de cet être que nous ne saisissons pas directement, il est vrai, mais dont nous ne pouvons raisonnablement nous passer pour servir d'appui à tous les autres. Le mieux qu'on puisse dire de la doctrine qui annexerait la conscience de l'univers à celle de l'individu borné, c'est que ce théisme renversé serait dépourvu de toute espèce de vraisemblance. L'idéalisme, si solide en lui-même, ne peut pas aboutir à un tel paradoxe anthropocentrique. En attendant qu'une découverte géniale révèle pour la philosophie idéaliste la possibilité d'un troisième aboutissement, on ne peut que maintenir le théisme contre l'anthropocentrisme. Chaque conscience est centre sans doute, mais seulement à son propre point de vue et la conscience de l'univers, qui est nécessairement et inséparablement attachée à chaque conscience, n'est pas la vraie et primordiale conscience, celle qui est en réalité le centre et la base de tout.

La raison d'être du théisme malgré ses défauts étant ainsi mise en lumière, ajoutons rapidement les indications indispensables sur la manière dont nous sommes amenés par nos principes à concevoir la nature de Dieu. Dieu, cela va de soi, est l'Esprit dans lequel nous n'avons pas hésité à reconnaître l'absolu. Mais l'Esprit a pour nous deux caractères particulièrement remarquables : il enveloppe la quantité et il ne se pose pour lui-même que sous la forme d'une activité libre. C'est sur ces deux points que nous avons à nous expliquer. Nous avons regardé le temps et l'espace comme des concepts intellectuels et non des formes de la sensibilité. Le fait qu'ils sont des concepts et par conséquent, sous un certain aspect, des idées générales nous a semblé à la fois les affranchir de la contradiction interne qu'ils passent volontiers pour impliquer et rendre raison de la présence en eux d'une contradiction apparente. On se rappelle que nous avons ramené l'infini à l'indétermination de l'idée abstraite et générale. Cela étant, le temps et l'espace ne peuvent plus être rejetés en marge de la réalité : ils sont réels et les Cartésiens ont là-dessus raison contre Kant et ses successeurs, pourvu naturellement qu'on transpose la doctrine cartésienne en termes idéalistes. L'Esprit n'est donc plus pour nous, comme dans la formule célèbre, la quantité supprimée : il a, entre autres attributs, celui d'être la quantité comprise. Il en résulte que nous devons dire, avec Malebranche, en interprétant d'ailleurs librement ses paroles, que Dieu est étendu aussi bien que les corps, mais non comme les corps. Et de même, naturellement, il est durable aussi bien que les phénomènes bornés, mais non comme eux. La différence de la durée et de l'étendue divines avec celles des autres êtres est dans leur absoluïté. Point de durée ni d'étendue qui bornent celles de Dieu. Ajoutons que comme Dieu dispose du déterminisme il ne saurait, à raison de ce qu'il est étendu et durable, être exposé à des changements forcés, bref à ces misères qui sont le lot des corps au sens usuel. Il est vrai que Dieu étant l'étendue et la durée totales il contient celle de tous les êtres et que son étendue n'est pas autre chose que celle de l'univers. Mais les changements des créatures ne l'atteignent évidemment que dans la mesure où il y consent puisque c'est lui qui a mesuré jusqu'au champ d'action de leur liberté. — Nous avons mis trop de soin à maintenir contre le panthéisme la personnalité divine et, d'autre part, nous avons fait une part trop grande à la liberté parmi les éléments essentiels de l'esprit pour refuser de nous approprier de la conception volontariste de Dieu tout ce qui est compatible avec les exigences du rationalisme. Nous ne ferons que suivre la logique de nos principes en disant avec la *Philosophie de la liberté* que Dieu s'est fait Dieu, et qu'il faut lui rendre grâce de s'être fait Dieu. Sans doute Dieu ne pouvait pas ne pas être l'Esprit absolu. Mais il n'était pas, il ne pouvait pas être nécessaire que l'Esprit absolu se fît bonté absolue. La rationalité ne s'impose pas à la volonté avec une nécessité causale. Dans le champ des possibles s'offrait à l'Esprit, à côté de la bonté absolue, la perspective de quelque perversité énorme comme celles que l'imagination du pessimisme se tourmente à rêver. C'est donc aux faits seuls qu'il faut demander la preuve que l'Esprit absolu a choisi d'être Dieu. Or si mauvais que soit le monde, au moins tel que l'humanité le connaît, un fait éclatant y domine tous les autres, s'affirmant et se vérifiant à chaque progrès de l'homme : c'est qu'il n'y a pas d'intervention étrangère au déterminisme qui vienne briser le résultat de nos efforts, c'est que nous prenons ou reprenons sans entraves possession de ce déterminisme à la seule condition de l'étudier et de le connaître, qu'il ne paraît même pas déraisonnable de croire que toutes les forces naturelles dont nous avons besoin se laisseront conquérir ; de sorte que le succès final de l'entreprise à laquelle travaille l'humanité est assuré, c'est-à-dire que le plein et entier épanouissement de la personne humaine sera obtenu. A chaque pas qu'elle accomplit vers ce but l'humanité fait avancer et, quand elle touchera le but, elle aura achevé la Noodicée.

C. — *Les êtres dépendants.*

Puisque l'hypothèse théiste nous a paru en somme la plus probable, nous la prendrons pour point de départ de ce que nous avons encore à dire. Aussi bien, depuis que nous avons terminé la construction synthétique de la représentation, avons-nous renoncé à toute velléité de démontrer ; et peu de choses, même dans ce qui va suivre, comporteraient démonstration.

Le premier point qui va nous occuper, parce que c'est de lui que les autres recevront un rayon de lumière, est la communication des êtres. Un homme, pour ne pas dire un être borné en général, ne se comprend pas par lui-même. Non seulement il a besoin d'appuyer son existence et sa nature sur celles de Dieu, mais encore son concept implique, du moins selon toute apparence, d'autres êtres bornés. Il y a d'abord autour d'un individu humain ses semblables et autour des hommes vivent des multitudes indéfinies d'êtres de tous degrés. C'est là une apparence invincible et sans doute plus qu'une apparence, si nous parvenons à comprendre comment un être et ses actes peuvent être donnés pour un autre être. La question est d'ailleurs des plus malaisées et ce n'est pas à tort que Leibnitz en l'abordant après avoir résolu celle de la nature des êtres se sentit comme rejeté en pleine mer. La solution leibnitienne ayant été jusqu'ici, sous deux formes, la seule qu'on ait essayée d'un point de vue à la fois idéaliste et individualiste, c'est par l'examen de cette solution que nous devons commencer. On sait que Leibnitz se représentait les relations entre les êtres sur le type de l'accord offert par deux horloges bien réglées qui, parfaitement indépendantes l'une de l'autre, marquent cependant toujours la même heure non moins que si l'une influait sur l'autre. Laissant de côté le fondement métaphysique mis par Leibnitz sous l'accord entre les deux horloges, une philosophie qui entendait s'en tenir au fait de la loi a conservé seulement l'harmonie entre les différentes consciences à titre de donnée primitive et estimé que la solution leibnitienne ainsi coupée de sa source continuait de résoudre parfaitement le problème de la communication ; et on ajoutait même que le problème était mieux résolu, attendu que les actions libres n'étaient plus exclues par l'hypothèse et que rien n'empêchait ces actions de se répercuter, aussi bien que d'autres, à l'extérieur de l'agent. Dans ce demi-leibnitianisme on poserait comme un fait primordial que les états de chaque monade sont fonction des états des autres : tel état étant donné dans telle monade, tel autre état représentatif du premier doit être donné dans les autres monades. Il n'y a rien à chercher au delà. Nous sommes en présence d'une loi fondamentale au-dessus de laquelle nul ne saurait remonter et qui d'ailleurs n'est pas plus mystérieuse que toute autre loi. Car une loi, une loi non-analytique, ne consiste-t-elle pas toujours en ceci que telle chose étant posée, telle autre l'est aussi ? Il est clair que, du point de vue que nous avons adopté, une pareille manière de voir est sujette à une double difficulté. D'une part le fait de la loi, la synthèse présentée comme un fait brut, constitue pour nous un déni de raison tout à fait inacceptable. D'autre part, et la difficulté est ici plus spécifique, la loi de communication posée absolument nous ferait sortir de l'idéalisme. Vainement croirait-on remédier à cet inconvénient en rétablissant le théisme et en concevant désormais la loi de communication comme créée par Dieu en même temps que les êtres à faire communiquer. Car la loi reste distincte et des consciences qu'elle régit et de la conscience divine elle-même. Ce n'est ni dans l'une des consciences créées ni même dans la conscience de Dieu que se réalise la communication. La communication est toujours un fait qui dépasse les consciences, et la loi en vertu de laquelle elles communiquent régit les consciences du dehors, constituant par rapport à elles une véritable chose en soi. Dès lors, puisqu'il y a une chose qui existe encore autrement que pour quelqu'un, il n'y a plus d'idéalisme. Il se peut que le panpsychisme subsiste, mais le panpsychisme et l'idéalisme sont deux systèmes fort différents. — Prise tout entière la doctrine leibnitienne de la communication était beaucoup plus rationnelle, beaucoup plus idéaliste et, de ces deux chefs, beaucoup plus satisfaisante. L'harmonie des monades devait d'abord être préétablie par Dieu : c'est-à-dire que, comme possibles, les monades communiquaient entre elles dans l'unité de l'entendement divin, que l'apparence ultérieure de communication s'expliquait par cette communication réelle entre des représentations (car tels étaient les possibles) dans une conscience, et que en dehors des consciences il n'y avait rien qui fût posé comme une chose par dérogation à l'idéalisme. Malheureusement Leibnitz, en écartant les actions libres, anéantit selon nous les consciences et, dans tous les cas, s'il y a encore, nous ne savons comment, des apparences de monades et de consciences, il est incontestable que toute réelle pluralité d'êtres a disparu. La solution triomphante obtenue par Leibnitz n'est au fond qu'une suppression du problème. — Le problème est celui-ci ; étant donnée une pluralité d'êtres, c'est-à-dire d'êtres libres puisque l'unité d'être et le déterminisme sont choses coextensives et même synonymes, faire communiquer ces êtres sans restaurer aucune réalité extérieure à eux, sans retomber dans le réalisme. Peut-être le résoudrait-on de la façon suivante. La conscience de l'univers (nous entendons par là de préférence la conscience divine) embrasse dans son unité tout ce qui dans les êtres est déterminisme et forme un seul être. D'autre part chaque être n'est un être, un individu, une conscience qu'en tant qu'il prend quelque résolution libre ou au moins contingente. Ainsi les deux alternatives entre lesquelles la liberté exerce son choix chez un individu quelconque sont représentées, ont leur être ou au moins un aspect de leur être, dans la conscience de l'univers. Cela étant, la conscience de l'univers en même temps que l'alternative offerte au choix, se représente comme effectué le choix de l'un des deux membres contradictoires de l'alternative, du oui ou du non ; mettons que ce soit le choix qui lui apparaît à elle comme le plus probable, peu importe d'ailleurs ; toujours est-il qu'elle se représente un choix comme effectué et qu'elle en attend les suites conformément au déterminisme universel, c'est-à-dire conformément à son propre déterminisme. Si le choix libre de l'individu a été réellement celui qu'a anticipé la conscience de l'univers, les suites de ce choix se déroulent et tout se passe pour la conscience de l'univers comme si le choix opéré par l'individu avait été nécessaire, sauf qu'elle le sait libre. Si au contraire ce n'est pas le choix anticipé par elle qui s'est réellement produit, alors le déterminisme est rompu, une lacune apparaît dans la conscience de l'univers. Pour combler cette lacune, la conscience de l'univers se représente, fait être quant à elle et quant au déterminisme universel, le choix opposé à celui qu'elle avait anticipé. Par cet acte spontané de la conscience de l'univers, sans influence réelle, sans transitivité, le choix libre de l'individu a retenti, ou tout se passe comme s'il avait retenti dans la conscience de l'univers. Dès lors la chaîne du déterminisme est renouée : tous les êtres pour un moment et sous un certain rapport ne font qu'un dans la conscience de l'univers et, partant, tous en se posant de nouveau pour eux-mêmes, connaîtront, feront être pour eux, l'acte libre que l'un d'eux a accompli. Donc enfin, grâce à cette hypothèse de la rupture, tout se passe comme si tous les êtres communiquaient au sens le plus fort du mot, c'est-à-dire entraient en relation les uns avec les autres tout en étant et en tant qu'ils sont des êtres séparés. Et cette manière de concevoir la communication des êtres se conclut facilement, semble-t-il, de la doctrine qui fait reposer la conscience et l'individuation sur la liberté.

De la communication des êtres nous pouvons, nous enfermant décidément dans l'hypothèse théiste, passer à la création. Car on peut imaginer de celle-ci une explication qui ne fait qu'étendre et continuer la théorie qui précède ou du moins le principe d'où sort cette théorie. Plaçons-nous dans la donnée de l'unité de l'être, de Dieu comme être unique. Si nous admettons que Dieu, trouvant en cela la meilleure manière de s'affirmer comme volonté bonne, se propose de créer d'autres personnes, nous pouvons nous représenter qu'il commence par opérer ce que Leibnitz appellerait une distinction de points de vue de lui-même, ou, comme on dirait en se référant à des faits psychologiques aujourd'hui notoires, que, sans porter d'ailleurs préjudice à sa conscience centrale, il permet la constitution autour de celle-ci d'une pluralité de subconsciences. Ces ébauches de consciences, qui doivent sans doute s'accompagner d'organismes ébauchés, ne sont pas encore des consciences, ne sont pas des sujets distincts et libres. Mais si Dieu vient à retirer son concours sous quelque rapport on peut sans doute admettre que ces ébauches d'êtres vont se poser comme des êtres. Ces fragments du sujet-objet total se détacheront, sous un certain aspect, de la conscience divine : ils naîtront pour eux-mêmes en accomplissant de leur côté un choix libre. Nous partons toujours du principe que, dans le déterminisme tous les êtres ne forment qu'un seul être et qu'ils ne sont chacun pour lui-même, qu'ils ne sont des êtres, qu'en se détachant à certains égards de l'unité totale et, par là, les uns des autres.

Nous avons déjà donné incidemment plusieurs indications sur la manière dont il est permis suivant nous de concevoir la destinée des créatures. Si le spectacle que nous fournit l'humanité amène à croire que l'Esprit est Dieu, c'est-à-dire Bonté, il semblera impossible après cela que le monde soit sorti tel qu'il était hier et même tel qu'il est aujourd'hui, de l'acte créateur. Par suite, la doctrine de la chute sera seule capable de satisfaire. L'humanité (pour ne pas parler d'autres êtres raisonnables), maîtresse à l'origine du déterminisme qui constituait son objet et son instrument, en aura perdu la maîtrise, peut-être simplement en tombant dans l'ignorance par suite de ses fautes. Les forces de la nature lui seront devenues ennemies et l'humanité aura été ruinée avec son monde. Toutes ces vues ont été trop magistralement développées par le philosophe auquel nous devons le plus pour qu'il y ait convenance à les reprendre ici. Peut-être d'ailleurs n'est-il pas défendu de s'en tenir de parti pris à l'indication de quelques grandes lignes pour éviter l'arbitraire dans lequel on tombe inévitablement, en l'état actuel des connaissances, dès qu'on veut aborder les détails et les précisions. Contentons-nous d'observer que la doctrine de la chute ne nous paraît pas comporter exclusivement l'interprétation pessimiste qu'en a donnée l'auteur à qui nous venons de nous référer. Selon cet auteur, comme d'après les penseurs religieux dont il s'est inspiré, le monde actuel est si mauvais qu'il ne peut être ramené à bien. Dès lors on ne devrait plus y voir qu'un lieu d'exil et d'épreuve menacé d'une nouvelle ruine et l'individu s'abandonnerait légitimement à la préoccupation dominante et presque unique de s'échapper sain et sauf de ce lieu maudit. Mais d'une part il n'y a aucune raison décisive de condamner comme irrémédiablement mauvais un déterminisme sur lequel, puisqu'il n'est pas inconnaissable, nous pouvons mettre la main; et ensuite quel fait invoquerait-on pour assurer que la Bonté est à l'origine et au fond des choses, sinon la donnée de la moralité humaine, conquérant le monde? Il est vrai que le philosophe dont nous parlons croyait permis, malgré ses vues sur la solidarité, de concevoir la moralité comme séparée du monde, comme un effort pour se retirer en soi. Seulement cette conception, qui n'est pas la seule possible puisque l'indépendance de la personne s'affirme aussi bien, sinon mieux, par l'expansion que par la retraite, n'est pas non plus celle que les faits bien observés paraissent autoriser. Non nécessaire, sans doute, le progrès humain semble réel et le progrès moral est solidaire des autres progrès dont on peut le considérer comme la cause finale. Il sied donc, pour continuer d'emprunter son langage à la théologie, de mettre après la chute une rédemption, c'est-à-dire, en réalité, de faire succéder à une phase de dissolution une phase d'évolution et de progrès. Les esprits raisonnables créés, profitant de la relativité de l'étendue, auraient trouvé moyen de maintenir quelque reste d'eux-mêmes sur la base d'organismes rudimentaires et dans tous les cas d'une ténuité inaccessible aux actions physico-chimiques les plus déliées. Puis ils seraient arrivés à se ressaisir grâce au perfectionnement de la vie dans la série ascendante des êtres organisés, soit que l'on considère toute forme vivante comme l'ébauche d'un être raisonnable restauré, soit plutôt peut-être que les formes inférieures représentent la restauration de consciences privées de raison qui auraient, au cours de la décadence du monde primordial, résulté de la séparation de subconsciences maladivement constituées autour de consciences raisonnables en voie de se désagréger. Dans tous les cas les êtres raisonnables se rétabliraient par le moyen de l'évolution des organismes. Une fois rétablis, ils travailleraient au développement des personnes. Le savoir serait le grand instrument d'amélioration indirectement ou même directement morale, de même que l'erreur aurait été et serait le grand danger et la grande faute. On pourrait espérer l'asservissement complet du déterminisme aux desseins de la raison. Ce monde même, convenablement transformé, serait le théâtre du triomphe et du règne intégral et sans terme de la justice : car, les êtres raisonnables parvenus à cette pleine possession de soi sauraient peut-être s'affranchir de la mort, selon l'espérance de Descartes, et s'il est vrai que les personnes ne succombent jamais tout entières, peut-être même tous les êtres raisonnables de ce monde se trouveraient-ils à la fin réunis dans la cité juste. Bref, après avoir accordé au pessimisme par la doctrine de la chute la part qu'il paraît impossible de lui refuser, on serait incité par les faits aussi à embrasser, à dépasser les espoirs optimistes auxquels se complaît présentement l'humanité. L'essentiel d'ailleurs est qu'on puisse croire à une marche en avant, fût-on incapable d'apercevoir avec quelque précision où elle va.

Mais nous avons hâte de mettre fin à des considérations si aventureuses. Nous voulions faire voir comment l'idéalisme, non content de sortir de l'abstraction pure en constituant l'esprit, et dans l'esprit la représentation subjective, se laisse encore volontiers compléter par des conjectures d'un caractère décidément concret. Eût-il suffi d'affirmer en termes abstraits que l'idéalisme, une fois qu'il nous a conduits au seuil de ce que nous avons appelé l'histoire, ne nous empêche aucunement d'aller plus loin et de rejoindre la subjectivité humaine et ses préoccupations? Cela est douteux. Non seulement un essai de théorie sur la communication des êtres s'imposait : jusque dans les indications sans prudence que nous avons risquées ensuite il se trouve, semble-t-il, des éclaircissements de la doctrine idéaliste telle que nous nous sommes efforcés de la comprendre. Quoi qu'il en soit du reste, sans prétendre à être démonstratives, les dernières explications dans lesquelles nous allons entrer seront d'un caractère moins imaginatif.

On sent aisément quel est l'objet de ces dernières explications. Nous venons d'aboutir à la subjectivité humaine. Il faudrait montrer que, en la prenant pour point de départ, c'est vers l'idéalisme qu'on doit aller. Cette tâche, nous ne l'avons pas accomplie jusqu'à présent : car nous sommes bien partis dans notre marche synthétique d'une notion qui peut passer pour un fait, attendu que la relation se trouve au fond de toute espèce de pensée. Mais d'abord un tel fait est aux antipodes de la réalité concrète et ensuite c'est un fait déjà présenté comme appartenant, véritablement sinon exclusivement, à la pensée normale, un fait qui dépasse la simple subjectivité. Nous avons donc toujours à nous placer au milieu de celle-ci, au sein de la vie psychologique de l'homme et à chercher où nous irons en partant de là.

La vie subjective et psychologique est caractérisée, nous l'avons vu, par la présence de l'arbitraire : données purement empiriques provenant soit de nos actes libres soit des actes libres d'une autre conscience, déformations imposées aux idées par la manière dont notre subjectivité les accommode à sa mesure, puis enveloppant et mouvant tout cela un déterminisme rationnel sans doute comme déterminisme, mais non quant à la matière qu'il a reçue en lui : voilà ce dont est faite en son état brut la vie mentale de chacun de nous. Mais ce n'est pas toute notre vie mentale. De ce tumulte de représentations toutes dévoyées par l'arbitraire une aspiration s'élève vers la vérité. Nous voulons dégager notre pensée de tout alliage subjectif, saisir ce qui est nécessaire d'une nécessité rationnelle en tant que telle. De là plusieurs questions : que doit être la vérité pour que nous puissions la connaître ou même simplement en avoir quelque idée et aspirer à elle ? Comment peut-il se former en nous des croyances vraies ? Par quel procédé obtenons-nous celles qui s'élèvent les premières au-dessus du chaos psychologique ? Par quels degrés, en vertu de quelles raisons nous élevons-nous de ces premières croyances jusqu'au seuil de l'idéalisme rationaliste et systématique ?

La vérité, de quelque manière qu'on la définisse, implique l'accord du sujet avec l'objet. Seulement il y a trois conceptions possibles de l'objet : l'objet est la chose en soi, ou c'est l'accord des idées entre elles, ou c'est la liaison nécessaire par opposition à des liaisons contingentes. Tout a été dit contre la première conception : nous mêmes pensons bien lui avoir porté quelques coups en passant. Nous n'insisterons donc pas. Mais s'il n'y a que des phénomènes, à moins de traiter ces phénomènes comme des choses en soi ou, d'autre part, de leur dénier tout caractère légal intrinsèque ou même toute aptitude à tomber sous des lois, la vérité ne peut plus se concevoir légitimement qu'en termes idéalistes. Et de fait les deux dernières définitions de l'objet que nous avons indiquées sont idéalistes. Pour la première c'est évident et même il apparaît qu'elle ne convient qu'à la phase la plus avancée de l'idéalisme. Elle suppose qu'il n'y a que des idées et que la représentation logique a pour unique fonction d'enchaîner déductivement ou synthétiquement les idées. La vérité d'une notion déduite consiste pour cette notion à exprimer une partie des notions d'où l'analyse la fait sortir. La vérité d'une notion qui appelle un corrélatif est de représenter, par son incomplétude, le corrélatif qui la complète : à ce titre le droit représenterait le courbe. La vérité de deux corrélatifs qui demandent une synthèse est de représenter comme membres disjoints la notion synthétique qui va les réunir. De toute façon la pensée ne fait ici que conférer entre eux ses divers moments. Elle est en possession d'elle-même : la subjectivité est décidément dépassée. La troisième définition de l'objet, idéaliste aussi, est plus modeste. Elle est plus modeste puisqu'elle implique que l'objectif est donné parmi des éléments subjectifs. Elle est déjà idéaliste parce qu'elle refuse de recourir à aucun caractère réaliste pour marquer l'objet et s'en tient à un caractère de l'ordre mental. Nous verrons du reste qu'elle mène à la définition précédente ou à l'idéalisme complet. Mais comme toute proche de la subjectivité, c'est elle qui est la définition de début ; c'est sous l'espèce de la nécessité que les premières vérités se dégagent pour la pensée humaine.

L'adhésion d'un esprit à la vérité ou à ce qu'il regarde comme tel, l'opération par laquelle un sujet s'approprie et pose pour lui-même l'objet est la croyance. Sans sujet il n'y a pas de croyance : partant la croyance ne peut pas se définir en termes exclusivement intellectuels et prétendûment objectifs : car la fonction essentielle du sujet est la volonté et celle-ci est ou suppose la tendance, puis, finalement, implique l'affectivité. La croyance s'applique donc à ce qu'on aperçoit, à ce qu'on veut, à ce qu'on aime, au besoin à ce qu'on aime comme occasion de plaisir. On a souvent montré avec force que l'erreur est inexplicable à qui n'admet pas dans la croyance l'intervention de l'affectivité et de la volonté libre. Ceux qui ont pensé qu'il suffit d'invoquer deux déterminismes indépendants : celui des choses et celui d'une pensée individuelle, paraissent n'avoir pas remarqué qu'une telle indépendance n'est qu'un autre nom de la contingence. Ainsi directement, afin que la croyance soit nôtre, au lieu de planer au-dessus de nous comme un phénomène étranger ; indirectement, afin de permettre une explication de l'erreur, il faut reconnaître que nul esprit ne saurait croire sans vouloir. Mais si telle est la psychologie de la croyance, toute croyance n'est-elle pas enfermée à jamais dans les limites de la pure subjectivité ? Il n'en est rien. D'abord, en effet, la volonté ne crée pas l'objet : elle le présuppose. Notre représentation subjective est faite d'éléments objectifs altérés : si altérés qu'ils soient, ils gardent quelque chose d'objectif et la représentation subjective pose invinciblement derrière elle la représentation objective. Autrement les notions d'objectif et de subjectif n'auraient plus aucune espèce de sens. Ne faisant pas l'objet, le sujet n'intervient dans la position de l'objet qu'en se prêtant et s'ouvrant à lui par l'attention ou au contraire en se refusant et se fermant. Ensuite les facteurs subjectifs de la croyance ne sont pas forcément contraires à la raison. La raison peut se faire aimer et vouloir. A vrai dire même les volitions et les sentiments déraisonnables ne se comprennent que comme des perversions de la volition et du sentiment raisonnables. Rien d'impossible par conséquent à ce que ce soit au moins quelquefois la raison qui fasse les croyances. La raison n'est pas nécessitante assurément : les mobiles irrationnels, le mécanisme psychologique ne le sont pas non plus. C'est parce qu'ils ne le sont ni l'une ni les autres qu'il peut se produire des croyances erronées, mais aussi des croyances affranchies et sauvées de l'erreur. En somme, la psychologie de la croyance quand elle est bien comprise est loin d'être en désaccord avec le rationalisme idéaliste. Elle permet plutôt de bien voir comment les idées font les croyances et par là, suivant la formule injustement discréditée, mènent le monde.

De la manière dont nous venons de présenter les relations entre le sujet et l'objet, il résulte que les éléments objectifs sont mêlés avec les éléments subjectifs dans le tourbillon de la vie psychologique. Le premier acte de l'esprit pour s'élever de la représentation subjective à la représentation logique devra donc être de démêler les éléments objectifs d'avec les autres. Cet acte n'est pas autre chose que l'induction. Souvent entendue d'une manière inexacte, l'induction n'est pas un passage de quelques-uns à tous et si l'on a raison quand on dit qu'elle fait passer du contingent au nécessaire, reste encore à voir comment, par un tel passage, l'induction opère précisément le départ que nous disons attendre d'elle, et aussi comment le passage s'accomplit. — Nous nous supposons placés en face de nos états de conscience comme tels. Sous peine de ne pouvoir les penser, si imparfaitement que ce soit, pour ce qu'ils sont, force est bien qu'on leur oppose quelque sentiment rudimentaire de l'objectif. L'idée à laquelle correspond un pareil sentiment se définirait sans difficulté. Ce n'est pas celle de réalité, c'est plutôt, à quelque humble degré que ce soit, celle d'intelligibilité, si l'on entend par là celle de déterminisme. Nos états de conscience, parce que en fin de compte ils sont voulus, possèdent l'existence vraiment concrète, en un mot sont réels. L'objectivité est tout autre chose. L'objectif c'est ce qui est impersonnel, ce qui, tout en ne se réalisant que dans une volition personnelle, la dépasse comme en étant la condition. Dira-t-on que, comme il s'agit en l'espèce de ce qui est objectif pour un être borné et dépendant, l'objectif, au lieu de comprendre seulement ce qui est opposé au représentatif et au contingent, embrasse encore du réel posé ailleurs que dans la conscience considérée, c'est-à-dire quelque chose qui se trouvera être, en dernière analyse une autre conscience ou d'autres consciences ? Mais, outre que l'objectif ne peut s'entendre ainsi qu'en élargissant le sens du mot, la réalité extérieure n'est jamais atteinte à titre d'objet que dans la mesure où elle revêt l'aspect d'une raison, d'une condition des états internes. En somme donc l'objectivité c'est le déterminisme, c'est la nécessité. Et c'est pourquoi, si l'induction atteint le nécessaire, elle nous procure ce dont la pensée a besoin pour sortir de la phase psychologique. Il suffit même pour cela qu'elle nous fasse saisir la nécessité la plus brute, ce que nous avons appelé un peu plus haut la liaison nécessaire que nous distinguions d'un accord entre des idées, d'une liaison pleinement intelligible et portant en soi son explication. Capable sans doute de nous conduire, soit de prime abord, soit surtout plus tard, à des vues plus pénétrantes, pourvu que l'induction rattache le conditionné à la condition par la simple idée générale, vague et encore mystérieuse de dépendance et de fonction, c'est assez comme début. Avec de tels rapports nous sommes déjà dans le monde des lois, des jugements qui s'imposent et non plus dans le monde des états d'âme. — Comment l'induction, maintenant, accomplit-elle le passage du contingent au nécessaire ? Ceux de nos états qui aspirent à se rattacher au déterminisme prennent à nos yeux le rôle de signes, c'est-à-dire de conditionnés qui, apparaissant, révèlent leurs conditions qui ne paraissent pas. Pour interpréter les signes et sous la suggestion des signes l'esprit forme une hypothèse, suppose un déterminisme dans lequel sont enveloppés et par lequel sont expliqués, autant qu'ils doivent l'être, les états de conscience pris comme points de départ. Lorsque le déterminisme qui a qualité pour expliquer ces états a été atteint, il leur confère l'objectivité en échange de la réalité que, de leur côté, ils lui garantissent. Mais ce qui nous occupe, c'est de savoir comment l'esprit s'assure qu'il a bien atteint le déterminisme convenable; ou, si l'on préfère, comment l'hypothèse se prouve. Il faut évidemment que le signe, que le conditionné ait, de son côté, sa façon d'expliquer, de rendre intelligible la chose signifiée, la condition. Cette explication n'est sans doute, comme dirait Aristote, qu'une explication pour nous, qu'une explication inverse : ce n'en est pas moins une explication et, par conséquent, une médiation. Le moyen terme est ici le fait que le conditionné est le seul conditionné possible de la condition ou, plus ordinairement, que la coïncidence du conditionné avec la condition se révèle sur des points trop importants ou trop nombreux pour qu'il soit possible de voir en elle un effet du hasard. Un sentiment de chaleur est hypothétiquement attribué à la présence d'un foyer; une série de positions successives d'une planète notées par l'observation est considérée comme la manifestation de la trajectoire de l'astre et interprétée par la courbe qui relie les points discontinus qu'on a notés. Les épreuves requises effectuées, le sentiment de chaleur qu'on avait remarqué, les apparitions de la planète aux points observés sont devenus quelque chose d'objectif en tant qu'ils ont été reconnus pour des moments de deux déterminismes appropriés : le rayonnement d'un feu (que d'ailleurs le rapport de la condition et du conditionné apparaisse ou non comme s'expliquant par lui-même), le développement d'une courbe définie.

Dès qu'on a usé de l'induction, on a donc pris pied dans le nécessaire, l'objectif et le rationnel. Les premiers rudiments des sciences expérimentales sont créés, puisqu'une science expérimentale n'est pas autre chose qu'une collection de propositions inductives recherchées avec pleine conscience. Et ces propositions à leur tour, spécialement quelques-unes de ces propositions dont le contenu est d'une simplicité et d'une intelligibilité privilégiées deviennent le point de départ des sciences déductives et, plus généralement, du savoir par liaison d'idées ou par enchaînement *a priori*. Si la réflexion philosophique survenant à ce moment ne renverse pas une telle manière de comprendre l'induction, ne fait pas évanouir l'idée de l'*a priori* et ne conclut pas à l'empirisme ; si, d'autre part, elle ne se renie pas elle-même comme superflue ou illégitime et juge qu'il y a lieu pour l'*a priori* de prendre conscience de soi, de s'analyser, de se justifier, alors la question se pose de savoir comment on se représentera en fin de compte les fondements *a priori* de la connaissance. Y verra-t-on, se contentant ainsi d'un empirisme élargi, des données inexplicables, des forces et des facultés premières devant lesquelles, comme dit Kant, toute notre pénétration nous abandonnera? Si l'on rejette cette doctrine moyenne afin d'échapper définitivement à l'empirisme, du même coup on se prononce en faveur d'une philosophie toute rationnelle et toute notionnelle. Et sans doute ce n'est pas peu dire. Il ne s'agit de rien de moins que d'imaginer par anticipation les sciences achevées, complétées par une science de la connaissance et toutes les propositions de ce savoir universel reliées entre elles par des liens intelligibles : car c'est par ce double objet et par cette méthode qu'il conviendra dès lors de définir la philosophie. Heureusement cette conception d'apparence exorbitante porte en elle-même le correctif de son ambition. Cet enchaînement rationnel reconnu entre toute notion et toute autre, cette certitude obtenue et garantie par l'accord et la collaboration de toutes les notions, ce sont bien la seule vérité et la seule certitude qui puissent se proposer à l'esprit comme un but satisfaisant. Mais il est évident que la vérité et la certitude ainsi entendues sont en fait infiniment éloignées de nous et que, jusqu'à son achèvement, le rationalisme absolu demeure forcément un probabilisme. Et en outre, parce que cette philosophie ne prétend point que son objet ni même sa méthode soient d'un ordre à part et affranchis de toute solidarité avec le reste des objets et des méthodes, il n'y a pas de doctrine qui, assurément sous la réserve de le présenter comme presque entièrement provisoire, doive accorder à la recherche expérimentale un rôle plus étendu et plus indispensable. Ainsi l'audace d'une philosophie toute notionnelle n'est excessive qu'en apparence. On ne peut faire de cette audace une objection devant laquelle il faille reculer. Si, maintenant, la méthode analytique est convaincue de ne pouvoir suffire à constituer et à enchaîner les notions, il ne reste plus qu'un parti à prendre : sans viser à produire plus qu'une esquisse grossière et misérablement fautive, chercher pour commencer la notion la plus simple de toutes et tâcher de s'élever progressivement jusqu'à la plus complexe.

Vu, le 30 novembre 1906.

Le Doyen de la Faculté des Lettres de l'Université de Paris.

A. CROISET.

VU ET PERMIS D'IMPRIMER :

Le Vice-Recteur de l'Académie de Paris.

L. LIARD.

ÉVREUX, IMPRIMERIE CH. HÉRISSEY ET FILS